話しことば教育実践学の構築

前田真証

溪水社

まえがき

昭和五六（一九八一）年四月から現在まで、福岡教育大学に二十三年間勤め、国語科教育の研究と教育に打ち込んでこられた前田真証教授が、大著『話しことば教育実践学の構築』を刊行されることになった。本著には、この七年間、すなわち平成九（一九九七）年から平成一六（二〇〇四）年六月にかけて執筆、報告された論考二十四編が収録されており、これらの論考群は、左のように全五部（Ⅰ～Ⅴ）、計十五章に編成されている。

Ⅰ　話しことば学力論・年間指導計画論
一　話しことば学力論・年間指導計画論の課題
二　小・中学校の話しことば実践事例の考察と課題

Ⅱ　対話を基底とした話しことば教育
一　問答・討議能力と司会能力の育成指導（小学校）
二　対話能力の育成を中核にした国語教室経営の研究（中学校）
三　伝え合う力を育てる国語科学習指導法の創造（中学校）

Ⅲ　話しことば学力の構造化と問題点
一　話しことば学力論
二　話しことば学力試案の問題点（小学校）
三　話しことば学力試案の問題点（中・高等学校）

Ⅳ　話しことば年間指導計画の構想
一　中学校話しことば教育の構想
二　応答力・質疑力を育てる年間指導計画の作成
三　発表力の育成をめざす年間指導計画の作成
四　討議力の伸長をはかる年間指導計画の作成
五　司会力を養う年間指導計画の作成
Ⅴ　教育話法・話しことば授業力のために
一　教育話法の修練
二　話しことば授業力の修得と練成

前田真証教授は、福岡教育大学三附属（福岡・小倉・久留米）中学校との共同研究を推進し、同時に、主として福岡県下の小学校・中学校・高等学校の実践者からの要請にまともにこたえようと、話しことば教育の研究を進められた。教育系大学にあって、国語科教育の原理的、歴史的、実践的研究に取り組み、清新かつ堅固な成果をみのらせ、小学校・中学校・高等学校の実践に真に役立つものを生み出そうと努められた。

前田真証教授は、かつて作文教授論の歴史研究に取り組み、その成果を、

1「シュミーダー（ドイツ、一八七〇年生まれ、歿年未詳）作文教授段階論の摂取と活用」（平成元〈一九八九〉）
2「シュミーダー作文教授段階論の果たした役割――明治期における文種の展開に着目して――」（平成九〈一九九七〉）
3「綴文能力練磨を図る綴り方教授体系論の生成と展開――シュミーダー説からの展開――」（平成一〇〈一九九八〉）

このように報告された。これらの作文教育領域における独自の研究体験は、続いて新たに取り組まれた、話しこと

ば教育の理論・実践の考究にも大きい役割を果たしたと思われる。作文教育・話しことば教育・国語科授業研究は、前田真証教授にとって、研究上の三本の柱とみられるが、まず話しことば教育実践学の構築をめざされたことは、大いに注目される。

国語教育実践学の構築は、研究・実践における悲願であるが、これからも悲願成就をめざして努められるよう祈念してやまない。

平成一六（二〇〇四）年一〇月四日

広島大学名誉教授
鳴門教育大学名誉教授　野地潤家

はじめに

本書は、福岡教育大学と三附属（福岡・小倉・久留米）中学校との共同研究を契機にして始まり、学校教育現場で話しことば教育実践の拠りどころになるものを生み出そうと願って書き上げたものである。『話しことば教育実践学の構築』は書名に冠するには重過ぎるが、こちらの将来目ざすものを、思い切って標題にすることとした。

大村はま氏が『やさしい国語教室』（昭和四一年）で中学生に説かれたものには、手探りながら、西尾実博士の説をくぐり抜けた、確かな話しことば学力論への萌芽が見られる。その後、野地潤家博士が「コミュニケーション技術の訓練」『講座自主学習』Ⅲ（昭和四五年）において話しことば学力論として明確に定位される。また、大村はま氏が提唱される話しことば年間指導計画作成の原理（「『話し合い』指導について」『国語通信』九三・九五号、昭和四二年）は、野地潤家博士の話しことば学力論とも整合性を持ち、国語の授業においてどのように話しことば学力を身につけるかという展望を与えている。そこで、野地潤家博士が行き着かれた話しことば学力論と、大村はま氏が示された話しことば年間指導計画の原理とを一貫させ、野地潤家博士の提言や大村はま氏の話しことば教育実践で肉づけすればどのような話しことば教育実践体系が浮かび上がってくるか、明らかにしようとした。なお、どうしても適切な資料が得られない時には、考察者自身が推察したものも若干加えて組織だてている。こうした研究上の冒険が許されるかどうかも、最終的に導き出した体系に齟齬が生じるかどうか、話しことば教育実践を推進していく母胎としての妥当性を持つかどうかで、判断されよう。

第Ⅰ部の九編（一二章）は、本書の出発点となる話しことば学力論・年間指導計画論、並びに話しことば実践事例の考察である。『共生時代の対話能力を育てる国語教育』（平成九年）の基本構想と実践事例について検討を加えたもののほか、附属小学校や福岡県下の小・中学校で試みた助言や講演を集めている。私の話しことば教育への問題意識の土台になるものを収めたものである。

第Ⅱ部の三編は、話しことば教育の基本方針を掲げた。第Ⅲ部以降で言及していく話しことば学力論、話しことば年間指導計画論の基底をなすものである。

第Ⅲ部の三編は、「伝え合う力」の検討を契機にして、望ましい聞き手・話し手を想定し、大村はま氏にめばえ、野地潤家博士によって確立された学力論にしたがって、小・中・高等学校に及ぶ話しことば学力体系試案を作成し、自ら検討を加えたものである。まだ、明確な指導事項の確定までには至っていないが、発達段階に即して学習者が原動力として実感し得る話しことば学力をまるごと取り出そうとしたものである。

第Ⅳ部の七編（五章）は、野地潤家博士の話しことば学力論、大村はま氏の話しことば年間指導計画作成の原理に従って、実際に大村はま氏が主に昭和三〇年代以降に試みられた実践や野地潤家博士の提言を考察し、中一～中三にふさわしいゆえんを探っていったものである。そして、聞解力と話表力（応答力・質疑力・発表力・討議力・司会力）の育成を指標として、話しことば年間指導計画を作成していく際の筋道を明らかにしようとした。なお、力が及ばず、発表力のように、ほとんど歯が立たなかったところもあるが、おおよそ中学校三年間の話しことば年間指導計画を作成する見通しを得ることができた。とは言え、①第Ⅲ部に掲げた話しことば学力体系試案の目標（学力）とここに記した各々の話表力育成の階梯との関係、また②個々の話表力を育成する階梯と話しことば年間指導計画作成の視点・筋道との関係、③それらと評価との照応、④各々の話表力において聞解力の占めるべき位置、⑤各々の話表力そのものを育てる指導をふまえて、それまで培った話表力を活用する指導をどのように構想するかという問題、⑥さらに小学校や高等学校においては、どのような話しことば年間指導計画作成の筋道を見いだしていくかという課題、⑦大村はま氏・野地潤家博士を中心とする戦後話しことば教育実践史・話しことば教育個体史研究の推進、⑧聞解力・応答力・質疑力・発表力・討議力・司会力育成のための基礎訓練のさらなる組織化、並びに教材開発など、課題は山積している。

第Ⅴ部の二編は、上記の話しことば教育本質論、話しことば学力論、話しことば年間指導計画論をにない、話しことばの授業に結実させる教師の話しことば授業力・教育話法の問題に言及した。やっと着手したという段階であり、解明にはほど遠い。教育話法・学習話法の基底をなす生活話法については全く手をつけていない。ただし、話しことば教育実践の究極的課題は、この話しことば授業力・教育話法の研究に行き着くのではないかと予感される。今後に期することにしたい。

恩師野地潤家博士には、何歳になっても教えを請う弟子の原稿に対して、おりおりにここまで細やかに見て下さるとはと感嘆させられる助言をいただいた。そればかりか、今回書名や章立て・配列に至るまで、万般に至って懇切にお教え下さった。師恩・学恩の限りなさを切に感じ、心より感謝申し上げる。溪水社木村逸司社長には、「月刊国語教育」（東京法令）に載った拙稿に目を止められ、出版をお勧めいただいたばかりか、編集にも、印刷にも心を配っていただいた。深くお礼を申し上げる次第である。

平成十六年六月二十八日（月）

前田真証

話しことば教育実践学の構築

目次

話しことば教育実践学の構築

第Ⅰ部　話しことば学力論・年間指導計画論

第一章　話しことば学力論・年間指導計画論の課題

はじめに

本章においては、福岡教育大学国語科と附属福岡・小倉・久留米中学校との共同研究『共生時代の対話能力を育てる国語教育』（国語科授業改革双書二一、明治図書、平成九〈一九九七〉年一一月発行、全二〇二ページ）において提起された話しことば学力論・年間指導計画論・授業実践を検討して、その可能性を明らかにしたい。

この共同研究は、現場の先生方の要請に応じて、おりおりに理論化するという経緯をたどったため、多頭的性格を有しており、著書公刊の時点においても、なお基底から最前線の実践のすみずみに至るまで一貫した体系をなすには至っていない。ただし、それは授業実践に生きることを真に願ったためで、対話指導の本来の豊饒性を包み込もうと努めた結果でもある。そこで、理論と実践の未整理の部分、未熟な面もあえて披瀝して、共同研究を本格的な対話指導（ひいては話しことば教育・音声言語教育）の臨床的実践的研究に進めていくための礎にしたい。したがって、実践研究の成果にふれるのは無論であるが、課題の方に比重をかけて論及していくこととする。

㈠　望ましい対話の蒐集を通して対話の生産性の内実について一層の掘り下げを
——対話本質論の問題に関して——

対話をどのようなものととらえるかによって、指導の方向性もずいぶん違ったものになる。それに関して、第一部「対話能力の育成を目指して——基本的な考えを求めて——」（山元悦子氏稿、以下、基本構想と略称する）第一章では、「国境を越えた対話」・「世代を越えた対話」という二つの用例を挙げ、それを生かした形で、対話は、

○「異質な考え方を持つ者同士が、立場を越え国を越えて相互に助け合い共存をはかる」一対一の「建設的な」話し合い（西尾実氏の言われる対話の文化的形態である問答も含む）で、

○「他者と関係を作っていく基本的な単位である」（『共生時代の対話能力を育てる国語教育』からの引用ページは以下も可能なかぎり省略。）

としている。対話の生産性も、人間関係を築き上げる言語生活の基本になることも、本質規定として動かないところであろう。ただし、この規定で教育対象として対話を取り上げる必然性が確かに感じられるものになったかと考えると、なお吟味の余地がないでもない。対話の生産性の内実に分け入って、その核心に迫る必要が生まれてくる。対話指導の意欲は、対話をどこまでも深く理解したいという情熱から湧いてくると考えられるからである。

そこで、言語教育基礎論として高く評価されているO・F・ボルノーの『言語と教育——その人間学的考察——』増補版（森田孝訳、川島書店、昭和四四〈一九六九〉年五月二五日発行、全三〇九ページ）を読むと、以下のような対話の性格が導き出されてこよう。

（ア）対話の開放性・継続可能性・共同志向性

「対話には、一方の人の言葉が、相手に結びつきうるようなものを開いたままにしておくということが必要であり、前者が後者に継続の可能性をひそかに渡すことが必要である。そのためには交互に他のなかに入り込むことが不可欠である。対話に入るということは、いつでも、ある共同のもののなかへと入り込むことを意味している。」（同上書、三七ページ。一部私の方で改めている。）

（イ）対話の非完結性・発展性

「他者が対話に与える思いがけぬ言いまわし、対話をゆたかにしてくれる実例、あたらしい視点、反論（それは対立と混同されてはならない）のたびごとに、それは対話本来の生産性を獲得する。こうして、そこから、参与している人たちがたがいに補い合うしかたが生まれてくる。（かくて、対話はひとりひとりでは思いもよらぬような発展を遂げるのである。）」（同上書、三九ページ。括弧は五六ページより私の方で補った。以下も同じ。）

（ウ）対話の創造性・人間性

「交互的な対話においてはじめて、思索は創造的となる。言葉のやりとりの『軋轢』のなかで、思いがけない異論のなかで、また創造的にそれに答えるあたらしい思いつきのなかで、さらに深いところまで導く認識が展開してくるのである。さきにわれわれが、対話においてはじめて――そうして、それ以外のどんな方法でもなくて――究極的な真理は姿をあらわすと主張したのは言いすぎではない。この関連においてはじめて、われわれは対話の深い人間学的意義を知るのである。（中略）対話の能力を持たぬ人は、必然的に非人間たるにとどまる。」（同上書、五七ページ）

（エ）対話の現実からの飛翔性・晴朗性

「（対話をしていて時を忘れるということは）自己のうちに安ろう時間の最高の充実なのである。（中略）このような友人の対話において、こころは解放され、人生の深みが開かれる。ここでおそらく、プラトンの対話篇が思いあわされよう。（中略）（さらにゲーテの）緑の蛇についての童話（注1）にでてくる、深遠な光芒を放つことばが思いあわされるだろう。『黄金よりも、もっと光り輝くものは何かと王様はたずねました。――光ですと蛇はこたえました。光よりももっとさわやかなものは何かと王様がたずねました。――対話《おはなし》ですと蛇はこたえました。』光が目に見ることのできる世界の美を輝かせるように、対話は内なる世界の深みを輝かせる。しかも対話はさわやかなもの、生気を与えるものなのである。なぜなら対話は、一日の労苦と夜の孤独な苦悩に対して、若返らせ慰めてくれる源泉へと連れもどすものであるからであり、また対話のなかに現われる真実は決して恐ろしくなく、また脅かすものでもなくて、慰め、また支えとなるものであるからである。」（同上書、五九ページ。一部改めている。）

（オ）対話の教育性・救済性

「あたたかい、同行的な理解のなかで（打ち明けることによって）、不自然な硬直は解消し、混乱した心情・思考内容はひとりでにその位置を正されてくる。そればかりか、そういう重苦しい状況はこの（同行的）理解によって、その主観的な破滅感からも解放され、浄化され、より普遍的な人間的な領域へと高められるのである。自己を打ち明ける者は一種の是認と確証を感ずる。というのは、他の人間に理解されることがらは、同時に何か普遍的なものであり、また人間的なもののより深い根源のうちに止揚されているのだからである。（中略）関与者は内面的な関与において諸問題をいっしょに考えぬかなくてはならないし、慰めたり忠言したりしなくてはならないし、また、自分自身の心を他者の困窮のなかへ投入しなくてはならない。この傾聴するということは、いつでも真剣なアンガジュマン（賭け）であり、た

だほんとうの信頼のみが、また他者を救うこともできる。（中略）
年長の、より成熟した他の人間との、もちろん二人だけの間で起こるのだが、このような打ち明けは、おそらく教育的に効果の多い対話の、もっとも深い形式である。」（同上書、八〇～八一ページ。一部修正している。）

（カ）対話の自己克服性

「話すということは、『自然な』保全を断念して、自己をおおうことなく他者に晒すという特別な勇気が必要なのです。しかし真の対話は、したがってまた人間の人間らしさは、ただ自然な〔生来の〕保全追求から、このように自己を解き放つことにおいてのみ、それゆえ生物に固有な不安――あるいは内気にせよ羞恥にせよ、これら阻止するものがどんなものであるにせよ――を超出することにおいてのみ可能なのです。そのためには話す人があえて始めることが必要です。そうしておそらく、こうした状況を自覚させることによってすでに、それに向かって教育することができるのでありましょう。

しかし同様な困難は、聞く能力の場合も示されます。というのは、これにも自然な我執の克服が要るからです。それは自分自身の意見への素朴な安住を断念し、場合によってはわたしに反対している他者が正しいのかもしれないという可能性を承認して、まったく心を開いて探究におもむくことを要求するのです。それは人間の『自然な』自己保全の相対化であり、別言すれば権威ぶった立場の断念であります。」（同上書付録「対話への教育」一一九〇ページ。〔　〕は訳出の補いである。）

これらのうち、（ア）開放性・継続可能性・共同志向性、（イ）非完結性・発展性、（カ）自己克服性が、対話として備えるべき性格、（ウ）創造性・人間性、（エ）現実からの飛翔性・晴朗性が、とりわけ思索的対話において顕著な性格、（オ）教育性・救済性がわけても教育的関係において求められるべき対話の性格と言えようか。このように『言語と教育』一冊を読んでも、対話の基本的性格がいくつも引き出せよう。しかも、これで対話の生産性の内実を汲み尽くしたとは到底考え難い。管見に入ったものでも、次のような性格が加えられよう。

(キ)　対話（自覚）の基底性

「たとえば、話しことばのすべての形態のうち、もっとも基本的で典型的であるのは、対話形態であるとわかると、話しことば習得について、目標を立てやすく、かつ方法をくふうすることも容易になってくるのである。対話形態に、話し手としても、聞き手としても習熟していくこと、無自覚にではなく自覚的に取りくんでいくこと、意図的に対話経験を積み上げていくこと、そうすることによって、対話の秘奥を習得していくことが可能になるばかりでなく、さらには、会話（討議）・公話（討論）についても習熟の道がひらかれてくる。基本形態としての対話にうちこんでいくことが、会話にも公話にもつながり発展していくという見通しは、大きい自信になり、話しことばの習得に迷いがなくなってくるであろう。（野地潤家博士著『話しことば学習論』、共文社、昭和四九〈一九七四〉年一二月一五日発行、一五八ページ）

(ク)　対話の調子の自己修練性・鍛錬性

「対話も問答も、話しては聞き、聞いては話すことばのやりとりであるから、ことばを話す速さ、声の高さがその場に適切でなくてはならない。声の高さや速さを適切にしようとする努力は、自然に衝動的な話し方を意志的な話し方に整え、感情的な調子を論理的な考え方に発展させ、通じ合いを確実なものにする効果をもたらし、他の話しあいや話のしかたの基礎を確立させる点で、じゅうぶん注意すべき条件である。」（西尾実博士稿「対話」『国語教育辞典』朝倉書店、昭和三二〈一九五七〉年一月五日発行、四二五ページ）

以上の対話の性格は密接に結びついて、対話の諸側面を照らし出している。おのおのの説述には、それぞれ典型的な対話のイメージが念頭にあって記されたに違いないと思えるものがある。（エ）にはプラトンのソクラテス対話篇（具体的には、「饗宴」が挙げられているが、ソクラテスが自らの生命を賭けて対話していく「ソクラテスの弁明」・「クリトン」・「パイドン」も感動的である。また、「国家」を読んでも、対話に導かれて自分ひとりでは決して至り得ない世界が開けてくる。）がもとになっていると、明記されてもいる。そうだとすれば、基本構想第一章「対話の価値の発見」は、

○このような望ましい対話のイメージがまず掲げられて、

○対話の本質規定に入り、両者が一致するか否かが対照できるように対話の基本的性格づけが試みられる

○その上で対話とそうでないものを見わける手がかりになるようにしておく、

という順序をたどる方が、立論の成立過程にも照応していてふさわしかったことになろう。

むろん、本提案の独自な点は、音声言語教育の領域において初めて言語心理学や発達心理学の知見を生かして対話行為の心理的過程モデルを設定し、対話能力の発達を見抜いていくという筋道をたどるところにあり、そのためには、対話を一対一で行う生産的な営みという程度のおおまかさで包括しておいた方が都合がよいとは考えられる。しかし、そのために、対話そのものの本質が必ずしも明らかでなくなり、読みや作文などの領域に劣らぬ、話しことば領域の原点であることが切実に感じられなくなっている。授業実践に即していえば、子供達が一対一で話し合ってさえいれば、そして、話をつなげていさえすればよしということになり、事実上対話と対話でないものとの区別がつけられなくなる。どの話しぶりも認める点はよいが、なんとしてもこういう方向に伸ばしたいという教師の理念がおぼろげになってくる。結果的には、対話といいながら無理をして話を続けることになってしまう。他方自分の内にあって形をなしていないものに何とか形を与えようとして生まれる沈黙の価値が認めにくくなる。いずれも、

基本構想で目ざしたことではないが、はからずも右のような弊害が出てくるわけである。

望ましい対話の蒐集、それも学年に応じた蒐集は、私たちの対話観を絶えずゆさぶり、つねに清新なものにせずにはおかないであろう。そして、対話の多様な性格の見きわめは、生徒達にほんとうの対話の価値にめざめさせ、対話精神を生涯持ち続けて、自己を育てていこうという意欲を湧かせるための原動力となろう。本研究の新しさ・意義を認めていただくためにも、附属中の先生方と協力して望ましい対話事例を集め、立ちどころに出せるようにしていきたい。(注2)

(二)　育てるべき対話能力の段階と観点を学習者の自覚と結びつけたものに
——対話の学力構造論に関して——

1　中学校において育てるべき対話能力の段階の根拠づけを

基本構想においては、以下のような対話能力育成の段階を仮設したとしている。その要になるところを抄出しておく。

第一段階（対話の価値を知る）…体験を通しての対話の生産性や必要性に目を開くようになる。

第二段階（相互融和的な対話への指導）…コミュニケーション成立の基盤となる、「他者とかかわり合おう、わかり合おう」とする態度を確立し、相手と共話的な対話をすることができるようになる。

第三段階（相互啓発的な対話への指導）…自分と異質な他者との衝突をおそれず、相手と共同して問題を解決したり、相手のよさを引き出したりしながら自分自身も向上していくような、自律した個人同士の建設的な対話をすることができるに至る。（『共生時代の対話能力を育てる国語教育』一五ページ、傍線部は引用者）

このような段階設定のうち、第二段階、第三段落については、傍線部に示唆されているように、水谷信子氏の「『共話』から『対話』へ」（『日本語学』一二巻四号、明治書院、平成五〈一九九三〉年四月一〇日発行、四～一〇ページ）を拠り所としたとのことである。その論述には、「共話」の特徴は、「共通の理解を前提として、いちいち相手の聞く意志をたしかめながら話す」ところで、「ぬくぬくとこたつでくつろぐような」「精神安定の機能」があるという。日本人の間では、世代差なくこの「共話」形式が身についているため、そのことを十分配慮して、題名にあるように共話から対話へという筋道をたどってはどうかというのが、提案の趣旨であろう。基本構想では、これを共話的な対話から真の対話らしい対話（すなわち建設的な対話）へという方向づけがなされていると解し、第二段階（相互融和的な対話）から第三段階（相互啓発的な対話）への基礎づけとしたわけである。水谷信子氏は、

○日本人の話し方の現実と離れない形で真の対話ができるようにと願われたので、その根拠は主として文レベルの発話の実態分析にあり、

○「共話」形式が世代差・年齢差なく定着しているという予測から無理のない提言をしようとされた。

基本構想では、この実態から当為を引き出し、対話の枠を水谷信子氏の立言より広げ、中学時代にも相互融和的な対話から相互啓発的な対話へという一周期があるに違いないと想定して、対話能力育成の主要段階を導き出したのである。

他方、段階設定の起点となる第一段階「対話の価値を知る」は、どこから導き出されたのであろうか。「対話の価値を知る」ということばは、後に詳しくふれるように大村はま氏が昭和四二（一九六七）年の時点で『話し合い指導について』において、「話し合いのしかた」「話し合いの進め方」「発言のしかた」というような、広義の話し合いの指導をする以前に、確実になされていなければならないこと三つのうちの一つに挙げられている、以下のことばに拠ったと見られる。

「子供たちに、話し合うということの価値を、身にしみて感じさせること。
話し合い――あるひととき、時の流れを共有して、互いのいのちのひとこまを出し合って、人間と人間とが、じかに触れ合う、この話し合いの生み出す不思議なみのり――、話し合うことによって、話し合っていた人と人との持っていたものの単なる和でない、それ以上の新しいものが生み出される、そういう話し合いの価値をひしと感じさせること。(注3)」

「話し合うということの価値を、身にしみて感じさせること」・「話し合いの価値をひしと感じさせること」を、話し合いの基本型である対話に焦点化し、指導する立場から「身にしみて感じさせる」などと能動型で記されているところを、学習者の立場から簡潔に「知る」とまとめれば、「対話の価値を知る」という第一段階の指標になるのである。

したがって、水谷信子氏の共話から対話へという提案を、共話的な対話から真の対話らしい対話へという進展にしていくために、それ以前に対話が理解されておく必要があり、大村はま氏の「話し合いの価値をひしと感じさせる」必要があるという提言を基底に取り込んだのである。第一章が「対話の価値の発見」と題されていることから見れば、むしろ、大村はま説によってまず第一段階（対話の価値を知る）という土台を固める、その上に創意のある対話能力の段階設定をめざして、水谷信子氏に示唆を得て第二段階（共話的な対話に至る能力を育てる指導、すなわち相互融和的な対話への指導）と第三段階（真に対話と呼ぶにふさわしい対話、啓発的な対話への指導）を設定したというのが事実であったかもしれない。ただし、これらは、対話能力の育成の段階なのであろうか。

第一段階「対話の価値を知る」は、大村はま氏に拠れば、「よく聞く習慣をつけ、正しく深く聞く力を養う」ことや、「学級において、だれかがだれかをばかにしていない（中略）状態にしていなければならないこと。(注4)」と並んで、話しことばカリキュラムを考えていく際の根底をなすものである。当然、対話が身にしみてわかり、これから対話に対して心を開く態度を身につけるものであり、対話能力の形成の一段階とすることは難しい。しかも、大村

はま氏にあっては、その後に、

A　話し合い（対話）の力をつけるために話し合いをさせている。

B　他の目標——たとえば文学作品を味わうということをめあてとして、そのために「話しあい（対話）」という方法をとっている。(注5)（括弧は、考察者）

という、二つの階梯が、すでに提案されている。とすると、第二段階と第三段階を、大村はま氏に拠らず、水谷信子氏の共話と対話の二区分説を取り込むと、このように対話能力の学年目標が明確になるという理由が示されなければなるまい。ただし、新たに加えた第二段階「相互融和的な対話への指導」も、第三段階「相互啓発的な対話への指導」も、対話の性質による区分であり、対話能力育成の段階として十分かどうかは、依然はっきりしないのである。

各段階の区分についても、疑問の出てくるところがある。第一段階の「対話の価値を知る、対話の生産性・必要性に気づかせること」と第二段階前半の「コミュニケーション成立の基盤となる、『他者とかかわり合おう、わかりあおう』とする態度を確立」することとは、理論的に分けることは可能であっても、学習者の内面では一続きのものと意識されるのではあるまいか。そうだとすれば、この三段階を採用するばあい、線引きの変更も不可欠になってくる。

したがって、先に掲げたような対話能力を伸長させる階梯を学年目標の代わりに設定することは、一見容易にうなずけることのように思われるが、

○話しことばカリキュラムの根底に位置する第一段階（対話の価値を知る、対話の生産性・必要性に気づかせる）を取り立てて対話能力育成の目標として掲げるためには、なお確固たる理論的な根拠づけとそれを設定した方がよ

いという学習者の意識に関する調査・実証が、必要になってくるし、
○第二段階（相互融和的・共話的な対話への指導）を学習話法の到達目標として学校教育においてあえて取り上げる理由を明確にすることが求められてこよう。
○第三段階（相互啓発的な真の対話への指導）についても、つねに、第二段階の相互融和的・共話的対話より対話能力が上ということができるかどうかも、なお吟味してみなければならない。中学校においてこの相互啓発的な真の対話がどの程度可能なものかも見きわめなければならない。

そうしてみると、後（基本構想第三章）に示された対話能力表の三段階は、これらの課題に応えようとする苦闘の産物であると判明してこよう。

ただし、以上の考察では、水谷信子氏の説かれる「共話」から第二段階の相互融和的共話的対話への指導を引き出した点をやや否定的に述べたが、この飛躍をあえてしようとしたところに、話しことば教育実践理論を新たに構築しようとする着想を見るべきだとも考えられよう。

このような対話能力育成の段階を設定した時、第二段階（相互融和的・共話的対話）の望ましい典型的事例として山元悦子氏の頭に思い浮かぶのは、野地潤家博士の紹介された、松山高女時代の教え子からの手紙にある、下記のようなタクシー運転手さんとの対話であったとのことである。

「（仕事をやめる前に、いつも思っていたことは、『立つ鳥あとを濁さず』ということでした。それで三月三十一日は十二時（夜中）までは仕事をし、それから自分の机の中をセイリして、一時《ママ》間前に県庁を出ました。若い人にもらった花束を手にして……イヨテツのタクシー運転手さんに今日で仕事をやめたと話しますと、タクシー代はいらないと云ってくれまして、嬉しくなりましたが、県庁からチケットをいただいていましたので、それで払いました。働く者の仲間としての運転手さんのお気持ちだったのでしょうか。あのことばで、私は三十一年間働いてよかったと、つくづく思いま

した。」（この事例について、野地潤家博士は、三月三十一日の夜半まで職場で勤めるという、仕事へのまじめな取り組みが、タクシーの運転手さんの好意を引き出すことになったのだろうと推察されている。）（『国語教育の探究』国語教育研究叢書第一〇巻、共文社、昭和六〇〈一九八五〉年一一月一日発行、一七九ページ、傍点は考察者が付したもの。）

このような心の通う対話は、日々の生活において大多数の人が実際にかわし合っている共話と全く同じとは言えない。確かにこのような対話こそかわしたいものだと憧れの気持ちをいだかせるものである。そして、第三段階の相互啓発的・建設的対話では、ソクラテスの対話篇のように、人生や既成観念を一歩一歩吟味しあい、一人では到底たどりつけない世界に進んでいく事例が、念頭に置かれていると言えようか。そうだとすると、第二段階の相互融和的・共話的対話と第三段階の相互啓発的・建設的対話の設定は望ましい対話の二大類型を、出発点を見据えて、このような順序に段階づけたもので、対話の目標（育てるべき能力）を見据える指標になるとも考えられてこよう。人として生まれてきた以上、人と深いところで通じ合い、生きている証を得たいという思いと、話すことを通して自分を大きくしていきたいという願いとは、私たちが対話を求める原動力とも言えよう。そうだとすれば、対話能力という命名と上記の内容でよいかどうかが、まず問われよう。

また、上記のように第二段階・第三段階の典型的な対話事例を想定してみると、類型の違いはあっても、対話能力の段階づけとしてふさわしいのかどうかという疑問も、当然出てこよう。したがって、このような見解の人も納得させ得るような、学習者の反応による学力段階論の検証がどうしても必要になってこよう。

2　対話行為の心理的過程モデルを、対話の総体が視野に収められたものに

続いて基本構想の第二章「対話能力の心理的過程」においては、対話を音声言語行為としてとらえ、その単位を、

下記の三つの層からなると想定している。

(ア) 一人の発話者が話し、一人が受ける「隣接対」

(イ) 内容上の一応のまとまりを持った「話段」(文章表現をする際の段落に相当し、対話全体から見てここまでのやりとりが題材・テーマなどの一区切りであろうと判断できるものであろう。)

(ウ) ある対話の総体(文字言語では文章に相当するもの)(ただし、いずれも対話以外の領域でも可能な分け方である。)

そのうち、(ア)については、対話行為の心理的過程モデルとしての、「状況の中で相手発話が理解され、自己発話が産み出される過程」(二〇ページ)を掲げ、(ウ)では(イ)を取り込んで、建設的な実りのある対話と実りのない対話との違いを対話展開(話の進め方・運び方)の相違として枝分かれ方式で説明している。対話行為の心理的過程モデルは、そこから以後に総体としての対話能力を分析する観点を設定していく点から見て、理論編のうちでも要の位置を占めると推察されるが、以下のような懸念も生まれてこよう。

(1)対話を具体的に相手の話を聞き、答え、話が進んでいって、新たなものを生み出すことにより、充実感をおぼえるという言語行為としてとらえると、即決性が求められる場で有効にはたらいていくと期待されるが、言語行為という側面から光を当てることでかえって見失われる点はないと言えるかどうか。

(2)対話行為の心理的モデルという以上、一方の「相手発話が理解され、自己発話が産み出される過程」だけでは不十分で、当然はじめから話していく側の心理的モデルも必要で、両者がどのようにかかわり合っているかが鮮明になる統合モデルが示されて、一対(隣接対)の対話行為の内面が示されたことになろう。それに対してはじめから話す人は、このモデルの聴解過程(1表意の理解／2推意の理解)が省かれた心理的モデルなので、わざわざ特立させる必要はない、この聞いて答える側の心理的モデルがあれば十分であると弁明できるかどうか。

(3)内容上の一区切りである話段において、「隣接対」（文レベルに相当する）で想定された対話行為の心理的モデルが継続して働き続けるため、新たにつけ加えるものは何もないと考えられるかどうか。（学習者が対話に自覚的になればなるほど、それまでの話の進行を射程に入れて一区切りがついたという意識も当然生まれると思われるからである。）

(4)たとえ、文レベルに相当する「隣接対」や段落レベルにあたる「話段」において、対話行為の心理的モデルが順調に機能しても、文章レベルに照応する対話の総体としては、目的を達成した、充実感を覚えたとは感じられないばあいがある。それを考慮に入れた、「隣接対」の単位や「話段」の単位とは異なる、新たな対話総体の心理的モデルというのは必要ではないのかどうか。（二九ページに示された、親睦を目的とした自己紹介の対話活動の例では、挨拶—情報交換—共通項の発見—自己表出と相手受容のバランスの確定—自己表出ができている—自己表出が受けとめられているという共鳴的展開をたどった時には達成感のある対話になったとある。しかし、これらは対話の表層とも言うべきもので、このような知識が予めあったとしても、充足感のある対話が繰り広げられるとは限らない。そうだとすれば、この対話を仕上げる層においても、「隣接対」のレベルや「話段」のレベルからの帰納では済まない意識が、はたらいているのは確実であろう。なお、これが「達成感のある対話」とまで言い得るかどうかにも、異論は出てこよう。）

以上は、第二章前半部を通覧してでてきたことであるが、実際に想定した、聞く側の「状況の中で相手発話が理解され、自己発話が産み出される過程」については、次のような課題も考えられてくる。

(5)聴解過程には、相手の話を聞こうとする意欲（コミュニケーションへの意欲）が根源にはたらいて、話されていること自体の意味を正しくとらえる「表意の理解」と、その上でそのように話した相手の意図・心まで汲み取る「推意の理解」という二過程があるのは了解しやすいが、

・どうすれば、本来持っているはずの人とわかり合って喜びを得たいという意欲が、つねにはたらくとは限らないのに、ある時には確かに湧いて、正しく、さらに深く聞こうとするものになるのかの解明が不可欠であり、

・相手の話を正しく、その思いまで汲んで聞くことで、聴解過程は完了したと言えるかどうか。相手には言い得ないことまで汲み取ろうとする過程などは、対話では考える必要はないのであろうか。

・この際の言葉の単位も注目したいところである。事例では、1表意の理解も、2推意の理解も文単位で掲げてあるが、対話は常に文レベルで区切れると想定してよいであろうか。

(6)展開過程では、記憶空間に①話題に関する記憶、②対話方略に関する記憶、③対話行為に関する記憶があって、意識下で聞き取ったことと結びついて「漠想」（漠然とした発話内容）が生み出されるとあるが、

・①～③は記憶という知的なものと考えてよいであろうか。実際には、いかなる記憶も感情を伴って存在するというのが事実ではないか。

・①～③は、分析的に言えば、そういう分類もできるという説明であって、実際に思い出す時に有効な区分と言えるであろうか。

・これらの記憶が聞き取ったことと結びついて「漠想」を生み出すという考え方は、引き出しから相手に応じた答えを取り出すようなイメージに陥りやすい。対話の創造性を解明したことになるであろうか。

・「漠想」は、大西道雄氏の想の自覚化の三段階（漠想—分化想—統合想）の最初に設定されたものであるが、[注6]対話においては、相手のためにこういうことをいってあげようとはっきり自覚したばあいでも、常に漠想という用語がふさわしいのであろうか。

(7)話表過程は、対話の状況や文脈に合い、自らの内面にもふさわしい対話の調子を選んで現実化する営みと言えようが、そこに作文の構想（構成）に対応するものは盛り込まれるのであろうか。聴解過程が文本位で予想され、展

開過程も「漠想」の語に見られるように結晶した形では考えられていないために、文章レベルと対応するような構想は設定する必要がないのであろうか。〔大西道雄氏のばあい、大きく創構過程―文章化（話表化）過程と二分節され、構想・構成も両者の中に含められる。〕(注7)

ここで主に念頭に置かれているのは、相手が対話に入る第一発話を文単位で口にした時に、聞いている側が第二発話を同じく文単位で答えるばあいであり、それ以降の対話の文脈を視野においた、創造性豊かな発話は、上記の図解や説明をはみ出してしまうかもしれない。

さらに、ここから基本的な対話能力の構成要因を措定している（二二ページ）が、先の「対話行為の心理的過程モデル」（状況の中で相手発話が理解され、自己発話が生み出される過程）と比較してみると、なお別の課題も浮かび上がってくる。

(8) 先に展開過程の一部に挙がっていた「(1) 対話に関する認識や方略的知識」（「題材に関する記憶」は明記されていない）が、学力としては聞こうとする前から対話者に備わっているものとして冒頭に据えられるが、そうすると、「(3) それら（(1) や (2) 以下にあげる三つの対話運用力）を土台で支える、対話することへの意欲や積極的態度」との関係を改めて問い直さなければならなくなる。引用部分の説述では「(3) 対話することへの意欲や積極的態度」が土台だとしているが、「(1) 対話に関する認識」（体得も含む）なしには、対話への意欲や積極的態度も湧くとは考えにくい。(1) の対話とはこういうものなのだという開眼は、生徒の内面では、(3) の対話への意欲に必ず結びつかずにはおくまい。そうだとすると、対話能力の構成要素として両者をあえて分けなければならないゆえんが明らかにされなければならなくなる。

(9) 先に三つの過程と仮設されていたものが、そのまま聴解力・展開力・話表力と命名されているが、理解力（聴解力）にも表現力（話表力）にも属さない対話能力（展開力）というものがはたして存在するのであろうか。展開力の説明によれば、「聴解情報と状況文脈をもとに、自己の記憶の中から関連のある情報を呼び出し、話す内容を生み出す力」であるという。力点の置き方次第で聴解力が重視される時も話表力に重点が置かれる時もある能力と言えようか。しかし、それは聴解力でも話表力でもない新たな学力が出現したのではない。とりわけ、この展開力を目標に掲げたとき、理解力に比重をかければよいのか、表現力に重みをかければよいのかで、実践に揺れが生じる恐れが出てくる。

⑽以上が、「当事者間の一往復の言葉のやりとりとして対話を捉えた」ばあい（一二三ページ）の基本的な対話能力の構成要因だとしているが、「（1）対話に関する認識」・「（3）対話への意欲」は対話全体に関わりそうなのに、（2）の「対話運用力」（聴解力・展開力・話表力）は、まさに最小単位（おそらく文レベル）で設定されている可能性が高い。このような本位とするものの違いが一連の構成要素のなかにあることは許されることなのかどうか。すぐ後ろにある「対話行為モデルのなかに設定した『記憶空間』の内容が豊かになることと、このような機構自体が未成熟なものから精緻化されたものへと成熟し、同時にスムーズに運用できるようになることが、対話能力を育てることになる」という説述は、いずれも対話の総体を射程に入れた述べ方になっているため、なおさら検討が求められてこよう。

⑾上記「状況の中で相手発話が理解され、自己発話が産み出される過程」の図が、対話行為の心理的過程モデルとして記されるところを見れば、この図からは、教師も学習者も、結局対話には展開力という、相手の発言を受けて返す力、切り返す力こそが最も大切なのだなと了解することになろう。しかし、本当に望ましい聞き手・話し手の姿と言えるのであろうか。先に挙げられた「対話能力育成」のどの段階ともつながっていないものが、図からはうかがえることになる。はたして、それでよいのであろうか。

このように見てくると、対話行為の堅固な心理過程モデルから引き出した穏当な構成要素のように思われるが、なお多くの再吟味・検証を経なければならないことが判明してくるのである。

3　教育学的な発達研究により真に対話能力の伸展が裏づけられるものに

基本構想第二章第三節「対話能力の発達」では、小学校一年・三年・五年の児童が学級目標を決めるために対話した事例を録音し、集めて、伸展性のある発話がだんだん増えていくことを確認し、小学校では、相手の発話を理解して、自己の発話を組み立てる際に配慮する範囲が、場→相手の発話内容→対話の目的や話題へと拡大し、より多角的な試行ができるようになるという見通しを立てている。そこから中学生における対話能力の伸展もおおよそ推察することができよう。

小学校における対話能力の調査研究は貴重であり、相手の発話を受けているかいないか、受けている場合は単純な応答か、伸展性のある発話かを分けていくことは了解しやすい。ただし、こうなると、単純な同意・否定と伸展していく同意・否定を分けるなど、個々の発話に分解して統計的数値を出すという数量的研究の色彩が濃くなり、対話全体の対話たるゆえんの究明がおぼろ気になってしまう。教育学的な研究仮説を明確にし、学年ごとに教育的な手だてを施して、導き出された学習者の反応に基づいて検証していくという、臨床研究の前段階にあたるものをそのまま提示したという感がある。ここには、指導の要素が入っていないのである。先の基本的な対話能力の構成要素に挙がっていた「(1)　対話に関する認識や方略的知識」や「(3)　対話することへの意欲や積極的態度」なども、本調査で留意したとは言えず、対話運用能力として仮設された聴解力・展開力・話表力も、区別されずに広義の展開力に一体化したという印象はぬぐえまい。

相手の発話を理解して、自己の発話を組み立てる際に配慮する範囲が、場→相手の発話内容→対話の目的や話題へと拡大する点も、小学生の発話調査から想定されたことで、中学校三年間の対話指導の学年目標設定にどれほど資するかは、なお疑問であるとしなければなるまい。

そうしてみると、教育学的な研究仮説を鮮明にした、有機的力動的な（対照研究も含めた）臨床研究を推進することによって、学習者の総体として対話能力の発達をとらえていくことが、切に望まれると言えよう。

4　対話能力表に掲げられた観点ごとの有機的な関連がうかがえるものに、そして実証する筋道の究明を

基本構想の第三章では、対話能力育成の三段階を縦軸に、対話能力を捉える観点を対話コミュニケーションへの意欲／聴解力／展開力／話表力／対話に関する認識や方略的知識と横軸に並べかえ、「対話能力表」（同上書、三八ページ）として掲げている。これによって、「中学校生徒指導要録」（注8）に示された四つの着眼点（国語への関心・態度・意欲／理解の能力／表現の能力／言語についての知識・理解・技能）にほぼ見合う学力構造論が示されたわけである。
（1）「対話コミュニケーションへの意欲」の項に対話能力育成の三段階が身につけるべき態度として記される。先に記した対話能力育成の指標は、実は対話コミュニケーションの意欲・態度をはかる指標でもあったということになる。このような論述を承諾してもらっても、聴解力以下の指導事項には、なお左記のように検討すべき事項が山積している。
（2）聴解力は、すでに第一段階において「正しく聞く」表意の理解にとどまらず、「意図を考えながら聞く」推意の理解の面も備えるようにし、第二段階では、相手の話を正しく聞き取るだけでなく、自分の考えと照らし合わせながら、どこが違うかを正しく理解する。その上、相手が話す内容に込めたものを、そこまでの対話の文脈的展開をとらえて的確に汲み取るようにする。後者は第三段階にも一部は入り込むが、第三段階独自には「相手の立場、対話の目的など」の条件を配慮して、これから対話がどう進んでいくべきかも見通しながら、いっそう深く聞き取

るようになることが目ざされると言えようか。

(3)展開力は、第一段階において自分の言いたいことに固執しないで、まず相手が出してきた当面の話題に対して関連した内容を持ち出すことができる点に力を注ぎ、第二段階から射程を広げて対話の文脈的展開まで念頭に置いて、いくつも言うべきことを見いだし、その中からふさわしいものを決めるようになることが期待されている。第三段階では、言うべきことをいっそう適切なものにするために「目的に応じて対話の方向を定め」ることが目ざされている。この第三段階に至ると、聴解力の第三段階と酷似している。

(4)話表力は、自分の考えの明確化・言表化(第一段階)→対話の目的・相手・場面にふさわしい口頭表現の工夫→(第二段階)→話し方の効果や相手の受け取り方を反映させた話し言葉の工夫(第三段階)と、内容中心→表現中心→評価中心に移っていくと言えようか。

(5)対話に関する認識や方略的知識については、望ましい対話のあり方についておおよその見通しを持つ(第一段階)→対話の基本的な進め方を理解して、それを「場にふさわしい音声・速度、語句・話体、非言語的行動」に表す(第二段階)→目的に応じた対話の進め方をよく了承して選び、効果の見きわめからひるがえって「音声・速度、語句・話体、非言語的行動を調節する」こと(第三段階)までも目ざしている。波線部は、すでに対話に関する認識や方略的知識の枠をはみ出しているが、それらから流れ出てくるものと解されるのであろう。

このように、それぞれの観点についてはある程度の整合性がつけられている。ただし、各段階の内部において、これらの意欲や能力・認識が有機的に結びついているかどうかは、慎重に調べてみなければなるまい。例えば、聴解力・展開力においては「目的」に応ずることが第三段階に位置づけられているが、話表力では第二段階に挙がっている。また、第二段階の話表力にある「対話の目的や相手や場面などの条件にふさわしい言い回しで話す」ことと、対話に関する知識や方略的知識の後半部「場にふさわしい音声・速度、語句・話体、非言語的行動を取る」ことを見分け、学習者に別々のものとして自覚させることも、きわめて難しい。

そして、このような有機的な関連づけをいくらはかっても、この「対話能力表」が理論的に仮設されたものであるという性格はやはり変わるまい。最初の「対話コミュニケーションへの意欲」に挙げられた対話能力育成の三段階に導かれて作成したのであり、それ以外の根拠は示されていないからである。しかし、必ず学習者の中にこのような観点によって分節化する方が有効であり、対話能力の段階がこのように進んでいけば、対話者として自立しうると言う自覚を促すものでなくてはならない。そして、国語教育実践研究者に、「確かに国語の授業実践の中から生み出された対話能力表だなあ。」とうなずける安心感と説得力を感じさせるものでなければならない。本提案の場合、以下の対話カリキュラムは、この学力構造論（「対話能力表」に見る）をそのまま活用したものではないだけに、実証の困難さもつきまとっている。それだけにいっそうこの対話の学力構造論を検証する道筋を明らかにすることが不可欠になってこよう。

5　「学習指導要領」に記された「内容」との一致点・相違点を明確に

基本構想で提案された対話の学力構造論が新しいものであればあるだけ、「学習指導要領」の中学校各学年に記された指導事項（内容）との一致点・相違点をはっきりさせ、音声言語領域において認知心理学や言語心理学に拠る学力構造論に組みかえるべきゆえんを明らかにしなければなるまい。

「中学校学習指導要領」（平成元年三月一五日告示）は、聞く力に着目すれば、内容把握と要約／ものの見方や考え方／構成や展開／語句の意味や用法（以上は文字言語と共通）／聞き取り／話し合いにおける聞くこと[注9]という観点から各学年に即した指導事項の系統化をはかったものであるとされている。文字言語と共通する四項目（内容把握と要約／ものの見方や考え方／構成や展開／語句の意味や用法）と「聞き取り」は、まとまりを持った話を聞く際に表現の各過程において留意すべきこととその学年の重点、「話し合いにおける聞くこと」は話し手の一人として意識して聞くこと（対話も含まれるか。）になろうか。

また、話す力に着目すれば、発想／主題や要旨／選材／構成／叙述／語句の選択と構文／「理解」との関連（以上が文章表現と共通）／朗読／話すこと／話し合い[注10]という観点から組織化されたものである。これも、文章表現と共通する七項目と「話すこと」とが一まとまりの話をする各過程において顧みる必要のあることとその学年の焦点、「話し合い」は「聞くことと話すこととが交互に行われていく[注11]」際の思考のはたらかせ方と発揮のしかたになろうか。

このように分類してみると、対話は、「中学校学習指導要領」においては、聞く力・話す力ともにまとまった話を聞いたり話したりする数多くの指導事項には直接かかわらず、「話し合い」の中に部分的に含まれていくようである。

それに対して本共同研究において「対話能力表」を掲げたのは、聞くこと・話すことの根底に対話を改めて明確に位置づけ、対話能力の中核に展開力を据えようとしたものと言えようか。このような組織化は、当然音声言語領域全体に及ばなければならず、「学習指導要領」に示された各学年の個々の指導事項をも包み込むものになっていくことが望ましい。基本構想では、考察はそこまで至っていないが、今後音声言語教育全体を見据えた学力構造論が提案できるようにしたい。

6　先行の理論研究・実践研究から導き出される学力構造論と照らし合わせて、実践理論として普遍性のあるものに

「学習指導要領」との比較と並んで大切なのは、これまでの理論研究・実践研究の中で見いだされた学力構造論

と比較して本研究の特性とさらに改良していく方向性を探っていくことである。
管見に入ったもので、実践から帰納された妥当性を備え、しかも実践を高めていく指針になるのは、野地潤家博士の、授業におけるコミュニケーション技術を聞解力（きちんと聞きとる技術）と話表力（きっかりと話し表す技術）に分け、話表力をさらに応答力（問答における答え方）・発表力（意見・感想などの発表のしかた）・討議力（話し合いのしかた）・司会力（話し合いの司会のしかた）に分類していく見解である。この見解の特長は、「応答力は、対話形態における典型的な能力の一つ」、「討議力は、会話形態における中心能力[注12]」という説述に見られるように、

①談話形態の違いが学習者の意識の違いとなって表れるところに着目して、その中核となる話表力を想定し、
②応答力から発表力へという発展と、応答力から討議力へという進展を想定し、
③さらに「司会力は、話表力（応答・発表・討議などを含み）の統合されたもの[注13]」とあるように、司会力をその総合性ゆえに討議力とは独立させ、話表力の到達点と見定めたこと

にあろう。これらは、基底に聞解力を据えた有機的な結びつきを持っており、学習者の努力すべき内容と到達点に至る筋道の明確な話しことば学力論となっている。

このような話しことば学力論は、以下の「聞解力訓練の方法」・「話表力訓練の方法」を参照すると、大村はま氏の『やさしい国語教室[注14]』などの実践に、内省的な裏付けを加えて提起されたものと推察される。そこで、例として『やさしい国語教室』において、大村はま氏が中学生に向かって文章を通して語りかけられた「よく聞こう」「よい聞き手・よい話し手」を取り上げ、それぞれ聞解力育成の階梯、話表力育成の階梯を導き出せば、左記のようになろう。（導き出した経緯についても補説を加える必要があろう。しかし、ここではその結論を挙げるにとどめておく。）

聞解力育成の階梯

（それぞれを学習目標として示しておく。次の「話表力育成の階梯」も同様である。）

（1）言われている内容をきちんととらえることができる。

（2）話し手のことばの響きから相手の心を汲むことができる。

（3）とにかく話そうという気構えで本気になって聞くという姿勢を確立する。

（この後に「ある人の意見に賛成でも反対でも一言立って発言することに慣れ、少しでも理由を加えることができるようにする。」ことも挙がっている。この本来話表力に属するかに見えることも、そこで育つ聞解力の伸びを知悉するゆえに、「よく聞こう」の中に含められているのであろう。）

話表力育成の階梯

（1）問われたことにぴったりした答えを返すことができる。（正しく、ふさわしく）

（2）心のとおりにことばで言い表そうとするようになる。（自分の内面にも誠実に）

（3）身近なところから話題を探すことを自ら習慣づけ、豊かに話す土壌を耕すようになる。（三題話、カキクの話など）

（4）話す前におおよその組み立てを考えておくだけでなく、それぞれの話段の話し出しの言葉を考えておくことが身につく。

（5）話している間に「～だから」「～なので」と続けたくなるときでも、あえてそこで文を切り、短い文で明確に話すようにする。

（6）話した後には、自分の話が聞き手に誤りなく伝わっているかどうかを常に吟味し、次に話すおりにはぜひここを改めようという焦点を見定めることができる。

(7) 実際の場（体験）を通して話し合うことの威力・生産性を悟り、人の考えを大事にして思考を深め合っていこうとする態度を確かなものにする。
(8) 望ましい話し合いの事例を手がかりにして、以下のことを悟るようにする。
・話し合いの中心を明確にする必要性
・他の人が言葉につまったとき、代わりに補ってあげることの重要性
・みんなが思考を深めやすいように、司会者であるような気持ちになって発言することの価値
(9) 実地に話し合いに取り組み、実りのある話し合いができるようにする。
(10) 司会者としてどう開会し、何をどんな調子で話せばよいか、意見が出たときにはどうまとめればよいかについて、おおよその見通しを持つようにする。
(11) 実地に司会役に取り組み、次のことができるようにする。
・みんなの考えをよく聞いて、幾種類の見解があるかを把握する。
・それぞれの考えのよって来たるところ考慮しながら、共通点・相違点によって分類する。
・解決の鍵になる問題点を見つけて、みんなの前に出す。
(12) 一つの問題の結論を出し、新しい課題を提示する際には、ゆっくり、一つ一つの音をはっきりと、念を押すように、そして自分のいっていることを自分で確かめながら話すようにする。
(13) 進行についての助言を最大限に聞き入れて、どういう立場・意見の人の心も汲んだ結論を導くようにし、誰もがその話し合いによって成長したという充実感が湧くようにする。

これらのうち、聞解力育成の階梯（1）・（2）が純然たる聞く力、（3）が対話のうちの聞く側面に光を当てたもの、話表力育成の階梯は、（1）・（2）が応答力、（3）・（4）・（5）・（6）が発表力、（7）・（8）・（9）が討

議力、(10)・(11)・(12)・(13)が司会力に関わる学習目標である。このうち、対話に関する学力(応答力)を改めて取り出せば、次のようである。

聞解力のうち対話に関わる学習目標	応答力に関する学習目標
(3) とにかく話そうという気構えで、本気になって聞く(話すために聞く)という姿勢を確立する。	(1) 問われたことにぴったりした答えを返すことができる。 (2) 心のとおりに言葉で言い表そうとするようになる。

このように対比して挙げてみると、対話に関して聞く力を主に伸ばすばあいと、話す力を養うばあいとの実践目標の違いが明白になってくる。本共同研究の基本構想の対話行為の心理的過程モデルにおいて、聴解過程を①表意の理解→②推意の理解とし、「対話能力表」において聴解力の第一段階にも両者を掲げたのは、聞解力育成の階梯(1)・(2)と照応する面があり、実践に打ち込んだ方の立言と響き合う妥当性があるとも予想されよう。ただし、他方でこれらは対話の際の聴解過程とばかりは言えないかもしれないなど、基本構想を根底から問い直すきっかけも与えてくれる。大村はま国語教室第二巻の『聞くこと・話すことの指導の実際』(筑摩書房、昭和五八〈一九八三〉年三月三〇日発行、全四五六ページ)には、さらに話しことばの実践系統の探究が、さまざまな角度からなされており、こうした実践者の英知を汲んだ対話の学力構造論に練り上げることが枢要な課題となろう。

上記の聞解力と話表力(応答力・発表力・討議力・司会力)という、大村はま氏の実践を見据えた話しことば学力論を提起した野地潤家博士は、さらに検討を加え、話表力の一項目として質疑力(自ら疑問を発し、問いただしていく、質問のしかた)(注15)を補われ、次のように説かれている。

「質疑力は、応答力と並んで、学習話法の中核の一つをなす。学習・教授過程において、問題点・疑問点を把握すること、それに基づいて、質疑・質問をすること、これは自主的な学力水準を反映するであろう。質疑のしかたについては、学習者の発達段階に応じて、訓練を積み上げていくことが必要である。(注16)」

指摘されてみれば、対話形態の中にも、応答力に属さないこのような自ら問う力の必要であることが認められよう。そして、「自主的な学力」こそ真の学力であるとすれば、是非学習話法として育てたいと思える学力になってくる。ただし、この質疑力は学習場面も推察すれば、一対一の対話形態にはならず、他に聞いている人を自覚して話す場合も多い。そうすると、応答力・発表力・討議力のような談話形態と照合する能力とは言えなくなってくる。先の学力系統化の基準を見直さなければならなくなる。それについて、野地潤家博士は、学習話法における学力は、「話しことばとして、聞く・答える・たずねる・発表する・話し合う・話し合いの進行をはかるなどの活動形態をとる(注17)」と記されている。聞く形態に応ずるのが聞解力、答える形態に対応するのが応答力、たずねる形態に照応するのが質疑力であり、発表する形態として発表力、話し合う形態として討議力、話し合いの進行をはかる形態として司会力が想定されたことになろう。したがって、主に談話形態に着目した学力論から、省察を通して、学習者側から主体的に取り組む活動を拠点とした学力論が生み出されていると言えよう。むろん、このほうが学習者の話しことば自覚にいっそう密着したものになり、学力観としても一貫したものになっている。

このように質疑力を取り込んだ話しことば学力の有機的な結びつきを目指すと、日々の話しことば教育実践の源泉となる実践目標の設定が可能になってくるわけである。この質疑力の着想は、基本構想において補われるべき、話す側からの対話行為の心理的過程モデルの想定にも、示唆するものが大きい。このような理論的可能性も取り込んで、本共同研究を学習者の対話開眼、話しことば開眼に至らせるものにしていきたい。

以上は、先行研究のうち、野地潤家博士・大村はま氏の理論研究・実践研究の一端を瞥見したに過ぎないが、その豊かさは汲み尽くしがたい。対話指導の臨床研究を進めようとすると、他方において資料研究(歴史研究を含む)の不可欠であることが明らかになってくる。これまでの対話指導の理論・実践に学ぶことにも、力を注ぐようにしたい。[注18]

※執筆時点では、質疑力についてこのように考えていたが、不可欠なのは、問う人と問われる人の関係である。したがって、以後対話形態における学力として位置づけている。

(三)　対話カリキュラムの作成手順を鮮明に
――対話指導計画論の課題――

1　カリキュラム編成の基準になるものを見きわめて

基本構想第四章第三節には「対話能力を育てる学習指導への手がかり」として、以下の三側面から対話学習を組織化しようとしている。

(1)対話能力の根底を耕す学習指導
(2)対話能力そのものを育てる学習指導
(3)対話能力を活用する学習指導

実際には『共生時代の対話能力を育てる国語教育』の第二部「対話能力育成への実践事例」の構成を見てもわかるように、これら三系列によって、対話学習指導計画を立てようとしている。まだ、三附属中学校で分担している段階であるが、いずれは統合されて対話カリキュラム作成へと進んでいくべき性格のものである。そうだとすると、対話カリキュラムづくりの起点において、これまで理論的に固められてきて「対話能力表」に行き着いた原理（研究仮説）とはまた別の新たな原理が導入されたことになる。ここで改めて対話能力の根底を耕す学習指導／対話能力そのものを育てる学習指導／対話能力を活用する学習指導の三方向によって、対話学習の単元を組織化する意義はどういうところに認められるであろうか。

この提案の拠り所になると考えられる、大村はま氏の以下の説述を引用した上で解明していくことにしたい。

「実際の教室で『話し合い』の行われているとき、一見、生徒のしていることに変わりはないようでも、指導者としては、はっきりと、次のうちのどちらであるか、決めていなくてはならないと思う。

A　話し合いの力をつけるために、話し合いをさせている。

B　他の目標――たとえば文学作品を味わうということをめあてとして、そのために「話しあい」という方法をとっている。

この二つの場合がはっきり区別されていないから、一方では『話し合い』という学習単元がありさえすれば、話し合いの指導をしようとしたり、文学鑑賞のただ中で、司会の仕方や、話し合いへの参加の仕方について助言をするということで割ってはいったり、一方では、『話し合い』ということをさせているだけで、はっきりした目標で、そのしかたを指導していなかったりするような混同が起こっているのである。

Aのほうの学習が進み、ある程度の実力をつけてこなければ、Bの方に進むことはできないと言えよう。また、Bのほうで、いろいろ、話し合いのしかたの上で問題になった点は、記録しておき、次のAの時間に織り込んで、考え、学習させるべきである。

このような態度が、はっきりしていないことが多く、Aの立場かBの立場か確認せずに、あいまいな態度で授業を進めるために、よく非難されるような『話しことば』の指導上の問題が出てくるのであると思う。「話しことばの指導」といっても、①何を、いつ、指導するのかはっきりしないとか、いつも決まったように、『ことばをはっきり』とか、『おちついて』とか、『わかりやすく』とか、『構成を考えて』とか、同じことを注意するばかりで、②指導内容やその段階をはっきりさせないものだから、計画が立てられない、つまり、授業として成立しないというような声が出てくるのであると思う。

しかし、そういって、そのままにしておくことがどうしてできようか。話しことばの生活の現場を見、将来の国の発展を思うとき、話しことばの生活を高めていかねばと痛感せずにはいられない。何を教えてよいかわからない、段階がはっきりされていないなどと、よそごとのように眺めていることはできない。③何をどの程度、いつどのように指導したらよいか、自分たちで考えなければならない。

生活を向上させ、文化をすすめるために、どのようにしたら、多くの人の知恵を集め、力を結集するのに役立つような話し合いをする力を育てることができるであろうか。Aの場合は、その能力を一つ一つはっきりとめざして、指導が行われなければならないと思う。

話し合いの指導というと、ただちに、『話し合いのしかた』『話し合いの進め方』『発言の仕方』というような項目が出てくるのがふつうであるが、私は、それ以前に平凡かもしれないが、次のようなことが、確実になされていなければならないと思う。

その一は、子どもたちに、話し合うということの価値を、身にしみて感じさせること。

話し合い――あるひととき、時の流れを共有して、互いのいのちのひとこまを出し合って、人間と人間とが、じかに触れ合う、この話し合いの生み出す不思議なみのり――、話し合うことによって、話し合っていた人と人との持っていたものの単なる和ではない、それ以上の新しいものが生み出される、そういう話し合いの価値をひしと感じさせること。

その二は、透明で冷静な聞く力、機敏に整理しつつ聞く力と、人間的な、あたたかな、心まで聞きとる力、ともに追究しつつ聞く力、簡単に言えば、正しく深く聞き取る力をつけること。

その三は、その学級において、だれかがだれかをばかにしていない、またどれかがだれかにばかにされていると思っていない、そういう状態にしていなければならないこと。(注19)」(波線部、傍線部、傍点ともに引用者)

この立論は、『話し合い』指導について」と題する論述の一部で、直接対話指導に関する提言ではないが、野地潤家博士が指摘された通り、話し合い・討議の出発点に対話の能力（応答力）を掲げており、話し合い（討議）の指導の二種として言い得ることは、対話についても同じように適用できよう。そうだと仮定すれば、Aは、「対話の力をつけるために、対話をさせている」ばあい（学習活動として一対一で話し合っているだけでなく、そこで目標としている対話能力を伸長させることがめざされているばあい）、Bは「他の目標――例えば、文学作品を味わうということをめあてとして、『対話』という方法をとっている」ばあい（方法として一対一で話し合う形態はとっていても、目的は他の国語学力をつけることにあるばあい）ということになる。目標設定に関わってこの二類を見分けることが、対話学習を目標不在の授業にしないことになるという、対話の授業成立の指針を述べられたものと言えよう。国語の授業として対話に取り組みたいと思いながら、その時の原動力となる実践目標をどう見据えればよいかと悩むおりには、道標となるべき提言である。これによって、（2）対話能力そのものを育てる学習指導（上記Aと照応）と（3）対話能力を活用する学習指導（Bと対応）の基礎づけはできたと言えよう。（2）は対話によって対話能力そのものを育てる学習指導の意味になるし、（3）はこれまでに身につけた対話能力を活用して他の目標達成の手段とする学習指導の謂に解されるからである。

この両者の先後関係についても、波線部にあるように、（2）の対話の学習活動を組んで、ある程度の対話能力を身につける段階まで進まなければ、（3）の対話能力を活用して他の目標達成に資することはできないと明快に説かれている。ただし、（2）→（3）は、一方向に考えるべきではなく、（3）の対応のしかたで問題になった点は、そこでは対話能力の伸長を目指しているわけではないので記録にとどめ、時を経て、もう一度（2）の対話能力自体をつける単元で学習させるべきということになる。このような説述やそれ以降の傍線部①～③の背景には、大村はま氏のカリキュラム的発想があるのは明らかである。（2）は対話そのものの単元であるのに対し、（3）は別の単元で、対話は手段として用いられるに過ぎない。それでも、そこに（2）の対話学習の成果と問題点——すなわち対話能力の現状——がくっきりと姿を現すため、カリキュラム作成の際にも、（2）の後に、（3）の手段として対話を活用する単元を設け、そこでこれまでについた対話能力を見守っておくようにという提言と言えようか。本共同研究は、このような大村はま氏の創見をカリキュラムの次元で生かすことに着手したもの（無意識的にではあっても）と見なされよう。対話カリキュラムの作成と結び付けると、大村はま氏の後段の提言も改めて注目せざるを得なくなる。傍点部に「それ以前に」とあるように、（2）対話能力そのものを育てる学習指導の前になされるべきことが挙がっているからである。三点のうち、その一（対話することの価値を身にしみて感じさせる）は（2）の対話能力を伸ばす学習指導に本気で取り組む精神的土壌（対話開眼、及び主体的学習態度の形成）を耕すために不可欠なこと、その二（正しく深く聞き取る力をつける）は、（2）対話能力（話す力の育成にも進んでいく）伸長の能力的基盤として求められること、その三は対話を支える民主的な学級風土の醸成（対話風土の育成）と考えることができよう。これらのうち、その一は独立した単元として設定されることが多く、その二、その三は、日々の学習中で空気や水のごとく身につけるのが自然であろう。そうすると、これらを（1）のように対話能力の根底を耕す学習指導と包括することも、ある程度認められよう。

このように見ていくと、本共同研究で設定した対話カリキュラム作成の方向の三系列には、下記のような要素が加わってくると言えよう。（引用した大村はま氏の資料からの摘記も含めた。）

（1）対話能力の根底を耕す学習指導

すぐに対話能力そのものを伸ばす指導に入るのでなく、その土壌に必要とされる指導を総称したもの。

①学習者に対話の価値を身にしみて感じさせる対話開眼、そして主体的対話学習態度の確立と、

②すべての談話生活・対話能力の基盤となる正しく深い聞く力を養う

ことによって、意識的にも能力としても対話の基底を堅固なものにする。また、
③対話成立を支える民主的な学級風土づくりに意をはらう
ことによって、①、②が順調に進んでいくような対話風土がかもし出されるようにする。①は独立した単元として取り扱い、②は基礎訓練としても、単元としても扱うことが可能である。日々の学習においてもおりおりに着目されよう。③は日々の生活・学習の中で継続的に留意されていくことになろうか。

（2）対話能力そのものを育てる学習指導

対話指導の中核をなすもので、対話活動を組んで意識的に対話能力自体をつけようとする系列である。このばあいは、対話の能力を分析して一つ一つの目標をはっきりと掲げて、焦点化された学習指導が行われるべきである。この系列の指導が十分に試みられた上で、次の対話能力を活用する授業が可能になってくる。

（3）対話能力を活用する学習指導

対話を手段として用いながら、別の目標を達成する指導である。したがって、当然対話能力を育成した上で取り入れられるべきものである。（2）で培った対話能力が総合的に現れてくるため、その不十分さを見抜き、次の対話能力自体を養成する指導の手がかりを得ることができる。それゆえ、対話カリキュラム作成の際にも念頭に入れておくべき系列である。

これら三系列が対話カリキュラム編成の基準としてはたらくことも、確かに想定できることである。とはいえ、大村はま氏の場合、この着想が学習態度の育成から能力形成へ（（1）話し表す力の根底を耕す学習指導の①話し合いの価値への開眼から、（2）話し表す力そのものを育てる学習指導へ）、（1）の②聞く力の伸長の上に（2）話し表す力をつけていくことへ、（2）話し表す力そのものを育てた上で、（3）それまで培った力を活用して読み書きの力を養うことへというように、話しことば学力論と自然な形で整合性がついている。それに対して、基本構

想では、対話能力論とは全く違う原理が導入されている。それによって、現実の対話カリキュラム編成の要が見えてきたが、他方対話能力育成の階梯などと一部重なるところがありながら、新たな基準に拠ることになり、全体を一貫した原理で見通すことができなくなる。そのため、これ以降は、中学三年間の「対話能力表」を念頭に置きながら、三系列のどの項目をどこに配当すれば、学習者が対話精神を身につけ、生涯人間的向上の拠点としてくれるかを考えていかなければならないという煩雑さを伴う営みが求められるに至る。

このような接ぎ木的・モザイク的体系化は、一貫した考え方に収斂するための生みの苦しみをくぐり抜けなければなるまい。

2　学年段階における学習活動の目安として、対話の目的によって対話形態を分類して掲げることの功罪

大村はま氏の三系列説に拠った時、（1）の対話能力の根底を耕す学習指導が、①対話の価値に気づかせる学習指導、②正しく深い聞く力を養う指導、③対話成立を支える民主的な学級風土づくりという三側面を持つことは容易に了解できよう。それに対して、肝心の（2）対話能力そのものを育てる学習指導や（3）対話能力を活用する学習指導をいっそう実践に結びつけ、肉づけしていく手がかりはないものであろうか。それが、『共生時代の対話能力を育てる国語教育』の構成では、社会的通じ合いのための指導／文化的通じ合いのための指導　に分けたところにあたろう。基本構想では第四章第二節に対話の活動形態を場面や性格、目的によって分類し、各附属中学校で試みた実践をもとに、どの学年にどういう対話形態がふさわしいかを掲げている（四六ページ）。読み手は、そこから対話能力そのものを育てていく活動形態と、目標は別にあって活動形態として対話の形をとるもの（例えば「鑑賞のための対話」）とを弁別して実践することができよう。

無論、基本構想では、こちらの対話形態の分類・配当を先に掲げ、いわば対話カリキュラムの学年軸（縦軸）を

見定めた上で、対話能力の根底を耕す指導／対話能力そのものを育てる指導／対話能力を活用する指導の三系列によって、横軸にあたる一学年の系統化を試みるという順序に記されている。このようなカリキュラム作成手順も、必ずしも想定できなくはあるまい。ただし、このような過程をとった場合、社会における対話と見られる活動形態や各附属中で試みられた、対話に含めた活動形態が優先され、活動があってその目的・単元目標を見定めるという順序をとりやすい。そして、後に対話能力そのものを育てる指導か、対話能力を活用する指導かを吟味して、その位置づけを確定することにもなりかねない。教育研究としては実践目標が第一に来なければならないのに、対話の活動形態に着目することによって、活動が先に想定され、教育目標が付随して設定されるという逆転現象を起こしかねないのである。

その危険性は、基本構想の執筆においても直覚されていたのであろう。節の順序から言えば、当然第二部「対話能力育成への実践事例」全体が社会的通じ合いのための対話（形態）の指導と文化的通じ合いのための対話（形態）の指導に二大別され、その下位区分として対話能力の根底を耕す学習指導／対話能力そのものを育てる学習指導／対話能力を活用する学習指導が考案されなければならないのに、本書の構成ではその反対になっている。そこに、本来的な一貫した対話カリキュラム作成に向けての第一歩が認められよう。

㈣　対話能力育成への実践事例の持つ可能性

『共生時代の対話能力を育てる国語教育』第二部には、「対話能力育成への実践事例」として九編（《本書第Ⅰ部第二章第一節第三項》で考察した岡井正義氏の報告を合わせると一〇編）報告され、それぞれに考察が試みられている。その中で、対話指導の組織化、ひいては音声言語指導の組織化への見通しが開けてきたように思われる。それを以下五点指摘しておきたい。

1　対話指導における中核領域の見きわめ

平成三（一九九一）年に文部省から出された中学校国語指導資料『指導計画の作成と学習指導の工夫――音声言語の学習指導――』（ぎょうせい、平成三〈一九九一〉年六月一〇日初版発行、全一九八ページ）には、音声言語の取り立て指導時数として、第一学年…一五～一八時間、第二学年…一二～一五時間、第三学年…一二～一五時間が想定されている。このことと「対話能力育成への実践事例」一〇編において試みられたこと、時数とを照らし合わせれば、どの系列の何を取り立てて行うべきかが、おおよそ明らかになってくる。

（1）対話能力の根底を耕す学習指導のうち、A対話することの価値を身にしみて感じさせる指導（実践2…北谷真司教諭）は、なんとしても取り立てて、音声言語指導として正面から取り扱う必要がある。それに対して、B正しく深く聞き取る力を養う指導（実践1…北谷真司教諭）は、音声言語指導として取り組むばあいと読解・作文・言語の指導と関連させて進めるばあいとが考えられよう。C対話を支える民主的な学級風土の醸成（実践1…北谷真司教論、《第二章第一節第三項》で考察した実践…岡井正義教諭）や、D対話に至るまでの学習訓練（《第二章第一節第三項》で取り上げた実践…岡井正義教論）となると、国語科、他教科・領域を通して推進していくべきことになろう。

（2）対話能力そのものを育てる学習指導は、当然音声言語指導の中で中心的に取り上げるべき項目である。ただし、この系列でも、E対話自体の基礎訓練として行うばあい（実践1…北谷真司教諭）とF実の場を設定して試みるばあい（ここに、実践3…末永敬教論、実践4・5…西村雄大教論、実践6…相良誠司教論、実践7…石塚京介教論の報告が含まれよう。）が出てこよう。

（3）対話能力を活用する学習指導は、対話の応用段階なので、音声言語指導時間以外で、国語科（実践8…小津和広昭教諭、実践9…岡井正義教諭）及び他教科・領域の授業《第二章第一節第三項》で検討した実践…岡井正義教諭）において推進されていく性格のものである。

こうしてみると、対話指導の音声言語指導としての中核領域は、（1）対話能力の根底を耕す学習指導のA対話することの価値を身にしみて感じさせる指導と、（2）対話能力そのものを育てる学習指導（E対話自体の基礎訓練として行うばあいも、F実の場を設定して試みるばあいも含めて）であり、それに準じるのが、（1）対話能力の根底を耕す学習指導のうち、B正しく深く聞き取る力を養う指導であると知られてくるわけである。

2　中学校三年間における音声言語教育への展望

対話指導の中心領域が見据えられると、中学校三年間の音声言語教育をいかに進めるかについても手がかりが得られてくる。おおよそ次のような指導の構図が描けよう。

（1）中学一年においては、この対話指導の中心領域を軸にしながら、中学校音声言語教育の基盤を固めていく。

（2）中学二、三年においては、対話という基盤を確かめながら、ひとまとまりの発表、話し合い・討議・司会への進展をはかるように導き、話し手としての自己確立を目指すようにさせる。

（3）他方、朗読の指導は、読みの指導と結びつけて、話しことばの向上を側面から支えていくようにする。

（4）対話を深めさせるために、読書と作文に力を注ぎ、話すべきものを持って相手と向き合うようにさせる。

3　実践を導く指導目標の設定に向けて

対話能力の根底を耕す学習指導／対話能力そのものを育てる学習指導／対話能力を活用する学習指導という三系列の性格と中核領域が明らかになると、それをどのような指導目標として設定するかについても、多くの示唆が得られてくる。

たとえば、対話能力の根底を耕す学習指導のうち、A対話することの価値を身にしみて感じさせる指導や、C対話を支える民主的な学級風土の醸成は、当然対話学習の態度を形成することが目標となろう。それに対して、B正しく深く聞き取る力を養う指導は、対話における話す力の基盤になる聞解力の養成（正しさを求める系列と、深さを要求する系列の二側面を合わせ持つ）を目指すことになろう。そして、対話能力そのものを育てる学習指導では、その命名どおり対話能力の育成が目標の前面に打ち出されてくる。E対話自体の基礎訓練として行うばあいは、限定された小目標を掲げて着実な達成を期し、F実の場を設定して試みるばあいは、学習者にひとまとまりと自覚されるような目標を掲げ、充実感を持って一段上に進んだと思えるものに導くことになろう。対話能力を活用する指導は、主目標は他におかれるが、副次的目標に対話学習の態度・能力がどのように身に付き、発揮されることを願うかを掲げて、見守っていくことになろうか。実践1～9、および《第二章第一節》に取り上げた実践は、このように整理されていく萌芽をうかがわせている。

4　中学校で取り組むべき対話形態の確定へ

現時点では、どこからどこまでが中学校において取り組むべき対話の活動形態なのかが明確でなく、さまざまな一対一の話し合い形態が取り込まれている。それだけに、発表リハーサル（《第二章第一節第三項》で扱った実践…岡井正義教諭）、インタビュー（実践2…北谷真司教諭、実践7…石塚京介教諭）、対話による自己紹介（実践3…末永敬教諭）、対話による道順説明（実践4…西村雄大教諭）、面接（実践5…西村雄大教諭）、対話による文学鑑賞（実践8…小津和広昭教諭）など、きわめて多彩である。これらがいずれも中学校で学習する対話形態としてふさわしいものか、それとも焦点化を必要とするものなのかの吟味も欠かすことができまい。それにしても中学校で取り組むべき対話形態の確定への先鞭をつけたのは確かであろう。その意味では、現場の先生方の模索が、全体として尊い試行となっていると言えよう。

5　教師自ら対話のモデルや学習の手引きを作成し、身を乗り出して導いていく授業へ

対話の授業は、基本構想にもあったように、教師自身の話しことばが教材であり、自ら対話のモデルや学習のてびき（話し合いのてびき）を作り出す機会が多くなる。『共生時代の対話能力を育てる国語教育』第二部「対話能力育成への実践事例」においても、実践1・2（北谷真司教諭）、実践3（末永敬教諭）、実践4（西村雄大教諭）、実践9（岡井正義教諭）など、これまでの国語科の授業にもまして対話例や学習のてびきを用意し、身をもって示す報告がふえてきている。これらは、独創的な対話の授業創出に近づいているきざしと言えよう。即決性が求められる領域だけに、教師が身を乗り出して子どもとともに創り上げていく授業からは、生徒が対話を身をもって会得していく可能性も高くなってくる。

おわりに

『共生時代の対話能力を育てる国語教育』は、
第一部　対話能力の育成を目指して―基本的な考え方を求めて―
第二部　対話能力育成への実践事例
のいずれも、理論的仮説の素案、仮説を検証するための第一次の授業報告ともいうべきもので、なおこれからの感が深いものである。それだけに、仮説の練り上げと、検証のための授業をどう構想し、授業中のいかなる対話によっ

て、仮説が検証されたことになるかを見極めていかなければならない。さらに、このような研究が、国語科担当者の生涯話しことば教育実践に打ち込む拠点にし得るかどうか、謙虚に考えてみなければなるまい。

現時点では、到底そういう堅固さを持つに至っていないが、この書を公にする以上、われわれには本研究を結実させる責任が伴うわけである。本稿も、話しことば教育研究において、確かなことを一つでも見いだそうとする模索の軌跡である。

注（1）国松孝二訳「ドイツ亡命者の談話」『ゲーテ全集第八巻』（人文書房、昭和三六〈一九六一〉年三月二〇日発行）二七〇～二九九ページに「メールヒェン」と題して収められている。ボルノーが引用した箇所は、金貨をのみ込み、体の中で融けて光り出した、英知をもった緑色の蛇が、以前から気になっていた聖堂に入り込み、自らの光で、安置された純金の王の像に目をとめると、おごそかな像の方から話しかけられるところである。（改行して示せば以下のとおりである。）

（王）「おまえはどこから来たのか？」

（蛇）「岩の裂けめからでございます。」と、へびは答えた。「金を蔵しております、あの。」

（王）「金よりもすばらしいものはなにか？」と王はたずねた。

（蛇）「光でございます。」とへびは答えた。

（王）「光よりも活気づけるものはなにか？」と王はたずねた。

（蛇）「会話（ボルノーの著書では『対話《おはなし》』と訳されていたことば）でございます。」とへびは答えた。（同上書、二七五ページ）

人生の知恵に富んだ蛇は、王の「金よりもすばらしいものはなにか？」という問いによって、王が求めているものの高さに気づき、「光」と答える。それでも王は満足することなく、さらに人生を「活気づけるもの」（ボルノーの著書では『さわやかなもの』）を探り当てようとする。そこで、蛇も、究極のものとして「会話」（『対話』）と答えざるを得なくなる。これは、ボルノーの指摘に従って考えればそのようにも見えてくるということで、寓意性の強い原訳だけでは、なかなか汲み取りがたいところである。「目に見るところのできる世界の美を輝かせる」のが「光」であるのに対して、「内なる世界の深みを輝かせる」のが「対話」であるとする解釈には、うなずかざるを得ないものがある。

なお、『メルヒェン』（乾侑美子訳、あすなろ書房、平成一三〈二〇〇一〉年四月二〇日四刷発行）一一ページにも、敬体で、

「光より人を励ますものは？」王はまた聞きました。
「語り合うことが。」

などという新訳が試みられている。

(2) ボルノーでさえ、「振り返ってみると人間がこれまでどれほど絶望的にわずかしか、ほんとうの対話にいたることがなかったかがわかる」（『言語と教育』増補版、二八八ページ）と述懐している。ここにはドイツで第二次世界大戦をくぐり抜けてきた人が、ギリシャ以来二千数百年の人類の歩みを振り返ってみた時の嘆息がこめられていよう。それだけに、これこそ対話だと思える事例の蒐集が重要性を持ってくるわけである。

(3)(4)(5) 大村はま氏稿「『話し合い』指導について」『聞くこと・話すことの指導の実際』（大村はま国語教室第二巻、筑摩書房、昭和五八〈一九八三〉年三月三〇日発行）一七八、一七八、一七六ページ。

(6) 大西道雄博士著『意見文指導の研究』（溪水社、平成二〈一九九〇〉年三月一五日発行）一五ページ参照。

(7) 同上書、二四ページには、作文のばあい、創構過程は「主題を中核として文章内容の構造化をはかる」文章産出過程であり、文章化過程は「創構された文章の内容を、文章表現として線条的なものに変換する段階の作文活動」であるとされている。対話における応答にもこのような萌芽が認められるとするなら、漠想―言表化という過程をたどるというより、創構―言表化の過程をたどると想定した方が、対話に盛り込める広がり・深まりを包括的に示すことになるのではなかろうか。このあたりの項目設定は大西道雄説に触発されたところが大きいと見られるだけに、惜しまれるところとなっている。

（8）正式には、次のような名称であり、時期、掲載誌も以下のものによった。

「小学校児童指導要録、中学校生徒指導要録並びに盲学校、聾学校及び養護学校の小学部児童指導要録及び中学部生徒指導要録の改訂について」（平成三〈一九九一〉年三月二〇日、各都道府県教育委員会宛、文部省初等中等教育局長通知『初等教育資料』五六三号、東洋館出版、平成三〈一九九一〉年六月一五日発行）八六ページ。

（9）文部省『中学校指導書　国語編』（東京書籍）、表紙に「平成元（一九八九）年七月」と明記され、奥付には「平成八（一九九六）年一月二〇日四版発行」とある。四〇～四一ページより抄出したものである。

（10）同上書、一九～二〇ページより抄出。

（11）同上書、三八ページによる。

（12）『話しことば学習論』（共文社、昭和四九（一九七四）年一二月一五日発行）二〇七～二〇八ページ参照。この考察を収めた論文「コミュニケーション技術の訓練」の初出は、『講座自主学習』Ⅲ、黎明書房、昭和四五（一九七〇）年三月発行となっている。

（13）同上書、二〇八ページ。

（14）『やさしい国語教室』は毎日新聞社、昭和四一（一九六六）年三月一五日発行、全二三四ページ、以下の「よく聞こう」は一一～二〇ページ、「よい聞き手、よい話し手」は四四～八〇ページに収められている。なお、それらの章はまた、『国語学習のために』（大村はま国語教室第一三巻、筑摩書房、昭和五八〈一九八三〉年六月三〇日発行）九～一七ページ、三九～七一ページにも再掲されている。

（15）『話しことば学習論』一七一ページに拠る。ちなみに、この見解が初めて公にされた著書『講座・話し合い学習』上は、明治図書から、昭和四六（一九七一）年一〇月に出されている。（注12）に挙げた論述の翌年ということになる。

（16）（17）同上書、一七二ページ所収。

（18）野地潤家博士は、ご自身でも対話指導に焦点を当てて、しばしば論究されている。そのうち要になるものは、『教育話法入門』（明治図書、平成八〈一九九六〉年七月発行、全二五九ページ）に収められている。「人間関係をひらく話しことばの指導」（『月刊国語教育研究』一五〇集、日本国語教育学会編、昭和五九〈一九八四〉年一一月一五日発行）では、「子どもたちの生活の中で最も中核に位置づくのが対話生活」（引用は、『教育話法入門』二一六ページによる）であるとされ、対話指導においては教師がどのように働きかけ、学習者がどのようになっていくことが望ましいか提案されている。そこに順序性と段階性が見られるため、通し番号を打って教師の取り組みを上段に掲げ、そこから導かれる望ましい学習者像を下欄に掲げれば、下記のような構図になろう。（できるだけ論述を生かして、まとめたが、部分的に考察者の解釈も含まれているかもしれない。）

対話指導における教師のはたらきかけ	そこでできてくる望ましい学習者の姿
①ふだんから子供たちを夢中にさせるような魅力のある話題の収集と話し方の自己修練に努め、学習者一人ひとりとの間に、水入らずの対話の成り立つように努めていく。（対話の成立→話し手としての出会いへ）	①話し手（教師）と聞き手（自己）の間に、本当の対話が成立し、先生とわかりあえたときの喜びを体験し、それを契機として一人ひとりが話すことに積極的になっていく。（真の対話へのあこがれが芽生え、それが表情にもうかがえるようになる。）
②児童・生徒一人ひとりが指導者に接するたびに話すことによる喜びや充実感を得させるようにしていく。（対話の継続）	②話し手・聞き手としての教師に対していよいよ信頼感を高め、その結びつきを拠点として話すことによる人間的な喜びを増していく。（対話の会得・定着・体現へ）
③話し手の行動とことばにどれだけ心（真情）がこめられているかをつねに顧みて、一言一句も心を尽くして大事に用いるとともに、学習者がことばによっておのが心情をどう整え、自分の論理（見解）をどう伸ばそうとしているかを見守り、励ましていく。	③このような話し手になりたいという典型を心の内に確立し、自らの話し言葉を見つめ続けることによって人間として向上していこうとするとともに、通じ合えないように思えてもあきらめずに人間関係を切り拓いていこうとする。（対話精神を不動のものにする。）

ここからは、学習者の生涯を見通した、対話学習の指標となる総括目標（能力と態度）を設定する手がかりが得られよう。こうした示唆に満ちた説述が、至るところに見られるのである。

（19）『聞くこと・話すことの指導の実践』（大村はま国語教室第二巻）一七六～一七八ページ。なお、この提言が収められた論考「『話し合い』指導について」の初出は、『国語通信』九三・九五号（筑摩書房、昭和四二〈一九六七〉年二月一日・四月一日発行）であった。

第二章　小・中学校の話しことば実践事例の考察と課題

第一章は理論研究を主としたが、本章では、上記の考察に基づけば、小・中学校の話しことば教育実践がどのようにとらえられるかを記した。原報告を読むことが困難な四文献については、参考として学習指導案の主要部分と、その考察に不可欠な学校研究を掲げさせていただいた。山崎紀枝教諭、西村雄大教諭、佐野喜久教諭、田中賢治教諭、吉冨文子教諭には、ここに記して、感謝の意を表する次第である。

第一節　話表力の根底を耕す指導実践の検討

第一項　入門期において心から話そうとする意欲の湧くものに（小学校）

松藤秀子教諭（現南筑後教育事務所指導主事）の「おもちゃ作りの体験をもとに伝え合う力を育てる実践――『ともだちにつたえよう！わたしがつくったおもちゃ』（第一学年）――」は、『国語の力を生きる力に高める学習活動の展開』（新時代の教科研究シリーズ七　国語科、福岡教育大学附属福岡小学校編、平成一二〈二〇〇〇〉年四月発行）、一一八～一三四ページに収められた。

この実践は、単元名「ともだちにつたえよう！わたしがつくったおもちゃ」から察せられるように、本当に話したいと思える経験を持たせて、通じ合いの源となる、話そうとする意欲を引き出そうとする報告である。入門期の話しことば教育に最も必要とされる単元である。本実践の意義、及び課題は、下記のように指摘できよう。

1　本実践の位置

このような単元が設定される前に、どのような土台固めがなされたのであろうか。私の方で推察してみると、次のようになる。

（1）まず、小学校入学時点で、児童の心を開かせるために、教師が学級全体に対して愛情をもって語りかけるにとどまらず、めいめいの学習者に対して一対一で親しく話しかける場を持つようにし、心の通い合う時間を共有して、どの子もこの先生になら話すことができる、この学級の人たちにならら聞いてもらいたいと思えるようにする。（話そうとする土壌を耕す。）

（2）おりおりに子供達が答えたくなるような小さな問いを積み重ねて、きちんと答えられた喜びを得させていく。その上で、なおも話したいばあい、新たな疑問が生まれたばあいは、のびのびと話させ、その思いを汲んで答え、この次にはもっとこちらの思いをわかってもらえるようにしようとはりきるようにいざなう。（応答力、質疑力の基盤づくり）

こう補ってみると、本実践は地道な継続の上に成り立つ単元と言えよう。

2　本実践の課題

以下の点に留意すれば、一層話そうとする意欲を湧かせる単元になろう。

（1）相手意識・目的意識の明確化

小学校低学年の表現の特徴は、何より相手があって内容が引き出されてくるところにある。そうであってみれば、自分の好きなおもちゃを作る↓級友に遊び方や作り方を説明する↓異学年の人にも話すという順序自体が児童の心理に即応したものかどうか、吟味する必要がある。

（2）書いたカードを読みあげるのではなく、本当に話したい意欲に満ちた場に

単元目標においては「（おもちゃの作り方や遊び方の）順序に気をつけて話したり、大事なことを落とさずに話したりすることができる」ことまで目ざしたため、一文ずつ書いた「お話カード」を読み上げていくものになり、相手と対面しながら目を合わせることもない、あわただしい場になった。それが評価の場と結びつき、本来の話そうとする思い・態度を引き出すことが難しくなったと解される。目標を思い切って本当に話そうとする意欲に絞れば、新たな工夫の余地が生まれてこよう。

（3）最も話したいと思える時を見きわめて、話してよかったと思える授業に

「他の学級の友達を招待して、おもちゃランドを開く」までに七時間をかけており、初めはどんなに話したくてたまらなくても、いつの間にか義務感で話す世界に転化した可能性が高い。したがって、いつ最も話したいと思っているのかを見きわめて授業をしくみ、その思いを発揮させる必要があろう。話してよかったと思える子ども一人ひとりの表情に出会うためには、こうした精進が求められてくる。

第二項　実践「よい聞き手になろう」の意義（中学校）

1　実践の性格について

北谷真司教諭（当時附属小倉中学校教諭）の実践「よい聞き手になろう」（全学年）は、『共生時代の対話能力を育てる国語教育』（明治図書、平成九〈一九九八〉年発行）の「第二部　対話能力育成への実践事例」の「第一章　日常的継続的な指導事例」として、五〇～五七ページに掲載されている。

この実践は、標題にある「よい聞き手になろう」ということにとどまらず、対話能力の根底を耕す指導の全域にわたってその実践的展望を示した報告である。共同研究でも十分固まっていなかった、この系列の組織化に先鞭を付けたもので、その試行は高く評価されよう。

大村はま氏の提言も手がかりにすれば、対話能力そのものを育てる指導の前になされるべきこととして、本実践においては、次のような三点が取り出せよう。

・正しく深く聞き取る力を養い、対話能力伸長の能力的基盤を固める…「授業開き」の際に着目させ、その後継続的に積み重ねていく。（指導目標にも掲げられる。）
・対話を支える民主的な学級風土の醸成…『対話』を支える」として出された指導のポイント六項目（1～6）
・対話する事の価値を身にしみて感じさせ、対話学習の意欲を高める…「対話を知る」の指導のポイント10・12（もう一項目、「『対話』を仕組む。」として挙げられた指導のポイント7～9と、「対話を知る」にあるポイント10～12は、また対話の学習訓練から徐々に対話能力そのものを身につける指導へという別系列をなすと見なせよう。）

そこで、以下、括弧内も顕在化させて四つの系列ごとに、指導目標・指導の実際を吟味していき、そこに含まれる可能性を引き出していくことにしたい。

2　指導目標、指導の実際について

(1) 正しく深く聞き取る力を養い、対話の基盤を固めるために

大村はま氏の講演（昭和三八〈一九六三〉年一一月）のなかに、「(日々の学習と生活の中で) 本当に聞くことが、学力形成と人間形成の第一歩[注1]」という趣旨が繰り返し表明されている。本実践においても日常的継続的指導の中で対話能力形成に最も寄与するのが聞く力にほかならないと考えられたのであろう。指導目標としては「よい聞き手を育てる。」という一点に絞って示されている。ただし、この「よい聞き手」ということばの中に、以下の三側面が含まれるものと想定している。

「①人の話を正しく、真摯に受け止めようとする。
②相手の考えていることを推し量る。
③相手の話を聞いて、自分の話を生みだそうとする。(自分の話を生み出すために聞くという姿勢を確立する。)」
(ただし、括弧内は考察者が補ったものである。)

これは、第一章に載せた、大村はま氏の提案された聞解力育成の階梯とほぼ一致する。波線部を付け加えたのは、人の話を正しく聞こうとすれば、そこに「真摯」さが伴ってこざるを得ないためであろうか。体験的にこのような順序を追った学習目標が見いだされているのは、得がたいことである。

ただし、授業では、この三目標を中学校三学年に機械的に適用するのではないようである。一年の授業開き（最初の授業）において「おはよう。」・「今日も練習。」の用いられるさまざまな場面、それにこめた思いを、まず話し手の側から、ついで聞き手の側から考えさせているのは、すでに相手のことばの響きから相手の心をくむ目標②に対応した活動となっている。①を主とする小学校とは違って、中学校では、主力を②に注ぐべきだと自覚させようという思いが湧いているのであろう。それに対して、中学二年の最初の授業には、教師の指示を聞きながら一斉に絵を描いたり、話し言葉だけでサイコロカードの並び方を伝えてみたりするとして、目標①に戻って「正しく」聞く点は盤石といえるのかどうか、振り返らせようとしている。このような、中学生の聞く意識の進展に応じた、力動的な系統化をはかろうとしているようである。そして、全体として、①正しく、真摯に→②相手のことばから話し手の真意を汲み取る→③話すために集中して聞くという階梯を上っていかせようとしているのである。むろん、そのきちんとした組織化はこれからになろうが、本実践にはその手がかりが記されている。

（2）対話を支える民主的な学級風土醸成のために

指導のポイント1（名前を呼ばれたら返事をさせ、自分の発言に対して改まった意識を持たせる）、2（第一声・最初の発言者には賞賛を与え、発言することへの意欲を持たせる）は、話し方の基本、指導のポイント3（静かに聞くだけではなく、好意を持った、すなおな反応がにじみ出るようにさせる）、4（まず「話し手の顔、表情を見て」聞き、その上で必要に応じてメモを取るようにしむける）は、聞き方の基本である。中学生になると、こうしたことが教師に従ったようで悔しくなったり、思春期を迎えて恥ずかしくなったりしがちなので、改めて学び直させたいというのであろう。

これら話すこと・聞くことの基本は、指導のポイント5（日頃の授業の中で、教師も生徒も発言者の名前をはっきり挙げて、ひとりひとりを大切にすることを身をもって表すようにする）、6（一人一言掲示板を用意して、友達の思いを真摯に受け止め、認め合う学級集団に育てる）を見ると、対話を支える民主的な学級風土を醸し出すことに行き着くものであろう。大村はま氏が説かれた「その学級において、（表立って）だれかがだれかをばかにしていない、また、（心のうちでも）だれかがだれかにばかにされていると思っていない、そういう状態にしていなければならない」[注2]（括弧内は引用者が加えたもの）という提言も、どのように肉付けするかを考えて、その一案を示したものと言えよう。これで十全であるかどうかはなお検討を要するが、民主的な学級風土を育てる手がかりになるのは確かであろう。

（3）対話することの価値を身にしみて感じさせ、対話学習の意欲を高めるために

報告者（北谷真司氏）の意図としては、『対話』を仕組む」の四項目も、「対話を知る」の三項目も、対話の学習訓練から徐々に対話能力そのものを会得する一連の指導であると考えられていたのであろう。しかし、後半の「対話を知る」という柱立てには、そのように順調に進んでいかないものを他方で直覚していたことがうかがえる。対話の学習訓練から対話能力そのものを養う指導へと進んでいくためにも、両者の間にどうしても対話することの価値を身にしみて感じさせ、対話学習への意欲を高めることが必要だったのである。

そのように推察すると、指導のポイント10（教師が身近な優れた話し手の見本として、対話に参加する）も、そこでこれが対話なのかと目を開かせ、真の対話を自得させるためであろうし、指導のポイント12（対話のモデルを示す）も、学習の手引きとして描かれた典型的な対話例をその役割になって話させてみることによって本当にわがものにするためと考えられてくる。対話することの価値を身にしみて感じ、対話意欲を高める指導として体系化をはかることが、これから期待できるわけである。

（4）対話の学習訓練から徐々に対話能力そのものを身につけさせる指導へ

指導のポイント7（おりおりにペア学習を仕組み、一対一で話し合うことに慣れさせる）も、8（大まかな返事

ですませるのでなく、別の角度から光を当てることによって少しでも心のとおりに答えようと努めさせる）も、対話の学習訓練をどのように進めるかに言及している。指導のポイント7は、学習者同士の一対一のやりとりにおいて、8は、教師と生徒との問答において、改善の要点を示している。両者の先後関係を考えれば、指導のポイント8によって、教師の大幅な働きかけを通じて、生徒の答える姿勢を確固としていく方が先で、ポイント7によって、焦点化された課題と制限時間を示して生徒たちに一対一で話し合わせることが後になろう。

大村はま氏は、まず問われたときの答え方として、ア「わかりません。」と一語で片付けたくなる場合、イ「発起」の読み方を尋ねられた時を示して、学習者の内面にあって言いよどんでいるものを幾例も代わりに挙げて見せ、安易な答え方ですませないで、少しでも自分の気持ちに近い言い表し方をと語りかけられている。(注3) 教師のその場における生徒の内面を推測して、その可能性を顕在化させようとする努力が、生徒自らが内面を振り返って誠実に答えていこうとする意欲を育むのであろう。このような心の働かせ方が折々に訓練されてこそ、少しずつ心の中を映しだして答えていく努力が定着することになろう。それには、教師が生徒の内面を何とか言葉に表そうとする苦闘に共感し抜き、性急な答えでなく、真実の声を聞き取ろうとすることが不可欠である。本実践も、そのような歩みに結びつき、生きた指導事例が蓄積されれば、生徒自身が先生はここまで考えて下さっているのかと感嘆するような実践が可能になってこよう。

また、大村はま氏は、討議の学習への準備として、話すことの練習の第一歩を次のように考案されている。

「指導者の問いに対して、となりの生徒と話し合って答える。

①　となりの生徒の考えを紹介して、自分の考えを言う。

（～さんは……私は……という形）

② となりの生徒の考えと、自分の考えとをまとめ、ふたりで考えたこととして発表する。

（わたしたちは……と考えます、という形）

③ となりの生徒と話し合いながら、自分の考えを進め、話し合いながら育てた考えを述べる。

（わたしは……と考えます　という形）

（必要な場合、友達のことばに示唆をえたことをいう。）」(注4)

これは生徒同士が一対一で話し合う場合の学習訓練（みんなの前で発表する部分を除けば）とも言えよう。①は級友の考えと自分の考えを並べて挙げればよいが、友達の考えを先に言わなければならないため、いったん相手の考えをきちんと理解する必要があり、その上で話す自分の考えが友達の考えとここが違うと、みんなに了解されるところまで話し合っておかなければならない。それに対して、②は、必ずしも一致しないふたりの考えをまとめて「わたしたちは……と考えます」という形にせざるを得ないため、両者の一致点・統合点を高次元から見いださざるを得なくなる。③は、話し合ったことを前提にした上で、そこからを生い立ってきた新たな考えを意識化させることになる。そうすると、確かに①が着実にできるようになって、②の修練に進み、さらに③に習熟していく必要があると判明してくる。本実践でも、このような見通しを持った学習訓練を取り入れれば、誰と誰を話し合わせるかなどの手がかりも、はるかに得やすくなるであろう。

指導のポイント9（対話すべき目的・内容を持たせる）↓12（手引きによる対話のモデル、話型を示す）↓10（教師が身近な優れた話し手として、対話に参加する）↓11（時には筆談や文字起こしをして、対話を振り返らせる）は、上記（3）の対話することの価値を身にしみて感じさせ、対話学習の意欲を高める面を除けば、学習指導の過程に従って、対話能力そのものを育てる際の着眼点を示したものと言えよう。これらについては、対話能力そのものを育てる学習指導において取り組まれるべきものであるが、実践の要所が的確に見据えられている。

注（1）大村はま氏講述「人と学力を育てるために」（広島県大下学園祇園高校における講演）、『聞くこと・話すことの指導の実際』（大村はま国語教室第二巻、筑摩書房、昭和五八〈一九八三〉年三月三〇日発行、七九～八〇ページ）より作成。

（2）大村はま氏稿「『話し合い』指導について」（初出は「国語通信」九三・九五号、筑摩書房、昭和四二〈一九六七〉年二・四月一日発行）、引用は『聞くこと・話すことの指導の実際』一七八ページによる。

（3）大村はま氏著『やさしい国語教室』〈毎日中学生新聞連載〉（毎日新聞社、後に共文社、昭和四一〈一九六六〉年三月一五日発行）四七～四八ページ。また、『国語学習のために』（大村はま国語教室第一三巻、筑摩書房、昭和五八〈一九八三〉年六月三〇日発行）四一～四三ページに再掲される。

（4）大村はま氏稿「国語教育近代化のための資料――討議の学習の基礎1」（第一六回全日本国語教育協議会、昭和三六〈一九六一〉年九月二〇日発表）一ページ、野地潤家博士著『話しことば学習論』（共文社、昭和四九〈一九七四〉年一二月一五日発行）二三一ページに再掲。

付記　なお、日常的継続的な指導は、大村はま氏の説述では、対話能力の「根底を耕す学習指導」ばかりか、対話能力そのものを育てる学習指導にも及んでいる。それで、この第Ⅰ部では一応山元悦子氏の分類に従って、「対話能力の根底を耕す学習指導」に含めているが、第Ⅱ部以降は、本来の大村はま氏の論述を取り入れて組織化を試みている。

第三項　国語科以外で取り組む対話への基礎訓練（中学校）

1　実践の性格について

岡井正義教諭（現福岡県教育委員会指導主事）の「学校全体で取り組む対話への学習訓練――道徳の授業を手がかりに――」も、当初『共生時代の対話能力を育てる国語教育』の「第二部　対話能力育成への実践事例」の「第一章　対話能力の根底を耕す学習指導の実際」の「第一節　日常的継続的な指導事例」に収められる予定であった論考である。

国語の授業以外の学校教育は、対話の学習指導（ひいては話しことばの教育）という面から見ると、どのようにとらえられるであろうか。対話カリキュラム作成の拠り所とした、三つの観点、すなわち対話能力の根底を耕す学習指導／対話能力そのものを育てる学習指導／対話能力を活用する学習指導から光を当てると、次のように考えられてこよう。

中核となる対話能力そのものを育てる学習指導は当然国語科で行うため、他教科で用いられる対話は、基本的にその応用（これまでに蓄えた対話能力を活用する学習指導）になる。国語の授業で培った対話能力を発揮して各教科の課題を解決するための手段としたり、お互いの考えを出し合って対象や課題についての見識を深めたりするのである。この面については、本実践では、冒頭の一節「『道徳の授業』は、『対話』から」に説かれている。道徳の授業を「教師と生徒、あるいは生徒と生徒の『対話』を通して『より善い生き方』をさぐる時間」とし、一斉授業の際にも対話精神を網の目のようにはりめぐらせて、「交流を深め、お互いを高め合う」ようにするという説述の中に、対話を手段として用い、活用していこうとする姿勢が端的に表れている。したがって、この対話能力を活用していくという側面については、確かに視野に収められているといってよかろう。

その一方で、他教科の指導は、対話能力の根底を耕すという側面から見ても、寄与するところが大きい。むろん、対話することの価値を身にしみて感じさせ、対話学習への意欲を高めることや、正しく深く聞き取る力を養い、対話能力伸長の基盤を固めることは、国語の授業で試みられるべきであろう。しかし、対話を支える民主的な学級風土の醸成は、どのような授業でも、学級活動でも、念頭に置いておきたいことである。本実践では、直接の言及はないが、道徳の教科内容とも深く結びついたことであるため、必ず考慮されていたに違いない。ただし、本報告がまとめられる時点では、道徳の授業において――あるいは学級活動において――特に養成されるのが、対話を支える民主的な学級風土の育成だと集約するに至っていなかった。それで、保留されることになってしまったのだと言えよう。実践者（岡井正義教諭）には深くお詫び申し上げたい。

それに代わって、本実践で力が注がれたのは、対話への学習訓練ともいうべき、一斉授業において生徒の発言を促す工夫である。岡井正義教諭は、２「生き生きとした『対話』のために」において、中学生がなかなか発言しようとしない理由として、以下の三点を挙げている。

「①発表したいことがない。／②発表しがいがない／③発表を躊躇している。」

①には、発表させる前に発表せずにはおれないことを一人ひとりに育てることが必要になろうし、②には、発表後に、生徒の発言にどれだけ意義や可能性を見いだし、授業全体の中で不可欠の位置を占めさせるかが問われてこよう。③には、生徒たちに発表をためらわせるものを取り除き、発言させるきっかけを与えることが求められてくる。これらのうち、②は、主として教師の努めるべきことであり、それが次の発表意欲へとつながるものである。

対話学習への意欲に直結するものではないが、その素地を養うものである。したがって、対話への学習訓練としては、①（発問や個別の相談・資料提供などを通して話すべきものを持たせること）と③（内なるためらいを除いて発言のきっかけを用意すること）の二点が考えられたことになろう。この二点は、国語に限らずどの教科においても必要な指導であり、それが前項（第Ⅰ部第二章第一節第二項、北谷真司教諭）に挙がっていた、国語科で扱う一対一で語り合う対話の基礎訓練に生かされよう。

このように見てくると、本実践は、他教科で取り組むべき対話に関わる指導の全貌を見通す手がかりを提供し、そのうち対話に至る学習訓練に焦点を当てて、どのように導いていくかを追求した報告であると、性格づけられよう。

2　指導目標の設定・指導の実際について——対話への基礎訓練のばあい——

前項でふれたように、対話へ進んでいくための学習訓練としては、発表すべき内容を持たせる指導と発言する契機を与える指導との二つの観点が考えられている。そのうち、前者の発表すべき内容を持たせる指導については、系統的な指導がなされれば、国語教育界に裨益するものが大きいと思われる。ただし、その都度取り上げるテーマ・題材に左右されやすく、道徳の授業において、対話への基礎訓練のために、わざわざ一人ひとりに発表すべき内容をどう持たせるかという材料の段階づけを考慮するとなると、弊害も出てきかねまい。そこで、発言する手がかりを与える指導に絞って一〇項目挙げられている。

これらの項目には、指導目標の設定まではなされていないが、生徒たちのとまどい・ためらいを取り除いて、発言の手がかりを会得させるための筋道が模索されているとも見られる。そこで、「具体的な工夫」として示された一〇点からそこで暗黙のうちに前提とされていた指導目標を導き出し、これらの実践的提案が出された意義を探ることにしたい。

A　事例として挙げられた道徳的決断が求められる場面において、主人公の言動や内面、キーワードに迫る様々な方法を理解した上で、意味づけに一歩近づいていく手がかりを得ることができるようにさせる。（きちんとした形で答えさせる時…具体的な工夫（1）～（4）があてはまる。）

B　学習形態や発表の形式に拘泥することなく、求めに応じて、その時点で答え得ることを誠実に話していこうとする態度を育てる。（ふっと心に浮かんだ、率直な気持ち・考えを飾らずに出させる時…具体的な工夫（5）が該当する。）

C　自らの思索を掘り下げていく拠点を見いだし、自分の道徳的態度の形成と結びついた意味づけ・価値判断を、常に吟味の余地を残しながら表明していくことができるようにさせる。（じっくりと考えさせて、深い考えを、謙虚さを持って表させる時…具体的な工夫（6）～（8）がそれにあたろう。）

D　いよいよ対話の基礎訓練に一歩を踏みだし、級友の考え方と直接向き合い、自分の見解との異同を冷静に見きわめて発表することができるようにさせる。（それぞれの意見の違いを見のがさないで偏らずに発表させたい時…具体的な工夫（9）～（10）と照応する。）

指導目標Aは、前半部の「事例として挙げられた道徳的決断が求められる場面において、主人公の言動や内面、キーワードに迫る様々な方法を理解」する（1）私の思いをカードに／（3）気持ちを何かにたとえてみる／（4）役割演技、寸劇で感情移入をさせるという三項目と、目標後半部の「（倫理的）意味づけに一歩近づいていく手がかりを得る」に照応する（2）「問い返し」で輝き出す発言一項目とに分かれよう。具体的な工夫（1）は、空欄部分を想定して道徳的課題が生じた場面における主人公の内面を考えさせていく緒（いとぐち）とするものである。それに対して、工夫（3）は主人公の心情を色、顔の表情、絵、形、歌、音、長さにたとえて考えさせ、工夫（4）

は道徳的葛藤が頂点に達する場面などを短い劇に作り直して、演じさせながら、主人公の気持ちなど汲ませ、さらにその後創作も加えさせるものである。道徳において、顔の表情を描かせたり、動作化させたりする方法はよくとられる方法であるが、ここではそういう次元の取り扱いにとどまらず、大村はま氏の詩の鑑賞指導(注1)や文学を味わせる指導(注2)を取り込んで、その過程で、一旦取り上げた葛藤場面に入り込ませようとしているのであろう。工夫(2)生徒が用いた曖昧な形容詞や副詞に着目して尋ねていくことによって明確にさせ、深みのある発言を引き出すことは、先に挙げた工夫（1）道徳上の場面における空欄補充、（3）主要人物の内面をさまざまなものにたとえさせる、（4）葛藤場面の劇化による内面の理解のいずれとも結びつきながら、場面理解の契機にしていくこと〔（1）や主人公の内面の理解・共感〔（3）（4）〕にとどまらず、自分の人生とかかわらせて、道徳的課題を凝視させることになろう。そうすると、これらの実際的な工夫を通して、生徒にも道徳的思索を進めていく基本的なあり方が会得されよう。

指導目標B（学習形態や発表の形式に拘泥することなく、求めに応じて、その時点で答え得ることを誠実に話していこうとする態度を育てる。）は、一見すると指導目標Aより容易に見えるが、ひとたび生徒の方に道徳的思惟をどのように進めるかがおおよそ身についてこそ、応用的に求められるべきねらいと言えよう。実践的な工夫(5)では、間髪を入れず、挙手しているかどうかにも拘泥せずに、考えきれていないのであれば発言にそのまま映し出させることが、かえって「多くの生徒の思いを引き出す」可能性を指摘している。これを課される生徒の立場から見れば、常に時間を与えられて考えた上で発言する形ではなくなり、それほど多くのことを要求されているわけではないと知りつつも、いつどんな形で指名されるかもしれないと思って、絶えず発表することを前提にして思考をめぐらすようになろう。そうなると、人数的に多くの生徒の思いが引き出せることにとどまらず、短い時間に集中して考えた豊かな見方が多彩に引き出させる場になってくる。とすると、この具体的な工夫（5）もなお実りのある授業への進展を内包するものと言えよう。

指導目標C（自らの思索を掘り下げていく拠点を見いだし、自分の道徳的態度の形成と結びついた意味づけ・価値判断を、常に吟味の余地を残しながら表明していくことができるようにさせる）は、実践者（岡井正義教諭）自身もそこまで目ざしていなかったと述懐されるかもしれない。しかし、ここで初めて実践上の工夫に、（6）ノートで考えを整理させてから、自分の考えをまとめて発表させることが挙げられている。指導目標A・Bとは次元の違う、自己の道徳的態度の形成と結びついた、まさに「自分の考え」と言えるものを引き出すのであろうと考えられてくる。そのことと重ね合わせて、具体的な工夫（7）第一声には温かいリアクションをという提言、（8）同様の発言でも自分のことばでもう一度発表し直させるという立言が、ここにわざわざ記されたゆえんを探っていくと、右のような自己の価値観形成に結びつく重要な目標を目ざしているだけに、工夫（2）などと似ているところがあっても、やはり必要なのだと了解されてくるのである。指導目標Cに関わる具体的工夫が以上の三点に尽きるのかどうかは、これから実践的に解明されていくことになろう。

指導目標D（いよいよ対話の基礎訓練に一歩を踏みだし、級友の考え方と直接向き合い、自分の見解との異同を冷静に見きわめて発表する事ができるようにさせる）は、指導目標Cまで行き着かなければ、取り上げにくいものかどうかは、判然としない。それにしても、指導目標A～Cによって対話に至る基礎訓練が十分になされれば、この指導目標Dを掲げても、直後に、無理なく対話そのものの学習訓練に入っていけるであろう。ただし、その導入は慎重で、具体的な工夫（9）では授業の核となるところで級友全員の意志が表明される場を与え、それに基づいてそれぞれの生徒が自らの判断を説明していこうとするはずみをつけ、工夫（10）でやっと手段としての班の発表リハーサルという名目で対話に近い形態に取り組むようにさせている。対話の学習訓練自体は、この上に国語の授業の中で取り組まれることになろう。

このようにとらえていくと、平易な述べ方ながら、対話に至る基礎訓練をしていくための道標が仮設的に記された報告であると、知られてくる。このような実践者自身から生み出された指導の筋道も取り込んで、共同研究を教師と生徒の心にしみこんでいくものにしたい。そういう願いを強く湧かせてくれる実践である。

注
（1）大村はま氏稿「詩の味わい方」（初出は『中等国語教育技術』五巻一号、小学館、昭和二八〈一九五三〉年四月一日発行、『読むことの指導と提案』大村はま国語教室第四巻、筑摩書房、昭和五八〈一九八三〉年二月二八日発行、六七～七七ページに再掲）参照。そこには、多く広く読ませるため、味わい返しつつ読ませるため、そして深く読ませるために、集めた詩に絵を添える／他の人の絵や写真を添える／それぞれの作品の気持ちをどれかの色で表す／色紙の代わりに花で表すなど、一二の学習方法が掲げられている。道徳の教材として詩が用いられることは稀であろうが、岡井正義教諭の具体的な工夫（3）（主人公の心情を何かにたとえさせる）では、ここに挙がっている学習方法を作品・資料に同化する手がかりとして活用しようとしたようである。
（2）大村はま氏稿「物語の鑑賞（中二）」（『国語単元学習の生成と深化』大村はま国語教室第一巻、筑摩書房、昭和五七〈一九八二〉年一一月三〇日発行、四一～四六ページ）には、「作品に、作者に、子供たちが直にぶつかっていくようにさせたい」と願って、劇・放送劇の脚本やシナリオ・紙芝居・スライドにさせてみたという実践と作品例が掲載されている。岡井正義教諭の具体的な工夫（4）（道徳的葛藤が頂点に達する場面などを短い劇に作り直して、演じさせながら、主人公の気持ちなど汲ませる）が、私の推測通りこの大村はま氏の実践に基づいたものであれば、大村はま氏のように、「よい劇を作ることが目的でなく、その作る過程で、この作品（道徳の場合、取り扱われた事例や資料）をじゅうぶんにくわしく深く読みとることになるところがねらい」ということも、明確に見据えられていたと思われる。

第二節　話表力そのものを育てる指導実践の検討

第一項　単元「お勧めの場所について対話しよう」の考察（中学校）

1　単元の性格について

西村雄大教諭（現久留米市教育委員会学校教育課指導主事）の単元「お勧めの場所について対話しよう」は『共生時代の対話能力を育てる国語教育』の「第二部　対話能力育成への実践事例」の「第二章　対話能力そのものを育てる学習指導の実際」の「第一節　社会的通じ合いのための対話の学習指導」中、「実践四」（一〇〇～一一〇ページ）に掲げられている。

この単元は、相手に勧めたい場所やそこに行き着くまでの道順を、相手の反応をおりまぜながら話したり、聞いたりさせることによって、対話へといざなっていく単元である。中学一年生にとっては、話しことば入門とも言える単元である。これまで、あまり意識せずにきていた自らの聞き方・話し方を振り返らせ、自覚的に聞き、話していこうという気持ちにしていこうとする単元になろう。

したがって、一応対話能力そのものを育てる学習指導に入れたが、当然対話能力の根底を耕す学習指導と対話能力自体を育てる学習指導にまたがる単元になってくる。具体的には、前節第二項に取り上げた「よい聞き手になろう」と共通する側面を持ちながらも、対話能力のうち話し表す力としても生きてくるものを引き出そうとした単元と位置づけられよう。

友達にお勧めの場所を紹介するという場の設定は、正確にわかりやすく、鮮明に脳裏に焼き付けるものにはしにくい道順説明を、説明意欲の湧くものにしようとした試みである。普通道案内を頼むときには聞き手にどうしても尋ねたい理由のあるものであるが、このばあいも、尋ねずにはおれない気持ちが先に引き出されておれば、本気になって問い、これでよいかどうか確かめ、実地に行ってきちんと尋ね所に行けるかどうか試してみる行動が、積極的に繰り広げられるものになろう。そうすれば、話し手も必要性をおぼえ、話す順序なども、相手がわかっている程度に応じて変えるなど工夫の余地が生まれてこよう。

2　単元目標について

単元の指導目標として、以下の四点が記されている。

①対話学習に興味・関心を持たせ、すすんで対話しようとする態度を養う。（対話コミュニケーションへの意欲）
②話し手の説明の筋道をとらえて、正確に聞くことができるようにする。（聴解力・展開力）
③自分の考えを整理し、的確に話すことができるようにする。（話表力・展開力）
④対話を学習事項として意識し、望ましい対話のあり方についてイメージすることができるようにする。（対話に関する知識・理解・技能）

基本構想の「対話能力表」（『共生時代の対話能力を育てる国語教育』三八ページ）と照らし合わせてみると、おおむね対話能力育成の第一段階（対話の生産性、必要性に気づかせる）の態度・能力が、対話コミュニケーションへの意欲／聴解力／展開力／話表力／対話に関する知識・理解・技能（対話に関する認識や方略的知識）という五点から掲げられている。ただし、展開力は、他の多くの実践報告と同様に、独立させずに聴解力・話表力と一連のものとしている。

このようないずれの項目も盛り込んだ指導目標が示された時、どういうところに着目していけばよいだろうか。以下の五つの着眼点が指摘できよう。

（ア）単元目標の重点…先に記したように、これまであまり意識せずにいた自らの聞き方・話し方を振り返り、これから自覚的に聞き、考えながら話そうとする態度を身につけさせること、そして対話に抵抗感なく入っていこうとする心構えを育てることが、真の実践を導く目標になろう。それが四つのうちこの目標（①対話学習に興味・関心を持たせ、すすんで対話しようとする態度を養う）に重点を置くことになるとまで自覚されているかどうか。

（イ）単元目標間の関連・構造化と到達点…四つの目標間の関連を考えてみると、はじめの三項目は、指導過程の順に、①対話への意欲づけ→②自らの聞き方を反省し、対話・説明を正しく聞くことを心がけ、どのように話せばよいかを悟らせる→③実際に自分でも相手を前にして話してみさせ、「自分の考えを整理し、的確に話すことができる」かどうか吟味させるというように、結びついていることがわかる。ただし、「④対話を学習事項として意識し、望ましい対話のあり方についてイメージすることができるようにする」のは、到達点なのか、それとも①対話への意欲づけと密接に関わって、導入に位置づくものなのか。

（ウ）対話の楽しさを知ることと対話学習に興味・関心を持つこととの違い…個々の指導目標についていえば、目標①対話コミュニケーションへの意欲では、対話能力表第一段階で最も重要な「対話の楽しさを知る」ことが省かれ、「対話学習に興味・関心を持たせ、すすんで対話しようとする態度を養う」と改められている。その意義はどういうところに見いだされるか。

（エ）対話入門期において、要求すべき聴解力…「対話能力表」の聴解力第一段階には、「正しく聞く」ことと「意図を考えながら聞く」ことが記されているが、目標②では前者に絞り、しかも「話し手の説明の筋道をとらえて、正確に聞く」とかなり高度な要求を出している。むろん、道順を相手に説明させる以上それが理解できなければ困ると見られようが、それは「説明の筋道」自体を正確に聞き取ることをねらっているのか。それとも話し手の説明の筋道を正しく捉える必要性に気づかせようとしているのか。

（オ）聴解力と話表力の次元の差…目標③の話表力も、目標②の聴解力に対応させて、対話能力表第一段階の話表力を越えて、「自分の考えを整理し、的確に話す」ことと掲げている。しかし聞いてなるほどと理解したことは話すこともできるはずとして、生徒たちに求めてよいかどうか。

3　学習計画、指導の手だてについて

以上のような着眼点について、学習計画、指導の手だてではいかに解決を図ろうとしているかを検討したい。

（ア）対話能力表の第一段階を念頭に置きながら、対話能力そのものを育てていく難しさ

全体として、入門期なので対話能力表の第一段階によらなければならないと思いつつも、対話カリキュラムの系統としては対話能力そのものを育てていこうとする困難さが、本来願っていること（実践目標）との隔たりを生じさせている。（ア）に掲げた実践目標は、目標①の対話コミュニケーションへの意欲に重点をおくことになろうが、実際にかけた時間はせいぜい一時間に過ぎない。配時から見た重点は明らかに目標②・目標③の対話能力（三時間余り）――特に、聴解力――の伸長である。したがって、指導者としては、学習者が真に対話能力を身につけたいと願うようになるためには、その前に対話の価値について身にしみて知っていなければならない（対話カリキュラムの第一系列）はずとうすうす思いつつも、聴解力や話表力に力を注がざるを得なかったのであろう。しかし、その中で、話表力よりも聴解力に重みをかけたところに、聴解力が対話へ導入する基盤となるという見識を示している。

（イ）本単元の真の到達点

目標④は、指導計画の第三次「対話の成果をもとに『おすすめの場所』をまとめさせる。」と対応するが、なお「対話を学習事項として意識し、望ましい対話のあり方についてイメージすることができるようにする」までには進んでいない。完成した「おすすめマップ」を見ながら、生徒が書いた人に主体的に尋ねたり、それに応じたりしているところからみて、実際の到達点は「関心のある話題について興味を持って尋ねたり、喜んで答えたりして、主体的に人に関わろうとする素地を養うようにさせる。」という目標になろうか。

（ウ）導入では対話形態や対話形式の理解よりも対話への憧れが芽生えるものに

授業では、対話が独話・会話形態と違う点を事例をもとに考え、作文の発表後、教師が対照的な問い方をして、インタビューに陥らない対話形式で、以後「おすすめの場所」を紹介していけばよいのだなと了解されるものにしている。このような対話形態や対話形式の理論的説明、事例による方向付けは大切ではあるが、学習者の根源を揺すぶるものになりにくい。どうしてもこのような対話こそしてみたいものだと思えるものに出会わせなければならない。そうした対話への憧れが対話形態や対話形式を体得したいという意欲を生むのであろう。そうしてみると、「対話学習に興味・関心をもたせる」ことは、「対話の楽しさ」を薄めたものであってはならず、むしろ「対話の楽しさを知る」がゆえに湧いてくるものと見なして、そのような導入を工夫していくべきであろう。実際の授業には「良い対話、悪い対話」の例などいくつも挙がっていただけに、惜しまれるまとめと言えよう。

（エ）中学校三年間における聴解力の進展を見据えて

目標②に挙がった「話し手の説明の筋道をとらえて、正確に聞く」ことには、二つの階梯が考えられる。

（a）まとめて話された二種の道順説明を聞いて、それらを結びつけて、いずれの方が紹介された場所を特定しやすいかを悟る。

（b）級友の「おすすめの場所」、そこまでの道順を、部分部分の説明をつなぎ合わせて、誤りなく理解する。

このように想定すると、この目標でもかまわないように見えるが、地図を書かせることを除けば、いずれにも「説明の筋道をとらえ」る、段階に応じた手だては挙げられていない。それに、対話の指導には、出発点において「話し手の説明の筋道」を把握する必要がつねにあるかと問い直してみると、この目標は、自分が勧める場所とそこに行き着くための道順を紹介させるという場を設定したために、挙がってきた目標だと了解されてくる。そうすると、正しく聞くこと自体を学習者自らが見つめ直すような場の設定が必要になってこよう。

（オ）話し方の着眼点をふまえた授業から話し手として手応えを感じる授業に

一度作文に書いたものを、説明のしかたの留意点四項目（目印となる建物を挙げる／説明の順を全体→部分に／話す速さも考えて／平易な言葉で）によって「整理」し直し、相手とのやりとりの中で「的確に話す」ことも、容易ならぬことである。それでも、生徒たちが「話し合ったポイントを意識しながら楽しく対話をし」ていたとすれば、もともとそういう力が身についていたということに他なるまい。しかし、話し方の着眼点をふまえた話しぶりは、たいていは、ぎこちなく、生きた対話にはなりにくい。むしろ、目標の次元を下げて、今回話し手としてはこういうことを確かにつかんだというものを得させる授業にすべきではなかったか。教師の話しことば探究者として自得したものがものを言うところになろう。

4　どのような対話がなされたか

「おすすめの場所の対話例」には、最も円滑に進んでいったとみられるやりとりが掲げられている。「ざっくばらん」という飲食店を挙げ、なぜ勧めるか、そこまでの道筋はどう行けばよいか、その店の何を勧めるか、その理由はどこにあるかなど、相手の見事な相づちに応じて勧めている。ただし、勧める理由は「安くておいしいから」

ということに尽きており、聞き手が「私にはちょっと高いかな。」ともらしても、直接に有効な手立てを打ち出してはいない。むろん、その後、家族で一緒に外出したとき、気軽に入れるなじみやすさがあるからと補っているのは、少し高くても何とかなりそうと思わせるためとも解される。そして、最後に「なんか、お腹すくね。じゃあ、今度行ってみるね。」と返しているのは、一応話し手の伝えようとしたことがわかってもらえた証と言われよう。ただ、道すじの説明はわりと上手でも、最後まで聞く気になり、道順が本当に正しく伝わったかどうかは分からない。最後の「今度行ってみるね。」も愛想でそう言ってみただけかもしれない。このような会話は、この二人なら本単元を設定しなくても繰り広げられた可能性が大きい。

とは言え、友達同士の日常会話と見えるものに一本筋を通して少し論理だったものにしていくこと、そして気軽な話題の中で対話を通して分かり合う素地をつくることを目指した実践だとすれば、このような対話に行き着くための試行も、尊いものだと認められよう。そういう指導者の願いも、共同研究の中で十分汲み上げられるようにしたい。

第二項　話しことば教育実践の評価のために（その一）（小学校）

山崎紀枝教諭（浮羽郡田主丸町立柴刈小学校）は、評価のテキスト「目標に準拠した評価の進め方」（平成一五年度福岡教育大学公開講座用、主催・福岡教育大学教育実践総合センター、共催・福岡県教育センター、編集協力・学習指導法開発研究会、平成一五〈二〇〇三〉年八月七日配布、全九二ページ）と教科書『国語』六年（上）創造、「五　話し合って考えを深め、意見文にまとめよう」（二つの意見から／「推測する」ということ、光村図書、平成一三年一月二〇日検定済、一〇四～一一六ページ）を十分に生かしながら、評価プリントを作っている。

以下に記すのは、さらによくしていくための一提案である。

1　目標を評価基準としてどう具体化するかという問題

①単元目標の三つ（〈参考〉の「第六学年　国語科評価プリント」を参照されたい。）は、国語への関心・意欲・態度／話すこと・聞くこと／書くことで構成されている。

ただ、無理にこの三項目にしたため、三者の構造化がしづらくなっている。また、山崎紀枝教諭の重点目標が何かも、これだけでは、まだ明瞭になってこない。

②目標（1）「毎日の生活の中で言葉に関わる問題に興味、関心を持ち、積極的に討論会に参加し、自分の意見をより深めようとする。」を具体化した評価基準が、以下の二つであろうか。

（ア）毎日の生活の中での言葉に関わる問題に興味、関心を持ち、自分の意見をもとうとする。

（イ）積極的に討論会に参加し、自分の意見を深めようとする。

ただし、「国語への関心・意欲・態度」には、さらに次の一項目が入っている。

（ウ）話し合いをしてより深まった自分の考えを意見文にまとめようとする。

（ア）が本単元全体の土台、（イ）が討論会前後に持つべき態度、（ウ）が作文に向かう態度とすると、「国語への関心・意欲・態度」としては、何もかも入っており、目標に挙がっていないものまで入っていることになろう。そうしてみると、このような評価基準の挙げ方自体が、単元目標を越えた網羅主義に陥っているのではと思われてくる。

③目標（2）「毎日の生活の中での言葉に関わる問題について、調べたことをもとに、自分の立場をはっきりさせて討論することができる。」には、以下の三側面が見られると考えて、これらを評価基準としたのであろう。

（エ）調べたことをもとに、自分の意見が聞き手に分かるように、話の組み立てを工夫して発表する。
（オ）発表者の立場・意見を考えながら、話の内容を聞く。
（カ）自分の立場を明確にして、討論会に参加する。
目標（2）に記した「討論することができる」には、（エ）話す、（オ）聞く、（カ）討議するという、いずれの面もあるのは確かである。とは言え、それらが全部入ると、ここで「討論する」目標の焦点がぼやけてくる。
④目標（3）「討論会で深まった自分の意見を文章にまとめることができる。」の評価基準は、先の二項目とは、また違った印象を受ける。
（キ）話し合いをしてより深まった自分の考えを意見文に書く。
（ク）自分の考えを明確に表現するために、文章全体の組み立ての効果を考える。
（ケ）事実と意見を区別し、必要に応じて詳しく書いたり簡潔に書いたりする。
（キ）・（ク）・（ケ）のうち、（キ）は、単元目標を包括的に受けており、（ク）は文章構成、（ケ）は記述（精叙略叙）をあえて取り立てて挙げたものと思われる。ただ、この目標（3）だけ、全体的な評価基準と部分的（分析的）評価基準を挙げるという理由があるであろうか。
いずれも三項目ずつ記そうとして無理をしている感は否めない。

なお、単元の評価基準の設定は、独創的な学習指導計画の創出に結びついているかどうかの自己吟味も不可欠であろう。

2　本時で重点化した観点（本時目標）の検討

「話すこと・聞くこと」から、以下の二つが挙げられている。

①調べたことをもとに、自分の意見が聞き手に分かるように、話の組み立てを工夫して発表する。（話すこと）
②発表者の立場・意見を考えながら、話の内容を聞く。（聞くこと）

これらは、単元指導計画では、第三次「調べたことに基づいて、討論会を行う」三時間のうちの二時間目だとしている。そこから、修正すべきことが、いくつも見えてくる。

①・②は、実は単元の評価基準の（エ）・（オ）と全く同一の文面で、当然三時間目に到達すべきことで、二時間目に到達すべき目標は別に挙げられる必要が出てくる。また、「討論会を行う」のに、評価基準の（カ）がなぜ落ちたのかも、説明される必要があろう。

ただし、最も肝心なことは、この一時間に、①話すことと②聞くことの目標を並立してよいかどうかということである。確かに現象的には、話したり聞いたりできる人と、ほとんど聞いて判定するしかない人がおり、活動面から見れば、話すことを目標にし得る人と、聞くことを目標にするしかないと思える人に分かれている。それゆえ、同じ場で、一方は話すことを目ざす、他方は聞くことを心がけるということにしてよいであろうか。そうすれば、目標としては二重になり、教師の手だても、必ず二手に分かれてしまうのである。

たとえば、目標（評価基準）を①話すこと（発表）に絞るとすれば、実際に話す人は、話しながら、鍛えることになり、聞いている人は、話す力をつけようとしてしっかり耳をすませて聞くことになるのである。このように目標を「一活動一目標」に絞ることが、授業者として力をつけることになると、大村はま氏は言われている。

「本時の評価基準」も、この観点から見直す必要があろう。

3　評価プリントの検討

（1）話すこと（発表力）をチェックリストで評価することについて

上記①（調べたことをもとに、自分の意見が聞き手に分かるように、話の組み立てを工夫して発表する。）ということを、下記の六項目に分節して達成できているかどうかを評価することになる。（括弧は、考察者）

（ア）自分の立場、理由、事例という順序で話している。（構成）
（イ）自分の立場の意見についての事例を資料や例示を活用しながら話している。（口述…事例を生かしていきいきと話す）
（ウ）反対の意見に対する反論を理由について検討しながら述べている。（題材…相手の反対意見を想定しながらの理由の補強）
（エ）自分の考えと共通点、相違点を比べながら聞いている。（討論をしている人が相手の意見を聞く時のことであろうか。それとも、はじめから「討論を聞くグループ」の聞き方を指しているのであろうか。）
（オ）友達の発言のキーワード、疑問点など、自分にとって重要だと思えることをメモしている。（（エ）と同じく、聞く側に回った人たち全部の聞き方か。）
（カ）討論会にふさわしい丁寧な言葉遣いで話している。（口述…場にふさわしい話体）

ここでも、（ウ）題材、（ア）構成、（イ）・（カ）口述という発表力と、（エ）・（オ）という聞解力とがあり、一人の児童に着目すれば、討論者であれば、ずっとチェック（評価）することがあり、しかも、同じ聞解力でも、（エ）（学習者が発表者と自己の考えとの共通点・相違点を比べながら聞いているかどうか）と（オ）（学習者が発表者の発言のキーワードや疑問点など自己にとって重要だと思えることをメモしているかどうか）という違う観点をもって、しっかり聞いているかどうかを見抜かなければならないことになろう。そうなると、教師としては、評価欄に書き込むことに追われて、どう指導するかに手が回らないことになる。

①はそれほど多岐にわたらなければ評価できないものなのかどうかが、まず問われるべきであろう。話すことの

チェックリストのなかに、（エ）と（オ）という聞解力が入ることについても、どうしても違和感が残ってしまう。

（2）聞くことを組み合わせ法で評価することについて

実際に聞く場では懸命に聞いていても、討論自身に入り込むために、後からは思いだしにくいということは、六年生にはないのであろうか。しかも、これだけ一人一人について確認することは、学習としておもしろい（意味のある）ことと思えるであろうか。結局、評価のための授業に陥っていると言えよう。

（3）論文体テストで国語への意欲・関心・態度を聞くことについて

論文体のテストによって、内容の掘り下げを求めるのではなく、「話の組み立て方」や「相手の話の内容の正確な聞き取り方」について感想を求めるとなると、学習者の興味・関心と教師が求めていることとが乖離してくる恐れがある。したがって、両者を結びつける必要がある。

しかも、当然授業の中で「国語への意欲・関心・態度」を養い、目を開かせる場があってこそ、こういうことを尋ねることに意味が出てくるわけである。

以上のような課題を一つ一つ乗り越えていけば、山崎紀枝教諭の話しことば授業力の飛躍的向上が必ずもたらされよう。

〈参考〉

第六学年　国語科評価プリント

田主丸町立柴刈小学校　山崎紀枝教諭

1　単元　「話し合って考えを深め、意見文にまとめよう――二つの意見から『推測する』ということ――」

2　目標と評価基準

目標	（1）毎日の生活の中で言葉に関わる問題に興味、関心をもち、積極的に討論会に参加し自分の意見をより深めようとする。 （2）毎日の生活の中での言葉に関わる問題について、調べたことをもとに、自分の立場をはっきりさせて討論することができる。 （3）討論会で深まった自分の意見を文章にまとめることができる。		
観点	国語への関心・意欲・態度	話すこと・聞くこと	書くこと
評価基準	◎毎日の生活の中での言葉に関わる問題に興味、関心を持ち、自分の意見をもとうとする。 ◎積極的に討論会に参加し、自分の意見を深めようとする。 ◎話し合いをしてより深まった自分の考えを意見文にまとめようとする。	◎調べたことをもとに、自分の意見が聞き手に分かるように、話の組み立てを工夫して発表する。 ◎発表者の立場・意見を考えながら、話の内容を聞く。 ◎自分の立場を明確にして、討論会に参加する。	◎話し合いをしてより深まった自分の考えを意見文に書く。 ◎自分の考えを明確に表現するために、文章全体の組み立ての効果を考える。 ◎事実と意見を区別し、必要に応じて詳しく書いたり、簡潔に書いたりする。

3　単元指導計画（全11時間計画）

第一次　自分の日常生活から、興味や関心のある言葉に関わる問題を発見する。（1）

第二次　資料を持ち寄って調べる。（2）

第三次　調べたことに基づいて、討論会を行う。（3）本時2／3

第四次　自分の意見を文章にまとめる。（4）

第五次『「推測する」ということ』を読み、これまでのものの考え方について見直す。（1）

4　本時で重点化した観点

○話すこと・聞くこと
・調べたことをもとに、自分の意見が聞き手に分かるように、話の組み立てを工夫して発表する。（話すこと）
・発表者の立場・意見を考えながら、話の内容を聞く。（聞くこと）

5　本時の評価基準（話すこと・聞くこと）

A	B	C
・自分とは異なる意見に対して資料や例示を活用し反論したり、異なる立場から自分の意見をとらえ、自分の考えを見直し発表したりすることができる。 ・積極的にメモを活用しながら、質疑・応答や全体討論に参加することができる。	・話の組み立ての工夫として、自分の立場をはっきりさせた後、理由を述べ、さらに事例を挙げるという順序で話すことができる。 ・友達の発言のキーワード、疑問点など、自分にとって重要だと思えるところのメモをとりながら話を聞くことができる。	・自分の立場とその考えの根拠となる事例を記入したカードを読むことができる。 ・自分の考えと共通点、相違点を比べながら聞くことができる。

6　評価プリント

【評価方法】

話すことに関しては、話の組み立ての工夫を評価するために、子供の発表を聞きながら〈チェックリスト〉で評価する。聞くことに関しては、発表者の立場・意見を考えながら正確に聞き取っているかを評価するため、〈組み合わせ法〉で評価する。また、国語への関心・意欲・態度の内面を見るために、〈論文体テスト〉を活用する。

〈チェックリスト〉

チェック項目	児童名 1	2	3	4	5
自分の立場、理由、事例という順序で話している。					
自分の立場の意見についての事例を資料や例示を活用しながら述べている。					
反対の意見に対する反論の理由について検討しながら述べている。					
自分の考えと共通点、相違点を比べながら聞いている。					
友達の発言のキーワード、疑問点など、自分にとって重要だと思えることをメモしている。					
討論会にふさわしい丁寧な言葉遣いで話している。					

※座席表活用（行動観察→評価基準に関する特徴的な行動のみを記録）

賛成 1児	
賛成 2児	
反対 3児	
反対 4児	
どちらともいえない 5児	
どちらともいえない 6児	

司会グループ	30児
	31児

討論を聞くグループ

7児	9児	11児
8児	10児	12児
13児	15児	17児
14児	16児	18児
19児	21児	23児
20児	22児	24児
25児	27児	29児
26児	28児	

〈組み合わせ法〉（「（例）方言のよさ」）

問い　今日の討論会において、それぞれの発表者の立場とその理由、具体的な例を探して、回答欄に書き入れなさい。

1　賛成
2　反対
3　どちらともいえない

（理由）

イ　日本全国では使えない不便さがある。

ロ　英語は世界の共通語である。

ハ　地域のよさ（人のあたたかさ、文化のよさ）が感じられる。

ニ　改まった場で使うと、相手に失礼になる。

ホ　共通語は東京語（山の手の言葉）である。

ヘ　方言で書かれたり、話されたりしたものがおもしろい。

（具体的な例）

a　テレビや新聞での言葉遣い

b　他の学級へのアンケート結果

c　吉本興業の漫才

d　インターネットで調べた情報

e　おじいちゃんの体験談

f　本に書かれている文章

（解答欄）

発表者	発表者の立場	理　由	具体的な例
1児			
2児			
3児			
4児			

5児			
6児			

〈論文体テスト〉

（今日の学習を終えて）

「（例）方言のよさ」の討論会を行って、聞く人にわかりやすい話の組み立て方、相手の話の内容の正確な聞き取り方について、考えたことや感じたこと、学んだことを書きなさい。

※論文体テストとともに本時分の自己評価を行う。

第三項　話しことば教育実践の評価のために（その二）（中学校）

本項は、西村雄大教諭（当時久留米市立高牟礼中学校教諭）が第一項の実践から発展的に考案された「評価法の検証計画案」単元「対話で『地図』をつくろう」（平成一四〈二〇〇二〉年一一月二〇日授業公開、参考として後に引用している。）に考察を加えたものである。

1　年間指導計画上の評価規準における位置づけがはっきりしていること
――「国語科第一学年年間指導計画における評価基準」を手がかりにして――

四月の入門期単元「新しい出会い」（言葉で伝えよう／「友情」ってなんだろう）において、まず聞く力の素地を養い、七月の単元「物語を楽しむ」（麦わら帽子／大人になれなかった弟たちに……／「私の一冊」を紹介しよう）および、九月の単元「暮らしを見つめる」（魚を育てる森／「めぐる輪」の中で生きる／課題について調べよう／意見交換会を持とう）まで、聞くことを中心に習慣づけ、他の読み・書き・言語事項の学習において活用をはかる（聞く力を発揮する）ようにしている。

じっくり聞くことの基盤を固めた上で一〇～一一月の本単元「対話で地図をつくろう」に入り、

（1）対話にいざない、その意義を悟らせて、

（2）一人の聞き手を相手に説明していく力をつけようとしている。

対話を固めた上で一二月の「本の世界を広げよう」（スーパービート板／ある日ある時）という読書座談会（話し合い）へ、また一・二月の単元「言葉を探検する」（雪やこんこ、あられやこんこ／研究報告書を作ろう／「言

葉の探検」発表会をしよう）へと計画されている。

聞くこと（自覚から応用へ）↓

対話する意義を理解して、説明しようとする意欲・態度と能力を養う。

↙ ↘

読書座談会を通して話し合いの能力を養う（もしくは活用する）。

研究報告を作成して発表の能力を育て、自信をつけさせる。

このように構造化してみると、評価の根底となる学力観がしっかりしていることがわかる。

2　対話のなかでこのような「地図」を説明し、理解するという活動がどのような役割をになうのかを見きわめること
――指導評価計画と、本時の目標を手がかりにして――

ＮＨＫのドラマ「毛利元就」で何度も思い起こされる対話場面がある。兄が死に、その子も早世して、次男の元就自身が後をつぐか、三男の弟につがせて当面の安泰をはかるか悩んでいた時、重臣の志道《しじ》広良からどうしても後継ぎになるように勧められる。元就を後継ぎにすれば同盟を組んでいる大大名尼子《あまご》氏の意向にさからうことになるが、志道は自分の首を二本や三本切られてもかまわないから毛利家の当主になってほしいと切願する。

元就「なにゆえにそこまで（推そうとするのか）、わしごときのために。」
広良「毛利元就こそ名将の器。何人たりとも代わりにはなりません。」

元就は涙ぐみ、この筆頭重臣の厚い信頼に応えて、障壁（大名尼子氏との敵対、弟との確執）に直面して打破する覚悟を固めるようになる。

対話にはこのように、ほんとうに自分の可能性をわかってもらえる人に出会えたという喜びや目の前が開けてきたと思える嬉しさなどが伴っている。

西村雄大教諭の「地図」を説明し、他方は尋ねるという活動も、導入の「つかむ」段階で、代表の子どもを出させ、「文化祭の思い出」を題材にして教師との対話を二組試みた上での営みである。上記のような場面を一人ひとりとの間に成立させるのは一斉授業の中では無理と判断され、典型的な事例を目の前で作り出そうとされたのであろう。ただし、みんなが聞く対話では、どうしても周囲の聞き手を意識してしまい、水入らずの感じが出ず、心の通い合う場にはなりがたい。したがって、以後の「つかう」段階（二つの道順の説明テープを比較し、話し方・聞き方の要点を留意して対話をし、「地図」を作成する）も「まとめる」段階（校長先生や外国人などさまざまな相手を想定して、地図を仕上げる）も、対話としては一対一の形態をとったことにとどまり、実際には目標に掲げてあるように「全体と部分の関係」に着目して説明する技能を育てる、基礎訓練としての色合いの濃いものになっている。その際に、対話をする原動力は、相手の話を間違いなく聞き取って、未完成の地図を十分なものに仕上げたいという、クイズに答え、正解する喜びに近いものになろう。当然、あるところで止むことになる。

3　評価規準の立て方をどうするか――本時の評価基準を手がかりにして――

西村雄大教諭は、本時の評価基準を以下のように設定されている。（括弧の中は、引用者）

○評価基準Ａ…道の全体の形を説明した後に、目印や角にある建物などの部分を説明し、上手に受け答えをしながら対

話をしている。（全体から部分へという説明が対話の中で自然に繰り広げられているもの）
○評価基準B…道の全体の形を説明した後に、目印が角にある建物などの部分を説明している。（全体から部分へという説明の明確なもの）

「評価基準C」は、したがって全体から部分へという筋道がはっきりしていないものになろうか。

　上記のような評価規準は、この一時間を評価するものさしとして、ある程度の有効性は認められよう。しかし、なお次の三つの課題が指摘できる。
（1）習熟しやすい全体から部分へと説明する技能が先になり、どんな場に置かれているか、相手といかに心を通わせるかを配慮することが後になる。
（2）これまでどういう話しことばの態度と技能が身についてきたからこそ、この一時間の技能習得が可能になるのかという見きわめを必ずしも要しない。
（3）このような技能が、生徒一人ひとりの人間性と結びついて、生涯に生きるものになるかどうかの吟味が甘くなる恐れも出てくる。
　したがって、評価しやすい点が評価されるにとどまることになる。

4　改善の方策（提案）

（1）学習者一人ひとりの話しことば学習個体史を、日々の国語学習記録などから見抜き、それと結びつけた評価を考案すること。
（2）国語学習者の内面（学習心情）において、評価の対象とした話す技能が、どのような発展可能性として身についていくかを、個人個人に即して判断すること。

（3）少なくとも国語科においては、評価しやすい技能や学力の方ばかりを取り上げず、話しことば（対話）の価値に気づくというような根本的な態度の評価に進んでいくこと。

〈参考〉

評価法の検証計画案（第一学年二組　国語科）

指導者　西村雄大教諭

1　単元　対話で「地図」をつくろう

2　本単元の評価の考え方

○本単元は、二名の話者に同じ地域の地図を考え、地図Aをもった話者が、地図Bをもった話者にルートを教示する「地図課題」と呼ばれる対話である。目標物は、一方の地図にしかなかったり、名前が異なったりするため、両者の地図に関する道順や場所の情報を、聞く立場と話す立場相互で情報交換しながら対話活動を進めなければならない。道順の説明は、社会生活の中でだれにでも起こりうる事象であり、聞き手が目的地を聞き、話し手が説明するといったお互いに目的をもつ対話活動である。つまり、話し手の立場では、聞き手の質問を正確に聞き取り、その質問に対して的確に話す活動、また、聞き手の立場では、話し手がわかるように質問をし、話し手の説明の筋道をとらえて正確に聞き取る活動と言え、「話す・聞く能力」を育てる一つの手だてになると考えた。

本単元では、五つの観点のうち、「話す・聞く能力」の観点における重点化を図る。しかし、対話活動は、瞬時に「話す・聞く」の両方の活動が行われる上に、音声言語活動であるために消えてなくなっていくので、授業者が両方の観点を一度に評価するのは不可能であると考えた。そこで、「話す・聞く能力」の中でも、「話す能力」に絞って、評価を行うことを考えた。評価については、主に「つかう」段階で行う。具体的には、話し方、聞き方のポイントを考え、対話をしながら地図を作成する場面と事前・事後に行う「話す能力テスト」を比較、分析して評価する。

「関心・意欲・態度」については、「つかむ」「つかう」「まとめる」各段階で評価を行う。まず、「つかむ」段階では、独話、対話、会話の違いを見出そうとしているかを、独話、対話、会話の違いを考える場面で評価を行う。次に、「つかう」段階では、話し方、聞き方のポイントを考えながら対話で地図を作成しようとしているかを、話し方、聞き方のポイントを考えながら、地図を作成する場面で評価を行う。そして、最後に、「まとめる」段階で、相手に応じた言葉遣いを考え、進んで対話をしながら地図を作成しようとしているかを、相手を想定して地図を作成する場面で評価を行う。

○本校国語科では、教科で育てたい力を「伝え合う力」としている。「伝え合う力」と言っても、音声言語活動による伝え合う力と文字言語活動における伝え合う力がある。本単元は前者の音声言語活動にあたるが、対話活動は話されたことを聞き取り、聞き取ったことをもとに話すという相互のやり取りが必要になる活動であり、伝え合う活動そのものといっても過言ではない。

このように、五つの観点のうち、「話す・聞く能力」の観点における重点化を図った理由は、対話活動は決して一方的なものではなく、「伝える」ことと「受け止める」ことが繰り返される双方向の中で成立し、さまざまな話す・聞く活動での伝え合う力を育てていく上で基盤となり、意義があると考えたからである。

また、本活動に対する事前アンケートによれば、「人に何かを尋ねられて答えたり、説明したりした経験がある」と答えた子供は九一％（三四名中三一名）、「自分の用件や言いたいことがうまく伝わらなかった経験がある」と答えた子供は七四％（三四名中二五名）と多かった。うまく伝わらなかった原因として、声の大きさ、話す速さ、説明の長さ、説明の順序を挙げていた。一方、「話を聞くときに何が大切か」という質問に七一％（三四名中二四名）の子供が人の顔や目を見て聞くなどの態度面を答えていた。しかし、相手が何を言いたいのかを考えるや自分の考えと比べるなどの内容面を答えている子供は一五％（三四名中五名）と少なかった。そして、自分の聞き方の問題点として、相手を見ていなかった、他のことを考えていたなどを多く挙げており、問い返して聞く、要点のメモをするなどの具体的方策を挙げている子供は六％（三四名中二名）と少なかった。このアンケート結果から、対話活動において、うまく伝えることができなかった原因や聞き方の問題点を自分なりにとらえているものの、対話学習そのものの経験が少ないために、それが態度面だけであったり、具体的にどうすればよいかわからなかったりしていると考えられる。以上のことから、対話学習において、話す能力、聞く能力を育成することは、音声言語活動における「伝え合う力」を育てていく上で意義深いと考えた。

「関心・意欲・態度」については、対話で地図をつくるという課題の中で、対話の特徴、話し方・聞き方のポイントを見いだし、活用するという学習過程を踏む中で、一次、二次、三次ごとに評価を行う。

3　本時の目標と評価基準　　平成一四年一一月二〇日（水）五限目　　授業：体育館

（1）目標

○全体と部分の関係に注意して、話したり聞き取ったりすることができるようにする。（本活動では、話す能力に絞る）

（2）評価基準（B）

【話す・聞く能力】

○道の全体の形を説明した後に、目印や角にある建物などの部分を説明している。

☆評価方法については、以下の三方法により分析していく。

・生徒の対話活動を教師の観察分担で分析

・事前・事後の話す能力テストの比較、分析（当日は、他クラスの結果で分析）

・対話地図

また、生徒の対話活動や能力テストや対話地図を分析していく中で、以下の到達度で判断する。対話活動や話す能力テストの中に、以下の説明ができていれば「B」とする。

・最初に、道の全体の形を説明し、その後に、方向に従って目印や角にある建物などの部分を説明する。

（話す能力テストでは、最初に、顔のような全体像を説明し、その後に、目や目にあたる部分図形を説明する。）

○道の全体の形を説明した後に、目印や角にある建物などの部分を説明し、上手に受け答えをしながら対話をしている場合を「A」とする。

4　評価方法の工夫

本時の評価にあたっては、研究授業を有効利用し、観察分担法により各教師に評価を行ってもらう。また、音声言語活動における一番の難点である「消えてなくなる」を解消するために、学習内容に関わる事項を事前・事後の能力テストに取り入れ、変容を分析したり、対話内容が少しでも残る学習プリント（地図）を分析したりする中で評価を行う。さらに、情意面に関しては、単元全体でＳＤ法や動因効果を用い、その変容を分析していく。

5　本時の指導過程

学習活動・内容	教師の援助・指導	評価の観点(方法)	形態	配時
1　前時を振り返り、本時のめあてをつかむ。 (1)前時で学習したことを振り返る。 ・話し方、聞き方のポイントを考えたこと (2)学習のめあてを確認する。 ［話し方、聞き方のポイントを考えながら、地図を完成させよう］	1　本時の学習の方向性を把握することができるようにする。 ・本時の学習の方向性を把握することができるようにするために、前時に二つのモデルを比較して、話し方、聞き方のポイントを見いだしたことを想起させる場を設定する。 ・本時の方向性を把握することができるようにするために、学習のめあてを提示する。		一斉	10

2　話し方、聞き方のポイントを考えながら、地図を作成する。 〈形態〉 ・二人が対話、二人が評価 〈話し方のポイント〉 ・全体を説明した後で部分を説明 ・目印になる建物、角にある物の説明 ・話す速さ ・だれにでもわかる言葉 〈聞き方のポイント〉 ・問い返し、確認など ・あいづち ・メモ	2　話し方、聞き方のポイントを考えながら、条件の違う地図をもとに対話をして、地図を作成できるようにする。 ・事前能力テストでBに達しなかった生徒への手だてとして、ヒントカードを準備し、自由に取りにくるよう指示する。 ・話を最後まで聞くことの必要感をもてるようにするために、条件の違う地図を準備し、対話させる場を設定する。 ・ポイントをふまえた対話になっているかを確認できるようにするために、四人グループをつくり、二人が対話をし、他の二人は対話を評価する場を設定する。	【話す・聞く能力】 B　道の全体の形を説明した後に、目印や角にある建物などの部分を説明している。（地図、事前・事後能力テストの比較） A　道の全体の形を説明した後に、目印や角にある建物などの部分を説明し、上手に受け答えをしながら対話をしている。	小集団	20
3　地図が完成した理由、完成できなかった原因を考える。 〈完成した理由や完成できなかった原因〉 ・話し方、聞き方のポイントを考えながら対話を行っていた。 ・全体を説明した後で部分を説明しな	3　地図が完成した理由やできなかった原因を考え、的確に話す話し方、聞き取り方をまとめることができるようにする。 ・的確に話す話し方、聞き取り方をまとめることができるようにするために、		小集団 学級集団	15

かった。 ・問い返し、確認、相づちをうたなかったために、話が一方的になった。 ・左右、上下、東西南北などの方向・方角をうまく伝えられなかった。	地図が完成した、また完成できなかった原因、理由を小集団、学級集団で意見交換させる場を設定する。 ・全ての小集団が完成していたときは、地図作成の対話を進める中で、難しかったことを考えるよう示唆する。			
4　本時の学習をまとめ、次時の学習活動の方向性を見通す。 ・本時の対話での全体とは、道の形を指すこと ・次時の学習活動は、相手を想定した対話	4　本時学習のまとめを行い、次時学習の方向性を把握できるようにする。 ・次時学習の方向性を把握させるために、本時の対話時の話しことばを想起する場を設定する。		一斉	5

6　学習指導評価計画（全六時間）

単元の評価基準

国語への関心・意欲・態度	話す・聞く能力	言語についての知識・理解・技能
対話学習に興味・関心をもち、進んで対話をしようとしている。	全体と部分の関係に注意して、話したり聞き取ったりすることができるようにする。	話す速度に注意したり、既習の敬語を使ったりし、その重要性を理解している。

段階	時数	学習活動・内容	評価基準 関心・意欲・態度	評価基準 他の四つの観点	評価方法と場面	評価基準の達成 A	Bに達しなかった生徒への援助
つかむ	1	1　学習目標を確認し、今後の学習の見通しをもつ・独話・対話・会話 2　「文化祭の思い出」という題材で、教師を相手に対話をする。 ・二名の代表の子供と教師の対話	対話学習に関心をもって代表の子供と教師の対話を聞き、独話、対話、会話の違いを見出そうとしている。		独話、対話、会話の違いを考える場面 （アンケート）	対話学習に関心をもち、進んで教師との対話の代表に立候補し、独話、対話、会話の違いを見出そうとしている。	一方向の独話と双方向の対話を言語生活の中で想起させたり、教師と対話をする代表の子供に指名させたりする。
	2	3　五つの道順の説明テープを比較し、話し方の良かった点と不十分な点、聞き手として気づいたことを話し合う。 （話し手） ・全体を説明した後で部分を説明 ・目印になる建物、角にあるものの説明 ・だれにでも分かる言葉 ・話す速さ				話し方、聞き方のポイントを考えながら、対話で地図を作成したり、友人の対話を真剣に聞き、相互評価を行ったりしている。	相互評価の場を設定し、友人からのアドバイスを受けさせる場を設定する。

つかう	まとめる
2	1
（聞き手） ・問い返し、確認など、メモ・あいづち 4　話し方、聞き方のポイントを考えながら、地図を作成する。 (1)地図を作成する上でのルールを理解する。 (2)条件の違う地図を使って対話する。 (3)相手に的確に話す話し方や聞き取り方をまとめる。 ・地図完成、未完成の原因と理由	5　さまざまな相手を想定して、地図を作成する。 〈校長先生〉 ・敬語 〈外国人〉 ・敬語 ・共通語
話し方、聞き方のポイントを考えながら、対話で地図を作成しようとしている。	相手に応じた言葉遣いを考え、進んで対話をしながら地図を作成しようとしている。
【話す(聞く)能力】 道の全体の形を説明した後に、目印や角にある建物などの部分を説明している。	【言語についての知識・理解・技能】 話す速度に注
話し方、聞き方のポイントを考えながら、地図を作成する場面 （地図、事前・事後能力テストの比較）	相手を想定して、地図を作成する場面 （アンケート相互評価表）
道の全体の形を説明した後に、目印や角にある建物などの部分を説明し、上手に受け答えをしながら対話をしている。	自ら相手を想定して、言葉遣いを考え、進んで対話をしながら地図を作成しようとしている。 自ら相手を想定して、話す
ヒントカードを配布したり、地図が完成した、未完成だった原因と理由を考えさせる場を設定したりする。	地図が未完成だった原因と理由を想起させる場を設定し、全体で確認する。 相互評価の場を設定し、友人からのアド

意したり、既習の敬語や共通語を使ったりして対話をしている。
速度に注意したり、既習の敬語や共通語を使って対話をしている。
バイスを受けさせる場を設定する。

国語科第一学年　年間指導計画における評価基準

学期	月	単元名（教材名）	国語への関心・意欲・態度	話す・聞く能力	言語についての知識・理解・技能
1	4	新しい出会い ・言葉で伝えよう	積極的に自分の意見や感想を書いたり、発表したりしようとしている。	写真を選んで題名をつけたり、好きな表現や詩を選んだりして、気に入った理由を話したり聞いたりしている。	はっきりした発音、聞きやすい声の大きさ、聞き取りやすい速さなどに注意している。
		・「友情」ってなんだろう		友人のスピーチを聞いて、大切だと思う要点だけを書き留めている。	
	7	物語を楽しむ ・麦わら帽子（今江祥智） ・大人になれなかった弟たちに……（米倉斉加	「麦わら帽子」「大人になれなかった弟たちに……」を通読し、作品のおもしろさや作者の思	自分の感想を、事実と意見の関係に注意して話したり聞いたりしている。	文章中の語句や語彙に関心をもち、新しく出てきた語句や語彙の意味を理解している。

		年） ・「私の一冊」を紹介しよう	いをとらえ、感想を話し合ったり、感想文を交換し合ったりしようとする。		
2	9	暮らしを見つめる ・魚を育てる森（松永勝彦） ・「めぐる輪」の中で生きる（菅原由美子） ・課題について調べよう ・意見交換会をもとう	人間が自然や環境に与える影響について関心をもち、関連する資料を積極的に調べて、自分の考えをまとめようとしている。	話し合いの意義や目的を理解し、事実と意見の違いを区別しながら、意見交換をしている。	・事実を述べる部分と意見を述べる部分との区別やつながりに注意している。 ・話す速度、間のとり方に注意している。
	取り立て　11	対話で「地図」をつくろう	対話学習に興味・関心をもち、進んで対話をしようとしている。	全体と部分の関係に注意して、話したり聞き取ったりすることができるようにする。	話す速度に注意したり、既習の敬語を使ったりし、その重要性を理解している。
	12	本の世界を広げよう ・スーパービート板（乙武洋匡） ・ある日ある時（黒田三郎）	進んで本の紹介をしたり聞いたりして、本の世界を広げようとしている。	読書座談会を開き、友人の発言を注意して聞き、それに対する自分の感想や意見を述べている。	
3	1	言葉を探検する	日本語のおもしろさや不	発表の役割分担をし、図表や	説得力のある意見文や

	2	・雪やこんこ、あられやこんこ（佐々木端枝） ・研究報告書を作ろう ・「言葉の探検」発表会をしよう	思議さに関心をもち、発表会に向けて取り組もうとしている。	グラフ、写真やプリント、音などを使ってわかりやすい発表をしている。	発言となるよう、内容ごとのまとまりや接続の関係に注意している。

5　評価基準

○評価基準A：道の全体の形を説明した後に、目印や角にある建物などの部分を説明し、上手に受け答えをしながら対話をしている。

○評価基準B：道の全体の形を説明した後に、目印や角にある建物などの部分を説明している。

第三節　話表力を活用する指導実践の検討

第一項　体験したことが生きる対話活動をめざして

――福岡市立簀子小学校の研究テーマの考察――

福岡市立簀子小学校では、「豊かに発想し、たくましく実践する子どもの育成――生活科・総合的な学習の時間の体験が生きる対話活動を通して――」という題目で、〈参考〉に掲げるような理論編のもとに学校研究を進めてきた。以下は、この理論編に考察を加えたものである。

㈠「対話活動」は、活動形態、対話は価値のある営み

箕子小学校の「1、主題の意味」（平成一五年四月一五日作成）によれば、下記のように定義されている。

「対話活動」…相手を認めながら相手の考えを聞いたり、自分の考えをわかりやすく話したりする一対一を基本とした双方向的な音声言語活動

この説述のうち、波線部は、一回一回の対話活動の際、つねに求められるわけではないから、結局一対一という形態をとった双方向な音声言語活動ということになる。その際、対話としてどのような価値あるものを生み出したかが問題になるよりも、

○問われたことに返せたかどうかが問われやすく、

○発話研究（一回一回の）を応用した指導に傾きやすい。

対話は、確かに一対一の生産的な話し合いであり、人間関係の基本をなすものであるが、それにとどまらず、人と人が話し合ってよかったと思えるものを原初的な形で満たすものである。

すなわち、

○この人と心が通い合えた

○この人には分かってもらえる

○この人と話すことで目の前が開けてきた

○この人と話すと、自分一人では決して考えつかないところまで行き着ける

○この人と話し合うと、自分が成長したということがはっきり自覚できる

という喜びを伴うものである。

それゆえ、「対話活動」が行われる時も、子どもたちには、対話の創造的価値が、それぞれの学年と個性に応じて感じられており、そのような心の通い合い、成長の喜びが実感でき、話し手・聞き手（対話の担い手）になるためにこのような活動をしているのだと自覚できるものにしたい。

㈡「生活科・総合的な学習の時間の体験が生きる対話活動」が主か、それとも国語科において対話活動を鍛えて、それを他教科や総合的な学習の時間、道徳、学級活動などに発揮することが主かを見きわめて

本研究の基底に、生活科や総合的な学習の時間などで本来的な地域の役割、家族の役割を回復する場を設定すれば、「聞くこと・話すこと」の基本が身に付くに違いないという仮説がある。（平成一四年度本校『紀要』低学年部に生活科の「チャレンジむかしあそび」は、「〔地域の年長者や異年齢などの人たちとの〕様々なかかわりの中で、子どもたちに大切な『聞くこと・話すこと』の基礎・基本を身につけることができる。」とある。）むろん、そういう機会を設けることは大切であるが、その際に、聞く力・話す力が発揮できるための下地は、国語科で養わなければならない。

したがって、上記の副題の意味も、次のように解されるのがふさわしい。

○生活科・総合的な学習の時間において必然的な場を設定し、それに応じる聞く力・話す力を国語科でつけて、実際の対話において発揮できるようにする。

㈢「学習過程における対話活動の仕組み方」の改善

本校の「4、研究内容」の「（3）学習過程（『思いをもつ』『思いを深める』『思いを生かす』）での子どもの意欲が高まり、こだわりが強くなっていくような体験が生きる対話活動の工夫」の①には、各段階において以下のような対話活動を仕組むことが提案されている。

「思いをもつ段階…課題を明確にし、課題追求の計画を立てるための対話活動
思いを深める段階…体験を振り返りながら見直し、新たな体験へと高めるための対話活動
思いを生かす段階…活動を振り返りながら、達成感や満足感を味わうための対話活動」

〈考察〉

（ア）「思いをもち」「思いを深める」「思いを生かす」が目的だとすれば、対話活動は当然手段となる。したがって、手段として利用するに足るだけの一人ひとりへの支援を予めしておかなければならない。

（イ）このような三回もの対話活動を誰と組ませるのか、それ以外の活動より対話活動の方が生産性が高いとなぜ言えるのか、子どもたちがその必要性をつねに感じているかなどの課題に答えられるようにしたい。

（ウ）子どもたちが自立するための見通しをどのように立てているかが伝わってくるものにする

㈣「対話活動における対象及び形態」の改善

続く4の（3）の②「対話活動における対象及び形態の工夫」には、左記のように挙げられている。

「対象
・子どもどうしで、ゲストティーチャーと
・同年齢の子どもと、異年齢の子どもと
・同じ課題の相手と、違う課題の相手と
・対話能力が同じ程度の相手と
・人間関係を考慮した相手と
形態（一対一で、グループで　など）」

〈考察〉
（ア）このような対象に向かうより先に教師がまず一人ひとりと心の通い合う対話をかわしており、先生にならい心が開くという状態になっていることが前提になる。
（イ）話させるばあいも、めいめいに話すべきことを持たせて組み合わせるという配慮が不可欠になる。
（ウ）形態は固定化を避けたいが、きちんと段階をふんでグループにしていく。
（エ）聞くこと・話すことに記録を伴わせ、後に達成感が味わえるものにしたい。

㈤「対話活動における支援」の改善

さらに4の（3）の③には、「対話をスムーズに進め、対話する目的を達成するためのカード、プリント、掲示物の工夫」として、以下のことが括弧の中に記されている。（番号は引用者）

「（1）対話の順序を書いた進め方カード、（2）課題の内容に踏み込んだ個に応じたヒントカード、（3）対話の視点を書いた条件カード、（4）自分の考えや理由が明らかになるような学習カード、（5）話型や対話の基本的な進め方を書いた掲示物　など」（以上は、佐野喜久教諭執筆）

これらの開発は最も求められていることで、さらなる具体化を期待したい。それと同時に、「対話や話し合いはこのように進められたら」という対話・話し合いのてびきを作り上げることにも挑むようにしたい。（参考：『聞くこと・話すことの指導の実際』大村はま国語教室第二巻、筑摩書房、昭和五八年三月三〇日発行、一〇六～一一六ページ、三九一～三九五ページ）ここに、教師の話しことばの力量が存分に発揮できよう。

㈥「望ましい対話能力」のとらえ方（学力観）の問題点

低学年・中学年・高学年ごとに「望ましい対話能力」（以下は、田中賢治教諭作成）が書かれているが、ほんとうに対話能力のみに限定されるのであろうか。実際には話しことば能力全体を包括するものになっている。

「学習指導要領」における聞くこと・話すこと・話し合うことに言語事項を合わせ、さらに問われて答える力（応答力）、自ら問う力（質疑力）などを加えたものになっている。ただし、根本となる話しことば学習の態度への言及はなく、整理も未だしの感がある。さらに、「確かめる」というメタ認知に関する項目が入ってきている。これも、独立させた方がよいかどうか。

学習者にはどの程度の区分なら自覚して努められるのかを検討する必要があろう。

(七)「対話能力の向上をとらえる指標とスキルタイム年間計画」のかかえる課題

（1）先の学力論とここに示された「対話能力の向上をとらえる指標」（山元悦子氏稿「対話能力の育成を目指して――基本的考え方を求めて――」福岡教育大学国語科・附属中学校著『共生時代の対話能力を育てる国語教育』明治図書、平成九年一一月発行、三八ページに準拠したもの）とは、同一ではなく、二つの学力論が並立する状況になっている。いずれかに整理されていくべきものである。

（2）後者の「スキルタイム年間計画」は労作であるが、「ソーシャルスキル」（人間関係に関する技能）と、基礎訓練と、日々の国語学習において鍛えるもの、単元学習として設定する方がふさわしいものとが混在している。また、聞く力をつけるものは、ほとんど話す力をつけるものとなっている。このように挙げていった時、どのように話しことば能力の指導の筋道を見いだせばよいかが、見えにくくなっている。したがってこの年間計画に挙げた系列ごとにどのような段階を経て学年目標（二年単位の）に行き着くかを補って説明する必要があろう。

(八)教師の話しことば授業力・教育話法の修練こそ、上記の研究構想に筋金を入れることになる。先生方の研鑽を切願している。

〈参考〉

豊かに発想し、たくましく実践する子どもの育成
――生活科・総合的な学習の時間の体験が生きる対話活動を通して――

福岡市立箕子小学校　佐野喜久教諭執筆

1、主題の意味

「豊かに発想する」とは、子ども一人一人が「こうなりたい。」「こうしたい。」という自分なりのこだわりをもち、身近な地域「わが町箕子」を活動の場として、さまざまな人、もの、こととかかわりながら、自分の課題追求に向けて活動して行く中で、その子らしさを発揮しながら疑問や問題を発見したり、その解決に向けてのアイディアを生み出したり、計画を立てたりすることである。

「たくましく実践する」とは、自分の課題解決に向けて友達と互いに力を合わせて試行錯誤しながら、最後まであきらめずに取り組みつづけることである。

「対話活動」とは、相手を認めながら相手の考えを聞いたり、自分の考えをわかりやすく話したりする一対一を基本とした双方向的な音声言語活動である。

「体験が生きる対話活動」とは、子ども達一人ひとりが体験を通して、新たに感じ取ったり考えたりしたことをもとに、課題を明確にして追求の計画を立てたり、活動を見直して新たな活動へと高めたり、活動を振り返りながら達成感や満足感を味わったりすることができるように体験と対話活動を効果的に組み合わせていくことである。

2、研究の目標

生活科や総合的な学習において、体験したことをもとに見つけた自らの課題を、対話活動を通して解決するとともに、対話活動の中から新たな課題を発見し、さらに解決していこうとするような、豊かに発想し、たくましく実践する子どもを育成する。

3、研究の仮説

わが町簀子とのかかわりの中で体験したことが生きる対話活動の仕組み方及び支援の工夫をすれば、自分の思いを深めたり広げたりしながら主体的に課題を追求し、豊かに発想し、たくましく実践する子どもが育つであろう。

4、研究内容

（1）簀子の特色を生かした教材の学年系統の見直しと年間計画の作成

各学年の実施単元を、①わが町簀子の特色があらわれているか、②わが町簀子とかかわりながら様々な体験が可能か、③こだわりをもった様々な願いや課題が生まれるか、④子どもの興味・関心にそっているか、⑤各学年の発達段階に応じているか、という観点で見直し、年間計画を作成する。

（2）子どもが、わが町簀子とかかわり自分らしさを発揮しながら、自分の課題を意欲的に粘り強く追求するための支援のあり方

①学習過程（「思いをもつ」「思いを深める」「思いを生かす」）での支援の工夫

・思いをもつ段階…子どもが自分なりのこだわりをもった願いや課題をもつことができるような対象との出会わせ方の工夫

・思いを深める段階…一人ひとりが主体的に追求するための活動の仕組み方の工夫

・思いを生かす段階…子どもが達成感や満足感をもつための工夫

②ゲストティーチャーや他校との交流の工夫

③評価の工夫（自己評価、相互評価、他者評価、ポートフォリオ評価　など）

（3）学習過程（「思いをもつ」「思いを深める」「思いを生かす」）での子どもの意欲が高まり、こだわりが強くなっていくような体験が生きる対話活動の工夫

①学習過程における対話活動の仕組み方の工夫

各段階のどの場面で、どのような対話活動を仕組めばよいか。
思いをもつ段階…課題を明確にし、課題追求の計画を立てるための対話活動
思いを深める段階…体験を振り返りながら見直し、新たな体験へと高めるための対話活動
思いを生かす段階…活動を振り返りながら、達成感や満足感を味わうための対話活動
②対話活動における対象及び形態の工夫
対象
・子どもどうしで、ゲストティーチャーと
・同年齢の子どもと、異年齢の子どもと
・同じ課題の相手と、違う課題の相手と
・対話能力が同じ程度の相手と
・人間関係を考慮した相手と
形態（一対一で、グループで　など）
③対話活動における支援の工夫
対話をスムーズに進め、対話する目的を達成するためのカード・プリント、掲示物の工夫（対話の順序を書いた進め方カード、課題の内容に踏み込んだ個に応じたヒントカード、対話の視点を書いた条件カード、自分の考えや理由が明らかになるような学習カード、話型や対話の基本的な進め方を書いた掲示物　など）

（5～7は省略）

8、小学校における望ましい対話能力

田中賢治教諭執筆

学年	望ましい対話能力	
低学年	○話し手の方を見て、聞くことができる。	（聞く）
	・表情や態度・言葉で反応する。	
	・話の内容や話し方に興味を持つ。	
	・最後まで聞く。	
	・大事なことを落とさないように聞く。	
	○聞き手の方を見て、話すことができる。	（話す）
	・姿勢・口形に注意して、はっきりとした発音で話す。	
	・人に聞こえる声（場に応じた声の大きさ）で話す。	
	・事がらの順序を考えながら話す。	
	○よく分からないこと・くわしく知りたいことをたずねることができる。	（質問する）
	○尋ねられたことに対して、答えることができる。	（答える）
	○賛成・反対の意思表示ができ、理由を述べることができる。	（話し合う）
	○話題になっていることを確かめることができる。	（確かめる）
学年	○自分の考えとの相違点や共通点を考えながら聞く。	（聞く）
	○聞き手の理解を確かめながら話す。	（話す）
	○理由や根拠を示して、筋道立てて話す。	（話す）
	○理由や根拠を尋ねたり、確かめたりする。	（質問する）
	○自分の考えを言い換えたり、補足したりしながら答える。	（答える）

中	○自分の考えとの相違点や交通点を明確にし、話し手の考えに意見を述べる。（話し合う） ○目的と話題に沿って対話する。（話し合う） ○解決したことや問題になっていることを確かめながら対話する。（確かめる） ※司会者の役割及び進行の意識をもつことができる。
高学年	○話の内容や根拠、筋道などを考えながら聞くことができる。（聞く） ○聞き手の理解に合わせて、反応に応じて話すことができる。（話す） ○相手や目的を意識しながら、意図をはっきりさせて話すことができる。（話す） ○意図や立場、理由や根拠をたずねたり確かめたりすることができる。（質問する） ○目的や意図に応じて、計画的に対話することができる。（話し合う） ○解決したことや問題になっていることを整理しながら対話することができる。（確かめる）

9、対話能力の向上をとらえる指標とスキルタイム年間計画

	低学年	中学年	高学年
関心・意欲・態度	対話の楽しさを知り、進んで対話しようとする。	相互融和的な対話の価値を知り、共感にもとづいた対話に向けて進んで対話しようとする。	相互啓発的な対話の価値を知り、実りある建設的な対話に向けて進んで対話しようとする。
聞く力（聴解力）	○相手の言葉を正しく聞くことができる。 ○相手の言葉の意図を考えながら聞くことができる。	○相手の話の内容を自分の考えと照らし合わせながら聞くことができる。 ○相手の話の内容をそれまでの話の流れと照らし合わせながら聞くことができる。	○相手の話の内容を場の状況（相手の立場、対話の目的）を配慮しながら聞くことができる。 ○相手の話の内容をそれまでの話の流れと照らし合わせながら聞くことができる。

	1年	2年	3年	4年	5年	6年
対話を進める力（展開力）	○自分の言いたいことだけにとらわれないで、相手の持ち出した話題に関連した内容をつないでいくことができる。		○相手の話の内容とそれまでの話の流れを念頭に置いて、話す内容を決めることができる。		○相手の話の内容やそれまでの話の流れを念頭に置きながら、目的に応じて対話の方向を定め、話を進めることができる。	
話す力（話表力）	○自分の考えをはっきりさせて言葉にできる。		○自分の考えを、対話の目的や相手や場面にふさわしい言い回しで話すことができる。		○自分の話し方の効果を相手の受け取り方を確かめながら話すことができる。	
4月	＊ソーシャルスキル あいさつ・返事、聞く・話す姿勢、読み聞かせ 聞く ○話し手の方を向いて、正しく聞く。 話す ○口形・発音・声の大きさに気をつけて話す。	「今週のニュース」 話す ○語尾をはっきりさせるように話す。 ○聞く人の方を見て話す。 聞く ○話す人の方に体を向けて聞く。	「自己紹介をしよう」 話す ○聞き手にわかりやすいように、話したいことの中心と順序を考えながら話す。 ○言葉遣いや音量、速さを考えながら話す。 聞く ○話し手と視線を合わせながら、話題の中心に気をつけて聞く。	「自分のよいところ」 話す ○中心点をはっきりさせて簡潔に話す。 ○相手や目的に応じて、適切な言葉遣いや音量、速さを考えながら話す。 聞く ○話の中心に気をつけて聞く。	「5年生での目標」 話す ○態度や表情、視線などに注意しながら話す。 ○目的や場に応じて適切な言葉遣いや音量、速さ、語感を考えながら話す。 聞く ○話し手と視線を合わせ、表情や態度で反応しながら聞く。	「　　」 話す ○聞き手の理解力に合わせて、反応に応じて話す。 ○目的や場に応じて適切な言葉遣いや音量、速さ、語感を考えながら話す。 聞く ○話し手の意図を考えながら、話の内容を聞く。

5月	
＊ソーシャルスキル 自分から関わる・存在アピール 聞く ○聞く楽しさを知る。伝言ゲームをする。 話す ○話しかける楽しさを味わう。チェーンポエムを作る。	「私のすきなもの」 質問する ○知りたいことをたずねる。 話す
「運動会でがんばりたいこと」 話す ○主語と述語をはっきりさせ、丁寧な言葉遣いができるようにする。 ○聞く人の顔を見ながら話す。 聞く ○話す人の顔を見ながら最後まで話を聞く。	「運動会でこんなことがあったよ」 話す ○事実とそれに対する自分の感じた
「運動会でがんばることは……」 話す ○中心点をはっきりさせて、聞き手に伝えたいことが伝わるような話し方を工夫する。簡潔に話す。 ○目的に応じて、適切な言葉遣いや音量、速さを考えながら話す。 聞く ○話し手の言いたいことを意識しながら聞く。 ○自分のめあてとの相違点を意識しながら聞く。	「運動会を振り返って……」 話す ○中心点をはっきりさせて、聞き手
「4年1組のよいところ」 話し合う ○目的と課題に沿って話し合う。 ○話し手の話をまとめたり補足したりする。	「　　」 話す ○聞き手の理解を確かめながら話す。
「運動会で頑張りたいこと」 話す ○聞き手の理解力に合わせて、反応に応じて話す。 ○目的や場に応じて適切な言葉遣いや音量、速さ、語感を考えながら話す。 聞く ○話し手の意図を考えながら、話の内容を聞く。	「運動会を終えて」 質問する ○意図や立場、理由や根拠をたずねたり、確かめたり
「　　」 質問する ○意図や立場、理由や根拠をたずねたり、確かめたりする。 答える ○相手の立場や信条、理解に合わせて答える。	話し合う ○目的や意図に応じて計画的に話し合う。 ○目的と話題に

	6月	
○みんなに聞こえる声で話す。	*ソーシャルスキル 話したり聞いたりする楽しさを味わう。 相互質問ボックス ゲーム・おはなしキャッチボールをする。	「昼休みに遊んだこと」
ことをつなげて話す。 聞く ○友達の話で共感できるところに肯きながら聞く	「ぼく・私のすきなもの」 話す ○結論と理由を分けて話す。 ○身振りや手振りを交えて話す。 聞く ○話の大意をとらえながら聞く（質問ができる）。	「こんなことがあったよ」
に伝えたいことが伝わるような話し方を工夫する。 聞く ○自分の考えとの相違点や共通点を考えながら聞く。	「未来のわたしは」 話す ○聞き手にわかりやすいような表情や態度を心がける。 ○聞き手が話を理解しているか考えながら話す。 聞く ○分からないことを確かめながら聞く。 ○話題の中心に気をつけながら聞く。	「　　　」 話し合う
聞く ○自分の考えとの相違点や共通点を考えながら聞く。	「小さい頃の僕、私」 話す ○相手や目的に応じて、適切な言葉遣いや音量、速さを考えながら話す。	話す ○必要に応じて、
する。 答える ○相手の立場や信条、理解に合わせて答える。	「自然教室の出し物」 話し合う ○目的や意図に応じて計画的に話し合う。 ○目的と話題に沿って話し合う。	「自然教室の出し物」
沿って話し合う。	話し合う ○自分の立場をはっきりさせて話し合う。	話し合う ○話し手の話をま

7月		
*ソーシャルスキル	「私のたからもの」 聞く ○もっと知りたいことを尋ねる。 ○感想を持つ。 話す ○理由を話す。 ○相手に伝わるように話す。	質問する ○わからないことを尋ねる。
「夏休みにしたいこと」		話す ○話すことをある程度時間を追って順序立てて話す。 聞く ○話に頷いたり、相づちを打ったりしながら聞く。 ○話の大意をとらえながら聞く。
「夏休みの自由研究の計画をたてよ		○賛成・反対の立場をはっきりさせて話し合う。 ○自分の考えとの相違点や共通点を考えながら話し合う。
「夏休みに出かけたい場所」	「私の好きな場所」 話す ○中心点をはっきりさせて簡潔に話す。 ○理由や根拠を示して、筋道立てて話す。 聞く ○話の中心に気をつけて聞く。	資料を示しながら話す。 聞く ○具体的な観点を持って聞く。 ○自分の考えとの相違点や共通点を考えながら聞く。
「自然教室の思い出」	「　　」 話す ○事実と感想・意見の組み立て、結論や場の位置づけなど、話の組み立てを工夫しながら話す。 聞く ○話の組み立てや言葉遣いなどに注意しながら話の内容を聞き取る。	話し合う ○自分の立場をはっきりさせて話し合う。
話し合う ○分類、対比、仮	話す ○必要に応じて資料を示したり、情報機器を活用したりしながら聞く。 聞く ○必要に応じて効果的にメモを取りながら聞く。	とめたり詳しくしたりする。

	ありがとうのプレゼントをする。 「家の人に伝えよう」 聞く ○正しく聞き取る。 話す ○正しく伝える。	話す ○話し方の順序を知る（結論を先に話し、そのあとにわけを話す）。 聞く ○友達の話に自分の考えを付け加えたり、反対意見を述べたりできる。	う」 話し合う ○話し合いが目的と話題からそれていないか考えながら話し合う。 ○理由や根拠を尋ねたり確かめたりしながら話し合う。	質問する ○理由や根拠を尋ねたり確かめたりする。 答える ○自分の考えを言い換えたり、補足したりしながら応答する。	話す ○必要に応じて資料を示したり、情報機器を活用したりしながら聞く。 聞く ○必要に応じて効果的にメモを取りながら聞く。	定、置換などの発想で話し手の考えを分析し、相手を納得させる意見を述べる。

※空欄の五か所は、平成一五年五月の時点では未完成であったため、そのまま挙げている。

第二項　話しことばを活用した単元の考察

以下は、福岡市立箕子小学校吉富文子教諭の単元「箕子探検隊」の実践〈参考〉として掲載している）に考察を加えたものである。

全体として、対話活動を手段として用いる難しさがありつつも、よく努力されている。元々の理論仮説にのっとって、最大限生かしたとすれば、こういう単元にならざるを得ないと思われる。ただし、以下の検討から、幾分でも修正できるところがあれば幸いである。

㈠素地として国語の授業において対話学習態度の育成を

「2　指導観」の「こんな子どもたちに」の対話に関して記されている三行の実態分析は、きわめて的確と思われる。すなわち、小学校三年生は日常や学習の中で対話に向かう目はある（「自分たちの興味・関心が高い事柄について積極的に対話を活用して自分の考えを伝えようとしたり、説得したりしようとする」）が、㋐「そのよさにまだ十分に気づいていない」し、㋑「自分の活動が行き詰まったときや、考えが足りないときに、友だちと対話して解決しようとする姿勢」があまりない。そうすると、以下の二点が求められることになろう。

①三年生なりに、対話（話し合うこと）の意義・価値を身にしみて感じさせる必要があり（㋐に対して）

②対話をすることによって、行き詰まりを打開しようとする態度が育っておかなければならなかったのである（㋑に対して）。

㈡相手意識と対象との関係を明確に

話しことばは本来相手意識があって話すべき内容が引き出されてくるものである。ところが、この（「2　指導観」の「こんな活動材で」）では、

①まず「子供たちに日頃見慣れたところにも簀子のよさがあることに気づかせ」ることが先であり、

②それを調べて「知らない人に伝えよう」という課題意識を持たせて進めることが後になっている。

こういう授業は、社会科調べ学習の延長線上に位置するものではあっても、話し相手はつけ足しであり、本当に相手意識をもって聞いたり、話したりすることにはなりにくい。実際「知らない人に伝えよう」という全体の場設定はここだけであり、後にはどこにも出てきていない。「こんな活動展開で」にある一対一の対話も、少人数グループの「ミニ交流会」も、「ワークショップ方式の発表会」も、どこまで「知らない人」に伝えると言えるのか、曖昧である。最初から対話相手として選ばれた人は何回も聞く羽目になりそうである。

㈢対話活動Ⅰ～Ⅲに挙げていない対話の方がより大切

単元計画には、本時をはじめとして、以下のように対話Ⅰ～Ⅲと明記された対話活動がある。

〔対話Ⅰ〕自分が調べたいテーマが簀子校区のよさにつながり、自己課題としてふさわしいかどうか、一対一やグループで対話を行い、確かめる。
〔対話Ⅱ〕図鑑の下書きを一対一、もしくは小グループで見直す。
〔対話Ⅲ〕ワークショップ形式で、『簀子ものしり図鑑』の発表会を対話形式で行った後、対話したことの感想や意見などを出し合う。

いずれも、ある観点に則って吟味したり、形式として対話の形態をとったりしたものである。それゆえ、本人たちが新たなもの（創意）を加えなければ、話し合ってよかったという満たされた思いになるのは難しい。むしろ、本来の対話は、「思いを深める」の一時間目、「3、学習計画を立てる」の「（2）自己課題を追求していくために、どんな調べ方をしたらよいかを考える」なかにその契機があり、次の時間からの「4、自分のテーマについて調べる」の「（2）自分のテーマのところに行き、見学したり、インタビューしたりして調べる」ところにありそうである。

したがって、後者の対話が対話として成就するために、前者（先）の対話活動Ⅰ～Ⅲをどう高めていくかが、最重要課題になると思われる。

㈣「子供たちが発見した場所への思い」は結晶しているか

一人ひとりの子供たちは、既習学習や生活体験の中から「発見した場所への思い」がしっかり固まっているであろうか。こだわりの場所、私たちの秘密基地と思えるものを誰もが持っているものであろうか。

したがって、「みんなが『よい』と認めるところ」「他にはなかなかないところ」「みんながいつでも行けるところ」という客観的な基準（ものさし）をあてはめる前に、一人ひとりがその場所にまつわる自分だけの経験や思い出を出しておく必要があったと思われてくる。

「7　本時活動の考え方」にある「条件カード」も「対話の仕方カード」も、ほんとうに対話する力になるかどうか、改めて考えてみたい。

㈤「一対一対話での望ましい子どもの姿」および「少人数のグループでの望ましい子どもの姿」は、話し合いのてびき（台本）として活用を

これらの例を作られて、吉富文子教諭自身が最も力をつけられたに違いない。それだけに、これらの資料をどう活用するかという方途が示されなければなるまい。それは、こんな話ができればという思いを湧かせる台本として活用することである。

そうすると、この文章も、役割読みをしているうちに対話の醍醐味が得られるものにする必要がでてこよう。きわめて創造的な授業になることが期待できる。

〈参考〉

第三学年　総合的な学習の時間　活動案

指導者　吉富文子教諭

1　単元名　簀子ものしり図鑑「簀子探検隊」～簀子のよさを　見つけよう　伝えよう～

2　指導観

○こんな子どもたちに

本学級の子どもたちは、日常生活や生活科の学習を通して、自分と家族、自分と地域の人たち、自分と学校など、身

近な人・もの・ことと、自分とのかかわりを意識し始めている。また、子どもたちの行動範囲は家庭や学校を中心としたところから、簀子地域全体へと広がり始め、その結果、そこにはどんな人がいて、どんなものがあり、どんなことが行われているのか等について興味をもち始めている。また、自分たちの興味・関心が高い事柄について積極的に対話を活用して自分の考えを伝えようとしたり、説得したりしようとする。

しかし、子どもたちには、体験から得た思いや願いを、自分なりに表出したり友だちと共有したりする経験はあっても、そこから生まれた感動や気づきを新たな課題として追究していく学習経験はまだない。その過程で資料収集をしたり、かかわりを持つ人へのインタビューをしたりしながら、課題意識をもって学習を進めることができる子どもは少ない。

以上のような問題点を改善するために対話を取り入れたが、そのよさにまだ十分に気づいていないし、自分の活動が行き詰まったときや、考えが足りないときに友だちと対話して解決しようとする姿勢はあまり見られない。

○こんな活動材で

本単元は、自分たちが住む身近な地域の様子を探検し、子供たちに日頃見慣れたところにも簀子のよさがあることに気づかせ、それを知らない人に伝えようとするものである。自分たちにとって身近な簀子校区に存在するものを題材とすることで、いつでも何度でも調べる活動ができたり、話を聞くことができたりすることから、子どもたち一人一人が親しみをもって課題を追究していくことができると考える。また、全員が共通の認識を持つ題材であることから、話し合い活動をしたときにも質問や意見を言うことができ、互いの考えを補い合って内容を深めていくのにも適したものと考える。

さらに本単元は、子どもたちにとって初めての「総合的な学習の時間」での活動である。これは子どもたちの思いや願いを大切にし、地域の人・もの・こととのかかわりから自己の課題を設定して、問題解決を図りながら自分なりの見方・考え方を見い出していく力を育てていくためにも意義深いと考える。

○こんな活動展開で

まず自分の力で探し、調べ、伝える活動を通して、新たな課題を発見し課題を解決していく力を身につけさせたい。そのために、学習課程の中にいくつかの形態の対話活動を組み合わせて行う。この対話では、お互いの意見を参考にし合いながら、考えをより確かなものにしたり、お互いのよさを認め考えを補ったりし、共に学ぶ楽しさや信頼感を高め合うことにつながると考える。

指導にあたっては「簀子校区のことをもっと調べよう。見つけた簀子校区のよさを紹介しよう」という学習課題を設定し、自分の課題を解決するための学習方法と伝達方法を学ばせる。

「思いを持つ段階」では、子どもたちに校区の様々な場所を探検させ、自己課題を決定させていく。その際、簀子校区のよさを紹介するものとして、以下の三つの条件を設定する。「みんなが『よい』と認めるところ」「他にはなかなかないところ」「みんながいつでも行けるところ」。そして、選んだ自己テーマが簀子校区のよさを紹介できる価値のあるものかを確かめるために、一対一での対話と少人数グループでの対話を二回に分けて仕組む。

次に「思いを深める段階」では、調査方法や調査結果をまとめたものが適切であるかを確かめるために、交流の場として、「ミニ交流会」という少人数グループでの対話を設定する。

さらに「思いを生かす段階」では、ワークショップ方式の発表会を開く。これは自分の調査結果の発表についての友だちの感想を身近に感じることができるとともに、この学習でどんなことが分かりどんな思いが湧いてきたかを振り返らせ、自分の考えが認められた喜びや達成感を感じることができる有効な交流方法であると考える。

そして、本単元でのまとめとして、発見した簀子のよさを紹介し合う中で、課題と自分が、これからどう関わっていくかを考えさせる。このことが自分たちが住む「我がまち簀子」の様々な場所のよさをはっきりと意識し、自分なりの愛着を持たせていくことにつながると考える。

3　単元目標

○簀子校区には、様々な素晴らしいところがあることに気づき、そのよさを伝えるという課題を、自分なりの方法で追究することができる。（課題追究力）
○対話を通して、お互いの考えのよさを認め合ったり、補足しあったりしながら、課題を追究しようとする態度を身につけることができる。（主体的・創造的な態度）
○調査対象を見学したり、それにかかわる人たちへインタビューしたりして、集めた情報が課題追究に必要であるか判断することができる。（情報収集・選択能力）
○自分と地域との関わりに目を向け、地域の一員としての自分を振り返りながら、自分たちの住む地域「我がまち簀子」への愛着を持つことができる。（自己の生き方）

4　単元計画（全二三時間）

総合学習	社会科学習
○「簀子ものしり図鑑」～簀子小の総合学習って～において、子どもたちは簀子にしかないもの、簀子地域に昔からあるものによせる興味・関心が強いことが分かる。	○「わたしたちのまちのようす」の学習において、校区には何があり、どんな人がいるのか、どんなことが行われているのかを理解する。 ・自分たちが遊んでいるところや家の近くにも、何かがあるかもしれない。 ・その「簀子のじまん」を見つけたい。調べたい。

段階	配時	学習活動と内容	支援【評価規準】
	①	1、「簀子ものしり図鑑」の一部をつくるということから、学習課題をとらえる。 (1)簀子校区のよさを知らない人たちに知ってもらう	【主】クラスでたてた「簀子ものしり図鑑」の計画について話し合い、簀子地域のよさを調べていこうとする課題意識を持つことができる。

思いをもつ⑦

には、どんなことを伝えればよいかについて話し合い、社会科学習とのつながりから学習課題をとらえる。

> 「簀子探検隊」になって、校区のことをもっとしらべよう。
> 見つけた簀子校区の「よさ」を伝えよう。

―例―・簀子公園のよさを見つけて伝えよう
　　・港のよさを見つけて伝えよう……等

①

(2)選んだテーマが簀子校区のよさを伝えることにつながっているかを考え、よさにつながる条件を知る。

○よさについては、自分だけの思いではなく、多くの人が感じる良い面が「よさ」であることを意識させ、よさにつながる条件を考えさせる。

【課】条件に合った自己課題を見つけることができる。

③

> 【よさにつながる条件】・みんなが「よい」と認めるところ
> ・他にはなかなかないところ
> ・みんながいつでも行けるところ

(3)簀子校区のよさを見つけるために、校区探検に行き、見つけたよさをもとに自分が調べたいテーマを考える。

・簀子公園を調べたい
・簀子公民館を調べたい
・大濠公園を調べたい
・福崎公園を調べたい

○校区マップを活用し、主な施設や子どもたちが見つけたところ・知っているところを中心に連れていき、見慣れたところにも簀子校区のよさを発見することができるようにする。

○行ったところや周辺の様子などを、カメラで撮影しておき、自己課題を考えるときに振り返りやすいようにする。

本　時①

2、探検に行って見つけた「簀子校区のよさ」をもとに、自己課題を決める。
(1)自分が調べたいテーマが簀子校区のよさにつながり、自己課題としてふさわしいかどうかを確かめる。
【対話Ⅰ】
・一対一の対話を行い、確かめる。
・グループで、対話を行い、確かめる。

【情】自己課題選択の資料として、校区マップや探検メモ、写真を活用することができる。
○探検で見つけたところや、マップで見つけたところの両方から、テーマを選んでよいことを示唆する。
【課】自分の選んだテーマが簀子校区のよさにつながっているかどうか考えることができる。
○対話することによりお互いの考えのよさを知り、価値あるテーマを追究していこうとする意欲を持つことができる。

①

3、学習計画を立てる。
(1)学習方法を知り、単元全体の見通しを持つ。
①自己課題を持つ（基本は個人）。
②計画を立てる。
③調べる。
④まとめる（基本は個人・グループも可）。
⑤見直す。
⑥付加・修正をする。
⑦伝える。
⑧活動のまとめをする。

○単元全体の流れを知らせることによって、総合学習のやり方の見通しを持つことができるようにする。
【課】単元全体の流れから、見通しを持った学習計画をたてることができる。
○自分で考えた方法だけでなく、教師が適切な方法を示唆する。

思いを深める ⑬

	(2)自己課題を追究していくために、どんな調べ方をしたらよいかを考える。 ・実際に現地に行ってみる。 ・知っている人に聞く。	【課】目的に合った調べ方があることを理解し、自分にあった調べ方を考えることができる。
①	4、自分のテーマについて調べる。 (1)調べる計画を立てる。 ・何について調べるか。 ・どんなものを見てくるか。 ・どんなことを聞いてくるか。	【課】簀子のよさを伝えることを目的に、調べることができる。 ○適切な調査計画が立てられるように、調査計画カードに書き込みながら考えさせる。 ○グループで協力する必要がある場合は、分担の確認もさせる。
④	(2)自分のテーマのところに行き、見学したり、インタビューしたりして調べる。	【主】「よさ」につながる条件を再確認し、現地に行って見たり、知っている人に聞いたりしながら、調査活動を進めることができる。
②	5、調べてきたことを整理し、自分でまとめ、図鑑の下書きをする。 ・紙芝居　・パンフレット　・新聞　等	【情】図鑑を意識させ、文章だけでなく写真や絵なども取り入れながらまとめていくことができる。 ○一般の図鑑にとらわれずに、各自のまとめやすい形式を選択させる。 ・紙芝居・パンフレット・新聞・リーフレット
①	6、図鑑の下書きを見直す。【対話Ⅱ】 (1)・一対一の対話で、下書きを見直す。 ・小グループで、下書きを見直す。	【情】図鑑の下書きを提示しながら対話を行い、付加・修正点を見つけることができる。 ○後で付加・修正を行えるように、見直しカードへ書

	思いを生かす③	
③	②	①
(3)話し合ったことをもとに、不十分な点やさらに工夫したい点についてさらに調べ、付加・修正を行い、図鑑作りを仕上げる。	7、『簀子ものしり図鑑』の発表会を行う。【対話Ⅲ】 ・ワークショップ形式で発表会を行い、対話形式で感想や意見などを出し合う。	8、活動のまとめをする。
き込みながら質問や意見を出し合うようにさせる。 ○見直しカードをもとに、付加・修正し、図鑑作りをさせる。	○少人数で対話形式の発表で発表を聞いた人から意見や感想を聞きやすいように、クラスを三分の一に分け、交代で発表させる。	【自】これから自分が簀子のよさを伝えるものとどう関わっていくかを考えることができる。 ○初めての総合学習を振り返り、学習の方法やこれからの図鑑に載せていきたいことを話し合わせ、これからの簀子ものしり図鑑への意欲を持たせるようにする。

5　本時　平成一五年五月二九日（木）　五校時　一四時二〇分～一五時二〇分　三年一組教室

6　本時の目標

○一対一や少人数グループの対話で、お互いのテーマを認めたり、補足し合ったりすることを通して、自分のテーマが「簀子のよさを伝えるもの」として、たくさんの人に伝える価値のあるものかどうかを確かめることができる。

7　本時活動の考え方

○これまでの生活や社会科「わたしたちのまちのようす」学習で、子どもたちは自分たちの住む簀子校区の様子を調査し、場所によって違う地域の様子に気づいている。前時までの学習で、自分たちが住む身近な地域の様子を調査し、「日頃見慣れたところにも簀子校区のよさを再発見することができるものがあるはずだ」という思いから、『簀子探検隊』になって、簀子校区のことをもっと調べよう。そして、見つけた簀子校区のよさを紹介しよう」という学習課題を設定した。その後、社会科学習で作製した校区マップを手がかりに校区探検を行い、簀子のよさを伝えることができそうなところを探してきている。

本単元では、既習学習や生活経験の中から子どもたちが発見した場所への思いを大事にし、課題を選択させることが、学習意欲を持続させながら、課題を追究していくことにつながると考える。そのために、本時ではテーマを選ぶ際には三つの条件を示し、それをもとに話し合わせる。このことは、子どもたち一人ひとりが「簀子のよさを伝えるもの」という明確な課題を持って調査活動を始めることになり、学習への高い意欲を持続することにもつながると考える。

学習のまとめとして対話で得たものを発表させる場を、二回の対話で得ることのできなかった考えや情報を新たに取り入れることのできる機会と位置付け、自己評価にそれを加えて書き込めるようにする。対話による発見や気づきのよさ・自己評価でのよさは、教師による紹介も加えて評価していく。また、相手の不十分なところを順序よく整理して明確な考えにするために、【条件カード】と【対話の仕方カード】を使わせる。このカードは、三つの条件や質問する内容を順序よく確かめていけるようにしたもので、全員に配布しておく。

○価値ある追究テーマを持つことは、活動を連続・発展させる意欲を継続させるために大切な要素である。そこで本時は、全員に本時学習のめあてと確かめの具体的方法をはっきりさせるために、以下のように二回に分けた対話を行う。この形態の違う二段階の対話を仕組むことにより、全員が自分の選んだテーマで「簀子のよさを伝えること」に価値を感じることをねらう。

◎選んだ自己テーマの価値を確かめる一対一の対話

まず一対一で対話を行う。この対話のよさは、対話力や理解力が同等の子ども同士を組ませることにより、お互いに話しやすい雰囲気と、互いの力に合わせた質問や意見が期待できることである。この対話を仕組むことで、お互いの質問や意見に対して話しやすい雰囲気になり、その中で自分の考えを深めることができる。また、お互いの選んだテーマが課題追求にふさわしいものであるかを確かめ合ったり、互いの考えの不十分なところを補足し合ったりすることで、自分や相手の考えについて新たな発見が期待できる。

【一対一対話での望ましい子どもの姿】

A：わたしは、箕子公園が箕子校区のよさを伝えるところとしていいと思ったの。だから、箕子公園をテーマに選びました。箕子公園のよさを調べてみんなに伝えたいと思います。
B：どうして箕子公園について調べたいの。わけを教えてください。
A：箕子公園がテーマとしてよいと思うわけを、三つの条件から説明するね。
　私は箕子公園で遊ぶのが大好きで、ほとんど毎日ここで遊んでいるの。それで、公園にいる他の人も同じ気持ちじゃないかと思って、それが一つ目の「みんながよいと思うところ」にあてはまると思いました。箕子公園には、いつも赤ちゃんや小さい子ども、私たちのような小学生や、少し大きい中高生も遊んでいます。大人の人もいるし、みんなが来るということは、みんなこの公園に来たいと思っているということで、「よいところ」と思っているからじゃないかな。
B：箕子公園に来ている人たちみんなが「よい」と思っているか聞いてみたの。
A：はい。校区探検の時にみんなの様子を見ていて楽しそうだと思ったんだけど、その後、自分で公園で遊ぶ人たちに少し聞いてみました。聞いてみた人たちはみんな、ここが好きでよくここに来ているんだって。どうして好きかっていうと、いろんな遊びができるからだそうです。
　それで大体みんな同じ様子だったので、条件には合っていると思いました。調べるときには、もっといろんな年の人にインタビューして、みんなが箕子公園を「よい」と思っていることを伝えたいです。
B：分かりました。
A：二つ目の「他にはなかなかないところ」は、箕子公園は福岡市でひとつだし、まちの中でこんなに大きなアスレチックの遊具がある公園もあまりないって、お母さんが言ってました。
B：二つ目の条件については、Aさんの考えがよくわかりました。大きなアスレチックとかあって、ぼくも簀子公園は、他にはなかなかない公園だと思います。あと、小学校の隣にあることも、他の小学校や公園にはなかなかないことだと思います。それと、お墓みたいなのがあるのも他の公園にはないよね。
A：そうですね。小学校と公園が隣り通しにあることもよさに入れていいね。お墓みたいなのは、よさにつながるか調べてみます。
三つ目の「みんながいつでも行けるところ」については、公園なので、いつでも誰でも、好きなときに行って遊べるので、これもあてはまると思います。
だから私は、簀子公園をテーマにして、簀子校区のよさを伝えたいと思います。
B：Aさんの考えはよく分かりました。いつでもたくさんの人が遊んだり、のんびりすごしたりしていますね。
A：これで私の説明は終わります。三つの条件を満たしてたと思うので、このテーマで調べて行きたいです。
B：簀子公園はいろんな人たちが楽しく遊べる「よさ」を持った公園みたいだね。
A：うん、三つとも条件はオーケーだね。B君、私、このテーマが三つの条件をクリアしたと思うよ。

◎不十分な点を補い、全員が自己テーマ選択の意義をより確かにするためのグループ対話

次に少人数のグループで対話を行う。ここでは一対一の対話で三つの条件を確かめられなかった子どもたちへの支援を目的とする。この対話のよさは、目標の達成がはっきりしていない子どもへ複数で支援できる点である。これまでの対話で、条件への確かめが不十分な点を補い、全員が自己テーマ選択の意義をより確かにするため、対話相手を支援していける子どもと自分の考えが未整理な子どもを交ぜて少人数グループを組ませ、特に検討が不十分な子どもの確かめを明らかにする。自分の選んだテーマが調べていくのにふさわしいものかを一回目の対話で確かめられなかった子どもにとって、友だちの支援を受けながら自分の考えが整理され、自分の考えを確かなものにすることが期待できる場となる。また、支援を目的とする立場の子どもにとっても、さらに考えを深めたり新しい考えを見つけたりできると共に、

友だちを支援できる喜びを感じることができる。

【少人数のグループでの望ましい子どもの姿】

A：条件の確かめについてだけど、C君はどうだったの。
C：ぼくは、実はよく分からなかったんだ。
A：C君がさっきの対話で、自分の選んだテーマが「簀子校区のよさ」を伝えるものとしてふさわしいか、まだ確かめられなかったんだね。B君はどうなの。
B：ぼくのテーマは、大体三つの条件をクリアしていたと思う。それに、足りなかったところにF君の考えを入れさせてもらったから大丈夫。このテーマでいけるよ。三人でC君のテーマの確かめをしよう。
A：C君は何をテーマに選んだの。
C：ぼくは、港が簀子のよさだと思う。
B：じゃあ、三人でこの港を3つの条件で考えてみよう。まず一つ目の条件から……。「みんながよいと認めるもの」に、港はあてはまるかなあ。
A：分からないから後回しにしよう。二つ目の「他にはなかなかないもの」については？C君、港は他の校区にもあるかな。
C：港がある校区もあると思うけど、なかなかないと思う。
B：じゃあ、この条件はクリアだ。
A：三つ目の「みんながいつでも行けるところ」について考えよう。
B：C君、どう思う。
C：港は行けない場所もあるけど、いつでも大体のところにみんなが行ける。
B：それにぼくたち、プロペラ公園で遊べるし、お魚市場も開かれているよ。ぼくお母さんと行ったことあるもん。

Ａ：Ｃ君、港は三つ目の条件にも合っているね。問題は一つ目の「みんながよいと認めるもの」だわ。
Ｂ：これは、港に来る人たちや校区の人たちに聞いてみなくちゃわからないなあ。
Ａ：じゃあ、今は分からないから三つの条件には当てはまらないことになるの。そうじゃないよ。たくさんの船が留まっているし、みんな港があって良いと思ってると思う。
Ｂ：Ｃ君は、港を簀子のよさとして調べたいんでしょう。
Ｃ：うん。他の校区にはなかなかないところだから……。
Ａ：じゃあ、これをこれから調べてみんなに伝えていったらいいから、三つの内、二つははっきりしていて一つだけ大体ってところでもテーマにしていいか、先生に相談してみよう。

第Ⅱ部　対話を基底とした話しことば教育

ここでは、小学校・中学校・高等学校における話しことば教育実践の基本方針を示して、以降の話しことば学力論、話しことば年間指導計画論、話しことば授業力（教育話法）を具体化していく土台に据えようとしている。

第一章　問答・討議能力と司会能力の育成指導（小学校）

1　小学校を卒業する時点でどのような話し手になってほしいかを見据えた上で

話しことばは、日々の学習で用いられているため、かえって正面から学習対象にしにくい領域である。また、いざ問答・討議の能力や司会の能力を身につけさせる単元を設定しても、それらの学習を通してどういう話し手になりたいという願いを育てているか、判然としにくい授業になりがちである。それだけに、小学生の話表力（問答・討議能力や司会能力を含む、きっかりと話し表す力を総称したもの）育成を通して、卒業時にはどのような話し手になってくれれば本望だと思えるかを内省してみることが必要になってくる。

仮りに、私の方で望ましい話し手を想定してみると、以下のようになる。

本気でじっくり聞いてくれ、しかもその思いをこのように伸ばしていけばという指針を与えてくれる方に出会い、人と人とが話し合うということのかけがえのなさに気づき、あのような話し手になりたいという憧れをもって人に接し、つねに向上し合う人間関係を作り上げようとする。当然、自分の身を守るために話すのではなく、新たな自分を作り上げようとして話すのであるから、人の批判は喜んで受け入れ、人の賞賛に包まれている時でもほんとうにそのようなほめ言葉に値するかという吟味の目を自己に向け続ける。人前に立った時でも、己を高く見せたり、卑下したりしようとせず、ありのままに、現時点で考え得ることを率直に語っていこうとする。それこそ相手の批評を受け入れて伸びようとする姿勢が表れたものだからである。また、相手を説得する際にも、話しことばの対人的直接性を顧慮して、いくつかの逃げ道を用意しておく。話し合いの場では、それぞれの意見のよって来たるところと可能性を見抜いて、誰もが話し合ってよかったと思えるように協力していく。

　このような話し手に育てていくのは至難にも見えようが、教師がよくぞここまで育ってくれたと思える時には、上記のうちいずれかの要素を幾分備えていよう。そうしてみると、現場の教師一人ひとりが、目の前の学習者を見つめて、小学校卒業時においてこんな話し手に育てたいという願いを明確にしておくことが、特設した話しことば単元や日々話すことに慣れていく小単元を推進していくためにも不可欠であると了解されてくる。望ましい話し手の明確化は、なかなか成果が表れず、途中で投げ出したくなる時にも、焦らずに子供たちの成長を見守る余裕を与えてくれよう。

2　話表力の中で問答力／討議力／司会力などが占めるべき位置を見きわめる

話表力を談話形態とかかわらせてどう分類し、いかに系統づけるかについても、長年考究と実践が続けられている。

〈表1〉

独話　一↓多
対話　一⇅一
会話　一⇅多

〈表2〉

対話　一⇅一
会話　一⇅多数
独話　一↓集団

〈表3〉

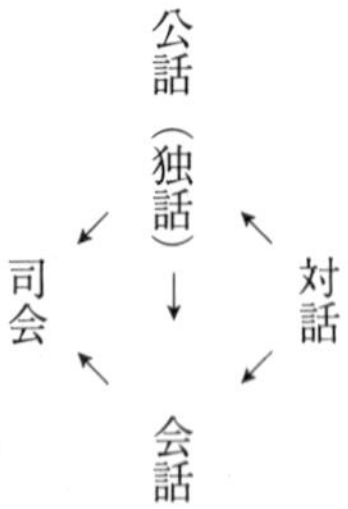

表1[注1]は西尾実博士の昭和二二（一九四七）年の区分で、「話手は話手として聞手は聞手として固定するか、話手と聞手が交替するかにより、また聞手の数が一人であるか、二人以上すなわち多数であるかによって[注2]」三分したものである。ここでは、まとまった話をする力から相手と相対して話を繰り広げていく力へ、さらに多くの人たちの中でも共同で思考を深めていく力へという学力が想定されよう。また、上記の形態にはそれぞれ特殊なばあいがあるとして、「講義・講話・講演などは独話（のちには公話とよばれる）の特殊形態であり、問答・対談などは対話の特殊形態であり、討議・討論・協議・鼎談などは会話の特殊形態[注3]」であるとしている。西尾実博士は、独話とその特殊形態、問答という対話の特殊形態に偏った学校教育を正すために、あえてこの点に言及している。このような案を具現したものが大村はま氏の「『話すこと』の指導計画[注4]」（昭和二八年）と見られる。ただし、文化的特殊形態は必ずしも分けられていない。

表2[注5]は、西尾実博士が昭和二六（一九五一）年に至って掲げた分類で、「聞手の数が、一人であるか、二人以上であるかによって、対話と会話と独話との別が生じる。さらに、その聞手の性質が、話手と何らかの人間的なつながりが予想できるばあいと、そういうつながりが予想できない集団であるばあいとによって、対話・会話のような個人的通じ合い（パーソナルコミュニケーション）と、独話のような集団的通じ合い（マスコミュニケーション）との別が生じる。[注6]」としている。先に挙げた表1では、話し手と聞き手が固定するかしないか／聞き手の数の二つに拠っていたが、両者の基準が分裂しかねない要素をはらんでいた。それを表2では聞き手の数と性質によって一貫して区分し得るようになったのである。これは「談話の基本形態は対話[注7]」であると明確に自覚されるに至ったために招来された区分と言えよう。このような談話形態相互の関連づけは、話しことば学力論としても生かされることになる。大村はま氏の昭和三〇年代の「話し方の系統学習[注8]」や「話し方学習の系統化[注9]」は、この観点から組織化が図られている。中でも後者の論述には、対話、会話、独話の文化的形態である問答、討議、討論も別の能力をなす

ものとして、それぞれ三段階の目標設定が試みられている。表2の西尾実説を最大限に生かそうとした系統化と言えよう。

表3は、[注10]野地潤家博士が昭和四五（一九七〇）年に提案された話しことば学力論で想定されている談話形態を逆に取り出してみたものである。野地潤家博士は対話、公話（独話）、会話、司会の際にはたらく主要な話表力として、それぞれ応答力（翌昭和四六〈一九七一〉年には質疑力が加えられる）、発表力、討議力、司会力を措定して、左記のように説かれている。

（1）応答力…問答・発問に対する答え方。対話形態における典型的な能力。発問（教育話法）に対する応答であるが、一見受動的であって、実際はそうではない。柔軟で的確な、即決的な判断に立って、主体的・積極的に答えていくべきものである。

（2）質疑力…みずから疑問を発し、問いただしていく、質問のしかた。応答力と並んで学習話法の中核をなす。問題点・疑問点を把握すること、それにもとづいて、質疑・質問をすることは、自主的な学力水準を映し出すものになる。

（3）発表力…意見・感想などの発表のしかた。公話（独話）形態における基本能力。ひとまとまりの話をどのように組み立て、まとめ、述べていくかを考えておかなければならず、対話（問答・応答）とは別のむずかしさをかかえている。限られた時間・場所の中で、分量や速さも考慮して話す必要が生じる。

（4）討議力…話し合いのしかた。会話形態における中心能力。共同思考による、問題解決への学習活動を充実させる根幹をなす。また、学習者同士で自主学習を成就させるのに不可欠な能力である。

（5）司会力…話し合いの司会のしかた。話表力（応答・質疑・討議などを含む）が総合的に発揮される。学習者に司会力を会得させることには、おのずと限界もあるが、できるかぎり「司会者」としての訓練を受けさせることがのぞましい。[注11]

ここでは、談話生活の根本が対話であることが一層見据えられたために、公話（独話）と言っても対話の線が放射状に引かれたもので、何十人かの聞き手一人一人との対話にほかならず、聞き手の声なき声を聞き取って、一人一人の心に語りかけていくものであるから、対話の発展であると見抜かれてくる。他方、会話も、対話の網の目が縦横に引かれているため、多少複雑にはなるが、対話精神を拡大・深化させていけばよいと、洞察されて、両系列への進展がはかられたことになろう。その上、司会力を設定して、学習者の話しことば修練の行き着く先を明瞭にしている。

大村はま氏が昭和四〇年代に到達された話しことば学力論(注12)も、ほぼ上記のような構図をとると見られる。基底に聞解力をふまえ、対話における応答力・質疑力をしっかりと鍛えた上で、公話における発表力と、会話における討議力に分化させて練習を積み重ねさせ、時には模擬的にではあっても司会をさせてみて、司会力をつけられればと憧れの思いが湧くようにする……、以上のような各々の話表力の位置づけがほぼ明らかになったと言えよう。

3　平成一〇年改訂の学習指導要領の目標・内容などと照らし合わせて小学校六年間の見通しを

先に挙げた1で小学校卒業時における望ましい話し手を見定め、続く2において根本的な話表力育成への見通しが得られた上は、「学習指導要領」の目標・内容・活動例を手がかりにしながら六年間の話表力育成への指導構想を立てることに進むべきであろう。上記の構図を念頭に置きながら平成一〇年改訂の「学習指導要領」に、二年単位に記された内容（指導事項）・言語活動例を結びつけると、仮りに以下のような指導構想を立てることができよう。

（1）小学一・二年…人と話すのが楽しいと思える子に（教師との心の通い合う対話をもとに）

①まず、児童の話したいという思いを引き出すために、教師自身が学級全員に愛情を持って話していくだけでなく、

一人ひとりの学習者に親しく話しかける場を持つように努め、どの子も、この先生なら話せる、この学級の人たちには聞いてもらいたいという思いが自ずと湧くようにする。
②「尋ねたり応答したりすること」(注13)を主として取り上げるとあるように、学習と生活の基本は聞かれたことにきちんと応じることであるから、正確に的確に答えることの喜びを得させ、次第に一まとまりの話を聞いて主体的に問うことにいざない、自ら課題を見いだし、解決する芽生えにする（応答力、質疑力の土台づくり）。
③教師が聞き手になって「児童の話したいという思いを大切にして自由な形で話」(注14)させ、汲み取ってもらえたことの喜びをもとに、この次はもっとこちらの思いをわかってもらえるように、話すべき内容を明確にし、順序なども意識して話すように徐々に仕向けていく（内容ア　知らせたいことを選び、事柄の順序を考えながら、相手に分かるように話すこと）。
④先生の前や友達の前で話す経験を通して、自分でも人の話を興味を持ってしっかり聞こうという態度を育てていく（内容イ　大事な事を落とさないようにしながら、興味をもって聞くこと）。また、教師との間で見いだした、心の通い合う時間を友達との間でも共有したいという思いを少しずつ育むようにする（内容ウ　身近な事柄について、話題に沿って話し合うこと）。

（2）小学三・四年…話すことへの習熟と自信の上に、考えて話すことにいざなう。
①児童一人一人が教師に接するたびに話すことによる喜びを得られるように努め、話すことに慣れさせ、少しずつ自信をつけさせる。その中で、少しでも考えて準備して発言するように導き、応答力・質疑力を伸ばしていく（話すことへの自信にも基づく応答力・質疑力の伸長）。
②人前で話す機会を一層満足感の多いものにするには、衝動的に話すのではなく、「伝えたいことを選び、自分の考えが分かるように筋道を立てて」(注15)言葉遣いなども考慮して話す方がよいことを悟らせ、発表のための準備をして

話す習慣をつけていく（内容ア　伝えたいことを選び、自分の考えが分かるように筋道を立てて、相手や目的に応じた適切な言葉遣いで話すこと…発表力）。

③聞く際にはその後必ず何か言うつもりで「話の中心に気を付けて聞き、自分の感想を（箇条書きにしても）まとめる」(注16)ように仕向けていく（内容イ　話の中心に気を付けて聞き、自分の感想をまとめること…聞解力）。これによって聞く際にも思考を伴わせるようになり、油断なく聞き取ろうとする姿勢を身に付けるようにする。

④話し合うことの実りの大きさを実感させ、「進んで話し合」い、「互いの考えの相違点や共通点」(注17)がどこにあるかなど、細やかに思考をはたらかせる必要性に気づかせる（内容ウ　互いの考えの相違点や共通点を考えながら、進んで話し合うこと…討議力）。

（3）小学五・六年…このような話し手になりたいという典型を心に持ち、話す力を生かす人に

①児童が話しことばによっておのが心情をどう整え、自分の見解・論理をどう伸ばそうとしているかを見守り、教師の内心・願いも吐露して、さらにどのように進んでいけばよいかを示唆する（話しことば自覚と結びついた応答力・質疑力の練成）。

②話す際にはこれまでにはなかった話す場を用意し、表現効果も考えて「考えた事や自分の意図が分かるように話の組み立てを工夫」(注18)させる。論理的にはそれでよいと思えても、なお聞き手の立場から見直してみて、新たな可能性を探らせる（内容ア　考えた事や自分の意図が分かるように話の組立てを工夫しながら、目的や場に応じた適切な言葉遣いで話すこと…発表力）。

③聞く際には、聞かざるを得ない場を設定して、直接に話し手が言っている内容にとどまらず、その心まで汲んで、初めて本当に聞いたことになるのだと実感させ、相手の人間性に迫る聞き方を心がけるようにさせる（内容イ　話し手の意図を考えながら話の内容を聞くこと…深さのある聞解力の練磨へ）。

④学級の内外に起こる問題点は話し合いによって解決していくという根本姿勢を固めさせ、何のためにどんなふうに話し合えばよいかという見通しを持って話し合いに臨ませる。その際、教師が司会をつとめ、あのように進めれば、あれほど混沌に見えた対象についても解決の緒が得られるのだと実地に会得させていく。そして、自分の意見に納得してもらうことにとどまらないで、もっと広やかな立場に立つことの大切さに目を開かせる（内容ウ　自分の立場や意図をはっきりさせながら、計画的に話し合うこと…生産性のある討議力の養成、司会力をつけたいという憧れも芽生えさせる）。

以上は、小学校六年間の応答力・質疑力・発表力・討議力・司会力育成指導の一方針に過ぎない。国語教師が話しことば教育実践の中から確かな筋道を採り出す手がかりになればと願っている。

注（1）西尾実博士稿「国語教育の構想」言語文化研究会編『国語の教育　I』（日本教育図書、昭和二二〈一九四七〉年七月発行）、引用は『西尾実国語教育全集』第四巻（教育出版、昭和五〇〈一九七五〉年四月三〇日発行）二〇三ページ。

（2）（3）（6）（7）西尾実博士著『国語教育学への探究』（『西尾実国語教育全集』第四巻、教育出版、昭和五〇〈一九七五〉年発行）一三五、一三六、五一～五二、五一ページ。

（4）大村はま氏稿「話すことの指導計画」『国語教育実践講座』第一二巻（牧書房、昭和二八〈一九五三〉年一〇月一八日発行）四二～四六ページ、『聞くこと・話すことの指導の実際』（大村はま国語教室第二巻、筑摩書房、昭和五八〈一九八三〉年三月三〇日発行）五三～五八ページに再掲。

（5）西尾実博士著『国語教育学の構想』（筑摩書房、昭和二六〈一九五一〉年一月五日発行）、引用は『西尾実国語教育全集』第四巻（教育出版、昭和五〇〈一九七五〉年四月三〇日発行）五二ページ。

（8）大村はま氏稿「話し方の系統学習」『国語の系統学習』（東洋館出版社、昭和三二〈一九五七〉年発行）、『聞くこと・

話すことの指導の実際』五九～六九ページに改題して所収。
（9）大村はま氏稿「話し方学習の系統化」『聞くこと・話すことの指導の実際』七一～七六ページ。
（10）野地潤家博士稿「コミュニケーション技術の訓練」（『講座自主学習』Ⅲ、黎明書房、昭和四五〈一九七〇〉年三月発行）、引用は『話しことば学習論』（共文社、昭和四九〈一九七四〉年一二月一五日発行）二〇七～二〇八ページ。
（11）野地潤家博士稿『話しことば学習論』（共文社、昭和四九〈一九七四〉年一二月一五日発行）一七一～一七三ページ、二〇八、二〇九ページ。
（12）大村はま氏稿「よく聞こう」、および「よい聞き手、よい話し手」（『やさしい国語教室』毎日新聞社〈後に共文社〉、昭和四一〈一九六六〉年三月五日発行）一一～四三ページ、四四～八〇ページ。
（13）（14）（15）（16）（17）（18）文部省『小学校学習指導要領解説　国語編』（東洋館出版社、平成一一〈一九九九〉年五月三一日発行）順に二八、二九、六一、六一、六一、九六ページ。

付記　「問答能力」などは、与えられた題のため、そのまま挙げたが、曖昧な用語であるため、小見出しまでにとどめ、本文には用いないようにした。

第二章　対話能力の育成を中核にした国語教室経営の研究（中学校）

本章は、『平成八年度研究紀要』第一一号（福岡教育大学中等教育研究会研究同人編著、福岡教育大学中等教育研究会、平成八〈一九九六〉年九月二五日発行、一～二〇ページ）において「対話能力を育てる学習指導の研究」と題して着手し、翌年に『共生時代の対話能力を育てる国語教育』（明治図書、平成九〈一九九七〉年一一月発行、全二〇二ページ）として公刊したものを検討して、さらに話しことば教育全体を射程に入れてカリキュラム作成への第一歩を踏み出そうとしたものである。

(一)　対話を話しことばの基底に据える

改めて対話を話しことば生活の根底に据える意義を明らかにしておく。

(1)　対話の原動力となるものは、人がコミュニケーションを通して究極的に目ざすものと一致している。

人間同士はいつも顔を合わせていても心を通わせているとは限らないが、親子でも兄弟でも師弟でも友人でも、初対面の人でも、稀に心が通じ合い、人間としてのあたたかさや真心の深さに心安らぎ、時には涙にむせぶ時がある。また、ともに考え合って自分一人ではいつまで経っても考えつかなかった世界に行き着き、相談してみてよかったと心から思えることがある。これらの心の通い合い、これまでの自分の枠を抜け出ることができたという喜びは、私たちがコミュニケーションを通して究極的に願っているものと言えようが、対話はそれを一対一という基本的な形で満たすものである。

（2）話しことば修練における対話自覚の根底性

対話形態がすべての話しことば形態の根底に位置づくとすれば、人まえで発表する時も、これは何十人かの聞き手一人ひとりとの対話にほかならないと悟り、相手ひとりひとりの胸に心から語りかけていけばよいのだ、己を高く見せようとしたり、必要以上に卑下したりせずに誠意を持って話し、聞き手とともに伸びる場にしていこうという見通しがついてくる。他方、初めて討議に臨む際にも、本気になって聞き、話してわかってもらうべき相手がふえただけで、対話精神を拡大すればよいのだと考えれば、震え、おじける気持ちがずいぶん薄らいでこよう。心して対話経験を積み上げ、対話の深さをたえず汲み取ろうと努めていき、どんな話す場に立たされても大丈夫と思えるようになれば、話し手として大きな拠り所が得られたことになろう。（この項は、主として野地潤家博士の『話しことば学習論』共文社、昭和四九〈一九七四〉年一二月一五日発行、一五八ページに拠った。）

㈡　対話能力を育成する指導の組織化

前著『共生時代の対話能力を育てる国語教育』第一部「対話能力の育成を目ざして――基本的な考え方を求めて――」および第二部「対話能力への実践事例」と、それに関わる大村はま氏の提言とを手がかりにすれば、下記のような三系列の構図を描くことができよう。

（1）対話能力の根底を耕す学習指導

対話能力を伸ばす土壌に必要とされる指導を総称したもので、以下の三点が想定できよう。

①学習者に対話の価値と重要性を身にしみて感じさせる対話開眼、そして具体的な対話学習態度の確立が含まれる。（意識面における対話の根底を耕す。）

②すべての談話生活と対話能力の基盤となる正しく深く聞く力を養う。（能力面における対話の基底を堅固なものにする。）

③対話成立を支える民主的な学級風土作りに意をはらうことによって、①・②が順調に進んでいくような対話の風土がかもし出されるようにする。

これらのうち、①対話することの価値と重要性を身にしみて感じさせる指導は、なんとしても取り立てて、話しことば教育として正面から取り扱う必要がある。それに対して、②正しく深く聞き取る力を養う指導は、話しことば教育として取り組むばあいと読解・読書・作文・言語の指導と関連させて進めるばあいとが考えられよう。③対話を支える民主的な学級風土の醸成となると、国語科のみならず、他教科・道徳・特別活動などを通して推進していくべきことになろう。

（2）対話能力そのものを育てる学習指導

対話指導の中核をなすもので、対話する場を設定して意識的に対話能力自体をつけようとする系列である。対話の能力を分析して一つ一つの目標をはっきり掲げて焦点化された学習指導が行われるべきである。この系列の指導が十分に試みられた上で、次の対話能力を活用する授業が可能になってくる。

ただし、この系列でも、以下の二点からの組織化がなされる必要があろう。

ア　対話自体の基礎訓練として行うばあい

イ　実の場を設定して試みるばあい

（3）対話能力を活用する学習指導

対話を手段として用いながら、別の目標達成に生かしていく指導である。（２）で培った対話能力が総合的に表れてくるため、その不十分さを見抜き、次の対話能力自体を伸ばす指導の手がかりを得ることができる。この指導は、音声言語指導の時間外で、国語科及び他教科・道徳・特別活動を通して進められるべき性格のものである。

㈢　対話能力の育成を中核に据えた国語教室経営に向けて

中学校三年間の国語教室経営を念頭に置いたばあい、前項「対話能力を育成する指導の組織化」を中核としながらも、話しことば教育全体を見据えた有機的な年間指導計画に踏み出す必要がある。しかし、以下にはその根底をなす話しことば学力観と、実践への手がかりを記すにとどめたい。

前項に掲げた対話能力育成の構図には、（１）②全ての基盤となる正しく深い聞く力（聞解力）をつけた上で、（２）話表力のうち対話能力そのものの育成へと進むという、基本的な学力観が内在している。これを基軸にすれば、以後どのような進展が考えられるであろうか。野地潤家博士の話しことば学力論（『話しことば学習論』共文社、昭和四九〈一九七四〉年一二月一五日発行、一七一～一七三、二〇五～二三二ページ）と大村はま氏の『やさしい国語教室』（〈毎日中学生新聞連載〉毎日新聞社、昭和四一〈一九六六〉年三月五日発行、七～八〇ページ）に拠って具体化してみると、話しことば学力の体系はおおよそ次のようになろう。

（１）聞解力

話し手の発言・内容・意図を正確に、しかも深く聞き取る力。以下の三階梯が考えられる。

①言われている内容をきちんととらえることができる。

②話し手のことばの響きから、どんな場面で発せられたかも考慮に入れて、相手の心まで汲みとろうとする態度

が育つ。

③とにかく話そうとする気構えで場に臨み、本気になって聞くという姿勢を確立する。

（2）話表力としての対話能力

その中核を『共生時代の対話能力を育てる国語教育』では、展開力と話表力と呼んでいた。いずれも対話能力に固有なはたらき・命名ではないので、さらに検討が必要である。野地潤家博士は、対話形態における典型的能力として、応答力（問答・発問に対して、柔軟で的確な、即決的な判断に立って応答していく力）と質疑力（みずから疑問を発し、問いただしていく力）を挙げておられる。これらの対話能力には、先の聞解力に対応させると、次のような学力が措定できよう。

①問われたことにぴったりした答えを返すことができる。（正しく、ふさわしく）

②心のとおりにことばで言い表そうとする態度が育つ。（自己の内面にも誠実に言い表す）

③自ら積極的に尋ねて、相手からその場でしか得られない多くのもの、豊かなものを引き出すおもしろさに気づく。

（3）発表力

意見・感想など、ひとまとまりの話を組み立てて、発表する力。公話形態に求められる話表力である。対話のように相手が一人でなく、こちらが話している時には聞く側に回ってもらわなければならないが、その際にも、個人に着目すれば一人の話をひとりひとりが聞いているのであり、聞き手は声を発しないが表情や息のつめ方、拍手・笑いなどで、たえず話し手に反応を返している。そうだとすれば、対話の線が一人から何十人、何百人かに引かれるだけで、公話も対話の発展形態であることが認められよう。発表力はまとまった話をする力だけに、話題の発掘、組み立て・話し出し、話している際・話し終えた後の留意点など、話し表す過程に即して分節的に身につける必要が出てくる。それらを箇条書きで記せば、以下のようになる。

①身近な話題を探すように習慣づけ、豊かに話す土壌を耕すようになる。（同じ題材に関して三つの話を思いつき、その配列を工夫する、各段の最初の文字がそれぞれカ・キ・クで始まる話を考えるなど）

②話し始める前におおよそ組み立てを練っておくだけでなく、それぞれの話し出しのことばを予め準備しておくことが身につく。

③話す時には、思いついた内容・言葉を予め心の中で出してみて、少しでもすじの通ったものに、もう少しぴったり言い表せることばに、少しきれいな発音でと努力する習慣ができてくる。

④話している途中に「～だから」「～なので」と続けたくなる時でも、敢えて各文を切り、短い文で明確に話す態度を固める。

⑤話した後には、自分の話が聞き手に誤りなく伝わっているかどうかを常に吟味し、次に話すおりには是非ここを改めようという焦点を定めることができる。

（4）討議力

話し合うなかで、共同で思考を深めていく力。会話形態における中心となる能力である。これも、形態は複雑になるが、話すのはひとり、聞くのも一人ひとりの心で聞くのであるから、参加者の内では対話の線が放射線状に引かれるのだと解すれば、やはり対話の発展形態であることが了解されよう。討議力については、以下の三段階が設定できよう。

①実際に体験を通して話し合うことの威力・生産性を悟り、人の考えを大事にして思考を深め合っていこうとする態度を確かなものにする。

②望ましい話し合いの事例を手がかりにして、次のことを悟るようにする。

・話し合いの中心を明確にする必要性
・他の人が言葉につまった時、代わりに自然な形で補ってあげることの大切さ
・みんなが思考を深めやすいように、司会者であるような気持ちになって発言することの重要性
③実地に話し合いに取り組み、実りのある話し合いの手ごたえを体得する。

（5）司会力

話し合いにおいても誰もが納得するような司会を円滑に進められ、議題をまとめることができる力。司会をする際に、これまで身につけた話表力が総合的に発揮される。中学生に十分な司会力を会得させるには、自ずから限界があるが、その機会を与えて少しでも慣れさせておくようにしたい。次に掲げる三点は、中学校ではその最初の一歩を記すことになる。

①司会者としてどのように開会し、何（内容、理由、目的、順序など）をどんな調子で話せばよいか、意見が出た時はどのようにまとめればよいかについて、見通しを持つことができる。
②実際に司会役に取り組み、次のことに留意しようとする態度が表れてくる。
・みんなの考えをよく聞いて、幾種類の見解があるかを把握する。
・それぞれの考えのよってきたるところを考慮しながら、共通点・相違点によって分類する。
・解決の鍵になる問題点を見つけて、みんなの前に出す。
・一つの問題の結論を出し、新しい課題を提示する際には、ゆっくり、一つ一つの音をはっきりと念を押すように、そして自分の言っていることを確かめながら話そうと努める。
③進行についての意見を最大限に聞き入れて、どういう立場・見解の人の思いも考慮した結論を導くようにし、誰もが納得し、その話し合いによって成長したという充実感が持てたかどうか、吟味を怠らないようにする。

以上のような点をたたき台にして、（1）新旧の「学習指導要領」の総括目標と内容とを吟味し、（2）具体的な指導方法創出の指針を探り、（3）教師自身の教育話法をいかに修練・向上させるかも考慮して、朗読も含めて中学校音声言語教育全体の組織化をはかることとした。

(四)　実践事例の考察

1　単元「ポスターセッション――『故郷』編――」の意義

単元「ポスターセッション――『故郷』編――」は、附属小倉中学校岡井正義教諭（当時）が三年の一学期に魯迅の「故郷」のこれはと思える場面・叙述に「七人の支配者効果VS泣きっ面に弾丸表現」など名づけを試みて、検討させ、ポスターセッションとして発表させたものである。この実践の意義づけを、以下のように試みた。

（1）単元の性格

糸数剛氏の「ネーミング術語」(注1)という着想に示唆を得て、さまざまな対象に術語づけしたり、どのように形容したりするか学級で考えるのは、一人ひとりでは及びもつかないことが続々と出てくることに気づき、話し合うことの威力を身にしみて感じさせるためであろう。このように話し合うことの生産性を悟る指導は、前項の「対話能力の育成を中核に据えた国語教室経営に向けて」のうち、（4）討議力の根底を耕す指導の学習目標①（実際に体験を通して話し合うことの威力・生産性を悟り、人の考えを大事にして思考を深め合っていこうとする態度を確かなものにする）ことにあてはまる。

次に魯迅の「故郷」を読んで、各自にネーミングを考えさせた上で、グループの代表を選ばせ、他のグループとも話し合ってポスターセッションの準備をし、実際に発表・質疑応答を行うのは、主として実際に討議力を伸ばす

（（4）討議力の学習目標③実地に話し合いに取り組み、実りのある話し合いの手ごたえを体得する）ことをめざすが、その話し合いを通して、発表力育成にも踏み込もうとすることになろう。

（2）実践の評価

「成果と課題」には、ネーミング大賞を選ぶためのポスターセッションにしたため、「ポスターセッション自体はもり上がったが、逆に一つの考えを押し通し、それになびかせようとする傾向が見られた」と冷静に反省されている。とにかく相手を言い負かしたい、ネーミング大賞に選ばれたいという思いが優先して、話し合いを通してここまで行き着けたという共同思考の醍醐味をおぼえるには至らなかったということであろう。この原因は、むろんネーミング大賞を選ぶためのポスターセッションにしたという場の設定にも拠ろうが、他方でポスターセッションの仕方への習熟の有無によってこのようになったという面もあろう。したがって、本単元に至るまでにどのようにポスターセッションの意義を理解させ、どのような単元を設定してその活用法を身につけていたか明記すれば、いっそう改善の方向が明瞭に見えてきたであろう。

対話能力の伸長から、対話精神をもって話し合いの場に臨ませ、対話と根底ではつながりながらもさらに大きな実りが期待できることを悟り、実地に話し合い、手ごたえを得させることへと踏み出した実践と言えよう。

※考察の対象とした岡井正義教諭の単元「ポスターセッション――『故郷』編――」は、「対話能力の育成を中核にした国語教室経営の研究」（『平成一一年度研究紀要』第一二号、福岡教育大学中等教育研究会、平成一一〈一九九九〉年九月二五日発行）四～八ページに収められている。

注（1）糸数剛氏の著書『「ネーミング術語」による読みの授業』は、東京法令出版から、平成八（一九九六）年三月に発行されている。

2　単元「国際社会について考えよう――『温かいスープ』――」の意義

この単元は附属福岡中学校（当時）の宮園茂樹教諭が自ら「『国際社会において大切なもの』について、教科書教材『温かいスープ』（今道友信）の読解を契機に各自が考え、意見文をまとめ、それらをシンポジウムという形で交換し合う」実践と記している。この実践を検討し、意味づけたものである。

（1）単元の性格

前回の紀要や著書にある三段階説（対話の価値を知る〔対話の生産性・必要性に気づかせる〕→相互融和的な対話への指導→相互啓発的な対話への指導）を、村松賢一氏が『いま求められるコミュニケーション能力』（明治図書、平成一〇〈一九九八〉年七月発行）で提案された受容的対話能力→対論的対話能力→協同的対話能力という三段階説によって見直し、中学三年の三学期に総合的単元として実施したものである。ただし、村松賢一氏のいう対話は「音声言語でなされる活動の一切」を含む広義のもので、対話能力＝コミュニケーション能力と言ってよいほどである。したがって、それに拠った本単元も、狭義の対話能力に限定されず、起点となる聞解力や発展的な討議力にも及んでくる。また、村松賢一氏の説は、大村はま氏や私どもの共同研究のように、「対話能力そのものを育てる指導」と「対話能力を活用する指導」とを弁別していない。そのため、本実践も、「2　場の設定」や「3　指導目標」では「総合的な対話能力の育成」としながら、「1　この単元の生まれるまで」や「6　考察」ではそれまでに培った「総合的な対話能力を発揮する」と揺れざるを得なくなる。表向きは話しことばの力そのものを伸ばすとしながら、実際にはそれまでの話しことばの力を活用した授業であるところに、本単元の性格が端的に表れている。

（2）実践の評価

授業自体は、教材「温かいスープ」を読ませて、感想文、ついで意見文を書かせる計画に、

ア　感想を話し合わせる、

イ　同じ視点から意見文を書いた生徒同士で話し合い、シンポジウムの発表者を選び、一緒に発表原稿を練り上げさせる、

ウ　発表原稿をもってシンポジウムに臨ませ、思考を深め合う

という三度の話す場を伴わせたものである。きちんと感想・意見を文章化して話し合わせる以上、書かれた内容自体が問題になり、話し合いは副次的である。発表原稿の練り上げも、発表原稿をもったシンポジウムも、発表内容がどうかという関心を越えて話し合うことに着目させるのは難しい。しかし、これまで三年間にどういう話しことばの力が育ってきたかを見守る単元であったと考えて見直せば、また別の相貌を帯びてくる。そして、なおどういう聞解力・話表力（応答力・質疑力・発表力・討議力・司会力）を卒業までにつけるべきか、明瞭になってこよう。

※宮園茂樹教諭の実践は、同じく『平成一一年度研究紀要』第一二号、一〇～一四ページに所収。

3　単元「ラジオアナウンサーになり、野球の実況説明をしよう」の意義

この実践は附属久留米中学校（当時）の西村雄大教諭が、三年の一学期に実施したものである。指導仮説として「ラジオの野球実況説明について考える場において、実況説明の二つのモデルを比較させたり、プロのアナウンサーの話す技術について意見交換させたりする活動を位置づければ、聞き手を引きつける話し方を意識して、効果的な話し方ができるようになろう。」（一部略している。）と記している。この実践について以下のように考えられよう。

（1）単元の性格

本単元は、担当者（西村雄大教諭）自身によって、「対話の練習学習」と位置づけられている。

ア　対話に至る練習学習の意味にも、

イ　対話能力そのものを分析的に練習する意味にも解されるが、中学三年生にわざわざラジオアナウンサーになり、野球の実況説明をさせるという場の設定が、アやイだけを目ざしていたとは考えにくい。それに、アにしても、イにしても、当然、次の練習学習への進展が想定されるものでなくてはならない。西村雄大教諭は控え目に書いているが、実際にはもっと高次のものを目ざしていたと見られる。「野球の実況説明」は、目の前で繰り広げられる試合を聞き手に瞬時に言葉によって思い描かせ、実際に見ているのと変わらないような臨場感をもって、事態の刻々の変化を受け止めさせるものである。そうだとすれば、相手の見えない多数の相手に説明し、思い描かせ、納得させるのであるから、発表力の育成がふさわしいと言えよう。したがって、対話における応答力・質疑力の育成、公話における聴衆を前にして十分準備をした上での発表力育成をふまえて、目の前には見えない聞き手を想定しての発表力の伸長を目ざすに至った単元と性格づけることができよう。ただし、一気に飛躍的な伸長を望むのではなく、人前での話を充実させるための土台づくりに力点を置いて、堅実に構想された単元となっている。

（2）実践の評価

学習活動としては、以下の計画で進んでいる。

①アナウンサーとして話してもらうことを予告し、発声練習を切実なものとして受けとめさせる、

②日本シリーズ最終回の場面を無声で視聴させ、ラジオの実況の特徴を確認して、実況説明文を作らせる。その上で、二つの実況モデルを比較して肝心な点を理解し、さらに当日の実況中継を聞かせて、臨場感をもった説明とは

どういうものなのかを自覚させている。
③先の二つの実況モデルの比較と当日の実況場面の聴取から自作の実況説明文を見直し、加筆修正して、臨場感をもって話す野球ラジオ実況説明会を聞く。
同じ場面について原稿を完成させた上で話すという困難さをかかえた営みであるが、学習者は意欲的に取り組んだとある。なお、学習者自身が実力を存分に発揮したくなる別の場がいくつも用意できれば、この「野球の実況説明」も実の場に生きてくるものになったに違いない。

※西村雄大教諭の実践も、同じ『平成一一年度研究紀要』第一二号、一六〜二〇ページに所収。

(五)　研究の成果と課題

以上のような共同研究は、いかなる成果がみとめられるであろうか。以下の三点が指摘できよう。

1　対話を話しことばの根底に据えるゆえんを先行研究をふまえて集約的に示し、一貫した音声言語指導を構築するための礎石にしたこと。

2　対話能力を三系列によって育てることを確認するとともに、対話能力（応答力・質疑力）そのものを育てる指導と他の話表力（発表力・討議力・司会力）を養う指導との関係についても、見通しをつけたこと。

3　対話能力（応答力・質疑力）の育成から発表力育成に進む系列と討議力の育成に至る系列の単元構想と、これまで培った聞解力・話表力を活用した授業構想とが提案され、音声言語教育全体を視野に収めたカリキュラム作成への実践的な手がかりが得られたこと。

そこで、今後の課題としては、下記の三点が挙げられよう。

1　新「学習指導要領」の施行をも射程に入れ、国語教育実践者が体験的に試行しているものを汲みとった、中学校三年間の音声言語指導計画の作成と実施・検証

2　国語教師自身の教育話法と生徒の学習話法とが、ともに伸びていくような典型的な国語科授業の創出

3　学習者の話しことばの学力が着実に成長するような評価の工夫――学習記録を手がかりにして――

第三章　伝え合う力を育てる国語科学習指導法の創造（中学校）

本章は、『平成八年度研究紀要』第一一号、『平成一一年度研究紀要』第一二号（福岡教育大学中等教育研究会編、平成一一〈一九九九〉年九月二五日発行、一～二二ページ）に続くもので、新「学習指導要領」（平成一〇年一二月改訂）をも視野に入れて、中学校三年間の音声言語指導計画を作成し、対話を根幹に据えて国語教師自身の教育話法と生徒の学習話法とが、ともに伸びていくような国語科学習指導法を創出しようと努めたものである。

㈠　伝え合う力に着目した国語科学習指導改善の指針

今次の「学習指導要領」の改訂において中核目標として位置づけられた「伝え合う力」は、

（ア）「幼稚園教育要領」の「伝え合う喜び」を母胎に掲げられ、

（イ）実際に対人関係が生じる場で、有用性が発揮され、

（ウ）情報化や国際化のなかで重要性を増す力とされる。

（エ）ただし、人間形成にも資するものとも記されている。

そうすると、「伝え合う力」に着目して国語の学習指導を清新なものにするには、次の四点が不可欠となろう。

（1）伝え合う力を高める前提

母胎は、聞いて話し、伝えて応えることを楽しむ「伝え合う喜び」である。中学でも、「伝え合う喜び」を一人ひとりが確かに実感した上で、「伝え合う力」の育成へと進む必要がある。

（2）話しことばを鍛える実の場の創出

中学生の現在及び将来を見据えて、聞かざるを得ず、話さないわけにはいかない必然性をもった場を創り出すことが求められる。

（3）心を開いて話し、人間関係を築き上げる技能の育成

情報化や国際化が一層進むなかで、現実の社会への参加意識・目的意識を明確に持ち、私だからこそ話せるということを考え出して、人間関係を作り上げ、生かす技能を磨くことが不可欠である。

（4）話しことばの伸長が自己の人間性を育てることに気づかせる

社会生活において伝え合う重要性を自覚して、その力を養うことは、その過程で生徒一人ひとりの人間性を鍛え、自己の話しことばを凝視することによって生涯どこまでも伸び続けることにもつながっていく。中学生は、自我意識が高まるだけに、日々の話しことばを自覚することが、自己の持続的成長の鍵になることにも目を向けるようにしたい。

これらのうち、（3）・（4）は望ましい伝え合う中学生の姿（総括的学習指導目標）の二側面として取り込み、（1）はそれを達成するための学力の筋道、及び年間指導計画を見いだす方針とする。（2）は単元構想の指針になろう。

(二)　伝え合う中学生の姿と学力進展の筋道

（1）伝え合う中学生の望ましい姿
①対人関係と②人間形成の両面から望ましい学習者の姿を描くと、次のようになろう。
〈中学一年〉
①中学生としての喜びと誇りをおぼえ、それにふさわしい人との接し方を求めていく生徒
②有力な多数の声に引きずられがちな自己を見つめ直し、小さな違いをいとおしんで言語化しようとする生徒
〈中学二・三年〉
①話し合うことの楽しさに気づき、ともに実り豊かなものを見いだそうとする生徒
②自らの談話生活を診断する場を設け、一回一回の話したり聞いたりする機会に真新しい思いで臨む生徒
（2）伝え合う喜びを基盤にした話しことば学力の構想——対話を根幹にして——

伝え合う喜びに基づいて伝え合う力を高めようとすれば、話しことば学力の基底に話したり聞いたりする基本となる態度（話しことば自覚）を想定せざるを得なくなる。また、伝え合う力の要素となる個々の学力においても、態度形成に基づいて学力形成がなされると見なした方がよさそうである。大村はま氏が実践的に見通しをつけ、野地潤家博士が提出された学力構造図（左図）は、これらの要請に応えられるものを持っており、しかも学習者の指標としても自覚できるものである。

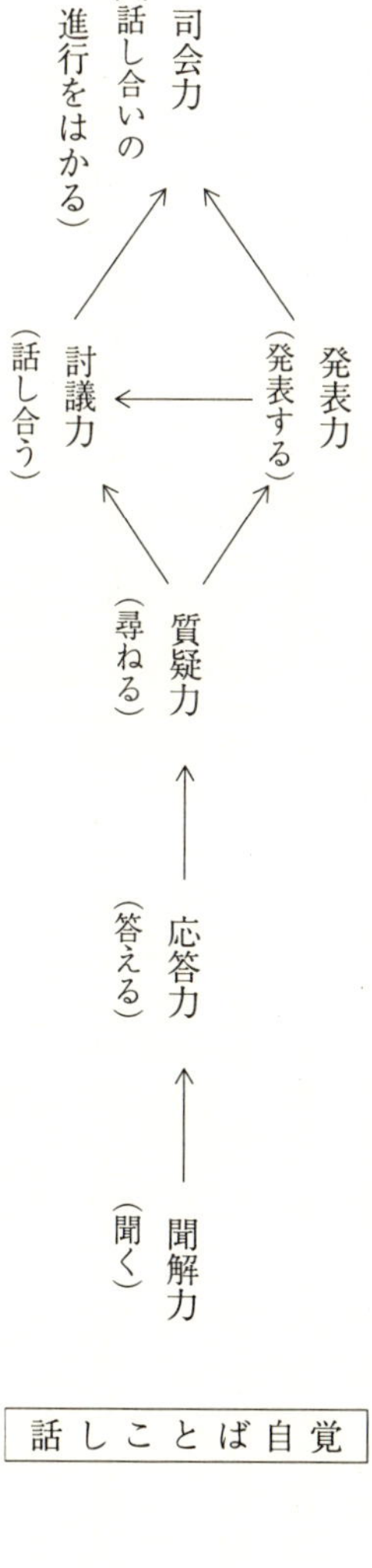

㈢　伝え合う力を育てる年間指導計画の原案

上記の話しことば学力構造を生かしたのが、大村はま氏の話しことば学力そのものを伸ばす指導とそれまでに蓄えた話しことば学力を活用する指導とを区別し、その根底を耕す指導に、（1）話しことばの必要性・重要性の実感、（2）聞く習慣を固めて正しく深い聞く力へ、（3）学級を心おきなく発表できる場にするという三点を位置づける原理[注1]である。これを大村はま氏の実践[注2]と野地潤家博士の説述[注3]によって、根幹となる対話を中心に肉づけすれば、下記のようになる。

1　話表力の根底を耕す指導

（1）話しことばの必要性・重要性の実感

〔対話において〕

①教師が授業中生徒一人ひとりに語りかける場を設け、めいめいに水入らずの対話によってわかり合えた喜びを実

感させる。
②日々の言語生活を振り返って対話生活の重要性に気づかせ、心に刻まれる対話を出し合って、新たな意欲が湧くようにさせる。
〔公話において〕
①教師の話をおりおり聞かせ、生徒自らあのような話をしたいという思いを抱くようにさせる。
②小さな発表の機会をたびたび設け、ありきたりな答えで済ませずに、的確に真実の言葉を発する習慣をつける。
③まとまった話をする際には、その生徒しか話せないことが盛り込めるように、個々人への材料提供もして十分に準備させ、発表への手応えを得られるように仕向ける。
〔話し合いにおいて〕
①おりおりに話し合うことの意義・必要性を説いて、積極的に話し合おうとする素地を養う。
②話し合ったからこそ学習が格段に進んだというおりに、話し合うことの必要性をひしひしと感じさせる。
③話し合うことをどう意識するに至ったかを話しことば学習個体史として記述させ、話し合うことを通して人と一緒に生きていることの幸せを感じ、新たに人生を切り拓こうという思いを強めさせる。
〔司会において〕
①国語の授業の中で教師が鮮やかな進行をしてみせ、中学生の内に自ずとあのように進められればという憧れの思いが湧くようにする。
②話し合いの際には、教師の司会によって、司会の生きた呼吸を会得したいという思いがふくらむようにする。
③話し合いが行き詰まった時、司会者が打開していった例など、文章化したものからも学び、司会者としての修練に終わりがないことを知って、誰もが話し合ってよかったと思えるような司会がしたいという願いを確立するよう

にする。

（2）聞く習慣を固めて正しく深い聞く力へ

①教師の方で生徒が思わず聞き入ってしまうという話を多く提供し、聞くことが実りの大きい営みであることに目を開かせる。そして、少々の状況の変化、発表のつたなさでは揺るがない、堅固な聞く習慣を身につけさせる。

②その上で徐々に正しく聞くことにいざなう。対話における聞くことから、発表や討議における聞くことを経て、司会における聞くことへと進めていく。

③話し手の言葉の響きから真意に肉薄しようとしたり、必ず話そうと決めて一層集中して聞いたりして、深く聞くことに進めていく。

（3）学級を心おきなく発表できる場に

①材料・学習方法・作業を個々に異なるものにして、誰かと誰かを比較するという意識の湧かないものにする。

②発表や話し合いをさせる際には準備に十分時間をとって個々人にかかわり、誰もが納得する内実を備えさせる。

2　話表力を伸ばす指導

（1）応答力の修練

①（基礎訓練・日々の国語学習において）的確な応答をするように慣れさせることを念頭に、教師が問い方を二〇種ほど用意しておき、どの問いでつまづくか各々について診断し、以後繰り返して問いに出して克服させる。また、生徒の答えられる度合いに応じて、言い出しを提供したり、代わりに答えてみせたりしてこのように答えればよいのだという見通しを持たせる。

②（単元学習において）発表準備の際に一人ひとりに相談に乗り、発表し甲斐のあるものにするために思考をとき

ほぐし、話し合いの準備の際には、担当する生徒が各々から報告を聞いた上で、一人で報告させる。

（2）質疑力の練成

①（日々の国語学習において）教師が一生徒になって試み、問うことの醍醐味に目を開かせる。その上で実際に問う機会を与えて手応えをおぼえさせていく。

②（質疑力育成を主とする単元学習において）相手の年齢に応じて個々の尋ね方を工夫することから、全体としてどういうことをどんな順に尋ねるのか考えて聞くことへと進める。

③（他の単元のなかで）知りたいことを次々問わせ、わかった時の喜びを感じさせた上で、問うべきことを絞って問い方を工夫させる。さらに、課題をもって研究に取り組ませ、研究全体を視野に入れた尋ね方を探らせる。

（3）発表力の修練

①（基礎訓練において）話す場を想定して自ら意見を発する時と人の意見を受けて見解を表す時とを分け、話し出し→構成→場の順に工夫させて有用性が感じられる事例を通して素地を養う。

②（日々の国語学習において）発表に本来消極的か積極的か、現時点においてどういう話しことばに対する意識が動いているかも見抜いて、賛成の時、ともかく「賛成」と言ってみることから慣れさせ、少しずつ自信と充実感が増すように誘う。

③（単元学習において）教師のあいづちに引き出されて発表する喜びを感得させて土台を作り、発表や進行のモデルを用意した小発表会を積み重ねて、どう話せばよいかがわかった上で、練り上げて自然に話すことにおもむくようにさせる。発表会の中核に位置づくのは、スピーチなど個人で一まとまりの発表に仕上げるもの、研究発表など小集団で話し合い、他の学力を伸ばした上で、「発表のてびき」によって発表力を一層高めるものの二つであり、それに準ずるものに小集団における話し合いを生かして、共同で作り上げる朗読がある。それらを適宜按配したり、

組み合わせたりして、取材・構想・口述・吟味の各側面が一体となってはたらくようにする。

（４）討議力の練磨

①（日々の国語学習・基礎訓練において）中学入学時から意見を聞く際、隣席の級友の意見を聞いて、自らの意見とともに列挙させたり、まとめさせたり、話し合いながら自らに育ってきた考えを述べさせたりする。それに習熟すれば、三～四人で相談するように習慣づける。

②（単元学習において）話し合いのてびき（台本）を提供し、生徒たちに生きた呼吸をのみこませた上で、実際の話し合いに取り組ませる。行き詰まった時は、教師が卓越した発言者になって盛り上げ、生徒が明るい弾んだ気持ちで続けていけるようにする。以後、台本を基にしつつも、徐々に自分たちで話し合えるように仕向ける。事前の準備こそ命だと自覚させるが、他方その場で考えるほかない題材にも直面させ、場に応じた最も生産的なあり方を会得させる。

（５）司会力の育成

①（基礎訓練において）録音教材を用いて、必要なところで止め、軌道修正、以後に展開させていくための集約、問題の焦点化、偏りの是正など、司会としてどう言うべきかをその場その場で考えさせる。

④（単元学習において）、まず小集団で司会をどう決めるかを一班に代表で試みさせ、どの班でも実際にさせてみる。そこから、何をどんなふうに進めるか、どうまとめるかを教えて、試みさせる。司会が立ち往生したら、そのつど言うべきことを書いて渡したり、代役をしたりして、その場が暗くならずに進行していけるようにする。そして、司会力を中学校話しことば教育の到達点と自覚させ、一回ごとの準備と結果の省察を経て、司会者として成長していく実感をおぼえさせる。

3　培った話表力を活用する指導

それまでに培った話しことばの能力を前提にして読み深めや作文の練り上げの手段とする。当然目標にすることではなく、留意点としてどこで鍛えた力が発揮されるべき単元なのかを明記し、その力が発揮されているかどうかを確認すれば、十分であろう。

(四)　実の場を設定した国語科学習指導法創出のために

上記のような話しことば年間指導計画を実施するためには、生徒の学習話法を育てる授業構想が必然性を持った場として自覚される必要がある。そのような授業を実現するには、教師の話しことば（教育話法）が、生徒の学習話法を伸ばすものになっているかどうかが問われてくる。教師の発問法・助言法・説明法（口頭描写力を含む）・聴取法・司会法・賞讃法・ユーモア法・朗読法・治療法を鍛えることについては、誰しもこれで万全と言うことはできまいが、場の必然性のある国語科学習指導法創出のために、この面にも力を注ぐこととした。

(五)　実践事例の意義

1　話しことばの基礎訓練について（附属小倉中学校の実践）

附属小倉中学校教諭加来和久教諭の実践は、活動1「キーワードを聞き取ろう」（校長先生の話を例に）、2「盛り上がる話し合いをしよう」（好きな料理は何かをテーマにして）、3「事実を正確に伝えよう」（天気予報を例に）、4「多彩な口調で豊かに伝えよう」（同上）、5「好きな写真のよさを伝えよう」、6「友情について話し合おう」（M

社教科書教材「親友」赤川次郎作を読んで）からなる。これについて、下記の考察を試みた。

（１）実践の性格

加来和久教諭の六つの試みは、聞解力・応答力・質疑力・発表力・討議力などの基礎訓練となる学習を案出しようとしたもので、話しことば（話表力）の根底を耕す指導のうち正しく聞く力（聞解力）と、話表力そのものを伸ばす指導とを横断的に扱った意欲的試みである。

（２）実践の意義

活動１「キーワードを聞き取ろう」はテストを前提にして注意して聞くことを促すものであり、活動２「盛り上がる話し合いをしよう」は対話事例の比較を通してどんなに受けて返せばよいかを項目として列挙した上で、実地に試みさせるものである。活動３「正確に伝えよう」、活動４「豊かに伝えよう」は、用意された天気予報の原稿を間、速さ、強調点、読み方の工夫に着目して読む練習をさせるものである。活動５「好きな写真のよさを伝えよう」は、班での写真選び・原稿化の話し合い↓代表者の発表↓全体での意見交流へと進むもので、班における話し合いに力点を置いて、誰もが気軽に討議に参加しようという意欲を育てたようである。また、活動６「友情について話し合おう」は、文学作品「親友」のとった行動が友情といえるかどうかに分かれて話し合うもので、班の話し合い↓代表者における話し合いへと進むものである。一般的にはその前に討議力を養っておき、ここではその力を発揮すべきだと考えられるが、加来和久教諭はあえてこの学習でこそ基礎的能力をつけるとされている。大村はま氏には、基礎訓練は、聞解力、応答力、発表力、討議力、司会力にしかなく、後は日々の国語学習の中で養うことになっている。それゆえ、大村はま氏の基礎訓練との一致点・相違点を見抜いて提案できれば、ここで報告した実践の特色も一層鮮明になり、教育現場にも有用なものになろう。個別的な試みも、目標を焦点化して継続していけば、体系だったものになっていこう。生徒の心をとらえることができているだけに、一層の飛躍が期待されるのである。

※加来和久教諭の「話しことばの基礎的指導」は、『平成一四年度研究紀要』第一三号（福岡教育大学中等教育研究会編、平成一四〈二〇〇二〉年九月二五日発行）七〜一〇ページに収められている。

2　話表力自体を育てる実践について（附属福岡中学校の実践）

（1）実践の性格

前田宏教諭の「パネルディスカッション――『挨拶の意義について考えよう』――」は、「あるテーマについて異なった意見をもつ人たちが、聴衆の前で意見を発表し、討論したあと、聴衆も討議に加わるという形式の話し合い」に二年になって初めて取り組ませたものである。立場を想定させ、発表マニュアルを示して班で実地に発表させ、本題に入って挨拶の意義への四つの見解によって四つの立場を設定し、班ごとに発表者を決めて発表原稿を準備させ、発表の仕方にも共同で努力させ、プログラムや会場設営にも新工夫を加えてパネルディスカッションを実りあるものにしている。単元学習において討議力そのものを育てる授業の一典型が試みられたといえよう。

（2）実践の意義

パネルディスカッションをするにはどういう力が必要なのであろうか。聞解力、討議力、いずれを重視するのであろうか。あるテーマについて異なった（独自の）意見を持つと認められるためには、どういうものを蓄え、さらにどういう準備をすればよいのであろうか。四つの見解がパネリストの立場でもあると自覚できるのは、意見の背景に人間としての有機的統一性があると認められるためであろう。そうすると、それぞれ教師としての助言をどう与えるか、考える必要も出てくる。こうした課題は、生徒に班として取り組ませればいずれも克服できるようにも見える。ただし、誰もが討論が深まったと充実感をおぼえたのであろうか。このように考えてみると、一度先に挙げた問いについて前田宏教諭の方でいくつもの立場に立って答えてみる必要があり、その上で生徒に主体的に立ち向かわせる単元展開を考案するという過程をとる必要があったと判明してこよう。教師の努力は、プログラム・会場設営・発表マニュアルの作成にとどまらず、題目選定にも、途中の班の活動そのものにも、それこそ光であると感じられるように現れなければならなかったのである。実際には、前田宏教諭は、ディベートとの違いを見きわめて、そのようなはたらきかけを行っていかれているのであろうが、なお明確な形で取り出すべきであろう。

※附属福岡中学校の前田宏教諭の実践は『平成一四年度研究紀要』第一三号、一一〜一四ページに所収。

3　話表力を活用する実践について（附属久留米中学校の実践）

（1）実践の性格

岩永英雄教諭の単元「俳句を楽しもう」（中三・一学期）は、附属久留米中の主要行事藤見会の直前という時点を利用して、句会を催し、そこでそれまでに培った発表力（他の人と関連させて話すことには力を注がず、自らの感得したことを叙述をふまえて、まとまった話にさせることを主とするためであろう。）を発揮させようとするものので、これも典型的な話しことばの能力を活用した単元だと言えよう。ただし、ここには同年代の秀句に触れたり、模擬句会に出て俳句を読み比べたりする理解力も、句作という創作力も、発表力の前提となってくる。したがって、ここで発揮される発表力の複合性を見きわめることが第一になろう。他方、ここで発表力が発揮されるとすれば、その前に発表力自体を養った単元が不可欠で、どういう発表力を育ててきたかが言及される必要が出てくる。そうして初めて本単元の輝きも鮮明さをましてくるのであろう。

（2）実践の意義

司会者マニュアルを作成し、句会がどんな流れになるかを理解させて、模擬句会においてそれぞれの意見を深める切り返しの質問を行わせる。そうすると、参加者は「何とか自分の選んだ句についてその理由を説明しようと、表現技法について触れたり使用されている言葉の効果を述べたりすることができた。」としている。これまでに養ってきた発表力をもとに、初めての模擬句会においても、理由づけをしながらも発表できたと評価されているのであろう。それが十名程度の句会になると、一層「活発に意見が交換された。」とある。発表力がここで生かされているとすれば、口頭表現の過程のどこに主としてはたらく力なのかも見きわめる必要があろう。最終的には、一単元の報告ではあっても、そこに話しことば学力論や年間指導計画の原理が浮かび上がってくることが望まれる。学習者の手応えが十分うかがえるだけに、なぜここまで来られたのか学習記録の精査を通して明らかにすることが期待されるのである。

※附属久留米中学校の岩永英雄教諭の実践は、『平成一四年度研究紀要』第一三号、一五～一八ページに収められている。

㈥　本研究の成果と課題

以下の三点に研究の成果が認められよう。

1　「学習指導要領」の中核目標とされた「伝え合う力」が、本来の説述から見てどこに生きてくるべきものかを探り、望ましい中学生の二側面を想定し伝え合う喜びを基盤にして伝え合う力を高める話しことば学力観を提示することができたこと。

2　伝え合う力を育てるための年間指導計画の原理と肉づけを大村はま氏・野地潤家博士によって行い、中学校三年間の見通しを示したこと。

3　原案を参照しつつも、三附属中学校で協力し合って話しことばの年間指導計画（『平成一四年度研究紀要』第一三号、四～六ページ）を作成し、意欲的な試みをおり込んだ実践にし得たこと。その中に、大村はま氏の話し合いの台本や発表・司会の手びきに近づく試みが示されたこと。

今後の課題としては、次の三点が指摘できよう。

1　三附属中学校において作成した年間指導計画案の理論的・実践的検証と改訂版の作成

2　教師の話しことば授業力・教育話法の解明と実践者の力量をつける方途の究明

3　中学生に話しことば自覚を促し、話しことば能力の向上に資する評価の工夫――国語学習記録の蓄積を通して――

注（1）（2）大村はま氏著『聞くこと・話すことの指導の実際』（大村はま国語教室第二巻、筑摩書房、昭和五八〈一九八三〉年三月三〇日発行）全四五六ページ。

（3）野地潤家博士著『話しことば学習論』（共文社、昭和四九〈一九七四〉年一二月一五日発行）全二三八ページ。

第Ⅲ部　話しことば学力の構造化と問題点

第一章　話しことば学力論

はじめに

話しことば教育実践の振興が叫ばれる時、今回の「学習指導要領」の改訂において、小学校から高校まで総括目標に掲げられた、「伝え合う力」が典拠にされがちである。しかし、いざ「伝え合う力」の用語が出てきて、ほんとうに話しことば教育実践の原動力が示されたことになるかどうか。そう問い返すと、判然としないことが多い。漠然とコミュニケーション能力と同義と考えられたり、論者独特の色合いで規定されたりすることが多いためである。とは言え、学校教育現場でどう受けとめたらよいか、途方に暮れている実践者も少なくあるまい。そうだとすると、研究者としても、かまびすしい問題であるからと言って、避けて通るわけにはいかなくなる。むろん、研究者が本来願うのは、「伝え合う力」が「学習指導要領」に明記されようが、省かれようが、動かしようのない話しことば教育実践の立脚点を明らかにすることにある。ただし、「伝え合う力」に関心が注がれている以上、その吟味を通して、幾分でも話しことば教育実践の原動力なり、立脚点なりを探っていくことは、不可欠の要請といえよう。

考察者はその任にあると自負するものではないが、歴史研究・資料研究に携わってきたものの一人として、責任の一端は担わなければならないと考える。そこで、原資料に遡って私自身の解釈を示し、「伝え合う力」をいかに生かしていけばよいか、仮設的にでも示すことにしたい。

㈠　伝え合う力の基底

「伝え合う力」の意味内容を明らかにしようとする時、まず問われるべきは、そこでいう力が何をもとに掲げられてきたかという点である。今回公刊された幼稚園から高校までの「教育要領」・「学習指導要領」を通覧すると、「伝え合う力」の母胎は、「幼稚園教育要領」（平成一〇〈一九九八〉年一二月一四日告示）の「ねらい」にある「伝え合う喜び」にあることがわかる。しかも、「伝え合う喜び」は、すでに前回の「幼稚園教育要領」（平成元〈一九八九〉年三月一五日告示）にも挙げられていた用語である。そこで、

1　初出の「幼稚園教育要領」に遡って、その本来の意味を明確にし、
2　その上で、今回の「幼稚園教育要領」において、その意味内容・位置づけが変わったかどうか、その意義はどういう点に認められるかを探ることにしたい。

1　平成元年版「幼稚園教育要領」における「伝え合う喜び」の導入

まず、「伝え合う喜び」が初めて明記された「言葉」領域の「ねらい」と「留意事項」を掲げておく。

1　ねらい
（1）自分の気持ちを言葉で表現し、伝え合う喜びを味わう。
（中略）

3　留意事項
（1）教師や他の幼児とのかかわりの中で互いに自分の感情や考えを伝え合う喜びを十分に味わう……（注1）（傍線部・波線部ともに引用者。以下も同じ。）

「伝え合う喜び」がいずれも自己の気持ち（感情・考え）と結びつけて出てきている。このことを手がかりにすれば、伝え合う喜びは、「自らが言いたくなったこと（気持ち・感情など）を、一方的であったにしてもとにかく相手に伝えたという喜びを互いに感ずること」の意味であり、それぞれの思いが相互にかみ合って、会話が繰り広げられる以前の初歩的な姿を指すと言えよう。相手の存在は不可欠であるが、それは自己の思いを受けとめてもらえる対象として必要なので、言いたいことがわかってもらえたとそれぞれが思えばよいわけである。この時点では、伝える喜びにきわめて近い。このあたりに、「伝え合う喜び」という造語が案出されるゆえんがあろう。

2　平成一〇年版「幼稚園教育要領」における「伝え合う喜び」の再定位

今回の「幼稚園教育要領」では、次のように位置づけを改めている。

1　ねらい
（1）自分の気持ちを言葉で表現する楽しさを味わう。
（2）人の言葉や話などをよく聞き、自分の経験したことや考えたことを話し、伝え合う喜びを味わう。
（3）日常生活に必要な言葉が分かるようになるとともに、絵本や物語などに親しみ、先生や友達と心を通わせる。
（中略）

3　内容の取扱い
（1）言葉は、身近な人に親しみをもって接し、自分の感情や意志などを伝え、それに相手が応答し、その言葉を聞くことを通して次第に獲得されていくものであることを考慮して、幼児が教師や他の幼児とかかわることにより心を動かすような体験をし、言葉を交わす喜びを味わえるようにすること。(注2)

「伝え合う喜び」の置かれた場所がねらい（1）からねらい（2）へと変わってきている。その意味を探ってみれば、次のように解釈できよう。
（A）伝え合う喜びは、ねらい（1）の「自分の気持ちを言葉で表現する楽しさ」（平成元年版の「伝え合う喜び」の要になる感情）とは同一次元にならないことが明らかにされる。
（B）聞いて話すという関係のなかで、そして自らが伝え、相手が応えるという呼応を通して、「伝え合う喜び」が湧いてくることが判然としてきている。先の平成元年版では、一方が相手に伝え、相手も言いたいことをこちらに伝え、互いに喜びを感ずることで十分であったが、平成一〇年版では、それらが組み合わせられ、円環をなしてこそ、伝え合う喜びと言えることを示している。「内容の取扱い」の「言葉を交わす喜び」と一致する面が大きくなっている。
（C）ねらい（1）とねらい（2）が、右のように順序性をもって理解されるなら、ねらい（3）の「心を通わせる」（幼稚園児なりに通じ合う）は、ねらい（2）の「伝え合う喜び」を十分会得した上で、めざされるべきものであり、幼稚園教育の最終到達点になろう。
そうすると、「伝え合う喜び」は、「自分の気持ちを言葉で表現する楽しさ」を基盤にして、「言葉」領域の中核目標に位置づけられたことになろう。ただし、言語の本来の機能は通じ合うことにあるから、「心を通わせる」という到達点から見れば、なお過渡的・中間的性格を残しているわけである。

このように、「伝え合う喜び」は、平成一〇年版「幼稚園教育要領」によって新たに位置づけ直されたが、「伝える」は誰かが誰かに伝えるという一方性をぬぐえないことばでもある。そうすると、本来の語義に引っぱられて、「言葉で表現する楽しさ」を互いに感ずることも、伝え合う喜びの起点として、幾分残ることになろう。

(二)　伝え合う力の意味と役割

「伝え合う力」は、上述したように小・中・高校のいずれの「学習指導要領」にも、総括目標に掲げているが、ここでは小学校の「目標」と、「伝え合う力」に関する説述を『解説』から抄出しておく。

【目標】

(A)国語を適切に表現し(B)正確に理解する能力を育成し、(C)伝え合う力を高めるとともに、(D)思考力や想像力及び(E)言語感覚を養い、(F)国語に対する関心を深め(G)国語を尊重する態度を育てる。(注3)

【伝え合う力に関して】

○特に、「適切に表現する能力」と「正確に理解する能力」との育成を基盤に、互いの立場や考えを尊重しながら言語で伝え合う能力の育成を重視して、「伝え合う力を高める」ことを位置づけている。この「伝え合う力」とは、(ア)人間と人間との関係の中で、互いの立場や考えを尊重しながら、言語を通して適切に表現したり正確に理解したりする力でもある。(イ)これからの情報化・国際化の社会で生きて働く国語の力であり、(ウ)人間形成に資する国語科の重要な内容となるものである。(注4)

○〈話すこと・聞くこと／書くこと／読むことと言語事項という三領域一事項に改めた〈歴史的に言えば「戻した」〉

のは、）互いの立場や考えを尊重して言葉で伝え合う能力を育成することに重点を置いて内容の改善を図るためであり、「話すこと」と「聞くこと」とが一領域としてまとめられた意図もそこにある。(注5)

1　伝え合う力の意味

（ア）には、伝え合う力は、実際の人と人とが直接かかわる場において、相手の立場を思いやり、考えを尊重しながらも、自らの思いも無にしないで、言語にしていく力であるとしている。実の場で「言語を通して適切に表現したり正確に理解したりする力」と説かれている点をみると、基盤になる表現力・理解力とどこが違うかがわかりづらいが、

（1）伝え合う力は、分析すると基本になる理解力や表現力に源を発するものであるが、それらが確かに役立っているると、自覚できるものであり、

（2）実際の場面で生きてはたらくため、理解力と表現力とが有機的に結びついて発揮されるというところに、その独自性があることになろうか。ただし、このような説明のなかに伝え合う力の曖昧さも潜んでいたと言えよう。各学年の目標・内容を見ると、「話すこと・聞くこと」だけに絞っても、伝え合う力との一義的な結びつきがうかがえる項目はないが、関連すると言えばいずれも関連してくるわけである。教育現場では、「伝え合う力」の育成を標榜して、「学習指導要領」の指導事項がほとんどそのまま挙がる事態も起こってくる。しかし、これらの指導事項は、多く「伝え合う力」が打ち出される前にも（旧「学習指導要領」においても）掲げられていたものである。何のために「伝え合う力」が出されてきたのかが、学年目標レベルにも、内容レベルにもうかがえないところに、この用語の不安定さがあろう。

（イ）は、将来伝え合う力がどういう社会に生かされるかを記している。「情報化・国際化」が進めば進むほど、

表現力や理解力がほんとうに「生きて働く力」になっているか否かが問われてくるという。今回、中学校・高等学校の「学習指導要領」の外国語において「実践的コミュニケーション能力」(注6)の育成が前面に押し出されて来たことと考え合わせれば、

（1）最終的には、外国語で他国の人とわたり合ったり、世界のあらゆる情報を消化して、さらに独自のものを生み出したりする人が求められており、

（2）そのためにも、まず自国語で「国語の力」が確かに生きて働いていると言い得るように、自在に言い表し、深く理解することができていないといけないことになろうか。諸外国の人と語り合って実りあるものを生み出すためには、こちらも様々な国の人では考えつかないものを蓄積し、内にたたえておく必要が生じる。将来は誰しもそこまでめざすべきだから「伝え合う力」が掲げられたのだとすると、きわめて遠大な目標が示されたことになろう。しかし、何を伝え合うかまでは留意しないとなると、「情報化・国際化」への生活的・実用的対応にとどまることになる。つまり、外国語は一通り話せても、日本語を母国語としているゆえに貢献し得ることがないという事態に立ち至るのである。こうしてみると、「伝え合う力」という用語は、一応の説述はなされていても、なお振幅のある言葉であることがわかってこよう。

（ウ）の説述のみでは、「伝え合う力」がどう人間形成に寄与するか、判然としないが、中学校の『解説』には、以下のように補ってある。

「社会生活に必要な言葉による伝え合いの大切さを自覚して、『伝え合う力』を高めることは、人間形成に資する国語科の重要な内容となるものである。(注7)」

社会生活における伝え合う重要性の自覚↓伝え合う力の養成は、単に対人関係の開拓にとどまらず、最終的には自己の人間性を鍛え、向上させることにも生きてきてその目的を全うすることになろうか。この世はすべて人間関係次第と心得て、人と人との間をうまく立ち回って生きていこうとする人を、我々は信用できない。人間関係は、その人の人間性を高め、現時点における自己にとどまっておれなくするからこそ、切に求められるのである。他方、人間関係づくり——たとえば最愛の夫・妻・子に尽くすこと——にすべてを費やした人が、その関係を絶たれて生きる気力を失うことも、哀切ではあるが、悲惨と言えよう。人間関係は、その人の人生をさらに意義あるものにするために必要なのである。そうだとすると、ここに指摘された点も首肯し得るものになってくる。伝え合う力の育成において、対人関係が前面に押し出されれば、押し出されるだけ、反面に、ことばを介して自己をどこまでもいつくしみ、生涯育て上げていくことを考慮しないわけにはいかなくなるのである。

以上の三点をふまえて、伝え合う力の意味を明らかにすれば、左記のようにまとめられよう。

「伝え合う力」は

①実際に人間と人間とが接する場で、表現力・理解力を有機的に結びつけて相手の立場を思いやり、真意を汲んだ上で、発揮する力であり、

②将来、情報化や国際化が一層進むなかで、独自のものを蓄え、話し合って実りあるものを生み出すために有用な力である。（好意的に解釈したばあい）

③社会生活における伝え合う重要性を自覚して、その力を養うことは、単に人間関係を作っていったり、共同で個々では到底できないことを成し遂げたりすることに生きてくるだけでなく、最終的にはそのように努力している自己の人間性を鍛え、生涯どこまでも伸び続ける原動力としてはたらいて、その究極的な目的が達成されるものになる。

2　総括目標における伝え合う力の位置づけ

そこで、改めて先に挙げた総括目標を振り返り、伝え合う力の位置、占めるべき役割を探っていくことにしたい。総括目標の『解説』では、小・中・高校ともに、（A）表現力の育成と（B）理解力の育成と（C）伝え合う力の向上とを前段とし、（D）思考力や想像力の養成、（E）言語感覚の養成、（F）国語に対する関心の深化、（G）国語を尊重する態度の体得を後段としている。これは、伝え合う力の重要性を説くために、特に基底となる（A）表現力や（B）理解力との密接な結びつきを強調しようとして出てきた二分法であろう。

ところが、よく読むと、小学校の『解説』には、（A）表現力の育成と（B）理解力の育成とが、国語科の「基本的な目標[注8]」であるのに対し、（F）国語に対する関心の深化と（G）国語を尊重する態度の会得とが「究極的なねらい[注9]」であるとしている。そうすると、明記されていないものの、（C）伝え合う力の練成は、（D）思考力や想像力の養成、（E）言語感覚の養成と並んで、小・中・高校国語科の中核的な目標として位置づけられたことになろう。（C）伝え合う力は、『解説』にあるように、実際の人間関係が生ずる場ではたらかせる力であり、引用したように、各学年の「内容」に「話すこと・聞くこと」の領域が特立されたこととも深く関連している。実際の人間関係を明確に意識するのも、話しことばの方が切実である。そうだとすれば、（C）伝え合う力の練成は主として話しことばの領域で活用をはかることになろう。

それに対し、（D）思考力や想像力の養成は、それぞれ説明・評論の表現と理解、文学的文章の表現と理解の核心をなし、「基本的な目標」とされた的確な表現や正確な理解では及びえないところを目ざすのである。ここでは文字言語が中心になってくる。（E）言語感覚の育成は、言語事項を土台にしつつも、語レベル・文レベル・段落レベル・文章レベルに及び、話しことばも文字言葉も含めて全言語活動を通して養成されると言えよう。これらを表にすると国語科の目標構造は、次のようになる。

基本的な目標	中核的な目標	究極的な目標
(A)国語を適切に表現する能力を育成する。 (B)国語を正確に理解する能力を育成する。	(C)伝え合う力を高める。(上記A・Bを実際の場で発揮させる。主として話しことばの領域で活用をはかる。) (D)思考力や想像力を養う。(上記A・Bの「適切な表現」や「正確な理解」では尽せないものを鍛える。主として文字言語の領域で伸長をはかる。) (E)言語感覚を養う。(言語事項を基底としながら、語レベル・文レベル・段落レベル・文章レベルまでおおい、全言語活動を通して育てていく。)	(F)国語に対する関心を高める。 (G)国語を尊重する態度を育てる。

3　「伝え合う喜び」と照応させて見えてくること

「伝え合う力」を高めることが小・中・高校の中核的目標に位置づけられたとすると、「幼稚園教育要領」の「ねらい」において、「伝え合う喜び」が「言葉」の中核目標として定位されたこととも一致してくる。そこから見えてくることは、以下の三点になろう。

(1)伝え合う力の育成をはかる時、その土壌をなすのは聞いて話し、伝えて応えることを楽しむ「伝え合う喜び」であり、これが前提となる。したがって、小・中・高校に至っても、土壌である「伝え合う喜び」をひとりひとりの学習者が確かに実感していることが見きわめられた上で、「伝え合う力」を高めることに進む必要がある。

(2)「伝え合う」は、本来「互いに伝え合う」と用いられるものであり、一方が相手に伝え、そして相手も言いたいことをこちらに伝えることで満たされるものである。こうした幼稚園で用いられるコミュニケーションの未成熟な状態を、小・中・高校まで拡大して用いることによって、目標として掲げられながら、活動レベルで「伝え合う力」がついていると評価される余地が生じている。「伝え合う力」の用語を目標概念として高校まで挙げる必要があるかどうか、検討される必要がある。

（3）「幼稚園教育要領」では、「伝え合う喜び」の上に「心を通わせる」ことを挙げていたが、小・中・高校になると、対人的な目標は掲げられず、「国語に対する関心」や「国語を尊重する態度」など、各自の国語意識を強めるものになっている。「伝え合う力」を高めることも、「思考力や想像力を養う」ことも、「言語感覚を養う」ことも、すべてめいめいの国語意識を強化するためであると言われれば、それはその通りであろう。それは、一人の学習者の人生を生き甲斐のあるものにするための一大基軸をなすものと言えよう。しかし、西尾実氏は、後に述べるようにことばの本来的機能を通じ合いに置いている。めいめいの国語意識を強めることも、その人の言語生活を実りあるものにし、読んだり、書いたり、話したり、聞いたりして、言語文化を創出し、これこそ生き甲斐と思えるような充実感を覚えるとともに、ことばを通して、このように人と高め合える時間を持てたことを無上の喜びとすることにつながってこよう。そうであれば、「幼稚園教育要領」の最終的なねらい「心を通わせる」に対応させて、「伝え合う力」を高めた上で、どこに行き着くかを見通すことも、他方において不可欠になってくる。

㈢　西尾実氏の「通じ合い」との比較

「伝え合う」は、一方が他方に「伝える」ことと、動詞の連用形についてある行為（このばあい、伝えるという行為）を共にする「合う」を組み合わせた造語である。しかし、国語教育の世界でこれまで用いられてきた「通じ合う」もしくは「通じ合い」の語に酷似しており、両者の関係が問われてこよう。文部科学省の小学校課の教科調査官であった小森茂氏は、講演のなかで次のように言明している。

「『通じ合う力』ではだめかというと、西尾実理論の言語生活論とぴったりあってしまうということで（とりやめになり）、ある特定の学説によらないようにということと、『伝え合う力』と大和言葉、和語で（掲げる）ということもありました。」(注10)（平成一一年〈一九九九年〉八月二〇日、括弧は考察者）

用語を和語「伝え合う」に改めることによって西尾実説とは異なる新鮮さを出したが、他方で各学年の目標・内容にどう浸透していくかという方向性も曖昧になったと言えよう。したがって、「伝え合う力」の語を実のあるものにしていくには、再度西尾実氏の通じ合いに学ぶ必要が出てくる。西尾実氏のいう通じ合いは、「話し・聞き、書き・読む作用が、人と人との共同による、ひとつの社会的機能であるという事実」に立脚して、我々の談話生活・文章生活・言語文化全体を貫くものになっている。そのうち、話しことばに関する部分を取り出すと、下記のようである。

「（話し、聞き、書き、読む行為が）主体の社会的、歴史的行為である関係からいって、その構造（機能の進展）は、相手の数と質によって規定される。すなわち、談話生活における二人の間の話し合い、さらにいうと、話し手と聞き手とが一対一（一⇅一）の関係で交代する対話・問答が、最も簡単な、しかし密度の濃い、基本的な通じ合いの単位である。

また、三人もしくは三人以上の多数でする一対多（一⇅多）の話し合いである会話・討議は、対話・問答を基本とした発展であって、その構造が複雑さを加えるとともに、その機能も、第三者的存在を含むことによって、困難の度が加わってくる。

が、これらは、対話・問答にしても、会話・討議にしても、すくなくとも立場のわかり合った者の間における話し合いであるが、これらとちがって、立場のわかっていない公衆を相手とした一対衆（一→衆）の演説・説教・講演などのような公話や討論がある。放送・テレビもこれに属し、マス・コミュニケーションとよばれているところのものである。これも、その機能を精しく分析すると、対話・問答を基本とし、会話・討議をそれの発展とした、ことばによる通じ合いの〔談話生活における〕完成的形態であって、決して一方的な伝達でもなければ、また、主体の真実の表現だけでもない。やはり、聞き手である公衆から発せられる、さまざまなインフォメーションによって規定されることばである点において、あきらかに、説得とよばれる通じ合いの有力な機構である。（注11）」（〔　〕は引用者）

これらは、二年後の論文では、「主体の社会意識の量的な広がり（注12）」による客観性・普遍性の拡大から見た分類であるとして、さらに「質的な深まり（注13）」による三段階を想定できるとしている。

「その第一は、主体が、その相手を、自分に対して何らかの知らせ（インフォメーション）を送る相手として認識する段階である。第二は、主体が、その相手からの知らせによって、その知らせとともに、その知らせそのものよりも深い、相手の気持ちを洞察し、理解して聞く段階である。第三は、主体が、その相手の立場になりきって言動する段階である。これらはまた、第一は相手を認識した立場、第二は相手の気持ちを理解した立場、第三は主体と相手との一体化の立場ともいえるであろう。が、この第三は、火事とか地震とかいうような、非常なばあいだとか、主体がすぐれた天才、または達人でもないと達することのできない立場である。（注14）」

西尾実氏は、これらの究明は「わたし自身の観察と内省に即して試みたもの（注15）」としているが、このような類別によって「社会的行為であることばの機能が体系的に理解されうるように思われる。（注16）」とも記されている。

これだけの部分的引用では、次のような疑問が生じてくるかもしれない。

○話したり、聞いたりする行為が、主体と主体との社会的、歴史的通じ合いであるとしても、その社会意識の進展が「相手の数と質によって規定される」とまで言えるかどうか。

○談話形態のうち、一対一の対話・問答が出発点をなすのは了解できても、以後の会話・討議も、公話・討論も、それらの特質・関連を考慮せずに、相手の数と質によって進展の順序が決められても納得し得るか。

○対話・問答→会話・討議→公話・討論は、聞くばあいにも、話すばあいにも、学習者の意識がほんとうにこのような一方的な順次性をもって繰り広げられるかどうか。また、聞く力と話す力の順序についてはどう考えればよいか。

○前半の通じ合いの量的広がりと後半の質的な深まりはいかに統合していけばよいか。

とは言え、西尾実氏の説かれる「通じ合い」は下記のように生産性に満ちたものである。

1　西尾実氏のいう通じ合いは、言語生活のいずれ――たとえば談話生活――においても、それらを組織する原理としてはたらくものになっていた。それは談話形態の進展という学習者に明瞭に意識できるものを契機にしながらも、そこに個人個人の社会意識の進展が予想され、話しことば学力・内容の発展におおよそ見通しを与えるものともなっていた。（全体として）

2　このような通じ合いの階梯をたどって、最終的にこれからの民主社会をになう言語生活者を育て上げたいという願いが汲みとれるものであった。（望ましい学習者の姿の見きわめ）

3　通じ合う際、聞き手の数に着目することで、「一対一の対話・問答」が、談話生活ばかりか、文章生活や言語文化の基底に位置づくことが明らかにされ、「言語生活のあらゆる形態と方法は、結局、対話・問答の能力を無限に発展させる学習」(注17)であることが見据えられている。したがって、以後どのように話しことば学力論を考案する

際にも、談話形態の基底は対話・問答にあることを念頭に置くことができる。（出発点）

4　話しことばの到達点を公話・討論のできる学習者とし、それに憧れを抱かせて、一歩一歩鍛えていくことができるかどうかと考える余地を与えてくれる。（到達点）

5　われわれの言語生活がすべて「通じ合い」と呼ばれる「主体と主体との社会的行為（注18）」であるとすると、対話にしても、会話にしても、そのような談話生活の意義・必要性に目ざめさせることが、不可欠であることも判明してくる。これらは「伝え合う喜び」に伴うものと言えようか。（根本的な態度形成が基盤に）

6　「通じ合い」は、「主体の社会意識の量的な広がり」によって組織化し得るという洞察にとどまらず、さらに自らの「観察と内省」によって「質的な深まり」の段階を提案したところから、内省を通してゆるぎない話しことば教育実践をどこまでも追究していこうとする教師の根本的な姿勢がうかがえる。（話しことば教育〔研究〕に臨む教師の姿勢）

――このような「通じ合い」を背景にして「伝え合う力」を見直すと次のようなことが導き出せよう。

（1）伝え合う力は、やはり話しことばだけでなく、書きことばも含んで説かれているのであり、言語文化の理解や創作も包み込み得る広がりをもった概念として理解されなければならない。ただし、先述のごとく主要領域は話しことばになるのである。（伝え合う力の使用範囲と中心になる領域）

（2）伝え合う力をつけることを通して、最終的にはどういう望ましい学習者（話し手・聞き手）の姿の具現をめざしているか、そのために一人の学習者が学年ごとにどのような姿に育っていけば理想的なのかを明瞭にする必要がある。（伝え合う力の育成を通してめざすべき学習者の姿と、そこに行き着くまでの過渡的な姿の具体化の必要性）

（3）伝え合う力も、言語の本質的社会的機能である「通じ合い」のように

○学習者の談話生活を区分する原理となり、

○学習者の意識のうちで何が出発点になり、その後、どう伸びていけばよいかが了解できるものになっていく必要がある。西尾実氏のいう相手の数と質による対話・問答↓会話・討議↓公話・討論という進展が、真に話しことば学力の発展でもあるかどうか、吟味して、必要ならば代替案を提案すべきである。その際、各々の談話生活（形態）の意義・必要性に気づかせるような態度の育成を基底に据えるようにする。また伝え合う力の育成を標榜した時、基底は対話（実際には「対話における聞くこと」）にするとしても、聞き手・話し手としての到達点は何になるかを明確に示す必要がある。（伝え合う力が伸びてきたことが学習者自身に自覚でき、さらにめざすべき方向性や到達点を見通せるような話しことば学力論の要請）

（4）「観察と内省」を重んじる西尾実氏の志向を汲めば、さらに話しことば教育実践にふみ込む際には、「観察」を通して教育現場で得られた実践的英知をすくい上げ、それを「内省」によってほり下げ、意味づけることになろう。それがカリキュラム（年間指導計画）編成の原理や話しことばの授業を構想する指針になるわけである。（観察と内省による話しことば年間指導計画、および単元構想への展望）

（5）西尾実氏の「観察と内省」を通してゆるぎない話しことば教育実践（もしくは研究）を追究していこうとする姿勢は、他方で教師自身が一人の聞き手・話し手として自らをどこまでも伸ばしていきたいという願い、教室のなかでは教育話法を存分に使いこなして、学習者にとってあのような聞き手・話し手になれたらどれほど嬉しいことかという憧れの思いを抱かせる存在になりたいという願いに支えられている。教師の力量を問わない話しことば教育実践などあり得ないわけである。しかし、話しことば学力論や年間指導計画が先行すると、教師の話しことばに関する国語科授業力の伸長が曖昧になりやすい。この面でも、西尾実氏の論述は、学習者をいかに伸ばすかが見えてきただけでは、油断できないことを教えてくれるものとなっている。（話しことば学力論や年間指導計画、

授業実践を支える教師の力量形成の重要性）

このように挙げてみると、西尾実氏の立言は、伝え合う力を奥行きをもった用語として活用していくために、欠くことができないものと言えよう。

㈣　話しことば教育実践への志向

以上のように考えてくると、私たちが話しことば教育を実践していく際の立脚点が、ある程度明らかになってきたと思われる。その要点を書き出せば、以下の四点になろう。

1　話しことば教育実践の原動力は、学習者をこのような聞き手、話し手にしたい、せずにはおれないという、肉体性をもった話しことば学習者の姿を見きわめることからもたらされる。

こうした想定は、めまぐるしい教育現場にあっては至難とも言えようが、私たちがおりおりに育ってきた学習者の姿にまぶしさをおぼえ、教師冥利に尽きるという感慨にふける時、そのような望ましい聞き手・話し手が具現するからこそ、心の底から喜びが湧いてくるのではなかろうか。そうした思いを結集させれば、望ましい聞き手・話し手の姿も幾分具体化できよう。その手始めとして、私の方で望ましい聞き手・話し手を想定してみれば、次のようになる。

〈望ましい聞き手〉ひとたび話が始まれば心から聞こうとする習慣が確立している人。相手の言っていることを的確にとらえるばかりか、相手が十分言えないでいる真意まで汲みとり、誠意をもってどこまでも相手の心に近づこうとする。それだけに、相手は接するたびに陽光がふりそそぐような温かさを感じ、話が引き出されて、今まで考えていなかったこと、言い得なかったことが言い表せるようになる。相手の稚拙な言葉さえもいとおしみ、心に反芻して、その価値を見いだそうとする。きちんと聞き取れない時でも、その時点で推察できることを結集して、「こういうこと?」と代わりに言って、相手がそれを土台に付け加えたり、修正したりできるようにする。そして、あの人にとことん聞いてもらえた、少なくともあの人だけは、私の思いをわかってくれているという感謝の念が話し手に湧くように努める。聞くことに狎れることなく、一回の聞く機会の得がたさを肝に命じて話を聞きながらも、自らのなかで、それに触発されて考えが生み出されるのを楽しむ。

〈望ましい話し手〉本気でじっくり聞いてくれ、しかもその思いをこのように伸ばしていけばよいという指針を与えてくれる方に出会い、人と人が話し合うということのかけがえのなさに気づき、あのような話し手になりたいという憧れをもって人に接し、つねに向上し合う人間関係を作り上げようとする人。当然、自分の身を守るために話すのではなく、新たな自分を作る契機にしようとして話すのであるから、批判は喜んで受け入れる。しかし、人の賞賛に対してはほんとうにそのようなほめ言葉に値するかという吟味の矢を、自己に放ち続ける。人前に立つ時でも、己を高く見せたり、卑下したりせず、ありのままに、現時点で考え得ることを率直に、誠実さをもって、語っていこうとする。それこそ相手の批評を受け入れて伸びようとする姿勢が表れたものだからである。相手を説得する際にも、話し言葉の対人的直接性を顧慮して、名誉ある撤退の道を用意しておく。話し合いの場では、それぞれの意見の拠って来たるところと可能性とを見抜いて、誰もが話し合った甲斐があったと思えるように協力していく。

——これらは、生涯を通して目ざすべき望ましい聞き手・話し手のあり方について述べたのであるが、このような究極の聞き手・話し手の姿をさらに学年に応じて具体化する必要がある。その際、「伝え合う力」を標榜する以上、対人関係に現れる望ましい姿が当然主軸をなそうが、先述のように、言葉をもった存在としては自らと生涯どうつき合うか、自己をどう人間的に育てていくかも、劣らず重要である。したがって、望ましい学習者の姿も、対

人関係と自己とのかかわりの二面から掲げる必要があろう。（総括目標、学年の目標において）

2　伝え合う力の段階的獲得と対話以下の談話形態の配列を考えることの間に密接な関連があるのは確かであろう。とりわけ対話の中には、伝え合う力の根底、もしくは根幹になる枢要な学力が見いだされよう。しかし、主要な談話形態を対話、会話、公話として、それぞれを対話能力、会話能力、公話能力と一括してよいものであろうか。そこには当然主力をいずれに注ぐかで聞く力の側面に傾斜するばあいと、話す力の側面に比重をかけるばあいがあり、話す力といっても、談話形態によって、異なる性質のものが出てくる。対話においては、問われて答える力と自ら問う力では、次元が違うし、会話においても一参加者として意見を述べる力と、司会者として誰もが納得するように進行し、まとめ上げる力とは、同じとは言えまい。公話のばあいは誰しも同じ立場になるから一つの学力がはたらいているとしてよかろうが、一まとまりの話をすることが求められるだけに、口頭表現の過程に即してなお能力を分節化して意図的に鍛えていくことが可能である。そうすると、談話形態を念頭に置きながらも、話しことば学力としては、さらに細やかに段階を追って伸ばしていくことが可能になってくる。

大村はま氏にその萌芽が見られ、野地潤家博士が示された次の学力構造図など、その典型的なものと言えよう。

（各学年の内容の区分において）

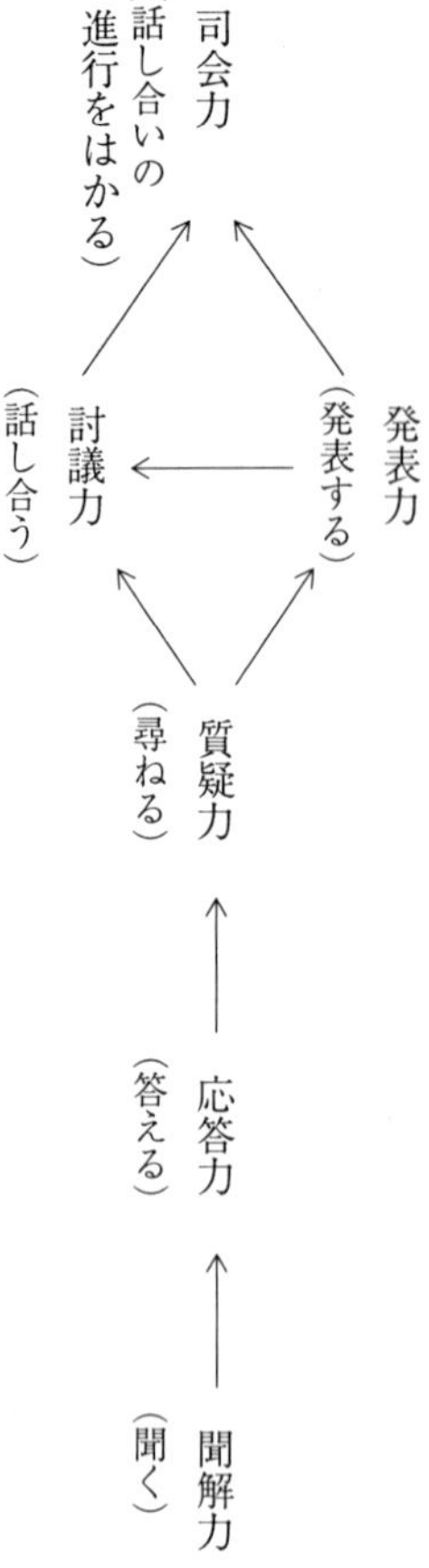

話しことば自覚

※括弧内は、学習者が話しことばを自らの活動形態としてどう自覚するかを記したものである。ただし、一回の「聞く」・「答える」・「尋ねる」という発言を問題にしているというより、一連の聞くことに力を注ぐ生活、答えることに必死になる生活……というように、目標として主に自覚させる時の焦点を挙げているといった方が真意に近い。

なお、聞解力は、一番上に掲げているだけであるが、実際には、応答力・質疑力といった対話における話表力の土台にはたらくだけでなく、発表力や討議力、司会力の基盤にもはたらくわけである。すべての話表力のもとには、それぞれの談話形態における聞解力が、滋養となっているのである。

※公話における発表力には、取材、構想、口述、吟味の四過程が含まれる。

※西尾実説とは大きく異なっているように見えるが、ここに示した見解の前には、西尾実氏は、話（上の図の発表力）→話し合い（上の図の討議力）へと提案していたのである。そして、討議力のなかには、確かに一まとまりの発表をする力も必要であろう。

また、応答力、質疑力から討議力への発展には、ここに掲げた相手の数による社会意識の広がりがそのまま盛り込まれている。

したがって、上記の学力構造図は、西尾実氏が示された話しことばの系統化に関する二つの見解を合わせもったものとも見なされよう。（詳しくは、拙稿「問答・討議能力と司会能力の育成指導」『お互いに自分の考えを持って話したり聞いたりすることのできる学習指導』（生きてはたらく国語の力を育てる授業の創造　第五巻、白石壽文氏編、ニチブン、平成一二〈二〇〇〇〉年七月一五日発行）二五三～二五四ページ（本書第Ⅱ部・第一章に再掲）を参照されたい。

右の1・2を盛り込んで「望ましい話し手・聞き手の姿を明確にした指導内容の組織化」（試案）として示せば、左記の表のようになる。（「　」および（　）は、「学習指導要領」の当該学年の目標・内容・「解説」に拠る。）

	話し手
小学一・二年	教師との心の通い合う対話をもとに、人と話したり、人の話を聞いたりするのが楽しいと思える児童 （目標(1)　相手に応じ、経験したことなどについて、事柄の順序を考えながら話すことや
小学三・四年	・親しい人と存分に話して満足感を覚えるだけでなく、周囲のさまざまな人にも自分から語りかけて話を聞いてみようとする児童 ・話すことへの習熟と自信の上に、心を落ち着けて聞
小学五・六年	・このことはどんなふうに話せばわかってもらえるか、この人はなぜこのように語りかけるかと、話す場を見つめ直して考えをめぐらせる児童 ・このような話し手・聞き手になり
中学一年	・中学生として遇せられることに喜びと誇りをおぼえ、それにふさわしい人との接し方を求めていく生徒 ・有力な意見や多数の声に引きずられがちな自己を見つめ直し、小さな違いをいとおしん
中学二・三年	・思考をはたらかせて話し合うことの楽しさに気づき、一緒に実り豊かなものを見いだそうとする生徒 ・自らの談話生活を診断する場を設け、一回一回の話したり聞いたりする機会に真新しい
国語総合、国語表現Ⅰ・Ⅱ	・人と人との見解の隔たりを自覚しつつも、通じ合えることを信じて粘り強く聞き・話して、生産的な人間関係を築き上げていこうと努める生徒 ・話したり聞いたりする時間を一層

望ましい聞き手・	指導すべき内容 話しことば学習の基底
大事な事を落とさないで聞くことができるようにするとともに、話し合おうとする態度を育てる。）	①教師自身が学級全体に対して愛情をもって接していくだけでなく、一人ひとりの学習者に親しく話しかける場を持つように
き、考えて話そうとする児童 （目標(1)　相手や目的に応じ、調べた事などについて、筋道を立てて話すことや話の中心に気をつけて聞くことができるようにするとともに、進んで話し合おうとする態度を育てる。）	①児童一人ひとりが、教師に接するたびに話したり聞いたりする楽しさが得られるようにし、そのような教師の愛情に包まれ
たいという憧れを心に抱き、少しでも会得しようと努める児童 （目標(1)　目標や意図に応じ、考えた事や伝えたい事などを的確に話すことや相手の意図をつかみながら聞くことができるようにするとともに、計画的に話し合おうとする態度を育てる。）	①めいめいが話しことばによっておのが心情をどう整え、自己の見解・論理をどう伸ばそうとしているかを見守り、教師の願
で言語化しようとする生徒 （目標(1)　自分の考えを大切にし、目的や場面に応じて的確に話したり聞いたりする能力を高めるとともに、話し言葉を大切にしようとする態度を育てる。）	①思春期に入り、人前で話そうとしないのが大人に近づいた証であると思えてくるが、他方でそうした自己をわかってほしい
思いで臨む生徒 （目標(1)　自分のものの見方や考え方を深め、目的や場面に応じて的確に話したり、聞いたりする能力を身につけさせるとともに、話し言葉を豊かにしようとする態度を育てる。）	①うちとけて心から話すことの喜びを確固としたものにするために、話している自己の内面と表現を見つめさせ、自らを成長
充実させるために、そこに至るまでの準備こそ大切だと悟って、見えない部分に力を注ぐ生徒 （「国語表現Ｉ」の科目の性格などを参照して、こちらで想定した。）	①話しことばだから、その場で何もかも消え去ってかまわないとは思わずに、相手と直接にかけがえのない時間を共有するゆ

指導すべき内容	
	聞解力の系列［聞く態度・習慣の形成も含む］
努め、どの子にも、この先生になら話せる、この学級の人には聞いてもらいたいという思いが自ずと湧くようにする。	②先生や友達と話した時、しっかり聞いてくれて嬉しかった経験を契機に、自らも人の話を興味をもってしっかり聞こうとする態度を育てていく。（内容イ　大事な事を落とさないようにしながら、興味をもって聞くこ
た学級の中で話すことに慣れ、少しずつ自信が湧いてくるようにする。	②聞く際には、正しく聞くことを心がけ、「話の中心に気を付けて聞き」、徐々にその後必ず何か言うつもりで「自分の感想を（箇条書きにしても）まとめる」ように仕向けていく。（内容イ　話の中心に気を付けて聞
いも吐露してそれぞれ話し手として、聞き手としてどう進んでいくかという指針を見いださせる。	②聞かざるを得ない場を設定して、直接に話し手が言っている内容を了解するにとどまらず、その心まで及んで初めて本当に聞いたことになるのだと実感させ、相手の人間性に迫る聞き方を心がけさせる。（内容イ　話し手
という思いも強くなるため、改めて授業の中でも一人ひとりの生徒に語りかける場を用意し、学習記録も活用して、彼らが心を開いて話したくなる土壌を耕す。	②日頃いかに漫然と聞き流していることが多いかに気づき、しっかり十分に聞いていこうとする。その際に改めて正しく聞きとるということを第一に心がけさせる。（内容ア　話し手の意図を考えながら話の内容を聞き
させるために求めて話したり聞いたりしていこうとする根本的態度を固めるようにさせる。	②話す人の真意に迫りたいと熱望し、発表を聞く際にも、討論を聞く際にも、いつでも自ら話す気構えをもって、本気になって聞いていくようにさせる。（内容ア　広い範囲から話題を求めて聞き、自分のものの見方や考え方
えに、自他の心に消えないものを生み出し、刻みつけたいという願いがふくらむようにする。	②相手の話そうとする意図を汲むだけでなく、本人ではとらえきれない、その発言の可能性まで見抜き、感謝されるような聞き方を心がけさせる。（「国語総合」内容イ　目的や場に

指導すべき内容
聞解力の系列［聞く態度・習慣の形成も含む］
と。）
き、自分の感想をまとめること。）
の意図を考えながら話の内容を聞くこと。）
取ること。内容ウ　全体と部分、事実と意見との関係に注意して聞き取ること。内容エ　話合いにおけるそれぞれの発言の話題や方向に注意して聞き、自分の考えをまとめること。）
を広めたり、深めたりすること。内容イ　話の中心の部分と付加的な部分、事実と意見との関係に注意し、話の論理的な構成や展開を考えて聞き取ること。内容ウ　話の内容や意図に応じた適切な語句の選択、文の効果的な使い方など説得力のある表現の仕方に注意して聞き取ること。内容エ　相手の立場や考えを尊重し、話合いが目的に沿って効果的に展開するように聞き分けて、自分の
応じて、的確に聞き取ること。）

	指導すべき内容	
	応答力の系列	質疑力の系列
	③「話し手と聞き手が一対一となる活動」において、聞かれたことにきちんと答えられたことのうれしさをもとに、正確に聞きとって答えたいという思いを強めるように導く。	④どんな疑問にも、きちんと、予想以上の答えが返ってくる教師のもとで、どんな小さな疑問でも口に出してみると、思いもかけぬ実りがあるものだという実感が湧くように
	③尋ねられたことに正しくきちんと応じることに慣れさせ、学習と生活の基本が確かに固まったという安心感をもって、場にふさわしい答え方にも思いが及ぶようにさせる。	④教師の問いに触発されて、湧いてきた問いのなかでも、これぞと思えるものに絞って出していくことの大切さに少しずつ気づいていくように導く。
	③問いの深さもさまざまあり、答え方も自己の内面をどう言い表すかで多様で豊かなものになってくることに気づいて、内心を誠実に表したいという憧れを抱かせる。	④問いは自らの頭のよさをひけらかすものというような皮相な見方を乗り越えて、学級のために、みんなのために問うという気構えを固めていかせる。
	③問われたことにぴったりの、正しく場に合う答えを返すにとどまらず、自己の考えたり感じたりしたことをまるごと写し出そうとする態度を育てる。	④相手がどんなことについてどんなふうに答えればよいかわかるものになっているかどうかを吟味して、問うことができるようにさせる。（相手に応じた問い方が主）
考えを深めること。）	③相手の問いにつねに正面から向き合い、現時点においては自己のうちにこれまでに言い得なかったどのような考えが育まれつつあるかに着目して答えるようにいざなう。	④このことについてこの方にお尋ねしたいという時には、聞く側に相当の準備が不可欠であることを了解し、実地に試みて、相手のもっているものを引き出す手ごたえを感じさせる。
	③問われていることから、質問者が意識していなかった深さまで見抜いて、発見の喜びを伴って答えたいという願いを育てる。	④問いが別次元の思考にいざなうことを悟って、そのような問いを発し得るように蓄積し、相手からこの場でしか得られない豊かなものを生み出すようにさせる。

指導すべき内容	
	発表力の系列［そのうちに取材・構想・口述・吟味の過程がある］
させる。	⑤教師が聞き手になって「児童の話したいという思いを大切にして自由な形で話」させ、汲み取ってもらえたことの喜びをもとに、この次はもっとこちらの思いをわかってもらえるように、話すべき内容を明確にし、順序なども意識して話すように仕向ける。（発表力のうち取材、構想、口述）（内容ア　知らせたいことを選び、事柄の順序を考え
	⑤人前で話す機会を一層満足感の多いものにするために、衝動的に話すのではなく、「伝えたいことを選び、自分の考えが分かるように筋道を立てて」、言葉づかいなども考慮して話す方がよいことを悟らせ、発表のための準備をして話す習慣をつけていく。（発表力のうち、取材、構想、口述）（内容ア　伝えたいことを選び、自分の考えが分かる
	⑤これまでにはなかった話す場を用意し、表現効果も考えて「考えた事や自分の意図が分かるように話の組み立てを工夫」させる。論理的にはそれでよいと思えても、なお聞き手の立場から見直してみて、別の組み立ては考えられないかどうかと練り直させる。（発表力のうち取材、構想、口述）（内容ア　考えた事や自分の意図が分かるように話の
	⑤身近なところから話題を探すことが心の習慣になるようにし、豊かに話す土壌を耕した上で、多くの人を前にしても、一対一で話している時と同じく平常心を保って、「自分の考えや気持ちを的確に話す」のに「ふさわしい話題を選び出す」ようにさせる。（発表力のうち取材）（内容イ　自分の考えや気持ちを的確に話すためにふさわしい話題を選
る。（問うための下準備が主）	⑤話す内容は、身近なことから発掘した、自分しか話せないことが第一だと悟りつつも、友達や家族から聞いたこと、読んで知ったこと、テレビ、新聞・雑誌、コンピューターや情報通信ネットワークを通して仕入れたことも「発想や認識のための資料」として取り込み、自己の着想を絶えずふくらませていくようにさせる。（発表力のうち取材）
	⑤「社会や自然、身の回りの事柄」、現在の自己の価値観などをすべて自分なりの考えを生み出すための練習問題として組上に乗せ、口頭で言い表すように勧める。一旦表せたとしてもほんとうに独自のものと言い得るかどうか吟味させ、個性的創出への契機にさせる。（発表力のうち取材）（「国語総合」内容ア　様々な問題について自分の考

指導すべき内容

発表力の系列［そのうちに取材・構想・口述・吟味の過程がある］

ながら、相手に分かるように話すこと。）

ように筋道を立てて、相手や目的に応じた適切な言葉遣いで話すこと。）

組立てを工夫しながら、目的や場に応じた適切な言葉遣いで話すこと。）

び出すこと。）

⑥話し始める前に、全体としては何を主張し、各部分にはどんなことを位置づけよう、どういう事実をどこに配置すれば意見が説得力をもって受けとられるかなど、組み立てを練って臨むだけでなく、各段の話し出しを用意すれば、安心であることを会得させる。（発表力のうち構想）

（内容ウ　全体と部分、事実と意見との関係に注意し

（内容ア　広い範囲から話題を求めて話し、自分のものの見方や考え方を広めたり、深めたりすること。）

⑥構成を立てて話すことに慣れ、実際の場で「話の中心となる話し手の考えや意図を直接表現する部分と更に補足する部分」とを意識して組み合わせ、「全体の統一を図り、表現効果を高める」工夫をしていくことがおもしろくなるようにさせる。（発表力のうち構想）

えをもち、…）

⑥意見を聞き手の納得のいくものにするには、論理的な構成が主となるが、その上で意表を突く話し出しや結論を凝縮し印象づけることなど修辞的な構成も工夫して、生きた話しことばとして表そうとする態度を育てる。（発表力のうち構想）

（「国語総合」内容ア　…筋道を立てて意見を述べること。）

⑦話しことばの真の呼吸は実地に人

指導すべき内容
発表力の系列［そのうちに取材・構想・口述・吟味の過程がある］

て話すこと。）

（内容イ　話の中心の部分と付加的な部分、事実と意見との関係に注意し、話の論理的な構成や展開を考えて話すこと）

⑦「説得力のある表現の仕方」には「話の内容や意図」に応じて語句の選択や文の効果的な使い方がなされていることを知り、何としても自分の話す声を聞きながら話し、主述が乱れないように努め、もう少しきれいな発音で、的確なことばにと努力する習慣をつけさ

前で話してこそ体得されると気づいて、積極的に話す場に身を置き、話している途中に「～だから」「～なので」と続けたくなる時でも、敢えて文を切るなど、明解で効果的な表現のコツを身につけさせる。（発表力のうち口述）

（「国語総合」内容イ　目的や場に応じて、効果的に話すこと。

「国語表現Ⅰ」内容ウ　目的や場に応じて、言葉遣い…など表現を工夫して話すこと。）

指導すべき内容	
	発表力の系列
⑥教師との間で見いだした心の通い合う時間を、級友との間でも共有し	
⑥話し合うことの楽しさを実感させ、「進んで話し合」い、「互いの	
⑥学級の内外に起こる問題点、授業の中で出てきた対立意見は話し合い	
⑦実際に体験を通して話し合うことの威力・生産性を悟り、人の考えを	
⑧自分とは異なる見解も「相手の立場や考え」から見れば真実になるの	せる。（発表力のうち口述）（内容ウ　話の内容や意図に応じた適切な語句の選択、文の効果的な使い方など説得力のある表現の仕方に注意して話すこと。）
⑨話し合いがこれからの社会にどれだけ大きな役割を果たすかを知り、	⑧口頭発言の理想的な姿を念頭に描き、一回一回の言語表現を振り返る場を設け、聞き手に誤りなく伝わっているかどうか吟味し、次に話す際の課題を見いだすようにさせる。（発表力のうち吟味）（「国語表現Ⅰ」内容エ　様々な表現についてその効果を吟味し、自分の表現…に役立てること。）

指導すべき内容	
	討議力の系列
⑦教師が司会をつとめ、日々の国語学習においても、話	たいという思いを少しずつ育むようにする。（内容ウ　身近な事柄について、話題に沿って話し合うこと。）
	相違点や共通点」がどこにあるかなど、細やかに思考をはたらかせる必要性に気づかせる。（内容ウ　互いの考えの相違点や共通点を考えながら、進んで話し合うこと。）
	によって解決していくという根本姿勢を固めさせ、何をめざしてどんなふうに話し合えばよいかという見通しをもって話し合いに臨むことができるようにさせる。（内容ウ　自分の立場や意図をはっきりさせながら、計画的に話し合うこと。）
⑧司会者としてど	大事にして思考を深め合っていこうとする態度を確かなものにする。（内容エ　話合いの話題や方向をとらえて的確に話すこと。）
⑨実際に司会に取	かもしれないという思いを抱き、いずれの意見も「聞き分け」て、自らの思考をぐんと深める可能性を探らせる。その上で、討論が話し合う「目的に沿って効果的に展開する」ために自らはどう発言していけばよいかを見定めて提言できるようにさせる。（内容エ　相手の立場や考えを尊重し、話合いが目的に沿って効果的に展開するように話すこと。）
⑩進行についての	自己の最初の考えを乗り越え、どこまでも思考を深めていく醍醐味を感得させる。（「国語総合」内容ウ　課題を解決したり考えを深めたりするために、相手の立場や考えを尊重して話し合うこと。）

指導すべき内容
司会力の系列
し合いの学習においても、共同思考が行きづまった時、新たな道が開かれてくる心地よさを実感させる。そのなかで、あのように進めれば、あれほど混乱したかに見えた話し合いについても打開の緒が得られるのだということを実地に会得させる。
のように開会し、何（内容、理由、目的、順序など）をどんな調子で話せばよいか、意見が出た時はどうまとめればよいかについて、おおよその見通しを持つようにさせる。
り組み、次のことを身につけさせる。 ・みんなの考えをよく聞いて、幾種類の見解があるかを把握する。 ・それぞれの考えのよって来るところを推察して、解決の鍵になる点を見いだす。 ・一つの結論を出し、新しい課題を提示する際には、ゆっくり、一つ一つの音をはっきりと念を押すように、そして自分の言っていることを確かめながら話すようにさせる。
意見を最大限に聞き入れて、どういう立場・見解の人の思いも考慮した結論を導き、誰もが話し合ってよかったという満足感の得られるものにさせる。

3　さらに話しことば教育実践に踏み込んでいくためには、1（望ましい聞き手・話し手の見きわめ）・2（話しことば学力観に基づく学年ごとの指導内容の組織化）と整合性を持ちつつも、教育現場の実践的英知を汲み取った年間指導計画作成の原理や授業構想への指針が示される必要があろう。

これらについても、大村はま氏や野地潤家博士が、前掲の学力観に基づきつつも、展望を示されている。話しことば学力との関係に留意して年間指導計画作成の原理を略述すれば、次のようになる。

A　話しことばの根底を耕す指導

（1）話しことばの価値を身にしみて感じさせる

この点については、学力別よりも、談話形態や役割ごとに自覚させた方が、会得しやすい。したがって、対話、公話（発表）、会話（討論）、司会という四領域について、根底となる態度を築くべきであろう。

（2）よく聞く習慣を養い、正しく深い聞く力を育てる

このなかに、聞くことの楽しさに目を開き、聞こうとする堅固な習慣が養われることも、多様な聞く力（聞解力）が伸びていくことも、すべて含まれる。ただし、教師が絶えず聞き甲斐のある、まとまりをもった話をすることは、発表することの価値を身にしみて感じさせるのが目標であれば、前項（1）に属することになる。

（3）学級の中で自他を大切にすることを身につけさせる

これについては、大村はま氏も「学級経営の問題」とされながら、学習者がのびのびと発言しようと思うためには、わけても国語科の対話・公話・話し合いの場においてなすべきことがあるとされている。（1）の「話しことばの価値を身にしみて感じさせる」ことが一人ひとりに内からはたらきかけるのに対して、この項は話すための環境を外から整備するものと言えよう。

B　話表力そのものを伸ばす指導

ここで応答力・質疑力・発表力・討議力・司会力育成の指導が真正面から扱われることになる。そのためには、
○基礎訓練としてとり立てて扱うばあい
○日々の国語学習のなかで扱うばあい
○単元学習において実の場を設定するばあい
が考えられる。対話領域の応答力・質疑力は、話しことばの根幹であるため、日々の国語学習において、個人指導に比重をかけて取り組まれることが多い。公話や話し合い領域となると、それ以前に基礎訓練として分節的に進めた方がよいばあいもでてくる。

単元学習は、基本的にはいずれの学力を形成する際にも考案していくが、応答力の育成については、すべての学習で用いられるため、逆にそれを主目的とする単元学習の必然の場を用意するのは、きわめて難しい。したがって、公話領域や話し合い領域の学習の際に、副次的に取り込むようにする。このように、それぞれの学力のになう役割に応じた単元学習を案出していく必要がある。

C　蓄えた話表力を活用する指導

前項で培った応答力・質疑力・発表力・討議力・司会力、及び根底にはたらく聞解力などを発揮して、他の目標達成のために用いようとする項目である。当然、目標には掲げないが、どの程度活用し得るものになっているかは、しっかり見きわめて、以後の単元設定を練り直すようにする。

4　話しことば教育へのあらゆる識見を生きたものにする、教師の力量形成については、

（1）話しことば教育実践の前に、日々の生活話法・学習話法として鍛えておくべき側面と、

（2）このような単元・授業をしようとすればどうしても事前に練習しておかなければならない教育話法として

の側面とがあろう。

これらについては、今後解明していかなければならないが、いずれの面にも、教師自身が現時点における力量に満足せず、授業の内外で、わが身を投げ出して、聞き手として、話し手として伸びようと努め続けることが、求められよう。そこには、教師の人間的成長も必然的に伴ってこよう。

おわりに

以上のような話しことば教育への構想は、すべて「伝え合う力」の吟味から出てきたというわけではなく、むしろ「伝え合う力」が真に話しことば教育実践に生きるために補強して引き出してきたことである。当然のことながら、「伝え合う力」を指標にしても、それだけで話しことば教育実践の原動力になる原理にはなりようがないのである。したがって、そこに何を盛り込んでいくかが決定的に重要になってくる。本稿は、そのような試行の一端に過ぎないが、これからの話しことば教育実践の拠点を考える際に、何らかのお役に立つのなら幸いである。

注（1）文部省『幼稚園教育指導書』増補版（フレーベル館、平成元〈一九八九〉年一二月一日発行）一八三～一八五ページ。

（2）文部省『幼稚園教育要領』（大蔵省印刷局、平成一〇〈一九九八〉年一二月一七日発行）九～一〇ページ。

（3）（4）（5）（8）（9）文部省『小学校学習指導要領解説　国語編』（東洋館出版、平成一一〈一九九九〉年五月三一日発行）七、八、五、七、九ページ。

（6）「実践的コミュニケーション能力」は、教育課程審議会の「教育課程の基準の改善の基本方向について」（中間まとめ、平成九年一一月一七日）において、「国際化への対応」の一環として、外国語教育において掲げられた用語。以下のように記されている。

「国際化が急速に進展する中で、国際社会に生きる日本人の育成という視点に立った教育を展開していくことは、今後一層重要なものとなってくる。そのために、各教科等に加え、〈1〉『総合的な学習の時間』（仮称）においても、……（中略）。また、〈2〉今後外国の人人との相互交流を深めることの必要性がますます高くなることにかんがみ、外国語教育については、自分の考えや意思を適切に表現できる基礎的・実践的コミュニケーションの能力の育成を一層重視するとともに、中学校において外国語（英語）を必修とするなどの改善を図ることとする。」（一一ページ、〈1〉・〈2〉、波線部、傍線部は引用者）

そして、この視点から、中学校においては、「特に『聞くこと』『話すこと』の領域の指導を重視し、実際に聞いたり話したりする活動に重点を置く。また、その言語活動は、挨拶や簡単な日常的な会話など具体的な使用場面やはたらきを考慮した基礎的・基本的なものに厳選し、実際に使用する経験を重ねながら習熟を図ることとする。」（四三～四四ページ）としている。

「伝え合う力」の使用は、下記のように、翌年の最終答申（平成一〇年七月二九日）における国語科の改善の基本方針においてである。

「……互いの立場や考えを尊重して言葉で伝え合う能力の育成することに重点を置いて内容の改善を図る。」（文部省『小学校学習指導要領解説　国語編』三ページ）

意味的にも重なるところの多いことば（外国語教育における実践的コミュニケーション能力と、国語教育における伝え合う力）が、以上のような順に出されていた経緯を見れば、外国語教育における「実践的コミュニケーション能力」に見合う言葉として、国語教育においては和語「伝え合う力」が案出されたことが推察されよう。

（7）文部省『中学校学習指導要領（平成一〇年一二月）解説――国語編――』（東京書籍、平成一一〈一九九九〉年九月六日発行）一〇ページ。
（10）小森茂氏述「小学校『改訂学習指導要領・国語科』の方向」『実践国語研究』第二四巻第一〇号（全国国語教育実践研究会編集、明治図書、平成一二〈二〇〇〇〉年九月五日発行）一四ページ。
（11）西尾実博士稿「言語生活についての一考察」（『ことばの研究』秀英出版、昭和三四〈一九五九〉年三月五日発行）、引用は『西尾実国語教育全集』第六巻（筑摩書房、昭和五〇〈一九七五〉年九月一〇日発行）一七ページに拠る。
（12）（13）（14）（15）（16）西尾実博士稿「社会的行為としてのことば」（『言語生活の探究』岩波書店、昭和三六〈一九六一〉年一月二七日発行）、引用は同上書『西尾実国語教育全集』第六巻、三五、三五、三七〜三八、三八、三八ページ。
（17）西尾実博士稿「言語生活展開の基礎である」『教育科学国語教育』第七四号（明治図書、昭和三九〈一九六四〉年一二月一日発行）九ページ。
（18）西尾実博士稿「聞くことも読むことも主体的行為である」（『国語通信』第五〇号、筑摩書房、昭和三七〈一九六二〉年六月一〇日発行）、引用は『西尾実国語教育全集』第六巻、一七四ページに拠る。

付記　発達段階に対する配慮は十分ではないが、
（1）大村はま氏の中学校における実践において確かな手応えが得られたものを下敷きとし、
（2）小学校への見通しを芦田恵之助氏の綴り方段階論の話しことばへの適用によってつけたものである。
ただし、国語総合については、望ましい聞き手・話し手としての到達点を示している。なお、指導すべき内容として掲げたのは、教師のはたらきかけがあってこそ、学習すべき内容が会得されると考えたためである。

第二章　話しことば学力試案の問題点（小学校）

はじめに

前章には、「三　話しことば教育実践への志向」の要として、小・中・高等学校に及ぶ話しことば学力試案を掲げておいた。本章では、そのうち小学校に絞って、「学習指導要領」における「話すこと・聞くこと」の目標・内容との比較を通して試案作成の意図を明らかにし、なお話しことば学力論・指導内容論として改善する可能性を探ることを目的とする。

㈠　望ましい聞き手・話し手の想定

「小学校学習指導要領」（平成一〇年改訂）の「話すこと・聞くこと」における二学年単位の目標は、左記のとおりである。

第一・二学年	第三・四学年	第五・六学年
相手に応じ、経験した事などについて、事柄の順序を考えながら話すこと	相手や目的に応じ、調べた事などについて筋道を立てて話すことや話の中	目的や意図に応じ、考えた事や伝えたい事などを的確に話すことや相手の

や大事な事を落とさないように聞くことができるようにするとともに、話し合おうとする態度を育る。	心に気をつけて聞くことができるようにするとともに、進んで話し合おうとする態度を育てる。	意図をつかみながら聞くことができるようにするとともに、計画的に話し合おうとする態度を育てる。(注1)

これらは、以下のような観点から記されている。

(1)	手がかり	相手に応じ	→ 相手や目的に応じ	→ 目的や意図に応じ
(2)	何について	経験した事など	→ 調べた事など	→ 考えた事や伝えたい事など
(3)	話す力	事柄の順序を考えながら話すことができるようにする	→ 筋道を立てて話すことができるようにする	→ 的確に話すことができるようにする
(4)	聞く力	大事な事を落とさないように聞くことができるようにする	→ 話の中心に気をつけて聞くことができるようにする	→ 相手の意図をつかみながら聞くことができるようにする
(5)	話し合う態度	話し合おうとする態度を育てる	→ 進んで話し合おうとする態度を育てる	→ 計画的に話し合おうとする態度を育てる

（1）の手がかり、（2）の何については、（3）話す力、（4）聞く力の両方にかかるから、話しことば領域の目標は、結局（3）話す力、（4）聞く力、（5）話し合う態度の三つの柱からなると判断される。

話す力としては、話すべき相手に出会って、直接経験したことなどをもとに徐々に時間的順序も考えて話すことができるようにする（一・二年）↓話したい相手が広がり、目的も多様になるだけに、調べたことなど直接経験にとどまらないことも取り込み、時間的順序だけでなく、論理的な筋道も立てて話すことができるようにする（三・四年）↓話す目的、その効果を一層配慮して、直接経験したことや自ら調べたことの上に、考えたこと、伝えたいことに重点を移して的確に話すことができるようにする（五・六年）という進展になろう。

聞く力においては、話そうとしている相手を目の前にして、経験したことなどの肝心な点をのがさないように意識して聞く端緒にする（一・二年）↓話す相手も変わり、その目的も分化してくるだけに、調べたことなど多岐にわたる話の中心を注意して聞き取るようにする（三・四年）↓話す相手が誰であるかよりも、そこで目ざされていること、相手の真意を汲み取って聞く方に力を注いでいく（五・六年）という筋道になろう。

さらに、話し合う態度においては、話し合う楽しさを知って話し合おうとする素地を養う（一・二年）↓話し合うことの実り豊かさに気づき、主体的に話し合おうとする態度を伸ばす（三・四年）↓話し合いを問題解決の手段として計画的に用いようとする態度を育てる（五・六年）という展開になろうか。

このように見てくると、話す力、聞く力、話し合う態度それぞれの目標系列については、一応の道筋は考案されている。ただし、「各教科、道徳、特別活動及び各学年の内容に掲げる事項の順序は、特に示す場合を除き、指導の順序を示すものではない[注2]」とあり、この「話すこと・聞くこと」の目標構造についても、安易に話す力↓聞く力↓話し合う態度と考えてはならないようである。当然これらの三系列の基底になるものも、三者の関係も、活用する側が見抜く必要が出てくるわけである。さらに、これらの三つの目標が二学年単位の内容とも一致していることは注目させられる。目標と内容の整合性を考える上では、都合がよいのであるが、内容に挙がったことでは尽くせない、どのような望ましい話し手・聞き手を育てるかという点については、なお目標に挙げるべきことを練り上げる余地が残っている。

　そのような望ましい学習者の姿は、現場の忙しさのなかでは、ある程度直覚はしていても、生命を持った、存在感のある姿として形象化するのはきわめて困難である。しかし、その稀有な例が、芦田恵之助が提起した「綴方教授の発達的段階[注3]」である。それを（1）「綴方教授の研究」（明治四二年）と（2）『綴り方教授[注4]』（大正二年）から抄出してまとめると、以下のようになる。丸括弧で示した部分が『綴り方教授』に拠ったところである。

準備期（尋一・二）…「綴方はどんな仕事をするのか」「何をいかに書くかということ」がわかり、「綴方に對して眞正の興味[注5]」をおこす。（「綴るといふ意義[注6]」を会得させる時期）

放胆期（尋三・四）…「彼等の思想をそのままに文字の上に寫し出す」時期、「考の流れていくままに書かせる[注7]」時期（文章は寄せ木細工ではなく、自分の思いを写し出すものだという「作者の態度を定め、想の軽重によつて取捨選択する要領をさとらせる[注8]」時期）

小心期（尋五・六）…児童自らが「その目的とするところに、思想をつかひこなすのである。又形の上でも、彼よりこれが有力と考へて、彼にかふるにこれをもつてするのである。[注9]」（「着想・結構等を工夫して、有力なる發表の方法を知らせる[注10]」時期）

　（1）の論述のまとめとして、「綴方は準備といふ門をくぐつて、放膽といふ段をあがつて、小心といふ堂に入ると考へたら、たいした間違はあるまい。[注11]」としている。これらを考え合わせて、私の方で改めて文章化すれば、次のようになる。

小学一・二年…これが作文を書くということなのだとわかって、書くことは楽しい、もっと書きたいと思える児童

小学三・四年…思いきり書き広げ、書き尽くして、書くことに自信を持った上で、省いてよいことは簡単にふれるにとどめようとし始める児童

小学五・六年…目的・効果を考えて文章を練り上げることに喜びを見いだす児童

このような望ましい書き手の姿は、話すこと・聞くことの領域ではどのように現れるのかと想定し、対人関係と人間形成の二側面に留意して作り上げたのが、次のような望ましい聞き手・話し手の姿である。

第一・二学年	第三・四学年	第五・六学年
教師との心の通い合う対話をもとに、人と話したり、人の話を聞いたりするのが楽しいと思える児童（対人関係と人間形成との二側面が未分化）	・親しい人と存分に話して満足感を覚えるだけでなく、周囲のさまざまな人にも自分から語りかけて話を聞いてみようとする児童（対人関係の側面） ・話すことの習熟と自信の上に、心を落ち着けて聞き、考えて話そうとする児童（人間形成の側面）	・このことはどんなふうに話せばわかってもらえるか、この人はなぜこのように語りかけるかと、〔話すことに熱中することにとどまらず、〕話す場を見つめ直して考えをめぐらせる児童（対人関係の側面） ・このような聞き手・話し手になりたいという憧れを心に抱き、少しでも近づこうと努める児童（人間形成の側面）

このように挙げてみると、芦田恵之助の綴り方（書くこと）における望ましい学習者（書き手）の姿は、人間形成の側面に傾斜したものと知られてくる。本質的にはそれでよいのであろうが、話しことば領域のばあいは、なお

話しことばの対人的直接性、表現の一回的発現性(注12)のため、対人関係として伸ばすべき側面も考慮した方がよかろう。人間形成の面では、小学校五・六年が子供時代の完成期にあることを盛り込み、対人関係の面では、根本的に人間に対して心を開く姿勢を耕し（小学一・二年、小学三・四年）、相手に話してよかったと思われるためにも、話すことに熱中するだけでなく、もっとこの場を実りあるものにしたいと願って心が動くこと（小学五・六年）をめざしている。

(二)　話しことば領域において指導すべき内容

1　話しことば学習の基底において

到達点として「望ましい聞き手・話し手」を想定すれば、「指導すべき内容」に、そこに至る出発点として何を掲げればよいかが問われてくる。

「小学校学習指導要領」の「内容」には、「目標」に対応して、話すこと・聞くこと・話し合うことの三要素が列挙されている（ただし、能力と態度との相違については必ずしも明確にはされずに）。ただし、起点になる項目が見いだせない。そこで仮りに「話しことば学習の基底」としてどのような内容がふさわしいか探ることとした。この点に関しては、大村はま氏に言及がなく(注13)、野地潤家博士の「人間関係をひらく話しことばの指導(注14)」（昭和五九年）より引き出した「対話指導における教師のはたらきかけ(注15)」の三段階を、以下のように記した。ここに挙げたことは、小学校においても原初的な形をとって現れると思われたからである。

第一・二学年	第三・四学年	第五・六学年
〔教師が学級全体に対して愛情をもって接していくだけでなく、一人ひとりの学習者に親しく話しかける場を持つように努め、どの子にも〕この先生になら話せる、この学級の人には聞いてもらいたいという思いが、自ずと湧くようにする。	〔児童一人ひとりが教師に接するたびに〕話したり聞いたりする楽しさが得られるようにし、〔そのような教師の愛情に包まれた学級の中で〕話すことに慣れ、少しずつ自信が湧いてくるようにする。	〔めいめいが話しことばによっておのが心情をどう整え、自己の見解・論理をどう伸ばそうとしているのかを見守り、教師の願いも吐露して〕それぞれ聞き手・話し手としてどう進んでいくかという指針を見いださせる。

これらのうち、先（前節）に揚げた「望ましい聞き手・話し手」と最も照応するのは、第一・二学年であろう。右表の〔　〕に入れた教師のはたらきかけを略せば、左記のように一貫性が明瞭である。

〔出発点として指導すべき内容〕この先生になら話せる、この学級の人には聞いてもらいたいという思いが自ずと湧くようにする。

↓

〔到達点としての望ましい聞き手・話し手〕（二学年の終わりには、）人と話したり、人の話を聞いたりするのが楽しいと思える児童の姿を目ざす。

それに対して、三・四年、五・六年においては、「望ましい聞き手・話し手」の姿が分化したこともあって、後者の人間形成の側面からの聞き手・話し手像との結びつきはあっても、前者の対人関係の面から示した聞き手・話し手像との関連はつけていない。また、三・四年の内容（教師と接するたびに話したり聞いたりする楽しさをおぼえ、学級の中で話すことに慣れ、少しずつ自信を湧かせる）から、五・六年の内容（手探りでも話しことばによって己の心情を整え、自己の見解・論理を伸ばすようにし、それぞれ聞き手・話し手としてどう進んでいくかという指針を見いださせる）へと急に難度がはね上ったという印象はぬぐえまい。さらに、この系列を「対話指導における教師のはたらきかけ」を主とする三段階から導いた点にも、批判の余地が出てこよう。

試案では、以下に聞解力→応答力→質疑力と対話を根幹にして養われる能力が続くため、この「話しことば学習の基底」は、対話学習にも以後の発表力・討議力・司会力にも発展していく根本的態度の形成の謂になる。したがって、「話しことばに対する根本的態度」もしくは「話しことば自覚」と称した方が適切かもしれない。この系列が枢要なものになることは了解されようが、話しことばの態度形成に関してどこまでここに含め、どこから以後の個々の能力を表に立てた系列にもり込むかの見きわめが必要になってくる。

2　聞解力の系列において

聞くことの系列に関しては、内容Ａ「話すこと・聞くこと」のイに、次のように記されている。

第一・二学年	第三・四学年	第五・六学年
大事な事を落とさないようにしながら、興味をもって聞くこと。	話の中心に気を付けて聞き、自分の感想をまとめること。	話し手の意図を考えながら話の内容を聞くこと。(注16)

（1）何に留意して聞くかが、

大事な事（一・二年）→話の中心（三・四年）→話し手の意図（五・六年）

と、言われていることの要を探ることから、中心を見抜くことへ、さらにその話をこちらに語りかけている話し手の意図に遡ることへと系統づけられている。

（2）他方、どんなふうに聞くかについては、右と一部重なるが、

興味をもって聞く（一・二年）→ 聞いて自分の感想をまとめる（三・四年）
興味をもって聞く（一・二年）→ 意図を考えながら内容を聞く（五・六年）

というように進んでいる。一・二年時では、興味を重視して、以後は、聞いて自らの内に感じたことを明瞭に意識する方向と、聞いて相手の真意に迫る方向へと枝分かれさせているのである。

入門期の小学一・二年時に、なぜ「大事な事を落とさないようにしながら、興味をもって聞くこと」が可能になるかを、学習者からの内面的必然性が感じられるものにしたい。試案では、その点に留意して、下記のごとく聞くことの土台を固め、以後の指導内容との結びつきを鮮明にした。

第一・二学年	第三・四学年	第五・六学年
先生や友達と話した時、しっかり聞いてくれてうれしかった経験を契機に、自らも人の話を興味をもってしっかり聞こうという態度を育てていく。	聞く際には、その後必ず何か言うつもりで「話の中心に気を付けて聞き、（箇条書きにしても）自分の感想をまとめる」態度を作らせる。	〔聞かざるを得ない場を設定して、〕直接に話し手が言っている内容を了解する（一―四年のように）にとどまらず、その心まで汲んで初めて本当に聞いたことになるのだと実感させ、相手の人間性に迫る聞き方にいざなう。

ここで仮設しているのは、大村はま氏の中学校における左記の構想が、小学校においても簡略化した形で実現されるであろうということである。

（1）その出発点に、〔教師の方で生徒たちが思わず聞き入ってしまうという話を多く聞かせ、〕聞くことがいかに実りの大きい営みであるかに目を開かせる。できれば、対話における聞く、公話（発表）における聞く、会話・討議におけるいずれについても、その生産性にめざめ、これまでの聞く生活を見直すきっかけになるようにする。そして、少々の状況の変化や相手の発表のつたなさでは揺るがない、堅固なしっかり聞くという習慣が身につくようにする。

（2）その上で、

（ア）対話形態から公話形態へ、もしくは会話・討議形態へと、じっくり正しく聞き取る力を養うようにし、

（イ）だんだん相手の言葉の響きに真意を汲み取ったり、

（ウ）話そうとして一層集中して聞いたりして、深く聞くことにいざなう。（注17）

上記のうち、（1）（聞く態度）と（2）（ア）（正しく聞く力）とを小学一・二年にあて、（2）（イ）（話し手の真意に迫る）と（ウ）（話すために集中して聞く）とは学年が前後することもあり得ると見なして、（2）（ウ）（話すために集中して聞く）を三・四年の内容に相当するもの、（1）（イ）（話し手の真意に迫る）を五・六年の内容に合致するものとして、肉づけを試みた。このように解すると、「学習指導要領」の指導事項ともかなり照応しているが、次のような課題も残っている。

聞くことは、先の小学校の指導内容で尽くされるかどうかである。本稿が拠り所とした話しことば学力論の命名者、野地潤家博士は、「学習力・生活力・創造力としての聞くことの技能の演練において、（注18）西尾実博士に示唆を得て、次のように述べられている。

「どう聞くか、どのように聞いているかは、言語人格（言語主体の）を決めてしまうであろう。つまり、

（A）どういう聞解力（きちんと聞きとる力）を習得しているかは、聞くことの基礎技能であり、
（B）どう聞きわけ、どう聞き味わっているかは、聞くことの中核技能であり、
（C）どう聞き、なにを生みだしているかは、聞くことの創造として、聞くことの究極の技能ともいえよう。
聞くことは、いうまでもなく、
（A）なんのために、なにを、どのように、聞きとり、
（B）聞きわけ、聞き味わい、
（C）聞くことを深めて、聞くことによる創造・産出をしていくかを目ざしている。それは言語生活の深奥へとつながっている。[注19]」（以上は、すべて一段落に凝縮されているが、三点をきわだたせるため、こちらの方で改行し、（A）～（C）の記号を付した。）

右の聞解力（A）の用語には包摂し得ぬ聞く力（技能）〔（B）・（C）〕があり、聞解力においては話表力の基盤としてはたらくとともに、聞く力自体の中では創造へと行き着く可能性も合わせ持つことになろう。右の（A）・（B）・（C）のうち、（A）（狭義の聞解力）をきちんと正しく聞きとる力に限定するなら、（B）（聞きわけ、聞き味わう力）は深く聞く力にあたり、いずれも広義の聞解力に入れてもよかろう。ただし、（C）（聞くことによる創造）は小学校ではどう位置づけるべきであろうか。このように考えていけば、なお検討・修正の余地があると知られてくる。

3　応答力の系列において

応答力を野地潤家博士は「問答・発問における答え方。対話形態における典型的能力[注20]」とされる。これに関して、「小学校学習指導要領」の一・二年の言語活動例に「尋ねたり応答したりすること[注21]」と挙がっているのみである。

ただし、『小学校学習指導要領解説　国語編』の話すこと・聞くことの内容の説明に「入門期においては、話し手と聞き手が一対一となる活動を中心に置く[注22]」ことが明記され、「内容の取扱い」の留意点に、第一学年において入門期であることを考慮して、言語活動のうち主として取り上げるものに「尋ねたり応答したりすること[注23]」が改めて出ている。「話すこと・聞くこと」では唯一掲げられた言語活動例であることから見ても、対話は実質的には小学校の話しことばの基底に据えられている。尋ねることと応答することの先後関係を吟味すれば、言語活動のなかでも、応答することがしっかりできて、尋ねることへという筋道も導き出せるため、応答力が先にくると判断した。

試案では、右の点を顕在化させ、中・高学年でも引き続き鍛えていくべきものとして、次のように示した。

第一・二学年	第三・四学年	第五・六学年
「話し手と聞き手が一対一となる活動」において、聞かれたことにきちんと答えられたことのうれしさをもとに、正確に聞き取って答えたいという思いを強めさせる。	尋ねられたことに正しくきちんと応じることに慣れさせ、学習と生活の基本が確かに固まったという安心感をもって、場にふさわしい答え方にも思いが及ぶようにする。	問いの深さもさまざまあり、答え方も自己の内面をどう言い表すかで多様で豊かなものになってくることに気づいて、内心を誠実に表せればという憧れを抱かせる。

大村はま氏が『やさしい国語教室』（昭和四一年）で掲げられた左記の二つの学習目標の基盤を小学一・二年とした。（1）に相当する内容のうち、「正しく」と「ふさわしく」との程度の差を段階づけて三・四年の指導内容にした。さらに、（2）は小学生としては難度が高いため、出発点になる内容にとどめて、五・六年において文章化したのである。

「（1）問われたことにぴったりした答えを返すことができる（正しく、ふさわしく）。

（2）心のとおりにことばで言い表そうとする態度が育つ（自分の内面にも誠実に言い表す[注24]）。」

したがって、話す内容にふさわしい答え方を心がけることから話し手自身の内面との一致も勘案することへという進展を、小学生段階におろして具体化を試みたことになる。ところが、同じ大村はま氏は、少し前の論考「話し方学習の系統化」では、以下のような筋道を想定している。

「A　問いにぴったり合った答えをすることができる。
B　問う人の気持ちを汲みとった答えをすることができる。
C　相手の聞きたがっている、そして聞くことがつたなくて聞けないでいるものまで察して答えることができる。[注25]」
（Aは中一の一・二学期、Bは一年三学期～二年一・二学期、Cは二年三学期～三年一学期を想定されている。本資料から引用するばあいは、以下も同様である。）

Aは先の（1）と一致しているが、B・Cは相手の問いをどこまで深く掘り下げて聞きとれるかという進展になっている。改めて両者を並べれば、確かに自己の内面との照応に進む方向（（1）→（2））と相手理解の深化の方向（A→B→C）との二つが考えられるのである。大村はま氏としては、教師自身が問い手になることが多いため、昭和三〇年代に想定したA→B→Cの進行よりも、話し手自身に返ってくる（1）→（2）の展開を、昭和四〇年代になって選択されたことになろう。試案では、小学生も相手意識の深化より話す当人の内面との照応をはからせる方が先だと判断して、上記のような学年段階を設定したわけである。しかし、それは確かに妥当な判断であると言えるであろうか。そうしてみると、なお吟味の余地は残っている。

4　質疑力の系列において

野地潤家博士は、質疑力を「みずから疑問を発し、問いただしていく、質問のしかた。応答力と並んで、学習話法の中核をなす。(注26)」と説かれる。前項の説述からみれば、この質疑力も、対話にかかわる能力として入門期の枢要な役割をになうことになろう。

この点については、『やさしい国語教室』にも言及がないが、『聞くこと・話すことの指導の実際』所収の下記二編の実践、

○夏休みの自由研究（昭和四〇年の実践、中二の七～九月に実施）

○単元「このことばづかいをどう考えたらよいか――インタビューの学習――」（昭和五二年の実践、中学二年の一月に実施）

から導き出した中学校の指導内容に基づいて、そこに至る小学校の段階を次のように想定した。

第一・二学年	第三・四学年	第五・六学年
〔どんな疑問にもきちんと予想以上の答えが返ってくる教師のもとで、〕どんな小さな疑問でも、口に出してみると思いもかけぬ実りがあるものだという実感が湧くようにさせる。	〔教師の問いに触発されて〕湧いてきた問いのなかでも、これぞと思えるものに絞って出していくことの大切さに少しずつ気づいていくようにさせる。	問いは自らの頭のよさをひけらかすものというような皮相な見方を乗り越えて、学級のため、みんなのために、敢えて問うという気構えを固めさせる。

一・二年は問いを発するための土壌づくりで、とにかく問うという態度を養う。三・四年で焦点化して問うことに向かい、五・六年では問うことの公共性にめざめさせる。観点を変えていえば、何を問うかを問題にせずに尋ねる段階から、何を問うかをじっくり吟味して聞く段階に進み、なぜ問うかまで考えて尋ねることに行き着かせるこ

とにもなろう。

この点に関しても、昭和三〇年代の「話し方学習の系統化」では、左に掲げるようなまた別の階梯が考案されている。

「A　正しい答えの得られる問いを出すことができる。
B　相手のもっているものを引き出す問いができる。
C　相手のいいたりないところ、誤解を招く言い方に気づいて、補わせるための問いができる。(注27)」

これも、相手に対する配慮の深まりによる進展で、きわめて大切である。ただし、応答力とも照応させて、小学校の時点では、試案に挙げたような、問う内容本位・主体本位の指導内容の方が基礎的で、適切だと判断したのである。これにも、検証が必要になってくる。

5　発表力の系列において

この発表力については、野地潤家博士は次のように定義し、位置づけられている。

「意見・感想などの発表のしかた。公話（独話）形態における基本能力。ひとまとまりの話をどのように組み立て、まとめ、述べていくかを考えておかなければならず、対話（応答・質疑）とは別のむずかしさをかかえている。(注28)」

「小学校学習指導要領」の内容アの系列には、次のことが記されている。

第一・二学年	第三・四学年	第五・六学年
知らせたいことを選び、事柄の順序を考えながら、相手に分かるように話すこと。	伝えたいことを選び、自分の考えが分かるように筋道を立てて、相手や目的に応じた適切な言葉遣いで話すこと。	考えた事や自分の意図が分かるように話の組立てを工夫しながら、目的や場に応じた適切な言葉遣いで話すこと。[注29]

選材・構想・表現（話し方）の三点から、以下のように配当されている。

（1）選材 … 知らせたいことを選び → 伝えたいことを選び

（2）構想 … 事柄の順序を考えながら → 自分の考えが分かるように筋道を立てて → 考えた事や自分の意図が分かるように話の組立てを工夫しながら

（3）話し方 … 相手に分かるように話すこと → 相手や目的に応じた適切な言葉遣いで話すこと → 目的や場に応じた適切な言葉遣いで話すこと

（1）選材は、一まとまりの話をさせる以上、思いついたことを何でもかんでも言わせるのではないという意識がはたらき、低学年から設けることにしたようである。一・二年の「知らせたいこと」と三・四年の「伝えたいこと」の違いは明らかでないが、強いて言えば、

知らせたいこと　……　聞き手にこれまでに獲得した事実や経験を知らせ、共感してもらいたいこと
↓
伝えたいこと　……　事実や意見を通して得た思いや考え、新たな知見を納得してもらいたいこと

という進み行きになろうか。

（2）構想は、まとまった話をしようとすればするだけ、意識的に組み立てる必要が出てくる。一・二年の、事柄には順序があることに気づき、無自覚的な連想的な順序から時間的順序へと進ませることから、三・四年の、時間的順序にとどまらず、自らの考えをわかってもらうにふさわしい筋道を見つけることへ、そして、五・六年の聞き手への効果を考えた配列の工夫へという見通しが示されたと言えよう。

（3）話し方は、話す場の有機的な相互関連に着目して、相手に分かるように（一・二年）↓相手や目的に応じた（三・四年）↓目的や場に応じた（五・六年）と、相手への着目が何のために話すのかという目的を考えることに結びつき、目的への留意が場全体を考慮することにつながるという、くさりのような進展をはかっている。その中に、中学年から「適切な言葉遣いで」という相手との関係に配慮した説明も加わっている。

以上のような組織化も、その基盤が耕され、二学年ごとの中心内容が明確になれば、一層活用できるものとなろう。その点に留意して作成したものが次の表である。

第一・二学年	第三・四学年	第五・六学年
〔教師が主要な聞き手になって「児童の話したいという思いを大切にして自由な形で話」させ、〕みんなに汲み	人前で話す機会を一層満足感の多いものにするには、衝動的に話すのではなく、「伝えたいことを選び、自分の	〔これまでにはなかった話す場を用意し、〕表現効果も考えて「考えた事や自分の意図が分かるように話の組立

取ってもらえたことの喜びをもとに、この次はもっとこちらの思いをわかってもらえるように、話すべき内容を明確にし、順序なども少しずつ意識して話すようにさせる。	考えが分かるように筋道を立てて、」言葉遣いなども考慮して話す方がよいことを悟らせ、発表のための準備をして話す習慣をつけていく。	てを工夫」させる。論理的にはそれでよいと思えても、なお聞き手の立場から見直してみて、別の組み立ては考えられないかどうかと練り直させる。

ほとんど「小学校学習指導要領」の内容をふくらませることに終始している。それでも、みんなの前でも素直にありのままの自分を出していいのだと安心させる（一・二年）→さらに満足感をおぼえる発表の場にしていくには、準備してもぎこちなくならないようにする必要性を悟らせる（三・四年）→公と言える場も発表者として伸びる機会にさせる（五・六年）というように、一人の学習者としての成長が目に見えるようにと心がけている。

大村はま氏は、発表力を伸ばす筋道を以下の四つ提出されている。

（ア）「よい独話ができる」ことをめざしたばあいの三段階（「話し方学習の系統化」において）

A　自己紹介、グループで調査したことの発表（十分以内）をするとき、その一部を担当して話す。作文の題材の発表など、何かの学習活動の一部にある一～三分の話。

B　感想や苦心談、グループの発表などのときのあいさつや発表内容や発表者の紹介、新聞を読んだり放送を聞いたりしての意見など、いろいろな学習活動の中で独立した位置をもつ話。

C　研究発表・意見発表など、独立した、それだけでまとまった学習になる話。（注30）

（イ）「よい討論ができる」ことをめざしたばあいの三段階（同じ「話し方学習の系統化」において）

A　自分の考えと、相手の意見とのちがいをはっきり速くつかむ。
B　自分の意見を、強調する点に集中して組み立てる。
C　自分の意見を、いろいろな条件によって速く組み立て変えられる。（注31）

（ウ）話すことの系統（「『話すこと』の学習」昭和三一〈一九五七〉年において）

言語内の条件

（一）音声（発音／アクセント／イントネーション／声の大小／適当な速さ）
（二）語（場に応じた言葉／用語の適否／敬語／方言／語感）
（三）文（主述の関係／修飾語と被修飾語との関係）
（四）話（一貫性／要点／個性／可変性）

言語外の条件

（一）ことがら（話題／構成）
（二）場（相手との関係／目的／場〔場の性格、場所、即時性、談話形態、（注32）対人的直接性の有無（注33）〕）
※これらの下位項目に至るまで三段階を設けて系統化されている。

（エ）よい話し手になるために（『やさしい国語教室』昭和四一〈一九六六〉年において）

①身近なところから話題を探すことが習慣づき、豊かに話す土壌ができる。（同じ題材に関して三つの話を思いつき、その配列を工夫する、各段の話し出しの最初の文字がそれぞれカ・キ・クで始まる話を考えるなど）
②話し始める前におおよそ組み立てを考えるにとどまらず、それぞれの段の話し出しのことばを予め準備することが

身につく。

③話す時には、言おうとする内容・言葉を一旦心の中で出して吟味し、少しでも筋の通ったものに、もう少しぴったり言い表せることばに、少しでもきれいな発音で……と努力する習慣ができてくる。

④話している途中に「～だから」「～なので」と続けたくなる時でも、あえて各文を切り、短い文で明確に話す態度を固める。

⑤話した後には、自分の話が聞き手に誤りなく伝わっているかどうかを確かめ、次に話すおりには是非ここを改めようという焦点を見定めることができる。(注34)

（ア）と（イ）は、西尾実博士の見解に則って、生活的形態である「独話」（後に公話）と文化的形態である「討論」に分けて段階づけを試みたものである。（ア）独話（公話）は、独立した話であるため、発表そのものに光をあてて、さまざまな形態、授業全体における位置づけ（何かの学習活動の一部→いろいろな学習活動の中で独立した位置をもつ話→独立した、それ自体でまとまった学習になる話）、発表にかける時間から段階づけている。それに対し、（イ）討論は、相手の意見と照らし合わせて意味が出てくるため、比較して自己の意見の独自性を見抜き（A）、強調点に集中して組み立て（B）、討論のなりゆきに即して速く組み立て直す（C）というように、いかに場に応じて鮮明に聞き手に納得し得るものにするかが追究されている。

（ア）独話（公話）と（イ）討論がいずれも一まとまりの発表をし得る力であるのに対して、（ウ）は、分析的に言語内の条件・言語外の条件を細目まですべて列挙して、三段階を想定して系統化をはかったもの、（エ）はそれを生徒が口頭表現する有機的な過程に編成し直して、中学生の努力すべき目安にしようとしたものである。（エ）のみ段階づけはされていないが、以後この方向で組織化されると予想されるものになっている。

このように見てくると、先の表は、（ア）独話と（イ）討論というまとまった発表の素地に、確かになっているかどうかが検討されなければならないが、他方、(ウ)・(エ)を念頭に置いて、話題(取材)・構想・口述・吟味という口頭表現過程から分節的にも眺めて、改めて考え直す必要も生じてこよう。

6　討議力の系列において

討議力は、野地潤家博士によって「話しあいのしかた。会話形態における中心能力である。共同思考による、問題解決への話し合いは、学習活動を充実させるための根幹をなす。[注35]」と規定されている。「小学校学習指導要領」においては、次のごとく、「話すこと、聞くこと」の内容に配当される。

第一・二学年	第三・四学年	第五・六学年
身近な事柄について話題に沿って話し合うこと。	互いの考えの相違点や共通点を考えながら、進んで話し合うこと。	自分の立場や意図をはっきりさせながら、計画的に話し合うこと。[注36]

これらは、次の二点からとらえられよう。

(1) 話し合う際の指針 … 身近な事柄について話題に沿って → 互いの相違点や共通点を考えながら → 自分の立場や意図をはっきりさせながら

(2) 話し合う態度 … (根本的な態度を養う) → 進んで話し合う → 計画的に話し合う

(1) 話し合う際の指針としては、一・二年ではこんなことについてなら話し合いたいと思える身近なことについて、次々に思いつくことに流されずに話すことになろう。三・四年になれば、これまでに出てきた考え同士の一致点と相違点とを見抜くように努めた上で、自己の見解を表明することになろう。五・六年では三・四年において身につけてきたことの延長線上に、自分の役割を自覚して、聞いている人にも明瞭に理解させる発言をすることに行き着くのであろう。

（2）話し合う態度に関しては、目標にも挙がっているため、幾分補っている。一・二年で大本となる話し合うことは楽しいという思いを根づかせ、三・四年で学習者の側から積極的に話し合うように仕向け、五・六年ではその小学生としての到達点を、計画性をもって共同思考を進められることと見定めて導くことになろう。

このような大よその筋道も、話し合う際の指針や話し合う態度の関連が見きわめられ、他の系列との結びつきが見いだせれば、一層説得性を増すものになろう。以下は、そのように考えて作成したものである。

第一・二学年	第三・四学年	第五・六学年
教師との間で見いだした心の通い合う時間を、級友との間でも共有したいという思いが徐々に湧いてくるようにする。	話し合うことの楽しさを実感させ、「進んで話し合」い、「互いの相違点や共通点」がどこにあるかなど、細やかに思考をはたらかせる必要性に気づかせる。	学級の内外に起こる諸問題、授業の中で出てきた対立意見は話し合いによって解決していくという根本的姿勢を固めさせ、何をめざして、どんなふうに話し合えばよいかという見通しをもって話し合いに臨むようにさせる。

先の「学習指導要領」の一・二年の内容に潜んでいた「話し合うことの楽しさ」を三・四年に挙げ、相違点・共通点がどこにあるかなどという細やかな思考を自らはたらかせたくなるように誘（いざな）う。その前段である一・二年生では、話し合いは対話からの発展であると気づかれるように仕向ける。後段である五・六年には、話し合うことの生産性・広がりに対する確信を固めて、実際の話し合いにおいても、計画性をもって進めていけることを目ざしている。いずれの学年においても話し合いの態度形成を前面に押し出しつつも、その上で話し合いの技能形成が自然になされることを願っている。

この討議力の指導内容をさらに改善する方途についても、大村はま氏が「話し方学習の系統化」に、下記の二箇所に所言及されている。

（ア）「よい会話ができる」ことを目ざしたばあいの三段階

A　話の中に進んではいっていく。
　　自分だけ多く話し過ぎない。

B　共通の話題を取り上げる。
　　話していることがわからない人のないように心を配り、もしそういう人があったら適当に言うべきことをいい直す。

C　話を高め、ゆたかなものに展開させていく。
　　話していない人を引き入れる。（注37）

（イ）「よい討議（よい司会）ができる」ことを目ざしたばあいの三段階

A　いろいろな人の意見を聞いていて、だれだれが同じ意見で、だれだれがちがう意見か、わかる。

B　いろいろな人の意見の向きがわかり、どちらへ向けたら、まとまるかを考え、その解決の方向へ向けるために必要な質問や主張が何々かがわかる。

C　いろいろな人の真意を深くくみとり、みんなを納得させる一線を見いだし、それに気づかせる。（注38）

この二例も、西尾実博士の一対多の生活的形態である会話と、文化的形態である討議に分けている。（ア）会話においては、前半部と後半部で、左記の二点にふれている。

最も心掛けるべきこと…会話の中に進んで入っていく。↓共通の話題を取り上げる。↓話を高め、豊かなものに展開させていく。

聞き手意識の成長…自分だけ多く話し過ぎない。↓話していることがわからない人のないように心を配り、必要なら言い直す。↓話していない人を引き入れる。

前半部では、まず話し合いに積極的に加わり、徐々に自ら共通の話題を発掘・提供するように努める。最終的にはみんなが話し合った甲斐があったと思えるように心がける。後半部では、一対多の場であるだけにいくら話したいことがあふれていても、聞き手のことを考えて場をひとり占めすることは避けることから始める。次に、内容面に着目して、自分の話していることが誰にもわかっているのかどうか、聞き手の表情にまで注意を及ぼす。そして、話の進展に言葉をはさめなくなっている人に気づいて、自然に発言を促すようにいざなう。

一方、（イ）討議においては、多様な見解を聞き分けて素地を作り（A）、それぞれの意見がどういうことを志向しているかを理解して、自分が何を主張したり尋ねたりすればまとまるかを見抜き（B）、さらにどの人の真意もほり下げてとらえようとするからこそ、単にまとまるだけでなく深くうなずかせることを目ざす（C）ことになろう。

試案と照らし合わせると、（ア）会話は、小学校の指導内容の応用編・実用編にあたり、（イ）討議は、小学校三・四年、五・六年の螺線的発展になろう。いずれも比較的によく照応しているだけに、小学校と中学校とではどこが違うのか、一層厳密に考える必要が出てこよう。

7　司会力の系列において

司会力については、野地潤家博士が「話し合いの司会のしかた。それまでの聞解力・話表力（応答力・質疑力・発表力・討議力）が総合的に発揮される。学習者に司会力を会得させることには、おのずと限界もあるが、できるかぎり『司会者』としての訓練を受けさせることがのぞましい。(注39)」と説かれている。『小学校学習指導要領解説国語編』の言語活動例の説明にも、全く言及されていない。ただし、小学校においても司会力が話しことば能力の到達点なのだという自覚を養うために、試案では学年配当をしないで、次の一項目のみを掲げている。

「教師が司会をつとめ、日々の国語学習においても、話し合いの学習においても、共同思考が行き詰まった時、新たな道が開かれてくる心地よさを実感させる。そのなかで、あのように進められれば、あれほど混乱したかに見える話し合いについても打開の緒が得られるのだということを実地に会得させる。」

大村はま氏は、中学一年になっても学級全体の司会を生徒に任せることはしない、そこまでは指導できない(注40)と、その難しさを説きつつも、班における司会ができるようになるまでは、中学校の間に是非体得させておきたいと言われている。(注41)したがって、大村はま氏の中学校の実践に結びつけるためには、上記のように見事な司会を目の当たりにした時の心地よさを味わうことで十分であろう。ただし、目標は以上にとどめるのが妥当だとしても、学級活動などで小学校でも司会をさせる必要が生じた時、国語科担当者としてはどう位置づけて導くかという課題は出てこよう。

おわりに

以上のように吟味してみると、先に提出した試案にはある程度の有効性・妥当性は認められようが、項目によっては「小学校学習指導要領」の目標・内容の補足や拡充にとどまっているものもある。中学校・高等学校の部分の検討も、これからである。なお課題は山積している。検証のためのカリキュラム作りや単元構想までは手に余るが、以後の研究者や実践者が検証してみたいと思えるような土台を提供できるように努めたい。

注

（1）文部省『小学校学習指導要領解説　国語編』（東洋館出版、平成一一〈一九九九〉年五月三一日発行）一五八、一六二、一六六ページによる。
（2）同上書『小学校学習指導要領解説　国語編』一五二ページ。
（3）芦田恵之助稿「綴方教授の研究」（『教育研究』第五九号、東京高等師範学校附属小学校内初等教育研究会編、大日本図書、明治四二〈一九〇九〉年二月一日発行）二七～二八ページ。
（4）芦田恵之助著『綴り方教授』（育英書院、大正二〈一九一三〉年三月一八日発行）全四六四ページ。
（5）（7）（9）（11）「綴方教授の研究」（『教育研究』第五九号）二八～二九、三〇、三一、三二ページ。
（6）（8）（10）『綴り方教授』いずれも三七四ページ。
（12）野地潤家博士著『話しことば学習論』（共文社、昭和四九〈一九七四〉年一二月一五日発行）一五四～一五五ページ。
（13）大村はま氏には、「話し合いの価値を身にしみて感じさせる」ことはあっても、対話や発表の価値を同様に身にしみて実感させることは例には挙げられていない。したがって、それら全部を貫く「話しことば学習の基底」が、指導すべき内容として挙がってくるかどうか、曖昧な点が残っている。
ただし、楢原理恵子氏の『話しことば教育の研究――討議指導を中心に――』（溪水社、平成一三〈二〇〇一〉年一月二五日発行）一四四～一四五ページには、大村はま氏の説述においても、「聞く・話す行為への根本的自覚」と言い得るものが胚胎したことが洞察されている。ここで手がかりとしている論述は、
○「『話し合い』指導について」『国語通信』第九三号・第九五号（筑摩書房、昭和四二年〈一九六七年〉二月一日、四月一

日発行）、『聞くこと・話すことの指導の実際』（大村はま国語教室第二巻、筑摩書房、昭和五八〈一九八三〉年三月三〇日発行）二一一〜二二七ページに再掲。

であり、そのなかに対話や発表が入っていると確定することはできない。ただし、この着想を話しことば各領域にあてはめることは可能である。対話を土台とする大村はま氏にとっては、その方が願いを汲んだものになろう。楢原理恵子氏の「聞く・話す行為への根本的自覚」というとらえ方には、話しことば全領域を貫くものへの着目がうかがえる。それを指導内容として明確に取り出したものが、この「話しことば学習の基底」である。ただし、指導すべき内容としては、さらに具体化された野地潤家博士の説述に拠ったのである。

(14) 野地潤家博士稿「人間関係をひらく話しことばの指導」（『月刊国語教育研究』第一九巻通巻第一五〇集、日本国語教育学会編、昭和五九〈一九八四〉年一一月一五日発行）二〜六ページ。『教育話法入門』（明治図書、平成八〈一九九六〉年七月発行）二一三〜二二〇ページに再掲。

(15) 拙稿「『共生時代の対話能力を育てる国語教育』の成果と課題――話しことば教育実践の拠点を求めて――」（『福岡教育大学紀要』第四七号第一分冊文科編、福岡教育大学、平成一〇〈一九九八〉年二月一〇日発行）七二ページに掲げた。

(16)（29）（36）文部省『小学校学習指導要領解説　国語編』いずれも一五九、一六二、一六六ページによる。

(17) 拙稿「対話を根幹とする中学校話しことば教育の構想――年間指導計画作成の手がかりを求めて――」（その二）（『福岡教育大学紀要』第五一号第一分冊文科編、平成一四〈二〇〇二〉年二月一〇日発行）二七〜二八ページ。

(18) 野地潤家博士稿「学習力・生活力・創造力としての聞くことの技能の演習」（『教育科学国語教育』一四巻三号〈一六一号〉、明治図書刊、昭和四七〈一九七二〉年三月一日発行）九〜一二ページ。『話しことば学習論』二三三〜二三六ページに再掲。

(19) 同上誌一一〜一二ページ、『話しことば学習論』二三五〜二三六ページ。

(20)『話しことば学習論』二〇八ページ。

(21)（22）（23）文部省『小学校学習指導要領解説　国語編』（東洋館出版、平成一一〈一九九九〉年五月三一日発行）一五ページ。

(24) 大村はま氏著『やさしい国語教室』(毎日新聞社、昭和四一〈一九六六〉年三月一五日発行、四四～四八ページ) より導き出した。

拙稿「対話能力の育成を中核にした国語教室経営の研究」(『平成一一年度研究紀要』第一二号、福岡教育大学中等教育研究会編、平成一一〈一九九九〉年九月二五日発行) 二ページ (本書第Ⅱ部第二章参照) などに収めている。

(25) 大村はま氏稿「話し方学習の系統化」(前掲『聞くこと・話すことの指導の実際』七五ページ) の「目標4　よい問答ができる。」にかかわるA～Cの段階のうち、応答力に関する部分を取り出し、文末を学習目標の形にしたものである。

(26) 野地潤家博士稿「話しことばの特質と機能」『話しことば学習論』一七一～一七二ページ。

(27) 同上書『聞くこと・話すことの指導の実際』七五ページに基づいて作成した。

(28)『話しことば学習論』一七二、二〇八ページより作成した。

(30)(31) 大村はま氏著『聞くこと・話すことの指導の実際』七五、七六ページ。

(32)「『話すこと』の学習」に、左記のように段階づけられている。

対話（一対一）→ 会話（一対多）→ 公話（一対衆）

問答　　　　　　討議　　　　　　討論

したがって、本論文は発表力のみに絞っているわけではないが、このような分節的な指導内容の明確化が、発表力を鍛える際に有用性を発揮することも、また間違いのないことである。そのため、発表力伸長に示唆を与える観点と段階として掲げることにした。(引用は、『聞くこと・話すことの指導の実際』六五ページによる。)

(33) 同上書『聞くこと・話すことの指導の実際』六一～六五ページより観点のみ引用した。ただし、細目については、私の方で幾分補っている。

(34) 大村はま氏著『やさしい国語教室』五一～六一ページより、私の方で順序を考えて取り出したものである。

(35)『話しことば学習論』一七一、一七二、二〇七、二〇八ページによる。

(37)(38)『聞くこと・話すことの指導の実際』順に七五、七五～七六ページ。

（39）『話しことば学習論』一七一、一七三、二〇八～二〇九ページによる。
（40）『聞くこと・話すことの指導の実際』一一九ページ。
（41）大村はま氏著『教室をいきいきと』第三巻（筑摩書房、昭和六二（一九八七）年七月三〇日発行）七八ページに「みんなが司会をできるところまで」の小見出しで、「グループの話し合いの司会ぐらいはできない人はいないという所へもっていこう」と提案されている。

第三章　話しことば学力試案の問題点（中・高等学校）

本章では、続いて中学校・高等学校に関する話しことば学力試案(注1)を対象にして、「学習指導要領」の「話すこと・聞くこと」に関する目標・内容の組織化と対照させて試案作成の意図を明瞭にし、さらに話しことば学力論・指導内容論として改善する可能性を探ることを目的とする。

㈠　望ましい聞き手・話し手の想定の問題点

『中学校学習指導要領』（平成一〇年一二月改訂）の「国語」には、『小学校学習指導要領』（平成一〇年一二月改訂）と同様に、中学一年、中学二・三年に「話すこと・聞くこと」独自の目標が記されているが、『高等学校学習指導要領』（平成一一年三月改訂）の「国語総合」には挙げられていない。それで、中学校のみを左に示すこととする。

中学校第一学年	中学校第二・三学年
自分の考えを大切にし、目的や場面に応じて的確に話したり聞いたりする能力を高めるとともに、話し言葉を大切にしようとする態度を育てる。	自分のものの見方や考え方を深め、目的や場面に応じて的確に話したり聞いたりする能力を身に付けさせるとともに、話し言葉を豊かにしようとする態度を育てる

『中学校学習指導要領解説――国語編――』では、次のように分けている。

（1）基底…自分の考えを大切にする→自分のものの見方や考え方を深める

（2）話すこと・聞くことの能力…目的や場面に応じて的確に話したり聞いたりする能力を高める→目的や場面に応じて的確に話したり聞いたりする能力を身に付けさせる

（3）話し言葉に対する態度…話し言葉を大切にしようとする態度を育てる→話し言葉を豊かにしようとする態度を育てる

三者の関係は、左図のようになろう。

基底（自己の見方・考え方の深化）
→ 話すこと・聞くことの能力（目的や場面に応じて的確に話したり、聞いたりする能力の会得）
→ 話し言葉に対する態度（話し言葉を意識し、豊かにしようとする態度の形成）

「小学校学習指導要領」の目標は、話すことの能力、聞くことの能力、話し合いの態度に言及され、三者の関係も、矢印が引かれるとも、並列になるとも自在に解される余地を残していた。それに比して、右の「中学校学習指導要領」の目標構造は、

・話すこと・聞くことの能力や話し言葉に対する態度の根底に、自己の見方・考え方の深化を要請している。中学生にとっては、自らの「考えを大切にし」たいという願い（中一）、そして、自らの「物の見方や考え方を深め」ようとする（中二・三）ことが、以下の話すこと・聞くことの能力を伸ばし、話し言葉に対する態度を養うと考

えられたようである。

・小学校では分けられていた話すことの能力と聞くことの能力を、一体化して示してある。実際に、各学年（中一、中二・三）の内容として記される際には、中核的位置を占めるものになろうが、目標構造としては、むしろ控え目な挙げ方になっている。

・小学校では話し合いの態度が目標に挙げられていたが、中学校では、自他の話し言葉に対する態度と改められ、様々な談話形態や言葉活動を貫くものに目が向けられる。それだけに、基底となる自己の見方や考え方とも結びつきやすくなっている。

「高等学校学習指導要領」の目標がこの延長線上に想定されるとすれば、国語教育実践上の課題は、どういう点に見いだされるであろうか。以下に、二点指摘しておく。

①基底となる自己の見方・考え方の深化と、話し言葉に対する態度が対自意識の濃いものになり、話すこと・聞くことの能力のみが「目的や場面に応じて」と対人関係を重んじたものになっている。これらを統一して、このような学習者に育てたいという、肉体性を帯びた望ましい学習者の姿に具現する必要がある。

②中学校以降、聞く力と話す力の落差よりも共通性・連続性の方に重みがかけられるとすると、学年の指標としては明確であっても、聞くこと・話すことそれぞれの領域の独自性や相互の関連性については、発達段階も考慮して、改めて考え直すことも出てこよう。

そこで、芦田恵之助の発達的段階への見通しを手がかりに、小学校で想定した「望ましい聞き手・話し手」の発展線上に、中学校・高等学校の望ましい学習者の姿を、対人関係、対自関係の二側面から次のように掲げた。

中学校第一学年	中学校第二・三学年	国語総合、国語表現Ⅰ・Ⅱ
・中学生として遇せられることに喜びと誇りを覚え、それにふさわしい人との接し方を求めていく生徒 ・有力な意見や多数の声に引きずられがちな自己を見つめ直し、小さな違いをいとおしんで言語化しようとする生徒	・思考をはたらかせて話し合うことの楽しさに気づき、一緒に実り豊かなものを見いだそうとする生徒 ・自らの談話生活を診断する場を設け、一回一回の話したり聞いたりする機会に、真新しい思いで臨む生徒	・人と人との見解の隔たりを自覚しつつも通じ合えることを信じて粘り強く聞き、話して、生産的な人間関係を築き上げていこうと努める生徒 ・話したり聞いたりする時間を一層充実させるために、そこに至るまでの準備こそ大切だと悟って、見えないところに力を注ぐ生徒

対人関係に於いては、中学入学を転機として人間関係を新たな次元に進めていくように促し（中学一年）、少々背伸びしてでも思考を伴う話し合いの醍醐味を悟らせ（中学二・三年）、人と話すことの究極にあるものを見据えて話すという姿勢を確立させる（高校）ことを目ざしている。小学校における一サイクルを、さらに高次なものにし、学習者としての到達点を示している。

対自関係にあっては、思春期のとまどいのなかでも自己の心に何を感じるかを耳を澄ませてとらえるように励まし（中学一年）、恒常的な成長のきっかけを得させ（中学二・三年）、話し、聞く生活の充実・結実のためには、表に立たない根の営みに力を注がせる（高校）ことを目ざしている。小学校五・六年ですでに望ましい聞き手・話し手に憧れ、近づくことを挙げているため、高校では省いているが、当然目ざすべき姿が一層明瞭になり、普遍性を帯びてこよう。

とは言え、下欄の「国語総合、国語表現Ⅰ・Ⅱ」は、高校生に期待すべき姿というより、最終的に目ざすべき学習者の姿であり、社会人になっても日々努めなければならない姿でもある。国語の教師自身が第一に学ぶべき姿にもなっている。したがって、下欄はどの項目もすべて「到達すべき学習者（ひいては言語生活者）の姿」と言い改める必要があろう。

そうなれば、高等学校以上にはさらに細やかな望ましい聞き手・話し手の姿を段階的に想定していくことが必然的に要請されてくる。生き生きとした中学生・高校生の姿として言い表す試みは、やっと緒に着いたばかりと言えよう。

一方、対人性と対自性に着目した望ましい聞き手・話し手の姿は一応示せたにしても、以後の学力構造を示唆する面はふれていない。これは「学習指導要領」の「内容」に対応する面で主に言及するが、ここでもその素地は用意しておくべきであろう。どのように取り込むかが課題になってくる。

(二)　話しことば領域において考案した指導内容の問題点

1　「学習指導要領」における内容の組織化の課題

『中学校学習指導要領解説――国語編――』には、「話すこと・聞くこと」の内容は、「主に話す活動の進行過程に沿いながら重点的に配列した」(注2)とある。これは、「書くこと」の内容が「主に文字による表現の活動の進行過程に沿いながら重点的に配列してある」(注3)のと一致している。歴史的に見れば、昭和三三（一九五八）年以降作文領域においてはコンポジション理論に基づく指導事項が配列されていたが、今回話しことば領域においても同一の原理の適用が試みられたことになろう。ただし、実際に挙げられた観点を左記のように対照させてみると、やはり違ったところが出てくる。

「話すこと・聞くこと」の内容観点		「書くこと」の内容の観点
発想や認識についての指導事項 考えや意図についての指導事項 話題についての指導事項	↔	発想や認識についての指導事項 事柄や意見についての指導事項 選材についての指導事項
構成や論理についての指導事項	↔	構成についての指導事項
語句や文についての指導事項	↔	記述についての指導事項
		推敲についての指導事項
話し合いについての指導事項		評価・批評についての指導事項

対応しないのは、「話すこと・聞くこと」の系列では、一まとまりの発表をする各項目におさまりきれない最後の「話合いについての指導事項」のみである。とは言え、このような項目が出てくること自体、「話す活動の進行過程に沿いながら」の組織化では十全ではないであることを物語るものである。一方、「話す活動の進行過程」を内容組織化の原理にする時、聞く活動はどう位置づけられるかも、はっきりしない。そうすると、ひるがえって、最後の「話し合いについての指導事項」のように談話形態に着目した系統化の可能性を探ってみる必要がある。そのように改めて光を当て直すと、中学・高校の「話すこと・聞くこと」の内容は、次のように配列することができよう。

談話形態	中学校第一学年	中学校第二・三学年	国語総合
対話	ア　自分の考えや気持ちを相手に理解してもらえるように話したり、話し手の意図を考えながら話の内容を聞き		

	公話（発表）	会話（討議）
取ったりすること。（主には公話）	イ　自分の考えや気持ちを的確に話すためにふさわしい話題を選び出すこと。（話題） ウ　全体と部分、事実と意見との関係に注意して、話したり聞き取ったりすること。（構成や論理）	エ　話合いの話題や方向をとらえて的確に離したり、それぞれの発言を注意して聞いたりして、自分の考えをまとめること。
	ア　広い範囲から話題を求め、話したり聞いたりして、自分のものの見方や考え方を広めたり深めたりすること。（話題） イ　話の中心的な部分と付加的な部分、事実と意見の関係に注意し、話の論理的な展開を考えて、話したり聞き取ったりすること。（構成や論理） ウ　話の内容や意図に応じた適切な語句の選択、分の効果的な使い方など説得力のある表現の仕方に注意して、話したり聞き取ったりすること。（語句や文）	エ　相手の立場や考えを尊重し、話合いが目的に添って効果的に展開するように話したり聞き分けたりして、自分の考えを深めること。
	ア　様々な問題について自分の考えを持ち、筋道を立てて意見を述べること。（話題） イ　目的や場に応じて、効果的に話したり的確に聞き取ったりすること。（構成や論理、語句や文）	ウ　課題を解決したり考えたりするために、相手の立場や考えを尊重して話し合うこと。

このような系統化は、中学一年の内容ア「自分の考えや気持ちを相手に理解してもらえるように話したり、話し相手の意図を考えながら話の内容を聞き取ったりすること。」にある「相手に理解してもらえるように」話すことや「話し相手の意図を考えながら」話の内容を聞き取ることという説述は、一対一で話し、聞くことが可能であり、最初の指導要項であるため、以後の進展の礎石となることが期待されると見なしたためである。このような解釈を

すると、すべての内容（指導事項）が一元的に整理できる。したがって、談話形態に応じた組織化を、中学・高校の「学習指導要領」に内在していた、「話すこと・聞くこと」の内容組織化の原理として取り出すことができよう。

※ただし、「小学校学習指導要領」の内容において、中一の内容ア「自分の考えや気持ちを相手に理解してもらえるように」話すことの素地になるのは、「相手に分かるように話す」（小一・二）―「自分の考えが分かるように」話す（小三・四）―「考えたことや自分の意図が分かるように」話す（小五・六）という公話（発表）の系列であり、公話の指導事項である可能性もある。その際には、公話と会話しかなく、談話形態に応じた組織化としても発展的なもの二種のみが掲げられたことになる。

この表からは、対話における話すこと・聞くことを改めて固め、公話（発表）や会話（討議）に進むという、おおよその見通しを得ることができよう。なお、以下の点が解明されれば、現場の教育実践にとって有用なものとなるはずである。

①上記の表に掲げられた、談話形態に応じた話表力・聞解力を貫く話し言葉学習に対する根本的な学習態度（話し言葉自覚とも言うべき）を、それぞれの学年に置いて明らかにする。

②先にもふれたように、対話領域における聞くことと話すことの関係をはっきりさせる必要がある。これは、公話（発表）領域や会話（討議）領域においても、同様である。

③対話領域における話表力・聞解力は、中学二・三年、高校と進むにつれて、公話（発表）領域・会話（討議）領域における話表力・聞解力に取り込まれ、改めて鍛える必要はなくなると見なすか、あらゆる談話形態の源であり、話しことば学力の根幹として以前重要性を失わないとするか。いずれを選ぶかを決めなければならない。

④これらの談話形態に応じて身につける学力は、最終的にどこに行き着くかという展望が得られるものでありた

い。

これらの点を勘案して、話しことば学習の基底（話しことば自覚）／聞解力の系列（聞く態度・習慣の形成も含む）／応答力の系列／質疑力の系列／発表力の系列（取材・構想・口述・吟味）／討議力の系列／司会力の七系列から、対話の重要性を軸に指導事項を補い、作成していった。個々の系列については、2以降に引用し、検討することとする。

2　話しことば学習の基底において

中学校第一学年	中学校第二・三学年	国語総合
思春期に入り、人前で話そうとしないのが大人に近づいた証と思えてくるが、他方でそうした自己をわかってほしいという思いも強くなるため、改めて授業の中でも生徒一人ひとりに語りかける場を用意し、学習記録も活用して、彼等が心を開いて話したくなる土壌を耕す。	うちとけて心から話す喜びを確固としたものにするために、話している自己の内面と表現を見つめさせ、自らを成長させるために、求めて話したり聞いたりしていこうとする根本的態度を固めるようにさせる。	話し言葉だからその場で消えさってかまわないとは思わずに、相手と直接にかけがえのない時間と場をともにするゆえに、自他の心に消えないものを生み出し、刻み付けたいと言う願いがふくらむようにする。

青年期に入ったという違いはあるが、中学校においても、基本的には小学校における以下の階梯を改めてたどり直し、確かなものにしている。

小学一・二年…教師自身が学級全体に対して愛情をもって接していくだけでなく、一人ひとりの学習者に親しく話しかける場をもつように努め、どの子にも、この先生になら話せる、この学級の人には聞いてもらいたいという思いが、自ずと湧くようにする。

小学三・四年…児童一人ひとりが教師に接するたびに、話したり聞いたりする楽しさが得られるようにし、そのような教師の愛情に包まれた学級の中で話すことに慣れ、少しずつ自信が湧いてくるようにする。

小学校五・六年…めいめいが話しことばによっておのが心情をどう整え、自己の見解・論理をどう伸ばそうとしているかを見守り、教師の願いも吐露して、それぞれ話し手として、聞き手としてどう進んでいくかという指針を見いださせる。

ただし、中学校三年間で二サイクル目は一通り終了することとし、高校では、話しことばの特性をふまえた上での本質追究に進むことを目ざしている。これで、話しことば学習の基底（話しことば自覚）としての到達点ははっきりしてきたが、たとえば、望ましい聞き手・話し手として描いた対人関係「人と人との見解の隔たりを自覚しつつも、通じ合えることを信じて粘り強く生産的な人間関係を築き上げていこうとする」姿の第一歩にしているか否か、批判的に吟味することが不可欠になる。

3　聞解力の系列において

中学校・高等学校の「学習指導要領」の内容のうち、聞解力に関する事項のみ改めて取り出せば、左記のようになる。

	中学校第一学年	中学校第二・三学年	国語総合
対話	ア　話し手の意図を考えながら、話の内容を聞き		

	公話	会話
取ること。	ウ　全体と部分、事実と意見との関係に注意して聞き取ること。（構成や論理）	エ　話し合いにおけるそれぞれの発言を注意して聞き、自分の考えをまとめること。
	ア　広い範囲から話題を求め、耳を傾けて、自分のものの見方や考え方を深めること。（話題） イ　話の中心的な部分と付加的な部分、事実と意見の関係に注意し、話の論理的な展開を考えて聞くこと。（構成や論理） ウ　話の内容や意図に応じた適切な語句の選択、文の効果的な使い方など、説得力のある表現の仕方に注意して聞き取ること。（語句や文）	エ　相手の立場や考えを尊重し、話合いが目的に沿って効果的に展開するように聞き分けて、自分の考えを深めること。
	イ　目的や場に応じて的確に聞き取ること。（構成や論理、語句や文）	ウ　課題を解決したり考えを深めたりするために、相手の立場や考えを尊重して聞き取ること。

対話における聞く内容は、小学校五・六学年の内容と同一である。小学校では、何に留意して聞くかが、次のように組織化されていた。

大事なこと（一・二年）↓話の中心（三・四年）↓話し手の意図（五・六年）

また、どんなふうに聞くかは、何に留意するかと部分的に重なる面を持ちつつも、左記の進展が図られていた。

興味をもって聞く（一・二年）
→聞いて自分の感想をまとめる（三・四年）
→意図を考えながら内容を聞く（五・六年）

このような体系化の上に、中一に小学校五・六年と同じ内容が掲げられたのは、小学校における聞くことの態度と能力の到達点の確認のためと言えよう。ただし、中学生は対話形態における聞く意義を充分に理解し、すぐに公話（発表）や会話（討議）に力を注げばよい時期になっているのであろうか。思春期に入り、これまでに身につけた聞く態度や技能を持ち続け、発揮するのが、子供っぽく見えていやになり、放擲したくなる懸念はないであろうか。このように考えていくと、なお見直す余地が生じよう。

公話（発表）における聞く内容は、狭くなりがちな直接経験を乗り越える努力をさせ（中二・三のア）、相手の構成や論理を中心に何に着目して聞くかを見定め（中一のウ、中二・三のイ、国語総合のイ）、他方語句や文にも留意して説得力のある効果的な表現を了解する。（中二・三のウ、国語総合のイ）という構造になっている。まとまった話を聞き取る際の手がかりが「全体と部分、事実と意見との関係」（中学一年）であり、その上で「論理的な展開」（中学二・三年）をとらえることなのであろう。

さらに、会話における聞く内容では、異なる相手の発言を聞き比べて自らの見解を位置づけ（中一のエ）、様々な発言の背景・拠り所となる立場や見解を予想しつつも、それらが話し合いの目的に向かって進んでいるかどうかを聞き分け、自らの見識も深めていく（中二・三のエ）。高校では、中二・中三の延長上にありながら、目的が課題解決にあるか、試行を深めることにあるかを見きわめて、実りの大きい話合いにしていく土台を固める（国語総合のウ）ことになろう。

これら中学・高校における聞くことの内容の多様化は、談話形態における分化が鍵になって生じたものと言えよう。ただし、そこに進むためには、聞くことの根本的な自覚と各談話形態における聞くことの決定的ともつながっていると、明瞭に理解されることも不可欠である。

そこで、主要談話形態の了解も念頭に置くが、対話・公話・会話を貫くものを顕在化させて、下記のような指導内容にした。

中学校第一学年	中学校第二・三学年	国語総合
日頃いかに漫然と聞き流していることが多いかに気付づき、しっかりと十分に聞くようにさせる。その際に改めて正しく聞き取ることを第一に心がけさせる。	〔まとまりのある話を聞くおりにも、複数の人が話す時にも、〕話す人の真意に迫りたいと熱望し、いつでも自ら話す気構えをもって、本気になって聞くようにさせる。	相手の話そうとする意図を汲むだけでなく、本人ではとらえきれない、その発言の可能性まで見抜き、この人に聞いてもらってよかったと感謝されるような聞く態度を育てる。

ここでも、「話しことば学習の基底」と同じく、中学校における正しく聞くことから深く聞くこと（意図・真意に迫る聞き方を目ざすばあいと話そうとしてしっかり聞くばあいとがある）へという二サイクル目を繰り返し、高等学校においてその延長線上に期待できる最終到達点として話し手の姿を掲げている。「国語総合」で目ざすにしては高すぎて、五年、十年かけて達成できればこの上ないというものになっている。広がりすぎる点は否めまいが、このような指標を生徒が持っておくことは、必要であろう。

なお、「国語総合」に挙げた目標（相手の話そうとする意図を汲むだけでなく、本人ではとらえきれない、その発言の可能性まで見抜き、この人に聞いてもらってよかったと感謝されるような聞く態度を育てる。）は、野地潤家博士の言われる「聞くことの〈創造〉」であり、「聞くことの究極的な技能」[注4]であるとも解される。そうすると、小学校における一サイクル目には見られない、新しい要素が加わったことになる。ただし、正しく聞く力→深く聞く力→（上述のごとく真意に迫るばあいと、話そうとして真剣に聞くばあいとの二種がある。）→創造としての聞く力という構図は、野地潤家博士のきちんと聞き取る力→聞き分け、聞き味わう力→創造としての聞く力という構造と、かなり重なるが、深く聞く力と聞き分け、聞き味わう力とは似通っていても違いもありそうである。したがって、この点から見ても、再考の余地を残している。

4　応答力の系列において

中学校第一学年	中学校第二・三学年	国語総合
問われたことにぴったりの、正しく場にふさわしい答えを返すにとどまらず、自己の考え、感じたことをまるごと映し出そうとする態度を育てる。	相手の問いにつねに正面から向き合い、現時点において自己の内にこれまで言い得なかった、どのような考えが育まれつつあるかに着目して、答えるようにさせる。	問われていることから、質問者が意識していなかった深さまで見抜いて、発見の喜びを伴って答えたいという願いを育てる。

中学一年においては、小学校から掲げてきた「正しく、ふさわしい」答えを返すことに一層習熟した上で、正面から「自己の内面にも誠実に」表すことを目ざすようにさせる。中学二・三年には、「自己の内面にも誠実に」表そうとすることがどういう方向に発展していくかの端緒を記させる。国語総合には、中学二・三年で志したことがどこまで進むかを挙げている。したがって自己の内面に即する面を貫きながらも、最終的には相手理解の深化も取り込んだものとなっている。

この応答力の系列では、二サイクル目の意識もあるが、小学校五・六年からの進展の方を優先させて、中学一年に多くのことを盛り込ませている。そのため、中学二・三年においては一層難度の高い内容にするほかなく、国語総合はさらに高次の指導事項にしている。生徒の実際と照応させれば、中学一年の内容の前半を残して、後半を中学二・三年の指導内容に下ろし、中学二・三年に掲げたことを高等学校で肉づけすると改めた方がよいかもしれない。その方が、話しことば学習の基底や聞解力の系列に掲げた中一、中二・中三の指導事項ともひびき合いそうである。

5　質疑力の系列において

中学校第一学年	中学校第二・三学年	国語総合
相手がどんなことについてどんなふうに答えればよいかわかるものになっているかどうかを吟味して、問うことができるようにさせる。（相手に応じた問いが主）	このことについてこの方にお尋ねしたいという時には、聞く側に相当の準備が不可欠なことを了解し、実地に試みて、あいてのもっているものを引き出す手ごたえを感じさせる。（問うための下準備が主）	問いが別次元の思考にいざなうことを悟って、そのような問いを発し得るように蓄積し、相手からこの場でしか得られない豊かなものをうみだすようにさせる。

大村はま氏の実践二編の実施学年・指導内容から導き出し、高等学校にはその上に目ざすべき究極的な指導事項を記した。中一の相手の立場に立って答え方を想定した上で問うことから、中二・三の相手がもっている価値あるものを引き出すためにしっかり用意して問うことへ、さらに国語総合の問いの生産性を確信して、相手から独創的なものを育もうとして問うことへと段階づけている。それに対して、小学校では、一・二年で何を問うかにこだわらずにとにかく気おくれせずに問うという態度を育て、三・四年から問うべきことを問う必要性に気づき、五・六年生に問うことの意義を悟って聞くという筋道にしていた。照らし合わせてみると、ここでもサイクルをなしている側面はあるが、問う内容・主体本意の系統化から問う相手への配慮の深まりによる系統化へという発展の側面が大きい。それは奇しくも、大村はま氏が昭和三〇年代の「話し方学習の系統化（注5）」において示された左記の段階とも、ある程度照応している。しかも、高校においては、幾分次元の違いを盛り込んでいる。

「A　正しい答えの得られる問いを出すことができる。
B　相手の持っているものを引き出す問いができる。

C　相手のいいたりないところ、誤解を招く言い方に気づいて、補わせるための問いができる」

このように考えてみると、比較的に妥当性が高いように思われるが、国語総合には中学二・三年との内容の相違が表し得ているであろうか。なだらかに発展してるようにも見えるため、両者の指導事項を弁別していく必要があろう。

6　発表力の系列において

これについては、中・高の「学習指導要領」においても、指導事項として最も多く挙がっている。この系列に属する部分のみ、文末表現などを整えて示せば、下記のようである。

中学校第一学年	中学校第二・三学年	国語総合
ア　自分の考えや気持ちを相手に理解してもらえるように話すこと。（考え・意図）…1では対話形態に入れたもの	ア　広い範囲から話題を求めて話すことによって、自分のものの見方や考え方を広めたり深めたりすること。（話題）	ア　様々な問題について自分の考えを持ち、筋道を立てて意見を述べること。（話題、構成や論理）
イ　自分の考えや気持ちを的確に話すためにふさわしい話題を選び出すこと。（話題）		
ウ　全体と部分、事実と意見との関係に注意して、話すこと。（構成や	イ　話の中心的な部分と付加的な部分、事実と意見の関係に注意し、話の論理的展開を考	イ　目的や場に応じて、効果的に話すこと。（語句や文）

論理）	えて話すこと。（構成や論理） ウ　話の内容や意図に応じた適切な語句の選択、文の効果的な使い方など説得力のある表現の仕方に注意して話すこと。（語句や文）	

公話形態における聞解力のばあいは、構成・論理に関する内容が主軸をなしていたが、発表力においては、話題と構成・論理が拮抗し、語句や文に関する内容が副次的に加えられている。発表する立場になれば、自ずと話題と構成に力を注がざるを得ないと判断してのことであろう。

話題に関しては、中一で対話を含めて人に話す際の基本的姿勢を記し、中一イに主想を的確に表すための意識的な話題選択を挙げている。中一では、なお直接情報が主となっているとも見られる。中二・中三アになると、知的好奇心を生かして間接情報にも手を伸ばし、話題発掘に力を注ぐことを通して、主想そのものをゆさぶり、作り直すことが勧められることになろう。国語総合アは、中二・中三のアと大部分重なるが、改めて現実の様々な課題に対して客観的な妥当性のある題材収集と意見への結実を要請したものと言えようか。

構成・論理については、中一ウにおいて全体を念頭に置いて部分が位置づくようにし、徐々に事実の裏づけのある意見を表すようにする。中二・三イはさらに話の内部にも留意して「話の中心的な部分と付加的な部分、事実と意見の関係」がなるほどと思える論理的な運びにさるようにする。国語総合アでは、中二・三イの発展線上に一層筋道だったものにしていくことになろう。

語句や文に着目すると、中一では中学校の話表力の中心になる話題や構成に着目させ、のびのびとしたでよしとし、中二・三ウに至って徐々に「適切な語句選択、文の効果的な使い方」などに意を払うようにし、国語総合ウにおいて実現をはかることになろう。

それぞれの観点から見れば、右のような段階性が、つけられている。とは言え、話題、構成、および、語句や文にある「適切な語句の選択、文の効果的な使い方」は、何より話した後の吟味を経て改善するものである。したがって、左記のように対話からの発展を明確にし、態度形成まで織り込んだ発表力の形成を思考し、吟味の項目を入れることにした。

中学校第一学年	中学校第二・三学年	国語総合
身近なところから話題を探すことが心の習慣になるようにし、豊かに話す土壌を耕した上で、多くの人を前にしても、一対一で話していると同じく平常心を保って、「自分の考えや気持ちを的確に話す」のに「ふさわしい話題を選び出す」ようにさせる（取材）○	話す内容は、身近なことから発掘した、自分しか話せないことが随一だと悟りつつも、友達や家族から聞いたこと、読んで知ったこと、テレビ、新聞・雑誌、コンピューターや情報通信ネットワークを通して仕入れたことも、「発想や認識のための資料」として取り込み、自己の着想を絶えずふくらませていくようにさせる。（取材）	「社会や自然、身の周りの事柄」、現在の自己の価値観などをすべて自分なりの考えを生み出すための練習問題として組上に乗せ、口頭で言い表すように勧める。いったん表せたとしても、ほんとうに独自のものと言い得るかどうか吟味させ、個性的創出の契機にさせる。（取材）
話し始める前に、全体としては何を主張し、各部分にはどんなことを位置づけよう、どういう事実をどこに配置すれば意見が説得力をもって受けとられるだろうなど、組み立てを練って臨むだけでなく、各段の話し出しを用意す	構成を立てて話すことに慣れ、実際の場で「話の中心となる話しての考えや意図を直接表現する部分と更に補足する部分」とを意識して組み合わせ、「全体の統一を図り、表現効果を高める」工夫がおもしろくなるようにさせる。	意見を聞き手の納得のいくものにするには、論理多岐な構成が主となるが、その上で意表を突く話し出しや凝縮し、胸に刻みつける結びなど、修辞的な構成も工夫して、生きた話しことばとして表そうとする態度を育てる。（構

れば安心であることを会得させる。（構想）○		
（構想）	「説得力のある表現の仕方」には「話の内容や意図」に応じて語句の選択や分の効果的な近い方がされていることを知り、なんとしても自分の話す声を聞きながら話し、主従が乱れないように心がけ、もう少しきれいな発音で、的確なことばにと努力する主観をつけさせる。（口述）○	
想）	話しことばの真の呼吸は実地に人前で話してこそ体得されると会得して、積極的に話す場に身を置き、話している途中に「〜だから」「〜なので」と続けたくなる時でも、敢えて文を切るなど、明解で効果的な口頭表現のコツを身につけさせる。（口述）○	口頭表現の理想的な姿を念頭に置き、一回一回の言語表現を振り返る場を設け、聞き手に誤りなく伝わっているかどうか見直し、次に話す際の課題を見いだすようにさせる。（吟味）○

拠り所としたのは、大村はま著『やさしい国語教室』[注6]から導き出した次の五項目の学習目標である。

①身近なところから話題を探すように習慣づき、豊かに話す土壌を自ら耕すようにする。

②話し始める前におおよそ組み立てを考えるにとどまらず、それぞれの話し出しの言葉を予め準備しておくことが身につく。

③話すときには、思いついた内容・言葉をいったん心の中で発してみて、少しでも筋の通ったものに、もう少しぴったり言い表せる言葉に、少しきれいな発音でと努力をする習慣ができてくる。
④話している途中に「～だから」「～なので」と続けたくなる時でも、敢えて各文を切り、短い文で明確に話す態度を固める。
⑤話した後には、自分の話が聞き手に誤りなく伝わっているかどうかを吟味し、次に話すおりには是非ここを改めようという焦点を見定めることができる。(注7)

これらを学年を配慮して○印をつけたように、①を中一の取材（話題）、②を中一の構想、③を中二・三の口述、④を国語総合の口述、⑤を国語総合の吟味にと想定し、基本軸を作った上で、中学校・高等学校の『学習指導要領解説』を参考にふくらませ、取材と構想の中二・三以降を補って仕上げたのである。

取材においては、中一で身近な、しかも自分しか話せないことを探す習慣づけと、対話との共通性を自覚した上での伸びやかな話題選択能力の形成に向かわせる。中二・三では、中一の素地を大切にしながらも様々な媒体から取り入れた情報をてこに自らの着想（話す内容）の拡大・充実をはからせる。そこでは、題材・話題に引きずられて、話の源にあるべき自己の主想が見失われないように努めさせる。国語総合に至れば、中二・三の指導内容に則りながらも、個性的な主想に貫かれた新鮮な話題発掘に行き着くように導く。

構想に関しては、中一に各話題の話し出しへの着目が加わり、「学習指導要領」における内容の進展に加えて、中二・中三から高校へと、論理的構成→修辞的構成へというように、話題と聞き手との関係調整をはかっている。

口述に関しては、中二・三において明解で説得力のある話し方を理解し、話す時の基本的方針を固める。国語総合になって、実地の場での修練に力を傾け、細やかな点にも心を配って話すことができるようにする。

吟味としては、国語総合にのみ掲げたが、まとまった話を一回性の場と思わせるのではなく、継続的に話してとして成長していく、得がたい一コマであると自覚させ、振り返らせることは可能であり、取材・構想・口述の指導内容が真に定着していく鍵にもなろう。

このように見てくると、まだまだ大村はま氏の学習目標と「学習指導要領」の説述に頼っており、両者を充分に咀嚼して一貫したものにはし得ていないと判断されてくる。大村はま氏など、実践者の英知を汲んで、他の指導事項も真新しいものにしていかなければなるまい。

7　討議力の系列において

中学校・高等学校の「学習指導要領」の「内容」のうち、討議力に関する部分を整えて示せば、次のようである。

中学校第一学年	中学校第二・三学年	国語総合
エ　話合いの話題や方向をとらえて的確に話すこと。	エ　相手の立場や考えを尊重し、話合いが目的に沿って効果的に展開するように話すこと。	ウ　課題を解決したり考えを深めたりするために、相手の立場や考えを尊重して話し合うこと。

話し合いという場を自覚して、何を手がかりとするか、どういう配慮をして話すかが系統立てられている。

（1）は、「話合いの話題や方向をとらえて」（中一）→「話合いが目的に沿って効果的に尊重するように」（中二・三）→「課題を解決考えを深めたりするために」（国語総合）とある系列で、中一の今繰り広げられている「話題」やこれからどう進展していきそうかという「方向」を見抜いて、必要不可欠なことを間合いや声量も的確に発言する段階から、中二・三の議題となっている趣旨・目的に照らし合わせて、現時点の話題と今後の方向を吟味して効果的に話す段階へというのが、基本軸であろう。高校は、中二・三とほぼ同一の内容で、「目的」を課題解決と共同思考の進化の二つに明確にし、討議や討論を徐々に本格的なものにしていくようになろう。

（２）は、中一の自己の見解をきちんと言い表すことから、中二・三、国語総合の上に「相手の立場や考えを尊重」して話すことへという進展と見られる。学習者の側からすれば、相手の「考え」の根底にあるものが「立場」で、理解は容易ではないが、それも汲もう、大切にしようと努めた上で立論を展開させるようにという要請と言えよう。

話し合いという場を自覚させて、本格的な討議・討論ができるように導いている。根底に、中学生・高校生なりの話し合いの意義の会得は、やはり加えたい。また、高校の内容には、なお中二・三と異なった指導事項を挙げた方が見通しが得やすい。そのように考えて、以下のように掲げた。

中学校第一学年	中学校第二・三学年	国語総合
実際に体験を通して話し合うことの威力・生産性を悟り、人の考えを大事にして思考を深め合っていこうとする態度を確かなものにする。	自分とは異なる見解も「相手の立場や考え」から見れば真実になるのかもしれないという思いを抱き、いずれの意見も「聞き分け」て、自らの思考をぐんと深める可能性を見いだし、提案できるようにさせる。（一部修正）	話合いがこれからの社会にどれだけ大きな役割を果たすかを知り、事故の最初の考えを乗り越え、どこまでも志向を深めていく醍醐味を感得させる。

中一にすでに「人の考えを大事にして思考を深め合」うという話し合いに臨む基本的態度を掲げて、以後の方向づけをし、中二・三にその能力を伸ばすとともに実際に討議のなかで自らの思考を深められるという可能性を確信し、国語総合において共同思考のおもしろさを堪能することになろう。

8　司会力の系列において

これに関しては、発表力と同じく大村はま氏の『やさしい国語教室』から導き出した学習目標を指導目標に改めて、先のように学年配当した。

中学校第一学年	中学校第二・三学年	国語総合
司会者としてどのように開会し、何（内容、理由、目的、順序など）をどんな調子で話せばよいか、意見が出たときはどうまとめればよいかについて、おおよその見通しを持つようにさせる。	実際に司会に取り組み、次のことを身につけさせる。 ・みんなの考えをよく聞いて、行く種類の見解があるかを把握する。 ・それぞれの考えの拠って来たるところを推察して、解決の鍵になる点を見いだす。 ・一つの結論を出し、新しい課題を提示する際には、ゆっくり、一つ一つの音をはっきりと念を押すようにそして自分の言っていることを確かめながら話す。	進行についての意見を最大限に聞き入れて、どういう立場・見解の人の思いも考慮して結論を導き、誰もが話し合ってよかったという満足感の得られるものにさせる。

これらは、司会をしていく際の一連の流れであり、学年ごとにさらに具体化する必要がある。たとえば、中一には教師が上記三要素を備えた司会を実地にしてみせ、中二・三には、四人程度の学習集団において一とおりの司会運営ができるようになる、国語総合ではもう少し大きい単位での司会をつとめ上げることまで進むというようにである。この領域においてはなお練り直す余地が大きい。

おわりに

（1）本稿の目的のうち、中学校・高等学校の「学習指導要領」における「話すこと・聞くこと」の目標・内容の問題点を明らかにし、

（2）望ましい聞き手・話し手の想定や指導内容を設定するゆえんやその方向性までは示すことができた。

（3）ただし、考察者が仮りに作成したものも、各系列ごとに独自性があり、なお十分に関連がはかられたというところまで行っていない。したがって、中・高校に挙げた内容は、小学校の第一のサイクルに続き、第二のサイクルをなすものが多いが、発展性を主とするものもあり、司会力のようにいずれにも至っていない系列もある。

（4）課題としては、一層の指導事項の精練と有機的な関連づけが挙げられよう。

注（1）拙稿「話しことば教育実践の立脚点——伝え合う力の検討を手がかりにして——」『福岡教育大学国語科研究論集』第四三号（福岡教育大学国語国文学会編、平成一四〈二〇〇二〉年一月三一日発行）一九〜三三ページ（本書第Ⅳ部第一章に所収）、以下、本論文からの引用は、ページを省略する。

（2）（3）文部省『中学校学習指導要領（平成一〇年一二月）解説——国語編——』（東京書籍、平成一一〈一九九九〉年九月六日発行）一九、三一ページ。（なお、文部省『高等学校学習指導要領解説　国語編』東洋館出版、平成一一〈一九九九〉年一二月二八日発行、全一六七ページについては、「中学校学習指導要領」からの引用との混同を避けるため、内容のみの引用であり、引用箇所を明示しなかった。）

（4）野地潤家博士稿「学習力・生活力・創造力としての聞くことの技能の演練」『教育科学国語教育』一四巻三号（一六一号）（明治図書、昭和四七〈一九七二〉年三月一日発行）九〜一二ページ。

（5）大村はま氏稿「話し方学習の系統化」『聞くこと・話すことの指導の実際』（大村はま国語教室第二巻、筑摩書房、昭和五八〈一九八三〉年三月三〇日発行）七五ページ。

（6）大村はま氏著『やさしい国語教室』（毎日新聞社、昭和四一〈一九六六〉年三月一五日発行）、『よい聞き手、よい話し手』四四〜八〇ページ。
（7）拙稿「対話能力の育成を中核にした国語教室経営の研究」『平成一一年度研究紀要』（福岡教育大学中等教育研究会編、平成一一〈一九九九〉年九月二五日発行）三ページ（本書第Ⅱ部第二章）に所収。

第Ⅳ部　話しことば年間指導計画の構想

第一章　中学校話しことば教育の構想

結論にあたる本章を最初に挙げ、第Ⅳ部全体への見通しを示すこととする。

一　研究の経緯・目的・方法

本研究の出発点をなすのは、附属福岡・小倉・久留米中学校との共同研究『共生時代の対話能力を育てる国語教育』[注1]（明治図書、平成九〈一九九七〉年一一月発行、全二〇二ページ）所収「第一部　対話能力の育成を目指して」（山元悦子氏稿）の下記の四点である。

（1）対話能力の段階

①第一段階　対話の価値を知る…対話の生産性・必要性に気づかせる。

②第二段階　相互融和的な対話への指導…相手と共話的な対話ができる。

③第三段階　相互啓発的な対話への指導…相手と協同して問題を解決したり、相手の良さを引き出したりしながら自分自身も向上していく。

（2）対話能力表の観点

①対話コミュニケーションへの意欲（上記（1）の対話能力における第一～第三段階を、態度形成とみなして取り込む。）
②聴解力…発話の意味やそこにこめられた相手の意図を、その場も勘案して適切に聞き取る力
③展開力…相手の発話を受けて、自己の記憶のなかから、関連する対話に関する認識やどのようにすればよいかという知識を引き出し、即決的に話す内容を生み出す力
④話表力…相手の反応を見ながら、自分の話す内容や言い回しを刻々と調節して言葉化する力
⑤対話に関する認識や方略的知識…対話とはこういうものだという対話のありようと、どのように進めるかということについての認識

（3）対話能力育成の指導計画

①情報交換のための対話（社会生活）
親睦のための対話（自己紹介等）→情報交換のための対話（インタビュー等）→社会生活の諸場面での目的に応じた対話（面接・電話での応答等）
②思考・認識を深めるための対話（文化生活）
文化的な対話（故事成語を使った対話等）→問題解決のための対話（協同で何かを作り上げるための対話）→鑑賞のための対話（文学をめぐる対談等）

（4）対話能力を育てる学習指導への手がかり

①対話能力の根底を耕す指導
（ア）人と対話することの値打ちを絶えず伝える
（イ）学級の支持的風土を作る

（ウ）聞く姿勢づくり（（イ）と（ウ）は以後日常的継続的な指導として一本化される。）
②対話能力そのものを育てる指導
③対話能力を活用する指導

上記のうち、（1）対話能力の段階の第二段階（相互融和的な対話）から第三段階（相互啓発的な対話）へという進展は、水谷信子氏の『『共話』から『対話』へ』[注2]から導き出しているが、第一段階（対話の価値を知る）は、大村はま氏が話し合いのカリキュラムの根底に必要だとされるものの一つ（上記（4）の①の（ア））を取り込んでいる。

（2）対話能力表の基になる「状況の中で相手発話が理解され、自己発話が生み出される過程」[注3]（対話行為の心理的過程モデル）は、言語心理学や発達心理学の知見に学んだとある。そこでは、聴解過程（1表意の理解／2推意の理解）から話表過程（3漠想の生成／4言表化）という作業空間と、話題・対話行為・対話方略に関する記憶という記憶空間とがあり、その両者の間で、「関連のある情報を呼び出し」[注4]て、状況認知や状況判断をするのが展開過程であるとしている。ただし、展開過程の説明では、それにとどまらず、話表過程のうち「3漠想の生成」[注5]も含むものとされている。また、聴解過程にも、記憶空間にあった「対話に関する認識や方略的知識」[注6]（話題に関する記憶力も含むか。）から必要なものを適切に引き出す運用力がはたらいているとされる。展開力は、聴解力が聴解力として、話表力が話表力として発揮されることを支えるのである。したがって、話しことば学力論としては、②聴解力、③展開力、④話表力と一応分けられているが、そのほとんどを展開力がおおうのである。とすると、中核となる展開力が、どこからどこまでを含むのかが問われてくる。これら三つの学力のもとにあるものは「対話に関する認識や方略的知識」であろうが、対話能力表には最後（⑤）に置かれている。さらに「状況の中で相手発話が理解され、自己発話が産み出される過程」では、「コミュニケーションへの意欲」が根源にあることを前提として、他の過程とは独立して掲げられている。「対話能力表」では、「学習者が対話の生産性に気づくことで生まれてくる」[注7]とし、②聴解力、③展開力、④話表力という能力の基底に「関心・意欲・態度」[注8]に関する項目として示される。したがって、②聴解力、③展開力、④話表力のもとになるものが、二つあることになる。ただし、①「対話コミュニケーションへの意欲」を促す「対話の生産性に気づくこと」は、⑤「対話に関する認識や方略的知識」とも密接に結びつこうが、両者は関連づけられるには至っていない。したがって、学力構造をうかがわせる対話能力表としては、不十分である。とは言え、その聴解過程を表意の理解と推意の理解とに分節するところには、正しく聞くことから深く聞くことへという大村はま氏の学力論が生かされている。

（3）対話能力育成の指導計画は、「各附属中学校での実践を持ち寄り、その体系化をはかりながら作り上げた」[注9]と明記されている。実際には附属中学校で実践された活動形態を、何のためかを考えて、情報交換のための対話と、思考・認識を深めるための対話の二系列に分け、難易を勘案して配当したものであろう。対話の活動形態の学年的目安としたようである。

（4）対話能力を育てる学習指導の手がかりは、（3）よりさらに具体的な単元構想に生きてくるものと見なされたようである。この点は明らかに大村はま氏の説に拠っている。ただし、目標の立て方など具体的な単元構想に生きてくるだけでなく、年間指導計画作成の指針になり得るものを備えている。大村はま氏はむしろカリキュラムを意識して提案している。そうすると、（3）の学習活動から目標設定へと遡る対話形態の二系列説と（4）の何の力をつけるのかという目標の見きわめから内容創出へと向かうカリキュラム作成指針とが、年間指導計画を作成する時、事実上並列するという状況が生じてしまう。

話しことば学力論と年間指導計画作成の原理を一貫させるには、（1）の段階を保留し、（2）に伏在した学力論を顕在化させ、（3）・（4）で従とされた（4）のカリキュラムの原理を取り出すべきであろう。大村はま氏の行き着いた話しことば学力論は『やさしい国語教室』[注10]（昭和四一年）に内在していたもので、野地潤家博士の「コミュニケーション技術の訓練」[注11]（昭和四五年）、及び「話しことばの特質と機能――教育話法と学習話法――」[注12]（昭和四六年）によって明確に位置付けられた。それを図式的に示すと、次のようになる。

話しことば自覚

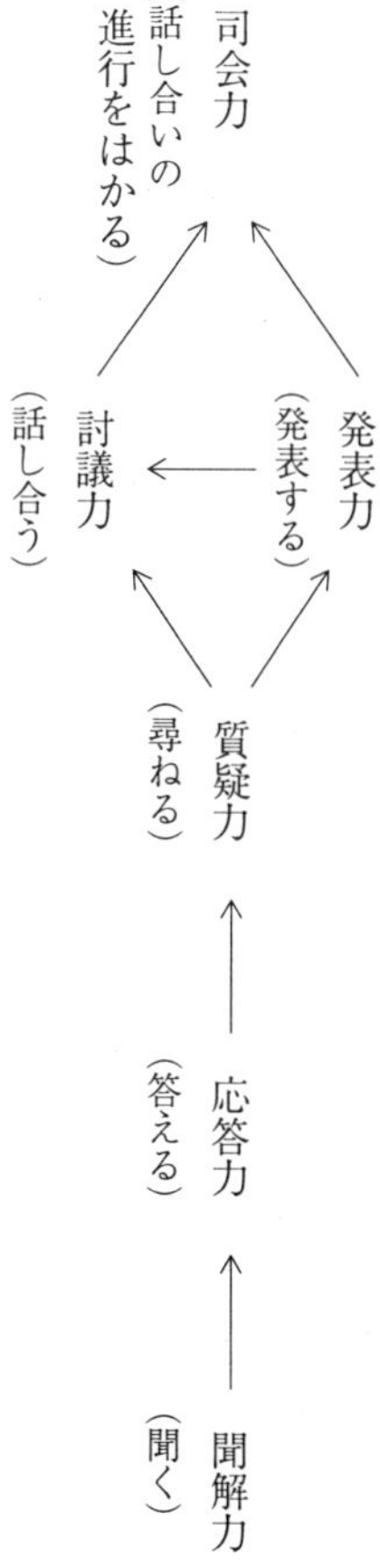

※これらの図は、聞解力がすべての基底に働き、対話における聞く力の修練があって応答力や質疑力が伸び、公話における聞く力の育成があって発表力がついていく……という関係として理解されたい。
※括弧内は、学習者が自らの話しことばを見つめて、その力をつけようと願った時、どういう行動（活動形態）として意識されるかを記したものである。

このような学力の構図は、大村はま氏の提案する、以下の話しことば年間指導計画作成の原理[注13]（昭和四二年）とも整合性を持っている。

1　話しことばの根底を耕す指導

（1）話しことばの価値を身にしみて感じさせる。

（2）よく聞く習慣を養い、正しく深く聞く力を育てる。
（3）学習の中で自分をも人をも大切にすることを身につけさせる。
2　話しことば学力そのものを伸ばす指導
3　話しことば学力を活用する指導
そこで、主として大村はま氏の実践に拠るが、言及がない場合は野地潤家博士の説述によって補い、話しことば年間学習指導計画を作成するための、指導の筋道を明らかにしたい。

二　話しことば年間指導計画への構想

㈠　話表力の根底を耕す指導

1　**話しことばの価値を身にしみて感じさせる**

（1）出発点となる対話に於いて、教師が生徒一人ひとりと接する時間と話題を用意するように努め、学習者自身が絶えず自らの可能性に目ざめさせていくように心がける。そして、生徒の方から目を輝かせ、心を開いて語りかけてくるようにし、「水入らずの対話」によって「わかり合えた時の喜び」(注14)を実感させる。
その上で単元を設定し、
○生徒たちの言語生活の中で最も重要な位置を占めるのが対話生活であることに気づかせ、
○それぞれ心に刻まれた対話を披瀝し合うとともに蒐集し合い、

○文章化された、こんな対話こそかわしたいものだと思える事例をもとに、なぜ心に刻まれるものになったかを探り、これからの言語生活を意識的に高めていく指針を見出させる。（主に野地潤家博士による。）

（2）発表（公話）の場合は、以下の二つの側面に留意する。

A　発表の価値を身にしみて感じさせる際の留意点（発表する側から）

①人前で一まとまりの発表をさせる以上は、十分に準備させて、その努力と成果に対して、国語の指導者しかなし得ない評価を心掛け、学習者が発表したことへの確かな手ごたえとさらなる意欲が感じられるものにする。

②ただし、それ以前に小さな発表の機会を随時おりこんで、生徒自身が考えたり感じたりしていることを、既成の答えで済ませずに、「正直に率直に」「（誠意をもって）ありのままに」(注15)述べるように習慣づける。

B　教師が聞くこと・話すことに関する全単元にまとまった話を計画して準備し、生徒が練り上げられた発表を聞く痛快さをおぼえるようにする。（聞く側から）

（3）話し合い（討議）のばあいは、次のような筋道をたどらせる。

A　実際の国語学習のなかで話し合いの威力に気づかせる。

①話し合うことの価値を身にしみて感じさせるように計画した単元において…「ひとりで考えたら五種、みんなで考えたら百種」のように話し合いが威力を発揮する場に直面させて、目を見張らせ、以後話し合っていこうとする根本的姿勢を固めさせる。

②それまでに蓄積した話し合いの力を活用・発揮する単元において…特に話し合うことを契機にぐんと深まるように仕向け、その前後を比較させて話し合うことの意味を悟らせていく。

B　おりおりに話し合うことの価値・必要性を理解させる

①まず、学級全体を相手に説くだけでなく、めいめいの学習者にもおりを見つけて個性に応じて話すようにし、

話し合いに対する教師の信念が、生徒の内面にも浸透していくようにする。
②話し合いの生産性は、
(a) 量的にも質的にも一人ではできない仕事が共同によって可能になることと、
(b) 話し合っているなかで、本筋とは直接につながらなくても、参加している人の心を活発にし、全く新しい考えが生まれるなど、自己が開発されること
の二種にみとめられる。これらは、話し合いのなかで相手から得られること((a) 対人性)と、自ら生み出すこと((b) 対自性)というようにも分けられよう。
③話し合いの必要性については、次のように三点から説くことができる。
(c) テストなど生徒の目の前にある課題への有効性(現象的・現実的必要性)を説くばあいと、
(d) 学習者の将来にどうしても不可欠になること(将来的・本質的必要性)を説くばあいだけでなく、
(e) 生徒にすぐ接点が見いだせなくても話し合いの必要性に結びつく話題を蒐集して話し、話しことばの力に畏敬の念を抱かせるばあいもある。

C　話し合うことの究極的目的に目を開かせる
①話し合うことによって目前にいる人と一緒に生きていることの幸せを見いだす
②自他の運命的にも思える状況を打開する
――これらのことに行き着くようにする(ほんとうに生きる力にし得たことの証)。

(4) 司会については、おそらく以下のような過程をたどることになろう。
A　日々の国語の授業のなかで、教師が鮮やかな導入をし、構造的な授業を進めていきながら、生徒の発言の可能性を汲んで掘り下げ、感動を呼ぶようなまとめに行き着くようにする。そして、生徒の内に自ずと、あのように

何もかも生かしきれたらという憧れの思いが湧くようにする。

B　話し合いの授業に入っては、教師が実地に目の前で司会をしてみせ、生徒が司会の価値や役割の重要性をひしひし感じられるようにする。

C　司会をしてみての苦心やこのように進めてみてはという方向性が見えてきた時の喜びなどを出し合い、教師の司会経験も披瀝して、

○司会者としての修練にはきりがないことを悟り、

○参加者の誰もが、話し合ってよかったと思えるような司会をしたいという願いが湧くようにする。

このように挙げてみると、この司会の系列による話しことば自覚の深浅が、以後の話しことば技能の修得を切実なものにするか否かを決めるものだと気づかれてくる。

2　よく聞く習慣を養い、正しく深い聞く力（聞解力）を育てる

このことについては、下記の二点が要になろう。

（1）出発点において、教師の方で学習者が思わず聞き入ってしまうという話を多く聞かせ、聞くことがいかに実りの大きい営みであるかに目を開かせる。できれば、対話における聞く、発表における聞く、話し合いにおける聞く、司会における聞く……のように、徐々にそれぞれの領域ごとの生産性に気付き、これまでの聞く生活を見直す機会になるようにする。

（2）そして、少々の状況の変化、発表のつたなさでは揺るがない、堅固な聞く習慣が身につくようにする。

（3）その上で、対話の中で聞くことから発表を聞くことへ、また話し合いを聞くことへと、じっくりと正しく聞き取る力を養うようにし、

（4）だんだん話し手の真意に迫ったり、必ず話そうとして一層集中して聞いたりして、深く聞くことに誘っていく。

3　自他ともに尊重される学級に

このために、以下の三点を心がけるようにさせる。

（1）生徒たちの「あの人はできるが、この人は……。」という固定観念を改める必要がある。そのために、わけても発表や話し合いの準備の中で、教師が生徒一人ひとりに直接かかわる時間を確保していく。

（2）教師の手伝いかたは、生徒のめいめいが自ら学習した成果であると思えるような、触発性を主とするものにし、細心の注意をはらって行う。そして、

○生徒一人ひとりの個性や能力に応じたものにするとともに、

○取り組む材料をみんな異なるものにしてみたり、

○生徒の学習方法・作業を別々のものにしたりする

など、学習者に誰かと誰かを比較するという意識が湧かないものにする。

（3）ただし、それ自体が国語の学習なのであるから、自分をも人をも大切にするという民主的な学級風土の醸成に資するだけでなく、当然国語学力そのものが伸びる活動になるようにしていく。

(二)　話表力自体を伸ばす指導

1　応答力の修練

(1)　基礎訓練・日々の国語学習において

①中学校における応答力育成の方針は、教師がいかなる国語学習の際にも的確な応答に導き、慣れさせていくという思いを持ち続けることであるが、扱いとしてはその場で簡潔に補うことにとどめる。

②生徒の応答力を引き出す契機としては、教師が問い方をさまざまに変える（誤りやすいのは二〇種類程度[注16]）だけでなく、問う人を生徒にして自由に尋ねさせるなど、何をどう聞かれるか見当もつかない場を設けて、生徒が多様な問いにふれる機会をもつようにする。

③実際にどのように答えさせるかは、それぞれの問いに対して生徒がどこまで用意ができているかによって、以下のように導き方も異なってくる。

○何をどう答えるか途方に暮れる時には、教師がそれほど間を置かずに代わりに答えてみせて、「ああ、そういうことをこんなふうに答えればよいのか。」という見通しをつけさせる。

○これを話そうという内容はあっても、それに表現が伴わず、口に出せずにいると判断される場合は、生徒の最も困っている言い出しを教師が提供して、答えを仕上げさせ、適切な表現にし得た時の満足感をおぼえさせる。

そして、答え方の例示や示唆が、以後の応答の適否に対する敏感さとして生きて働くものにする。

④これらを通して、生徒に決まりきったおざなりの答え方で済ませないで、自らの理解し、考えていることを理解している度合いに応じて誠実に言い表そうとする態度にいざなう。

（２）単元学習において

①応答力はすべての学習指導の基軸をなすため、日々の国語学習において鍛えるのは容易であるが、逆に対話領域の単元学習として実の場を設定するのはきわめて困難である。したがって、この側面においては無理に設定する必要はなく、可能であれば考案するという程度にとどめる。

②それに比して、発表（公話）領域の単元学習のなかで、発表準備などの機会を利用して応答力を鍛えることは、場も得やすく、生徒が発表し甲斐のあるものにするためにも不可欠でもある。

その際には、次のような点に留意する。

○発表を準備している時など応答力育成の機会にしようと目標を見定めて、学習者が何に困っているかを察し、

○そこで教師が心から尋ねたいと思ったことについて、何を→どんな観点で→なぜと段階的に問うていくが、生徒が答えきれない時は、動機から聞いていくなど、答えやすい形に改めて、学習者がどこでいきなずんでいるかを突き止める。

○何をしようとしているかという着眼点と実際の作業との齟齬がある時、再度目的を見つめ直させ、そこから本来選ばれるはずの作業はこういうことではないかと指摘して、何が補われるべきかに気づかせる。

○例を挙げて得がたい発見をさせ、さらに調べると見えてくることを予感させて、人と話すことの実り豊かさを悟らせる。

③話し合い（討議）に着目した単元学習においても、国語教室経営の一環としてグループ報告を義務づけ、担当する生徒が一人ひとりから報告を聞いた上で、ひとりで教師に報告するように習慣づける。これも、広義の応答力を鍛える学習形態と言えよう。いずれの報告の前にも課題意識があり、それに答えようとして調べたり、尋ねまわったりして、班学習がどこまで進んでおり、どこに問題をかかえているか、整理して報告するからである。

2　質疑力の練成

（1）日々の国語学習において

①本格的な質問はわからないから聞くという穴埋め式のものではなく、相手の話を一層実り多いものにしようとして聞き入るところから生ずるものであり、高い評価がうかがえる質問や新たな可能性を引き出す問題提起となって表れるものであると了解させる。

②手立ての中心は、何といっても教師が一生徒になって質問を実際にしてみせ、問うことの醍醐味に目を開かせることにある。その上で、生徒に実地に問う機会を提供して少しずつ問うことに手応えをおぼえさせていく。補足的には、教師が示した問いのどこに学んでほしいか説明することもあってよい。

（2）単元学習において

①質疑力育成を主とする単元学習（「昔ばなしはどのように受け取られているか[注17]」と「このことばづかいをどう考えたらよいか――インタビューの学習――[注18]」）のばあい、以下の二点から見通しをつけることができる。

○相手の年齢に応じて個々の尋ね方を工夫することから、尋ねたいことに即して全体としてどんな順に組み立ててどういうふうに聞くかを苦心することへ、後者のインタビューにおいては、二人で協力して補い合って価値の高い答えを引き出す契機にしていくことから、独力でも趣旨の明確で、しかもふくらみのある尋ね方にしていくことへ。

○どんなふうにすれば質疑力が身につくかを了解し、ともかく実地にためさせることから、質疑力伸長の方向を見定めて発言する手応えをおぼえさせることへ。

②他の単元のなかで鍛えていく際には、まずどういうレベルでもともかく知りたいことをどんどん問わせ、分かったときの喜びを感じさせる。その上で、関心を持たざるを得ない言葉・文表現に着目して、答える側の真意を引き

出し、言葉や文表現と表現主体との関連に目を向けさせる。さらにめいめいのテーマをもって研究に取り組ませ、研究全体を視野に入れた尋ね方を工夫させる。

3　発表力の修練

（1）発表の基礎訓練において

大村はま氏が示された「意見の発表」についての練習一二項目を見つめ直すと、次の四点が導き出せる。

(1)発表がどんな場で試みられるかも考慮に入れて、

①自ら意見を表出するばあい（四項目）

②誰かの意見が示されたのに対して自己の意見を表明するばあい（三項目）

③いずれの時にも素地となる話し出しの練習から、構成へ、場へと理解を及ぼしている（三項目）。

を分けて練習することとし、その上で、

(2)それぞれの系列のなかでは、発表のしかたに直結する項目から、徐々に材料を選んで発表するなど、実際の意見発表に近いものへと進めている。これは『中学作文』の章立てが、述べ方→書き出し→段落→材料→場と文章表現過程を遡るものであったのと軌を一にしており、初めから終わりまで実際の意見表明に生きてくるという実感をもって練習し得るものになっている。そのなかでは、基礎訓練では優先されやすい構成練習をかなり後に掲げるなどして、意見発表の時、本来何が肝心なのかを悟らせようとしている。

(3)さらに、下記の練習も盛り込んで、意見発表を実用性と文化性の高いものにしている。

④いくつもの意見が示されてまとめるばあい（一項目）

⑤意見創出の鍵となり、討議を深める契機となる言葉を提供して、間接的に意見発表を充実させようとするばあ

い（一項目）

⑷ただし、話しことばは、何より実地において鍛えられ、伸びていくものであるため、基礎訓練としては必要最小限にとどめるようにする。

（2）日々の国語学習において

A　賛成の時、「賛成。」と発言することから以下のような過程をたどって進めていく。

①まず、賛成であることを「賛成です。」ときちんとみんなの前で言い表すようにし、その手ごたえを覚えさせる。

②賛成であるとすでに意思表示がなされたときは、「私も賛成です。」でかまわないが、同じことを二人目の賛同者としてどう発言するかも幾分考え、自分の思いを見つめ直して小さな差違を大切にして話すように努めさせる。

③賛成であると言えるようになったら、その理由も加えて、少しずつのまとまりのある意見にしていかせる。

④言いづらい反対意見についても、同様に実際の場で順々に範囲を広げ、心を落ち着けて、相手を納得させながら言えるようにする。

B　発表者の個性に応じて

①発表に消極的な学習者に対しては、一人ひとりにどういう機会を用意し、いかなる意見・感想を述べさせるかという見通しをつけて、生徒の表情を見抜いて、思い切って発言をさせ、脱皮のきっかけを得させるようにする。

②逆に、発表したがり、冗長に過ぎるような学習者については、上記の発表練習を活用して、凝縮して発表させたり、本当に言うべき実質を備えているか、自らに問い直させたりして、発表の仕方を練り上げるようにする。（野地潤家博士の見解による。）

（3）単元学習において

発表力養成を目ざす単元が『聞くこと・話すことの指導の展開』（大村はま国語教室第二巻のⅢ）には四つある。それを学年・実施時期の順に並べると、次のようになる。

1　単元「いきいきと話す」（中学一年六月実施）
2　単元「国語学習発表会」（中学一年一一月実施）
3　単元「お話がお話を呼ぶ」（中学二年七月実施）
4　単元「このスピーチに、この題を」（中学二年九月実施）

これらの目標・計画を仮りに想定して、このような順に配当された意味を探っていくと、それぞれの単元について以下のような点が指摘できよう。

1　ここではまだ一まとまりの発表をさせるには至っていない。その前段階として、先生の期待・あいづちに引き出されて、自分の発表していることに自信をもち、それがしぜんに生き生きとした話し方をさせていくようにと願ったもので、教師に補ってもらって仕上げる時期と言えよう。

肝心な「クリちゃん」の作品中の会話にしても、一人二編ずつ話しことばを書き写す工夫をさせ、文章化したものの一編の「ことばをよむ」ことでよいとされる。ただし、少しでもその場に近い形で再現しようとすると、自ずと生きた話しことばになってくる。大村教室の生徒も、書いたものを読めばよいのだからと安心しつつも、嬉々としていきいきと話そうと努めたであろう。

ここには、生徒の話したい気持ちを順に引き出す「学習（発表）のてびき」が明確に示されている。何をどんなふうに、どんな順序で言えばよいかわかることが、生徒に発表への見通しをつけさせ、教師にまちがいなく受け止められて満足感にひたることに結びついたようである。実の場における発表に着手する時点で、これならしたい、できるという発表のしかたを提供し、聞き手がどんなふうに聞いてくれるかという焦点を明瞭にしたことは、人前で発表する意欲と能力の素地を培ったと言えよう。

２　単元「国語学習発表会」の内容は、「四月入学以来、学習してきたこと」とあるとおり、開会・閉会のことばを伴うスピーチ発表会、読書報告会、研究発表会、朗読発表会など、いくつもの発表会を組み合わせている。他方、発表会にかける時間が長くなるため、堅苦しいものばかりが続くと思われないように、ゲーム的な暗唱と伏せことば（形容詞）を当てる時間も折り込んでいる。さらに、発表会の充実をもとに、話し合いへの進展を期している。

当然、ここに至るまでには個々の小発表会が用意されて、ここに至ったものであろう。いかなる小発表会にも、進行役としての司会、開会・閉会の言葉を話す人がおり、主要部分に、テーマになる発表や朗読が位置づく。聞き手にも、しっかり聞いてこそ発表できる発言を促したのであろう。

これらのうち、進行、開会のことば、閉会のことばは、形がわかれば後は一人ひとりが工夫すべき余地が大きいため、中一の初め（四月末）からモデルを示して、さまざまな発表会を設けて人前でひとりで話す手ごたえを実地に会得させることになろう。そのなかで、

（1）どう話せばよいかを理解して、安心して話せるようになる段階から、

（2）場に応じ、内面にふさわしい内容を練り上げて話す段階へと進むことになろう。

主要部分に置かれるものは、発表の性格によって

①主として個人で一まとまりの発表に仕上げていくもの（たとえば、スピーチと読書生活報告）

②小集団で話し合った上で、資料を準備して発表するもの（たとえば、研究発表）

③小集団における話し合いを生かして共同で作り上げるもの（たとえば、発表を補う朗読）

などに分化していく。

小発表会では必要ないものの、規模が大きくなるに連れて必要になってくるものに、発表会全体の順序を考えて、組織する能力がある。これはなかなか身につくものではないが、

（1）暗唱や伏せ言葉のゲーム的取り扱いなども盛り込んで、これぞと思える配列を提示して、実際に発表会を進めていくなかで、そのような順序の意味を会得させていく。

（2）こうした工夫を凝らした発表会の順序に何度も慣れさせていった上に、徐々に生徒たち自ら発表会の運営を考案するように仕向けることになろうか。

さらに、発表に基づく話し合いについては、発表会を意義あるものにするため、その可能性を少しずつ切り拓いていくことになろう。

3　発表力を伸長させる二大系列は、

A　発表力独自の単元を創出するもの

B　他の領域の学力養成をてこにして、「発表のてびき」を踏み台に発表力をいっそう伸ばすものである。固有のものとしては、前者になる。

中学二年の七月に至れば、前者Aに属するスピーチは、始終意識してその力の育成・向上に励むものになり、話しことばの取材・構想・口述の各側面は、学習者のなかで一体となって実際に生きてはたらくように目ざしていく。

発表者の充実感を一層大きなものにするために、

①発表者の言わんとするところを大写しにするように問いかけ、

②その話から聞き手として触発されたことも出し合わせ、

③関連すると思われる本を紹介し合うようにさせる。

そうすると、生徒は、めいめいの発表の豊かさを改めて見直しつつも、さらに広大な世界を予感させられること

になろう。

この時点で、発表に対する自信を増し、以後意識して人前で話す努力を積み重ねていこうとする態度を確立させることが望ましいと言えよう。

4　スピーチにおいては、さらに以下のように導いていく。

①聞き手に題を想定させることによって聞き入らせ、発表者一人ひとりの話を一緒に仕上げていき、話し手としての喜びを得させる。

②また、出し合った題を手がかりにして、とらえ方・述べ方の違いを比べて思考をはたらかせ、次元の異なる発表に誘うようにする。

③その上で、めいめいの発表を、完成度だけでなく討議に発展していく土壌を養う点からも見直し、発表と討議とを関連づけながらそれぞれの役割を自覚させるものにする。

4　討議力の養成

（1）基礎訓練としては、

(1)まずは一つの問いをめぐる一回性の話し合いを一対一でさせ、答えさせることから入っていく。

①なかでも、相手の発言をしっかり聞き、自分の意見と並べて発表することから始め、

②次に、相手の意見と自らの意見とをまとめることに進み、

③簡単にはまとまらない問いを投げかけて、学習者が相手と話し合って育てた考えを答えるように導く。

ここに至れば、一往復の話し合いでは済まなくなる。

(2)次に、相手を三、四人にして、やはり上記①〜③の筋道を踏んで、目的を持って話し合うことに慣れさせ

ていく。

（2）日々の国語学習においては、半年ないし一年をかけてグループ学習ができる学級にしていくのだという心構えで、基礎訓練とも結びつけて、以下のように徐々に進めていく。

(1)四月から、尋ねられたことに対して意見を述べる時に隣の席の人の意見を聞いて、自分の意見と一緒にしたものを答えさせるように習慣づける。……基礎訓練の(1)と対応

(2)一学期の間、三、四人で相談して、五、六分の話し合いをし、一人がまとめて答えられるようにする。……基礎訓練(2)と対応

(3)二学期から、ある学習活動だけ、四、五人のグループで一〇分から一五分くらい続けて話し合わせる。

(4)ある一時間の活動だけ、グループに分かれて取り組ませ、報告を出させる。

(5)秋に初めて何時間かの一連の学習活動をグループでさせる。

(6)一単元全体をグループに分かれて進める学習活動に発展させる。

（3）単元学習においては、下記のような観点から、討議力育成の段階を設定することができよう。

(1)開会の挨拶・話し合いの骨格など、初めからどんな正式の場でも安心して用いられるものを教え、慣れていくようにする。

(2)どんな順序で話し合えばよいかをきちんと了解してもらう必要性を自覚させた上で、議事の進行に異論が生じないばあいの進め方など、時宜に応じた時間のかけ方を心掛けさせる。

(3)「話し合いのてびき」（台本）によって、きちんと何を言えばよいかが具体的な場面のなかで会得でき、そのまま則って話し合えばよい段階から、台本を参考にしつつも、各グループが選んだ事例について話し合うものへと、進展を促している。さらに要点のみ示されれば「てびき」が示されなくても充実した

話し合いができることへと進めていく。

(4)それはまた、「てびき」によって話し合いの際に司会がどれほど重要であるかを身にしみて感じさせることから、参加者も司会者の立場になってともに話し合いを作り上げていくものへという発展にもなっている。

(5)「話し合いのてびき」の作り方は、話し合いの全体構造を示したものから、題材に応じて典型的な事例を通して焦点的に理解を促すものへと発展している。この延長線上に、学習者が頭の中に話し合いの台本を作り上げる段階が想定されよう。

5　司会力の育成

(1)　基礎訓練において

①討議の録音教材を使って必要なところで止め、司会者として適当な発言を見いださせる。

(A)討議の中で、話が本筋からそれたとき、一時止め、本筋へもどすことばを言う。

(B)討議の中の新しい展開をするようなところで止め、そこまでの共通点、相違点をあげて、まとめることばを言う。

(C)討議の途中で、問題をしぼる。

(D)発言がかたよっている時に正すことばを言う。

これらは、ここに挙げた順に問題が出てくるというわけでもなく、また別々の場面で出てくるともきまっていない。ふさわしい録音教材が決定的に重要になってくる。市販の録音教材だけでなく、日々の学校生活の中で起こる生徒同士の話し合う場面に耳を傾けていく。その際、上記(A)～(D)は、教材発掘の四観点として活用していく。

②中学生が司会力を発揮する場面
(A)グループの司会（グループ四～六人）
(B)クラスがいくつかのグループになっている場合のクラス全体の討議の司会
(C)クラスの三分の一ずつの討議の司会
(D)クラス全体の討議の司会

中学生では、(A)グループの司会を、誰もができるようになることを目ざす。(B)・(C)・(D)については、個人差が大きいため、生徒一人ひとりに応じて伸ばしていく。

③指導者の活動としては、
(A)討議の分節ごとに教師が司会をして見せて、生徒たちに実地に試みさせるばあいと、
(B)生徒に司会をさせながら、教師があらゆる指導の手を用いて司会を支え、実際の場による体得をめざすばあいとがある。

(A)は、以下のように具体化する。

ⓐまず、司会者を決めることとし、言い出すことば、こたえることばを教えて一グループにモデルとして試みさせる。その上で、各グループでもそれに基づいて実際の話し合いに入らせ、各班の創意を加えて決める練習をする。うまくいかなかったところ、話し合いが止まってしまったところは、すぐに手を挙げて教師を呼び、実地にどのように打開していくかを悟らせる。決まった結果も報告させる。それを何度か練習し、司会者を決めることは十分できるまでに至らせる。

ⓑ実際に司会者を決めた後は、何（どういう内容）をどんなふうに（どんなことばで）話し出すかを体現して、以後の展開、まとめ方も教えて試みさせる。

ⓒ一定の時間が経っても話し合いが順調に進まない時には、どう短縮するかも示して、グループの進め方自体を指導しながら、内容も進行させるようにする。

(B)には、下記の五つの方法がある。

ⓐ司会の生徒に成り代わって言うべきことばを言う。

ⓑ司会の生徒が言うべきことばの、はじめの数文節を与える。

ⓒ指示を書いたカードを渡す。

ⓓ生徒のひとりになって、〝進行について〟という発言をする。

ⓔ生徒のひとりになって、その場に適した、質問なり意見なりを言う。そして、それに応じた司会のしぶりについて批評する。

ⓐは、司会者が何をどんなふうに言えばよいか見当もつかない状態の時で、次のように進めていく。

（ア）自然な形で教師が臨時に司会者の役を勤めることをみんなに悟らせ、

（イ）実地にそこまで話し合ったことを明解に整えて示し、

（ウ）整理した点と照らし合わせて残されたことを明確にし、

（エ）限られた時間の中で話し合えることはこういうことではないかと、これから話し合うべき焦点化した課題を提案する。

（オ）最も無理のないことばで司会役を生徒にゆだね、元の形に戻らせる。

ⓑ「司会の生徒が言うべきことばのはじめの数文節を与える」は、言おうとしている内容はあっても、話し出しが見いだせないと推察される時の手だてで、ⓐ「司会の生徒になり代わって言うべきことばを言う」時と適切に使いわける修練を積み重ねていく。

ⓒ「指示を書いたカードを渡す」は、ⓐと同じく、司会者が何をどんな言い表し方で話すか途方に暮れるばあいであるが、幾分生徒に精神的な余裕があるか、時間にも余裕があるかするばあいの指導法である。その際は、目だたない大きさの用紙に、楷書で二行までとし、文節単位に読みやすさを旨として、そのまま言うべきまとめ・指示を書いて教えていく。

ⓓ「生徒のひとりになって、〝進行について〟という発言をする」は司会者の提案が不十分であったり、議論が百出して、司会者としてどう収拾してよいか分からなかったりするときに、局面を切り開くために、どうすればよいかを、一学習者として提案する方法である。

また、ⓔ「生徒のひとりになって、その場に適した、質問なり意見なりについて批評する」というのは、話し合いの進展に応じて、生徒になってこれこそと思えることを尋ねたり、誰もが得心するように答えたり、教師に立ち戻って司会のしかたについて批評したりすることを勧めたもので、話し合いにおける教師の縦横の活躍を不可欠のものとして要請したものである。

（2）話し合いの学習の中で

司会力は中学校においては独立した形で育てることはせず、話し合いの学習の中で徐々に育てていく。

○司会力をつける土台固めとして、話し合いの時には必ず明確に司会役を位置づけ、司会になっても参加者になっても、司会の重要性を悟り、自分がその役になればこうするという方策を持つことを、記録として残すように義務づける。

○司会者としての頭のはたらかせ方に慣れるために、短くても話し合いの前に全体で司会としてどう進めたらよいかを研究する機会を繰り返し設けるようにする。

○たとえ、司会者として指名されなくても、絶えず司会の立場を考えて、判断し、話し合いに協力する態度を固めさせる。
○「クラス雑誌の編集会議」など、国語の授業にふさわしい実の場を用意し、見つけ出して、司会力を伸ばす醍醐味を得させていく。

以上のように司会力の育成においては、単元として独立することが難しく、基礎訓練がどこからどこまで、日常の国語学習がどこからどこまで、単元学習に相当するものがこれこれと、明確に区分することが難しい。しかし、司会力が学習話法の到達点であることを絶えず留意して、学習者に司会の重要性に対する自覚をめざめさせ、司会力を伸ばす手応えをおぼえさせる年間指導計画にしていく必要があろう。

（3）話表力を活用する指導

ここまでに培った話表力を活用して、国語の他の領域（例えば文学の読み深め）に生かしていく。他教科・道徳などでもどんどん用いていくことになる。そこでは、当然目標には挙がってこないが、そこでいかなる話表力がどの程度発揮できているかを診断し、次の話しことば単元の設定を工夫していくことになる。したがって話しことば年間指導計画作成の際にも、どこに話表力を活用した単元を設定するか、配慮が求められてくる。

おわりに

以上は、実践の事例、講演記録および論述から引き出したもので、抽象レベルの高いものから実践に密着したものまで様々なものが含まれており、まだ、指導事項として整理し得るものにはなっていない。それにしても、中学校三年間の話しことば年間指導計画組織化への素地は、一通り提供できた。私の方では、さらに必要な資料を発掘して、考察を進め、一層筋道だったものにするとともに、このような年間指導計画を、単元構想や授業としての実現にまで行き着かせるために、教師として、教育話法をはじめとする、どういう国語科授業力の向上が必要となってくるかを探っていきたい。

注（1）福岡教育大学国語科・附属中学校著『共生時代の対話能力を育てる国語教育』（明治図書、平成九〈一九九七〉年一一月発行）全二〇二ページ。

（2）水谷信子氏稿「『共話』から『対話』へ」（『日本語学』一二巻四号、明治書院、平成五〈一九九三〉年四月一〇日発行）四～一〇ページ。

（3）（4）（5）（6）（7）（8）（9）『共生時代の対話能力を育てる国語教育』二〇、二三、二〇、二三、三七、三八、四六ページ。

（10）大村はま氏著『やさしい国語教室』（毎日新聞社〈後に共文社〉、昭和四一〈一九九六〉年三月一五日発行）一一～二〇、四四～八〇ページ。

（11）野地潤家博士稿「コミュニケーション技術の訓練」（『講座自主学習』Ⅲ、黎明書房、昭和四五〈一九七〇〉年三月発行）、『話しことば学習論』（共文社、昭和四九〈一九七四〉年一二月一五日発行）二〇五～二三二ページに再掲。

（12）野地潤家博士稿「話しことばの特質と機能――教育話法と学習話法――」（『講座・話し合い学習』上、明治図書、昭和四六〈一九七一〉年一〇月発行）『話しことば学習論』一五三～一七八ページに再掲。

（13）大村はま氏稿「『話し合い』指導について」（『国語通信』九三・九五号、筑摩書房、昭和四二〈一九六七〉年二月一日、四月一日発行）、『聞くこと・話すことの指導の実際』（大村はま国語教室第二巻、筑摩書房、昭和五八〈一九八三〉年三月三〇日発行）一七五～一八六ページに再掲。

（14）野地潤家博士稿「人間関係をひらく話しことばの指導」（『月刊国語教育研究』一五一集、日本国語教育学会編、昭和五九〈一九八四〉年一一月一五日発行）、引用は『教育話法入門』（明治図書、平成八〈一九九六〉年七月発行）二一六ページに拠る。
(15) 野地潤家博士稿「学習集団化への基礎訓練」(『学校教育』学校教育研究会編、昭和四八〈一九七三〉年四月発行)、引用は『国語科授業論』(共文社、昭和五一〈一九七六〉年六月一日発行)一〇八ページに拠る。
(16)(17)(18) 大村はま氏著『聞くこと・話すことの指導の実際』八三、一八七〜二一〇、三三九〜三六五ページ。

第二章　応答力・質疑力を育てる年間指導計画の作成

以下、対話・公話・会話・司会の四領域について、それぞれの根底を耕す学習指導／話しことば学力そのもの（話表力）を育てる学習指導／話しことば学力（話表力）を活用する学習指導に分けて、年間指導計画作成への手がかりとなるものを探っていくこととする。そのうち、本章では対話に絞って考察していく。その肉づけについても、大村はま氏に拠ったが、実践が挙がっていないところについては、話しことば学力論が一致する野地潤家博士の説述に拠った。したがって、お二人が昭和四〇年代～昭和五〇年代に行き着かれた地点から、それまでの昭和二〇年代や三〇年代の話しことば教育実践にも光を当て直し、これから中学校で年間指導計画を作成する際の拠りどころにしようとしたのである。

一　対話（応答力・質疑力）の根底を耕す学習指導

この系列は、対話の根底を耕すのみならず、公話や会話の根底に培うことにもなるものである。これらは、大村はま氏の論述「『話し合い』指導について」（昭和四二年）を適用して、さらに以下の三点に区分し、考察を進めることとした。

○学習者に対話の価値と重要性を身にしみて感じさせる。
○すべての談話生活の基盤となる正しく深い聞く力を養う。
○自他ともに尊重される学級にする。

㈠　学習者に対話の価値を身にしみて感じさせる

このことについては、大村はま氏に直接の言及がないため、野地潤家博士の説述に拠りながら、私の方で仮りに提案しておく。下記の三階梯が想定できよう。

①対話への素地を作る…授業の中で、また授業外でも生徒一人ひとりと接する時間を用意するように努め、絶えず個々の可能性に目覚めていくようなことばを交わすように心がける。そして、心の中でこの先生なら自分をいつくしみ、育て、見守ってくださりそうだという親愛の思いが自ずと湧くようにする。

これは教師としての基本的姿勢の持ち方で、生徒の様子に応じて適宜に対応していくものである。野地潤家博士は、

「真に熟達した指導者は、担任している学級の子どもたち一人ひとりが自分の目の前にいなくても、内面において、絶えず対話を続けているものである。(注1)」

と指摘されている。現象的には、即時の対応の見事さと見えるものが、事前の内なる予備的対話によってどれほど適切性を備えてくるかを道破されたものと言えよう。

②対話への契機を得させて、対話の喜びを実感させる…生徒に喜ばれる話題を見つけ、貯えておき、おりあるごとに提供して、生徒の方から目を輝かせ、心を開いて語りかけてくるようにし、水入らずの対話の成り立つ世界にいざない、わかり合えた時の喜びを体験させる。

こちらは、①以上に準備して実際に対話成立を促そうとするものである。この時には、教師の努力が話題発掘・採集に注がれがちであるが、野地潤家博士は、

「指導者と学習者との間にほんとうの対話を成立させるという時、大事になるのは、指導者が学習者の発言や学習者の語りかけをどのように受けとめ、どのように学習者に返していくか(注2)」

ということが問題であると説かれている。そして、対話成立がいかに容易ならざることかを自覚して、

「教室の内と外に営まれる対話行為の一つひとつに分析と評価をつづけ、それらを本格的な対話行為へと生かしていくように努めること(注3)」

を提案されている。生徒との対話を成立させ、成就させようとして試みた結果を集成して「生徒との対話を成立させるために――私の試み一〇〇回――」などにまとめられれば、この「対話の価値を身にしみて感じさせる」系列も、随分見通しが得やすくなろう。

なお、①対話への素地を作ることと、②対話への契機を得させて、対話の喜びを実感として会得させることとは、理論的に一応は分けたものの、一体となってはたらくことも多くあろう。まとめた方がよいかどうか、実践的究明が求められるところである。

③対話の重要性を自覚して、人間的成長を求めて話し、聞くという姿勢を固めさせる…（ア）生徒たちの言語生

活のなかで最も重要な位置を占めるのが対話生活であることに気づかせ、（イ）それぞれ心に刻まれた対話を披瀝し合うとともに、蒐集し合い、（ウ）文章化された望ましい対話事例をもとに、なぜ心に刻まれるものになったかを探り、これからの言語生活を高めていく指針を見いださせる。

これは単元として設定し、①・②で体験的に実感している対話の価値を意識化させようとするものである。

（ア）の生徒たちの言語生活の中で最も重要な位置を占めるのが対話生活であることに気づかせるには、単元に入る時点で教師と生徒一人ひとりとの間で、対話を通して心の通じ合う喜びを実感していることが望ましい。それが無理なばあいも、他の人間関係や教師の方からのおりおりの話題提供などで、対話への憧れが芽生えつつある状態にもっていきたい。

実際の授業に入っては、中学生の一日を、対人関係と自己の成長を促す面から振り返らせ、いずれの面からみても対話生活が最も根本的で重要なものであることを悟らせるようになろう。

（イ）の生徒めいめいの心に刻まれた対話を披瀝し合うとともに、これこそ対話だと思える事例を蒐集し合う際には、水入らずの心の通い合う対話事例が主になろうが、徹底した吟味を経て新たな世界が開けてくる対話例にも目を向けさせたい。後者の対話も、前者の心の通い合いが基盤になっているゆえに、さらに踏み込んで自己や人生を根本から見つめ直すことができるのであり、普遍を志向することを通して、人間としてもさらに深く理解し合えることに気づかせられよう。(注4)教師の集めた事例も遠慮なく提供して、対話文集「このような対話こそ――私たちが見つけ出した宝石の数々――」を作成し、それぞれの文例には推薦理由も加えさせたい。生徒の心に「こんな対話こそ交わしたいものだ。」「確かにこういわれれば、人として本望だろう。」と思える対話例がいくつも湧き出るようにしたい。

（ウ）の文章化された望ましい対話事例を元に、なぜ心に刻まれるものになったかを探る、これからの言語生活

を高めていく指針を見いださせようとすれば、

○対話が両者にもたらしたもの

○心の通い合う対話が成り立ったゆえん

○このような対話を生み出すためにはどう努めていけばよいか

など、分析に終始せず、自らそのような対話を作り上げるための創造的な読み方が求められてくる。ただし、その方向性は、読み手によってずいぶん異なってこよう。そのような多様性を生かして、「私の対話生活への指針一〇か条」のような形式でまとめさせれば、各自の主体性が発揮でき、他の人がどう書いているかも気になり、自己の指針を見直す契機にもなろう。

このような学習経験を経て、生徒がどう開眼していくことを期すべきであろうか。これに関しても、野地潤家博士が、次のように念願―規範―修練の三階梯を経て自得していくと説かれている。

「自己の〔聞き方、話し方を少しでも向上させようとする〕切実な念願に発し、〔目のさめるような魅力と示唆に富んだ〕規範（手本）に啓発され、それに憧れての修練」[注5]（〔　〕は、本文から補ったもの）

――これらのうち、「学習者に対話の価値を身にしみて感じさせる」という点から見れば、このような対話を交わしたいという事例をいくつも胸に持って（念願）、こんな対話ができる人になりたいという存在を心に宿し（規範）、どんなふうにすればああなれるかに興味が湧く（修練）までをめざすことになろうか。

なお、ここまで来れば、教師が改めて「実地に対話を展開して、その方法、呼吸を学び取らせる」[注6]ことも不可欠になるが、これは次の「対話能力そのものを育てる学習指導」において、改めて言及することにしたい。

(二)　談話生活の基盤となる正しく深い聞く力を養う

A　しっかり聞く習慣の確立

大村はま氏は、「談話生活の基盤となる正しく深い聞く力を養う」出発点に「よく聞く習慣」(ひとの言っていることに耳を傾ける習慣)を掲げ、左記のように説いている。

「『正しく聞く』も、『深く聞きとる』も、『要点を聞きとる』も、まず『よく聞く』ところからしか出発できないわけである。

ところが、こうした『よく聞く』習慣は、(中略)ひとつのくせといってもいいようなものであるから、それを身につけさせることは容易なことではない。『よく聞くように』と注意したり、『よい聞き方とは』と話したりすることはやさしいが、ほんとうにひとつのよい習慣として、子どもの気持ちとからだにそれを覚えさせてしまうことはむずかしい。

私は、それがひとつの習慣であり、くせであるなら、その『よく聞く』という状態に、子どもたちをできるだけ多くおくことであると思う。『よく聞きなさい』ではなく、子どもたちが思わず聞き入ってしまうような話をすることであると思う。聞いているような、いないような――そんな態度ではいられない。知らず知らずいっしょうけんめい聞いてしまっている、このような時間が、たびたび多く作られれば、そうしてつまらなくて、どうしても心がほかへ飛んでいってしまうような時間が少なければ、子どもたちの心とからだは、『聞く』というときの姿勢を覚えてしまうであろう。習慣とか、くせとかは理屈ではなく、このようにして、実際に聞き入る経験の積み重ねによって、心とからだに、ちょっとした状況の変化では揺るがない、確実な方向がつけられていくことであると思う。(注7)」

注意や説教ではなく、生徒たちが「思わず聞き入ってしまう」という状態に多く置いて、だんだん少々聞きにくい時でもしっかり聞くという習慣が揺るがないようになることを目ざしている。そうすると、対面して一人の話を聞く時も、みんなで発表を聞く時も、話し合っていることに耳を傾ける時にも、聞くことのおもしろさに目が開くことが、第一に要請されよう。そして、このような「堅固な聞く習慣」(注8)が土壌として培われた上で、標題に挙がっている「正しく深く聞きとる力」が、水がしみとおるように身につくことになろう。

B　正しく深く聞く力の養成

『やさしい国語教室』（昭和四一〈一九六六〉年）の「よく聞こう」・「よい聞き手、よい話し手」（昭和四〇年一〇月まで「毎日中学生新聞」連載）とあまり変わらない時期に「正しく聞き取る力をつけるために」(注9)（昭和三九〈一九六四〉年）が公にされている。ここに提出されていることを整理して記せば、以下のようになる。

1〈目標　（教師の出した問いに）的確な応答のできるようにし、正しく聞き取ること〉一年〔括弧は引用者の方で補ったもの、以下も同様である。〕

これは対話（問答も含む）における正しく聞き取る力の基礎と言えよう。話表力における応答力と対をなすものである。以下の指導事例を見ると、いずれも教師が一文で問うており、それを誤りなく理解するのは、確かに正しく聞き取ることの出発点になると了解される。

（指導の方法）

（1）「答えが問いの範囲を出たり問われていること全部に答えなかったりするような生徒の実態」(注10)をまず克服させるため、事例本位にきちんと聞き取ることの難しさを了解させ、誤りなく捉えるための基本を理解させる。

（2）教師の「問いの形」を工夫して、「いろいろな文型」に慣れるようにする。

指導の事例としては、以下のものが示されている。

（ア）問われていることの意味を明らかにするためにも、その手がかりとなる経験やそれにまつわる感想が出て来やすい例を取り上げて、弁別させる。

（例）「口はわざわいのもと、とは、どういう意味ですか。」

（イ）本来共通点の多いことばを挙げて、前提として一致する点を述べて呼び水としたりしないで、端的にその相違点だけを見いださせる。

（例）「話しじょうずとおしゃべりとは、どうちがいますか。」

（ウ）最上級を用いて尋ね、他の多くのことはふり捨てて、一つの焦点になる答えを探させる。

（例）「話し合いに、みんなに参加してもらうために、最も必要なことは、どんなことですか。」

これらを試みた上で、

○「内容がずれたり」「方向の違うことを言ったり」しないで、尋ねられていることの核心をとらえ、

○「言いたりなくてわからなかったり」「よぶんのことまで言ったり」しないで、求められている程度にふさわしいものにする（注11）

ことを生徒に勧めるものになろうか。

2〈目標　（学習の指示など）必要な用件やことがらを（一度で）確実に聞き取ること〉一年

公話（発表）を緊張感をもって落ちなく聞きとめる力の基礎になろう。まとまりを持った話だけに、水ももらさぬ聞き方をめざすことになる。話表力のうちの発表力と対になるものである。自分ひとりに語られているのではな

いために油断も生じがちであるが、そこに聞き手としての一段の成長が求められてくるわけである。
　事例では文集作成と回覧の指示を一度で着実に聞き取れているか、九つの質問項目を挙げて自己点検させるようにしている。このような機会を何度も設けて、一まとまりの話をはりつめた思いでのがさずに聞き取る充実感を会得させるのであろう。

3〈目標　（話し合いのなかで）必要な用件やことがらを確実に聞き取ること〉一年
　目標は前項2と同一であるが、「ひとりの話（2）だけでなく、話し合いを聞いて、用件を確実に聞き取る力も養わなければならない[注12]」とある。目標2と違って、討議・会議においてまちがいなく聞きとめる力の基礎であるとしている。ここではたらく聞解力は、話表力では当然討議力と対をなすものになってくる。話し合いでは多くの人がさまざまな意見を出すため、誤りなくとらえるためにはかなりの精神集中が不可欠である。聞き手としても一層鍛えられる場になろう。
　実践例としては、「学級新聞を作るために、どんな係をおいたらよいか[注13]」という原案を予め配って、録音の話し合いの中で、それが賛成や反対が出て行きつ戻りつしながらも最終的にどう修正されたかと調べ合う事例が挙がっている。このような確認可能な観点を明示して、それが話し合いによってどう変更されるかを注意深く聞きとめる課題が、何例か用意されることになろう。
　目標1～3によって中学生において鍛えるべき、対話・公話・会話を正しく聞き取る力の基礎が固められることになる。

4〈目標　会議・討議に参加して、話の進行の状態を正しく聞き取ること〉二年会議・討議の進行を、自分の推察したことと照らし合わせて聞き、今後どうなるかを洞察する力が求められる。このような聞解力は、目標3の発展であるから、話表力中の討議力と一対をなすものであるが、以後司会者として求められる力の素地にもなっていく。

聞かせる文例では、一般の見方をくつがえして、現代の若い世代の国語学力を否定的な目で見るべきではない、別の目もりから見れば驚嘆すべき力を身につけているというように論調が展開しており、以後の進展を待ち望ませるものになっている。この世代の学力を別な目でとらえ直すとすれば、どういう文化を生み出す可能性があり、そのために総合的な国語学力をどうやって養っていかなければならないかが、以後の焦点となろう。このような事例の案出が、ここではなんとしても要請されよう。

目標3までのそれ自体で聞き取りの楽しさが確認し得るものから、以後の予測と結びつけて、話し合いの進展が誤りなく見抜けているかどうか検証し得るものへと、正しく聞き取る領域が拡大されている。

5〈目標　話の中心の部分の付加的な部分とに注意して、話の主題（話の本筋）を聞き取ること〉二年

必ずしも強調されておらず、詳述されているとも限らない話を次々に聞いて、それぞれの話のなかで主になることか副になることかを聞き分けて、話の本筋になることを選び出す力が必要になってくる。目標2が肝心なことをのがさぬ聞き方をめざすとすれば、この目標5はさらに重みづけした聞き方を心がけることになろう。

大村はま氏の準備したのは、留学生四人の話について、

「日本の学生について、どういうことが言われていますか。この人たちが日本に来て、困っていることは何ですか。(注14)」と尋ねるという場である。実際にはこれら二点は付加的な部分であり、中心になるのは、留学生一人ひとりの素志である。それを、教師があえて付加的部分を問うことによってゆさぶり、それと留学生が本来抱いている志を聞き

比べて、真の中心を発見させようとするようである。ゲーム的要素も加われば、生徒に注意深く聞かせる絶好の方法になるかもしれない。このような事例に示唆を得て、この目標に似つかわしい聞くことの教材開発と尋ね方の工夫を試みることができよう。

6〈目標　会議・討議に参加して、話の話題や意見の展開を整理して聞き取ること〉三年

会議・討議においていくつもの意見の力動的展開をとらえながらも、相互に比較しながら整理して聞き、共通点と相違点を見抜く力が不可欠となってくる。無論、それらと関連させて自己の見解の独自性を見きわめるためであるが、司会者としてさらに共同思考を進展させる方向づけの手がかりを見出すことにも役立ってこよう。目標4を基軸としながらも、個々の豊かさと大筋で一致しているかどうかも見のがさないで確かな根拠をとらえて進めていこうとする項目と言えようか。確かに三年生の聞解力といってよいものであろう。正しく聞き取る力は、目標4・5・6に至って中核を固めることになる。

例には、武者小路実篤作の「小さき世界」（学年間の争いを、みんなの努力によって、平和に解決するという内容）の感想を四人が出し合うのを聞いて、誰と誰の読みの傾向が一致しているのかを把握し、さらに「だれだれが違いながらも、どんな共通点を持っているか[注15]」という細やかなところまで聞き分けさせる課題が挙がっている。以下の五項目は、どんな観点でまとめていけば、多様な感想が整理できるか、見通しがつけられるものになっている。

「①（語り手）広次をこの作品の中心人物と認めている。（四人とも）
②個性的な心理描写の優れていることを認めている。（川田）
③広次をりっぱだとしている。（川田・西田）
④広次を批判的に見ている。（矢田）

⑤作品を読んだ時、『ぼくならこうする』『わたしならこうしたい』と、自分の生活に引き当てて考え、自分の生き方を考えている。(田村・西村)[注16]」(括弧は引用者が補ったところ)

これらの観点と順序づけは、司会をする際にも生かされるものになっている。

7〈目標　話の主題の展開に注意し、そこに見られる話す人の真意を確実に聞き取ること〉三年

それぞれの発表の主題の展開に着目して、必ずしも表面には浮かび上がってこない話し手の真意に迫る力をつけようとしている。目標5が話の本筋での把握とすると、この目標7は、それがどのように繰り広げられるかに目を向けて、そのような主題を実際このような構成で述べざるを得なかった話し手の真意まで見抜こうとするのであろう。ここにいたって、1〜6の正しい聞きとりにとどまらない、深く聞きとることへの歩みが始まることになる。それは、一様にはならないが、それだけに聞き手が話し手をどこまで理解できるかという解釈が問われるものになってこよう。

さらに、事例として挙げられた、スポーツの選手制度に対する「三人の意見を聞かせて、意見を比べさせる。[注17]」ものが、この目標7に最も合ったものだとすれば、的確に言い尽くされてはいない何人かの発表を聞き比べてそこにこめられた真意の違いまで汲み取る力をつけようとしていることになる。そうなれば一つ一つの話を聞くのは公話(発表)の際の聞く力ではあるが、事実上会話(討議)の際の聞く力と言ってもよいものになってくる。

8〈目標　聞き取ってすぐ次の発言をする立場で、自分の考えをまとめながら聞くこと〉三年

問答でも、話し合いの場でも、自ら話す気構えで聞き、耳にしたことを短い時間に話すべきことに転化する力が

要請されることである。したがって、問答とすれば、目標1（対話における正しく聞き取る力の基礎を養うこと）からの発展になり、話し合いとすれば、目標3（討議において誤りなく聞きとめる力の基礎を養うこと）→目標4（討議の進行を自らの推察と照らし合わせて聞き、以後どうなるかを洞察する力）→目標6（討議においていくつもの意見の力動的展開を、相互に比較しながら整理して聞き、それらの共通点と相違点を見抜く力）と積み重ねてきたことからの進展になる。いずれにしても、対話形態・会話形態において、営々と養ってきた、ひとのことばをすなおに正しく聞き取る力を土台にして、後に話すことを前提にして、聞き方を切実さをもった深いものにしていく項目と言えよう。

例としては、「夜の太陽」（住井すゑ）についての話し合いを想定し、一段落ごとに「そこまで聞き取ったものの上に立って、自分がそこにいたとして言うべきことを考えてみる」(注18)作業が考案されている。何か言いたいところだが、何をどんなふうに言えば問題をほり下げられるか、容易には言い難いところに直面させ、答えるためには心を澄まして、しっかり聞いていくほかないことを体得させるものであろう。

以上の目標1～8の学年・順序は、大村はま氏が授業をしてみた学年と順序であり、「その学年と定めているわけではない」(注19)と明記されている。中学生の進度によって、正しく聞き取る力の養成から深く聞き取る力の二方面（話し手の真意に迫る方向と、次に必ず話すと決めて集中して聞く方向とがある）を加減してかまわないということであろう。

上記の考察で得られた結論は、先に記した『やさしい国語教室』（昭和四一年）から導き出した聞解力の三段階（※）ともほぼ重なるものであり、中学生に聞く力をつけさせようとする際の目安になろう。

※聞解力の三段階は、以下のものである。

①言われている内容をきちんととらえることができる。

②話し手のことばの響きから、どんな場面で発せられたかも考慮に入れて、相手の心まで汲み取ろうとする態度が育つ。
③とにかく話そうという気構えで場に臨み、本気になって聞くという姿勢を確立する。

㈢　自他ともに尊重される学級に

この問題について、大村はま氏は、先に考察した「正しく聞き取る力をつけるために」（初出の書物は昭和三九〈一九六四〉年四月刊）より少し後、「『話し合い』指導について」(注20)（昭和四二〈一九六七〉年二月、四月）に言及している。それを、①発表・話し合いの場において、②それ以外の場においてに分けて引用し、考察の手がかりを得ることとする。

①発表・話し合いの場において

できないと思われている生徒に、級友が傾聴するような発表をさせたり、すばらしい意見を述べて話し合いを進展させたりして、一同を思わず感心せしめるようにする。そのために、発表準備・話し合いの準備の時間を持つように提案されている。「話し合い準備」については、次のように説かれている。

「話し合い準備の時間は、めいめいが、話し合いに参加するための準備をする、いわば、話し合いの時に発言のできるように、ひとりひとりが自分の考えを深め、まとめる時間である。教師は、その教室にあって、それぞれにヒントを与えたり、材料の探し方を指導したり、できるかぎり話し合いに参加するひとりひとりの内容をゆたかにするために努力する時間である。」そこで、多くの生徒たちとともに、できないと思われている生徒にも協力していくわけである。

このように、できないと見られている「生徒に、話し合いの場で、ゆたかな、新鮮な内容をもって発言させるために努力するということは、決して、考えを与えておいたり材料をただ与えておいたりすることではない。（もし、そういうカンニング的なことであったら、さらに卑屈な思いをさせるだけであり、非教育的なことである。）教師の指導あって初めて発表できることではあるが、生徒自身は、自分で見いだし、自分で読み、自分で調べ、自分でまとめ、自分の勉強の成果として喜んでいるという状態になるよう努力することである。(注21)」（括弧は、大村はま氏が付けられたもの）

②それ以外の場においても

「当面の話し合いに関係のない場で、いろいろな機会に（できないと見られている）Bが胸を張っていけるように、（優れていると認められている）ＡがＢの持っているものに敬意を抱くように、くふうするわけで、むしろ、このほうが機会も多く、主であると言えよう。

こうして、だんだん、人をあなどる人もあなどられていると思っている人も無くしていくのである。つまり、話し合いということの行える教室にしていくのである。そんなところまで遠回りしなくてもと思われる道であるが、しかし、基本的な姿勢つくりには、近道はないようである。(注22)」（こちらのみ、括弧は引用者）

いずれのばあいも、

（ア）授業の中で、教師が生徒一人ひとりに直接かかわる時間と場とを設定し、

（イ）めいめいが自らの学習の成果であると胸を張って言えるように、個々に応じて手伝い方を工夫する。

（ウ）しかも、それが実際には自他ともに尊重される学級作りに役立つにとどまらず、話し合いや発表の材料を豊かに蓄えたり、文章の書き出しの呼吸をのみ込ませたりする国語学力の形成の場にもなっている。

したがって、これら三点を留意しながらどういう単元を考案していく際にも民主的な学級風土作りを心掛ければ

よいということになろうか。

③単元学習のなかで別々の材料・方法を用いて

ずっと後に、大村はま氏は『教室をいきいきと』(注23)一（昭和六一年）に「バカにすることのない教室を作る」という小見出しのもとに、次のように述べられている。

「知らず知らずにバカにしなくなってしまっている、心の底まで変えて、どんなはずみでもバカにする気持ちが出てくるわけがない、というところに持ってこないといけないのです。

そこで、単元学習の工夫が生きてくるのです。みんなに、同じ材料、同じ方法で出発させれば、どうしてもそこに差ができるのは当然のことです。ですから、どうしても別々の内容、同じ材料、それぞれの方法でと考えなければならないのです。他の人は、と比較することができないように、めいめいが担当したことを、自分の話をする、というふうにすることがいいと思います。そうすれば、初めから材料も違い、作業も違っていますから、おもしろいと思って聞いてもらうこともでき、また比較するという世界から離れるわけです。違った世界なのですから、比較するという考えが浮かばないわけです。この浮かばない、出てこないということが大切です。そしてその発表が、聞くに足る話、（書かせた時には）読んで感心できる話、何としてでもそうなるようにしなければなりません。それが指導者の務めです。(注24)」（括弧は、引用者が付した。）

先の①・②が、各々の生徒に応じて手伝い方を変えるという点に目が向けられていたとすると、③は、そのことが根本であると認めた上で、さらに材料・内容を一人ひとり違ったものにしたり、方法・作業を別々のものにしたりというように、着眼点を広げている。そうすると、上記の三点は、改めて以下のごとく書き改めることができよう。

（ア）自他ともに尊重される学級風土をかもし出すためには、生徒たちの「あの人はできるが、この人は、……」という固定観念を改める場を設ける必要がある。そのために、授業の中で教師が生徒一人ひとりに直接かかわる時間をなんとしても確保しなければならない。
（イ）かかわり方は、生徒のめいめいが自らの学習した結果であると思えるような触発性を主とするものにし、細心の注意をはらって行う。そして、
○生徒一人ひとりに応じたものにするとともに、
○取り組む材料（内容）をみんな違うものにしてみたり、
○生徒の学習方法やなすべき作業を別々のものにしてみたりする
など、生徒に誰かと誰かを比較しようという気持ちが湧かないものにする。
（ウ）ただし、それ自体が国語の学習なのであるから、自他ともに尊重される学級作りに資するだけでなく、当然国語学力そのものが伸びる活動になるように留意する。

二　対話の力そのもの（応答力・質疑力）を育てる学習指導

㈠　対話の力（応答力・質疑力）を伸長させる階梯

これについては、対話する力を応答力と質疑力とによってとらえ得るかという問題がある。また、第Ⅲ部第一章「話しことば学力論」中に掲げた「望ましい聞き手・話し手の姿を明確にした指導内容の組織化」試案では、段階

設定にまで及んでいなかった。そこで、下記のように補うこととした。

1　対話する力をどのようにとらえるか

大村はま氏の未発表原稿「話し方学習の系統化[注25]」は、談話形態の分類を対話→会話→独語、文化的形態としての問答→討議→討論という西尾実博士の説に拠っている。そのため、『国語の系統学習[注26]』（昭和三二年）に収められた「話し方の系統学習[注27]」とほぼ同じ時期に執筆したと考えられる。この論考には、対話と問答が次のように段階づけられている。（ただし、Aは一年の一、二学期、Bは一年三学期から二年の一、二学期、Cは二年三学期から三年一学期を想定しているとのことである。）

「目標1　よい対話（一対一の話し合い）ができる。
目標1を、三段階に分けて考える。
Ａ　相手と同じくらいの分量と内容をもって話し合える。
Ｂ　相手の話をしっかり受け止めて自分の話をすることができる。
Ｃ　相手と話しあいながら、だんだんに話を深めたりゆたかにしたり、新しい方へ展開させたりして、話しあいを成長させている。[注28]」

「目標4　よい問答ができる。
Ａ　正しい答の得られる問い、問いにぴつたり合った答。
Ｂ　相手のもっているものを引出せる問い、問う人の気持ちをくみとった答。
Ｃ　相手のいいたりないところ、誤解を招く言い方に気づいて、補わせるための問い。相手の聞きたがっている、そして聞くことがつたなくて聞けないでいるものまで答える。[注29]」

これらのうち、対話のAは量的に、Bは質的に一対一で相手と話し合えるための必要条件とは言えようが、A・Bが備わっているからと言って、対話と言い得るものが成り立つとは限らない。それに対して、Cこそ対話ということが自覚できたゆえに出てきた姿と言えようが、他方で、よい問答（応答・質疑）ができればできるだけ、一層実り豊かなものにし得るという面を持っている。そうだとすれば、対話の喜びは生徒が応答力・質疑力を伸ばしたいと思う以前に実感しておくべきものであり、応答力・質疑力が高まれば、Cの対話に対する姿勢が一層確立していくという関係にあると言えよう。対話する喜びについては、すでに対話の根底を耕す学習指導（A）で扱っているため、対話する力としては、応答力と質疑力とが中心になると見なしたい。Cの対話精神の確立は応答力・質疑力の練磨が行き着く先の態度と考えられる。

2　応答力・質疑力を伸ばすための段階設定

そうすると、改めて目標4（よい問答ができる）に注目せざるを得なくなる。このうち、応答力に関する部分のみ取り出せば、左記のようである。

A　問いにぴったり合った答をすることができる。
B　問う人の気持ちを汲みとった答をすることができる。
C　相手の聞きたがっている、そして聞くことがつたなくて聞けないでいるものまで答えることができる。
（文末を学習目標の形にした。）

Aは、正確に、的確に答えるということが指標になり、Bは、言われている言葉の響きからその人の真意を汲んで答えることが目ざされるものであろう。Ｃは、Ｂと似ているが、西尾実博士の言われる、相手の立場に身を置いて答えることを志向するものになろうか。[注30]このように解すると、確かに聞くことの深さに応じた答え方の三段階になっている。大村はま氏が想定した学年・時期を目の前の生徒に応じて動かすとすれば、かなり普遍的な応答力育成の階梯ともなっている。

また、質疑力に関する部分は、次のように記されている。

Ａ　正しい答えの得られる問いを出すことができる。
Ｂ　相手のもっているものを引き出せる問いをできる。
Ｃ　相手のいいたりないところ、誤解を招く言い方に気づいて、補わせるための問いができる。

Ａを確認のための問いと呼ぶとすれば、Ｂは相手の内なるものを顕在化させるための問い、Ｃは相手の話を仕上げさせ、話す目的を達成させるための問いということができよう。そうすると、こちらでは、相手の答え方をどこまで深く洞察するかによって、質疑力の三段階が設定されたことになろう。このように見てくれば、このＡ↓Ｂ↓Ｃの階梯も、やはり堅固なものであると知られてくる。

(二)　基礎訓練・日々の国語学習において

１　応答力修練の方法

大村はま氏は、「聞くこと・話すことの教育実践」[注31]（昭和三四年）のなかで、昭和三三（一九五八）年「中学校学習指導要領」の「聞くこと、話すこと」の中学一年の内容に挙げられた「的確の応答のしかたに慣れること」について、以下の五点にわたって指導の着眼点を示されている。これを手がかりに、応答力を育てていく目安を考えていきたい。

①いつでも、「的確な応答」を指導するということを心がけていること。

大村はま氏は「おりおりのある日に、的確な応答の練習をしただけでは、『慣れる』ところに達することはできない」として、「いつでも、応答の不的確（さ）をとらえる意識をもちつづけ」ていなければならないが、主目標が見失われないようにし、扱いは指導者が即座に言い直して、「どういう答え方が的確といえるか」[注32]に気づかせることにとどめるという。

この項目は、中学校における応答力育成の基本方針と扱い方の要点が説かれたと言えよう。

②問いの形をいろいろに変化させてみること。

このことは正しく聞き取る力をつける目標1にも記されていたが、こちらでは、教師の多様な問い方に応じて的確に答えることに慣れることを目ざすことになる。そのために、まず教師の問い方の工夫が要請されている。例としては、一編の文章について六種類の問いの形が挙げられ、それらの性格と期待する答えの違いがほり下げられている。

③友達から、いろいろなことを聞かせる。

前項②は、練り上げられた問いに対して答えをふさわしいものにする練習であったが、こちらは級友が発した、明解でなく、意図も十分説明しきれないかもしれぬ問いに対しても、なんとか答えようとすることになる。実例には、「それぞれ違った題目で、調査や研究をさせ、その報告や発表をさせ」「友達がいろいろなことを聞くような場を作る」[注33]ことが記されている。問う人が違い、さまざまな形式の問いが出てくるばかりか、立場や観点も異なるため、内容に応じて予測もつかない問いが投げかけられることもあろう。そうすると、教師の問いにも増して答え方を考慮せざるを得なくなると言えようか。たとえ不十分な問いであっても、有用性は湧いてくるのである。

　これら②・③は、問い方や問う人を変えてみることによって、生徒に多様な問いにふれる機会を与えようとする項目になろう。

④応答の実例を示すこと。

　大村はま氏は、生徒がなかなか「的確に応じられない場合は、あまり困らせずに、代りに答えてみせて、実例によってわかっていくようにさせたほうがいい」としている。話しことばでは、教師の例示によって、こう答えればよいのかと会得できる部分が大きいし、「苦しめすぎることは口を重くする結果に終る[注34]」からである。

　ここからは、いよいよ答え方の示唆に進むことになろう。

⑤答の半分、ことに、言い出しを示して、あとをつづけさせること。

　大村はま氏はまた「生徒の心の中に、内容がだいたいできながら形がまとまらないようすで、ことばが定まらず動揺しているような」ばあい、自力では最も明確にしにくい「答の半分、ことに言い出しを示して」仕上げさせ、的確な表現のできたときの感じを体験させ[注35]」たいとしている。これも上記④と同じく答え方の示唆であるが、ある程度答え得る内容があるなと判断し得た時には、こちらの「言い出し」を与える方式にとどめることになる。

　④・⑤は、答え方の典型となって学習者の胸底に生き続け、以後「的確でない表現」に出会った時には、「敏感に不満を感じる[注36]」ことのできるものにしたいとも、付け加えられている。教師の提供する応答例は、後のすべての応答に対する判断基準を養成する点からも、重要になってくるわけである。

　以上の①〜⑤を通して、学習者にどういう態度を育てようとしたのであろうか。『やさしい国語教室』（昭和四一年）のなかで応答力をつけるために生徒になげかけられたことば「『わかりません』『……です』の二種類で答えず、自分のわかっている、またはわからない度合いのとおりに、ことばにするように、努力しましょう。[注37]」を手がかりにすれば、次のように言えよう。

○固定的な答え方で済ませずに、自らの理解し、考えていることを、その理解の程度に応じて誠実に言い表していこうとする態度

この項において明らかにしたことを整理すれば、下記のようになる。

（ア）中学校における応答力育成の方針は、教師がいかなる国語学習の時でも「的確な応答」に導いて慣れさせていくという思いを持ち続けることであるが、扱いとしてはその場で簡潔に補うことにとどめるようにする。

（イ）生徒の応答力を引き出す契機として、教師が問い方をさまざまに変えてみるだけでなく、問う人を生徒にして自由に尋ねさせてみるなど、何をどう聞かれるか見当もつかない場も設定して、生徒が多様な問いにふれる機会を持つようにする。

（ウ）実際にどのように答えさせるかは、それぞれの問いに対して生徒がどこまで素地ができているかによって、以下のように導き出し方も異なってくる。

○何をどう答えるか途方に暮れる時には、教師がそれほど間を置かずに代りに答えてみせて、「ああ、そういうことをこのように答えればよいのか。」という見通しをつけさせるようにする。

○これを答えようという内容はできていながらも、それに表現が伴わず、口に出せずにいるようだと判断されるばあいは、教師が生徒の最も困っている言い出しを提供して、答えを仕上げさせ、的確な表現にし得た時の満足感を体験させる。

そして、これらの答え方の例示や示唆が、以後の応答の適否に対する敏感さとして生きてくるように努める。

（エ）右の（ア）～（ウ）を通して、生徒に固定的な既成の答え方で済ませないで、自らの理解し、考えているこ

とを、その理解の程度に応じて誠実に言い表していこうとする態度に導いていく。

２　質疑力修練の方法

この点については、ずっと下って昭和四九（一九七四）年の講演「私の授業から」[注38]に、下記のように述べられている。

「私はわからないから聞くという、穴でもうめるような質問のほかに、話し手を生かしたり、話を意義づけたり、そこからみんなが何かを生み出すことができるような、聞き手も話し手もなにかを発見できるようなすばらしい問いかけをしなければならない。話を聞いて、[ア]そこにあるすぐれたところ、[イ]問題点、何と何をつないだらこういうことが新たに考えられるのではありませんか、またこのことはあのことに合わせて考えれば問題ではありませんか、とか、（中略）自分がここでこの場にいたがために、新しく生み出したこと、そういうことを、質問という形、問題提起という形（中略）で、出すようにしなければならないと思います。

みんなの発表を聞いたならば、ぜひそういう問題点を出していけるように、訓練しなければならないと思います。これは非常にむずかしいことで、しばらくの間私は[ウ]自分だけで出しておりました。そして[エ]だんだんに生徒には話しました。これはあたりまえの、わからないことを聞くような質問もしていいけれども、それはそれだけのもの。ほんとうの質問というのはこういうものなのだということを。[オ]それを心がけさせましたけれども、なかなかむずかしいのでできません。私は[カ]いつも、自分が子どもの中に入っていて、私自身がそういう質問を見つけては、質問してみせるようにしてまいりました。いつの間にか、ははあ、こういうことを聞けばいいのかなということがわかるようにした[注39]」のです。（ア〜カ、傍線部は引用者）

この講演記録に拠れば、質疑力を修練する指導方法は、次のようになろう。

①聞きながら新たに生み出したことを質問に

ア　相手の話そのものの当人には気づかない優れているところを評価し、意義づけていることが伝わってくるもの（評価しているために出てくる問い）

イ　話のなかで本人は自覚していなかったけれども、AということとBということを関連づけるとこんなことが新たに考えられてくるということ、この発表そのものは納得し得るが、以前の別の人の発表と結びつけると別のこういう問題が出てくるのではないかということ（新たな問題提起）

いずれも相手の話を一層実り多いものにしようとするゆえに生まれてくる質問である。

②生産的な質問を引き出す手だて

ウ　教師の方から質問を出してみる。

エ　教師の例示に説明を加え、望ましい質問の特性を知的に解明する。

オ　生徒に実地に試みさせる。

カ　生徒の立場（生徒役）になつて、まるごと取り入れられる質問を代わりにしてみせ、問うことの醍醐味を感得させる。

ウ→エ→オ→カは、大村はま氏が実際に試みた順序であり、望ましいのは、カに力点を置き、エを補足的に用いてオに進ませることになろうか。

以上のことをもう一度整理し直せば、以下のように言えよう。

①本格的な問題・質問は、聞きたいから聞くという穴埋め式のものではなく、相手の話を一層実り多いものにしようとして聞き入るところから出てくるもので、話に心動かされ、評価しているゆえに湧く質問や新たな可能性を引

き出す問題提起となって表れるものであることを理解させる。

②手立ての中心は、何といっても教師が生徒役になって、質問を実際にしてみせ、自ら問うことの醍醐味に目を開かせた上で、生徒に実地に問う機会を提供して少しずつ手応えをおぼえさせていくことにあるが、補足的には教師の何の例示のどこに学ぶべきか説明することもあってよい。

応答力は小学校からずっと育ててきたため、そして最初に相手が方向づけをするため、問われた上で答える時の的確さが問題になるが、質疑力は自らが問いを発するので、第一に問いの質を明らかにせざるを得ないのである。また、応答力修練の方法は、生徒にとって教師はまず問う人として立ち現れるため、方法も間接的なものから徐々に直接的なものに進んでいくことになるが、質疑力修練の方法は、教師も生徒も、初めから立場を同じくして、何をどのように問うかという一点に集中するため、実地に体得することに力が注がれるのである。

㈢　単元学習において

1　応答力を伸ばすために

先に挙げた「私の授業から」（昭和四九年の講演）には、応答力の育成を目ざしたと見られる二つの事例が紹介されている。この記録を引用した上で、単元学習において応答力をいかに伸長させるかを探ることとしたい。

（1）「明治・大正・昭和の作文の歩み」（昭和四九年六月～九月）の研究のなかで

「私は[ア]その時いつものように、グループを回ってまいりました。一対一のよい場面をつかみたい強い念願にもえておりました。子どもに良い助言をしたいということもその中の一つです。その（片仮名の使われ方を調べていた）子どもが、カードをいっぱい並べておりました。『分類ですか。』と聞きました。『はい。テープからとったんですけど。』『どんな観点で?』『品詞で。』『品詞で分けるの。どうして品詞で分ける気になったの?』だまっております。『どうして片仮名の使われ方を調べようという気になったの、その動機は?』そう言いましたら、彼は雄弁になりました。『近ごろは外国語の氾濫ということが言われております。で、いりもしないような外国語を使って、しゃれた気持ちになっているデパートの広告などもあって、問題になっています。』なかなか知識があります。『そして、そのことは僕もにがにがしいことだと思っています。そういうことは明治や大正、昭和の作文の中にどんなふうに出てくるのだろうか、それを調べたいと思ったんです。』こういうのです。『そう、そうするとその品詞っていうのを調べると、どういうことがわかるの?』『品詞ですか。つまり、どういう品詞がたくさん片仮名が使ってあるかということが』…こういうわけです。

　みなさんもうおわかりのように、ここで先生と二人でぜひ話さなければならないことがあります。外国語の氾濫ということに目をつけて、片仮名を明治、大正、昭和の作文から書き抜いた。カードにとってそれを並べて、分類して、それはいいのですけれども、外国語の氾濫ということがいわれるのは、当然使っていい片仮名の話ではない。擬声語、擬態語というようなものもありますし、ひょっと見ると、その子どものカードにはアメリカなんて書いてあります。アメリカなんか片仮名で書くべきことなんですから、外来語の氾濫となんらかかわりがないことなのです。その着眼点と、やっていることとが食い違っております。そこで私は、外国語の氾濫というのは、あなたのねらいは何だったかということ、そうすると品詞なんかではなくて、当然この日本語があるのにという片仮名語だけをまず残して、それからどういう品詞にそれが多いかということがあってもいいのだ。そこに一段ぬけたということを考えさせました。そして、友達に対してレターを書くということばが出たのが、その文集の中では初めてであったこと、お手紙を書けばいいところをレターと書いてちょっとしゃれてみた、ラブレターとかそういうふうなところに使う感じをちょっと入れてみてある、その向きで片仮名の使われた初めであった。そういうことは、その時代、大正時代には非常に少なかったということがわかりました。手紙をレターと書く気持ち、手紙とレターでは書く道具もちがう、べつのものであるなど話がつづいて、こういうふうな場面も、単元学習の展開のなかでなければ見られない広がりのある一対一の場面であったと思います。(注40)」

（2）グループ学習を報告させるなかで

「教室で、グループ活動をしております時に、（交替でつとめております）当番の子どもが、グループ報告というのをいたします。時間の初めに、私は大急ぎでグループを回ります、全体を把握するために。その時、グループに行くまでに、子どもたちは、自分のグループの人から報告を聞いて、それをまとめておいて、私に現状と問題とを一分ぐらいで話すことになっております。それ以上時間をとられますと、たくさんのグループを回ることができなくて、報告を聞いただけで時間が終わってしまうというようなつまらないことがおこりますので、時間は一分なんです。そうすると友だちに、一対一で、あなたは今何をしていて、どこまでやったか、問題はないか、（別の人に向かって）あなたはどうかということを、手短に一対一で聞くわけです。ただしこの時はグループの人が聞き手としておりますから、ちゃんと言うかどうか目を光らせている子どもがそばにおりますので、ほんとうの一対一ではありませんけれども、みんなの一対一でまとめたものを、一対一で私に報告する。こういうふうな場面もグループ活動をすれば必ず必要なこと、それからグループが活動している時には、実用的にも必要なことなのですが、単元学習では、ふんだんにある一対一で短い時間にどんどん話し合って、次の生産的活動の土台を作っていくことができます。[注41]」（講演記録であるため、部分的に文章を改めたところがある。以下も同様である。）

単元学習のなかで応答力を伸ばす学習指導に焦点化して説かれたものは、管見に入ったものでは、上記（1）・（2）がすべてである。そのことを念頭に置くと、以下のようにまとめられよう。

①応答はすべての学習指導で用いられるという性格を帯びているため、日々の国語学習や基礎訓練として課すのは容易であるが、逆に対話領域の単元学習において実の場を設定するのはきわめて困難である。したがって、この側面について無理に設定する必要はなく、可能であれば考案していくという程度にとどめる。

②それに比して、公話領域の単元学習のなかで、発表準備などの機会を利用して応答力を鍛えることは、場も得やすく、生徒が発表し甲斐のあるものにしていくために不可欠でもある。

その際には、次のような点に留意する。

○アのように、応答力育成の機会にしようとねらいを見定めて、学習者があまりに多くのカードを並べている様子などから、進行上の障害が生じていることを予測し、

○イのように、教師がほんとうに聞きたいことについて、何を、どんな観点で、なぜと論理的に問うていくが、答えきれない時は、動機から聞いていくなど、生徒の答えられる形に改めて尋ね、生徒がどこで先に進めないのかを診断する。

○ウのように、何をしようとしているかという着眼点とどういう観点から実際に進めているかということとの間に落差があり、それを改めるためには、何をしようとしていたかということの目的を見つめ直させ、その目的からして選ばれるべき作業を指摘して、現在実際にしていることが有効性を持つ範囲を悟らせる。

○エのごとく、改めて焦点を絞って、（当然、教師の方は予め大きな成果が得られるところを探しておいて）実地に一緒に一例をとって得がたい発見をさせ、さらに調べていくうちに見えてくることを分ち合って、一対一で話すことの豊饒性を実感させる。

③会話領域に着目した単元学習においても、国語教室経営の一環としてグループ報告を義務づけ、担当になった生徒が一人一人から報告を聞き、その上で一人で教師に報告することを習慣づけるのも、広義の応答力を伸長させる学習形態と言えよう。いずれの報告の前にも課題意識があり、それに答えようとして調べたり、尋ねて回ったりして、現状と課題を整理するからである。

時間を限定することによって、教師に対する報告ばかりか、生徒同士の応答も密度を高めざるを得なくなる。そ

して、緊張感をもって応答することが実の場として自覚され、そこできちんと報告し得たことが、一対一の場ではあっても、以後に公の場で話すことへの自信を生み出すことにもなろう。

2　質疑力を伸ばすために

（ア）主目的とするばあい

応答力を伸ばすばあいとは異なり、質疑力を主として養う際には、対話領域の単元学習として考案していくことが可能である。大村はま国語教室第二巻『聞くこと・話すことの指導の実際』には、二編示されている。それを担当学年の順に挙げると左のようになる。

（1）夏休みの自由研究「昔ばなしはどのように受け取られているか」、中学二年の七～九月に実施、昭和四〇（一九六五）年度の実践（同上書、一八七～二一〇ページ所収）

（2）単元「ことばづかいをどう考えたらよいか――インタビューの学習――」中学二年の一月に実施、昭和五一（一九七六）年度の実践、（同上書、三三九～三六五ページ所収）

以下にそれぞれの単元の目標・計画を想定して掲げ、このような順に実施された意味を探っていくことにしたい。

(1)夏休みの自由研究「昔ばなしはどのように受け取られているか」（中学二年七～九月実施）

〈目標〉

（1）相手の年齢に応じて意図の明確な内容にして、どんな順序でどんなふうに問えばよいか、見通しをつけ、実地に試みることができるようにさせる。

（2）得られた結果を持ち寄り、研究発表することを通して、苦心して尋ね方を工夫したことへの自信が得られるようにさせる。

〈計画〉

（1）昔話が様々な年齢の人たちにどのように受けとられているかをテーマにして、話を選び、年齢的に考えが分かれやすい質問内容を考えさせる。

（2）問い方は、小さい子に話す時と、対照的に四十代、五十代の人に話す時とを想定して、後は両者から推察させていく。

（3）調査の前に、実際の場面を想定して、a何のために答えてほしいか、b話を知っているかどうかを確かめる話し方、c全く知らない時とほぼ知っている時の語り分け、d質問に答えてもらうための尋ね方について相談し、練習させる。

（4）メモ、整理カードを準備して、実地に調査させる。

（5）それぞれ結果を整理して持ち寄り、文章化した上で、発表させ、質疑応答や講評によって、発表し甲斐のあるものにしていく。

〈考察〉

まず、質問内容については、昔話ごとに以下のように設定されている。

（一）こぶとりじいさん

1　いじわるじいさんが、じょうずにおどれたら、どうだろう。

2　いじわるじいさんに、こぶが二つついたときの、それぞれのおじいさんの気持ち。

3　悪いおじいさんに、こぶが二つついたとき、それぞれ、ふたりに、何と言うか。

4　純粋な気持ちで、ものごとに接すればうまくいくか。

（二）花咲かじじい

1　いいおじいさんと悪いおじいさん、それぞれへの気持ち。

2　犬を殺さなかったらどうだったか。

（三）桃太郎

1　鬼をどのように考えるか。

2　とった宝をもって、どうしたか。

（四）かちかち山

1　おじいさんの気持ち。

2　うさぎがたぬきをだまして、こらしめたことをどう思うか。

3　たぬきとうさぎと、どっちをおうえんするか。

（五）舌切りすずめ

1　すずめがのりをたべたことについて、おばあさんが舌を切ったことについてどう思うか。

2　大きいつづらと小さいつづらと、あなたはどちらをとるか。

3　おばあさんは、よくばりか。

（六）さるかに合戦

1　にぎりめしとかきと、どっちがいいか。

2　かにがなぜとりかえたか。

3　なぜゆるしたか。

4　どこがおもしろいか。

5　かにがかきのたねに、「早く出ろ。出ぬとハサミでちょんぎるぞ。」と言ったことに対して、どう思うか。（この項目は、調査結果だけに出てくる。）

（七）浦島太郎

1　どうして帰りたくなったか。

2　玉手箱を、なぜ浦島太郎にあげたか。

3　竜宮って、どんなところか。

2　浦島太郎が、玉手箱をあけなかったら―想像してみよう。（注42）

これらの問いは、次の五つの側面を持つものになっている。

（1）言動の変更に伴う筋の展開…昔話において筋の展開は大きな比重を占めるが、以後の方向性を決める人物の言動が違っていたらと想定して、後の展開を予測させるものである。

（例）（一）1　いじわるじいさんが、じょうずにおどれたらどうだろう。

（二）2　（花咲かじじいの）犬を殺さなかったらどうだったか。

（七）4　浦島太郎が、玉手箱をあけなかったら―想像してみよう。

（2）作中人物の心情、行為の必然性の理解、後日の推察…どうしてもとらえてみたい登場人物の内面を想像し、その行為がなぜ出てこざるを得なかったか、今後どうなるかを推察させる。

（例）（一）2　いじわるじいさんに、こぶが二つついたときの、それぞれのおじいさんの気持ち。

（四）1　（おばあさんがはいっているたぬき汁を食べさせられたとわかった時の）おじいさんの気持ち。

（六）2　かにがなぜ（かきのたねと）とりかえたか。

3　（さいごに）さるをなぜゆるしたか。

（七）1　（浦島太郎は竜宮城から）どうして帰りたくなったか。

2　(乙姫は) 玉手箱を、なぜ浦島太郎にあげたか。
(三)　2　(桃太郎は鬼から) とった宝をもって、どうしたか。
(3) 作品に出てくる不思議な存在・場所の洞察…どうとらえていけばよいか迷うような人物や場所の実体を、こうではないかと推察させる。
(例) (三)　1　鬼をどのように考えるか。
(七)　3　竜宮って、どんなところか。
(4) 登場人物の言動・性格、作品全体に対する評価…判断の分かれそうな人物の言動・性格、もしくは作品に対して読み手がどうとらえ、どう呼びかけるかを自覚化させる。
(例) (一)　1　悪いおじいさんに、こぶが二つついたとき、それぞれ、ふたりに、何と言うか。(こぶとり) …言動
(四)　2　うさぎがたぬきをだまして、こらしめたことをどう思うか。
(五)　1　すずめがのりをたべたことについて、おばあさんが舌を切ったことについてどう思うか。
(六)　5　かにがかきの種に「早く出ろ。出ぬとハサミでちょんぎるぞといったことに対してどう思うか。
(二)　1　いいおじいさんと悪いおじいさん、それぞれへの気持ち。(花咲かじじい) …性格
(五)　3　おばあさんは、よくばりか。(舌切りすずめ)
(六)　4　どこがおもしろいか。(さるかに合戦) …作品全体
(5) 読者としての選択・価値観…作中人物と同じように選択を迫られた時、読者としてどういう立場で読むかを尋ねられた時、作品の中で貫かれている思想が現実の人生においてどこまで通用するかを問われた時などを想定して、読者である自己の見方・人生観を見つめ直させる。

（六）１　にぎりめしとかきと、どっちがいいか。（さるかに合戦）
（五）２　大きいつづらと小さいつづらと、あなたはどちらをとるか。（舌切りすずめ）…作品世界の中で
（四）３　たぬきとうさぎと、どっちをおうえんするか。（かちかち山）…作品を読む際
（一）４　純粋な気持ちで、ものごとに接すればうまくいくか。（こぶとりじいさん）…読み手の人生とのかかわり

したがって、下記の四点が求められてこよう。

○（三）１の「桃太郎に出てくる鬼」を、小さい子は「つのがはえ、こわい顔をしている」と答えるのに対して、年輩の人は「悪い人をたとえたもの」とすることなどを念頭に置いて、後の手がかりとさせる。
○「年齢差の出るような問題」を、（1）言動の仮想に伴う筋の変容／（2）作品に即した人物の心情、行為の必然性の理解、後日譚の推察／（3）作品に出てくる不思議な存在・場所の洞察／（4）登場人物の言動・性格、および作品全体に対する評価／（5）読者としての指向、価値観などにわたって探していくが、あくまで中学生が作品研究を通して取り出してきたものであるようにする。
○その結果として、それほど年齢差が出ないばあいがあっても、それも得がたい調査結果として発表させる。
○調査結果の考察よりも、「学んだこと、こまったこと」や「反省　問題点」[注43]に力を注ぎ、この過程で得たもの（質疑力の鍛え方）に目が向くように誘う。

次に、尋ね方についての工夫がなされている。それを整理して示すと、以下のようになる。

○こちらについても、小さい子（子ども）に話す時と四〇歳～五〇歳代の人に話す時の言い方をまず考案して、後は臨機応変に改めていくものとする。

○とりわけ、小さい子に考えていることが言えるように、それまでのすじを話した上で尋ねるようにする。（問い方の工夫）

○また、答えやすいように「ここのところ、とてもこわかったでしょう。(注44)」などと誘いかけて、出かけている自分の考えを引き出すようにする。（答え方の誘導）

さらに、中核となる尋ね方（下記dに対応する）に行き着くために、順序も考えて、練習し、実地に試みさせている。


「aなんのためにこの質問に答えてほしいか、目的と研究のあらましの説明。

b採り上げている話を知っているかどうかを確かめる話し方。

c話を知らない人に、話をしてあげる、その話し方。

話をだいたい知っている人に、全部思い出してもらうための話し方。

dいろいろの質問をする、その話し方、たずね方。(注45)」（順序を一部入れ替えている。）


aは相手が上になればなるほど必要になる、以下の問いの大前提をわかってもらう話し方、b・cは採り上げた話に答えてもらう基礎作業となる、想起させる話し方、dが、上述の尋ね方、答え方（質疑力）を実際にためしてみるものである。a～cも質疑力に関連するものであり、dに準じて年齢に応じることを心がけるものになったようである。

これらについて、「発表のあとの質問のとき、NHKの鈴木博氏が、『相手との関係や年齢によって、質問のことば、態度、話し方などを変える工夫がむずかしかったということであったが、実際にどんなふうに言いましたか。私にでしたら、どんなふうに聞きますか。』

と尋ねられた。そのとき、四人が、さっと立って、代わる代わる実演したので、たいへん喜ばれた。[注46]」とあり、先生方から、「自分でやったこと、自分の身についたことはぜったいできる。[注47]」と評価されたとある。そうすると、目標1（聞き手の年齢に応じた内容・尋ね方・話す順序への展望と体得）は、確かに達成できたことになろう。むろん、これは一旦ためしてみたという次元の体現に過ぎまいが、実の場における質疑力の育成に着実な一歩を踏み出している。

(2) 単元「このことばづかいをどう考えたらよいか――インタビューの学習――」（中学二年一月）

〈目標〉

（1）インタビューには、お尋ねする側の準備が不可欠であると悟り、尋ねること、話の運び方、予想される答えについて、おおよその見通しを立てることができるようにさせる。

（2）相手が存分に話せるように「静かな、明るい話[注48]」を心がけさせ、その上で予め考えていた運び方にこだわらず、相手の話をしっかり聞いて、話題を発展させようとする態度を育てる。

（3）相手の意見にこめられた思いの強さに着目して、要旨をとらえて記録し、そのおりの「雰囲気をうつす[注49]」ことにも心を配って再現し、インタビューの意義を実感するようにさせる。

〈計画〉

（1）教師の用意したてびきの「考えたいことばづかい」（てびき1）を手がかりに、自分たちで考えた事例もふんだんに盛り込んで、同級生の意識を事前に聞き、統計的に整理したものを用意させる。その上で、インタビューの相手にお尋ねしたいことの焦点を見据えて、「話の運びかた例」（てびき2）を参考にしながら、「だいたいの話の運び方、ことばづかい、資料の提出のしかた、自分たちのすでに持っている考えの出し方などをのみこませ[注50]」、相手の「考え方について（も）、だいたいを予想」してみさせる。

てびき1

このことばづかいをどう考えたらよいか　学習のてびき
——たずねる・ききとる・書きとめる・書きあらわす——

一、考えたいことばづかい
1　あげる　子どもの帰るころには、家にいてあげたいと思います。
花の水、とりかえてあげたの？
2　ください　図書委員会を開きます。委員のかたはお集まりください。
はやく整列してください。
3　先生　宿題のレポートは委員に出してください。
できたら先生に見せてください。
先生の給食、もってきてくれたか。
4　～くん　わたしたち女子は、Aくんに賛成です。
では、青山一郎くんと山野さだ子さんにお願いします。(注51)（以下略）

てびき2

話の運びかた例（あわせて資料の準備の参考）
1　A　では、先生、よろしくお願いいたします。渡辺睦です。
2　B　北原圭子です。よろしくお願いいたします。
3　B　さっそくですが、お伺いします。

先生、「さびしい」という形容詞がありますね。私なんかは、べつになんの疑問ももたずに、「さびしい」と言っていたのですが、お友だちのなかには、「さみしい」という人があるんです。

4　A　べつに、「さびしい」と比べて、「さみしい」を使っているわけではないと思います。しぜんに「さみしい」と言ってしまうようです。

5　B　そうです。選んで使っているわけではないと思います。無意識に使っているといったらいいかと思います。

6　A　気をつけていると、かなりたくさんの人、――女子が多いような気がしたんですけど、――とにかく、かなりの人が「さみしい」と発音しているようなので、やっぱりそのほうがいいのかな?と、ぼくは少しふらついてきました。

7　B　それで、いったい、「さびしい」と言うのがいいと思っている人と、「さみしい」を使う人と、それぞれ何人くらいあるものか、調べてみたのです。これがそのアンケートの結果です。

3　○「さびしい」が圧倒的に多いですね。

	男	女	計
さびしい	17	13	30
さみしい	3	6	9
計	20	19	39

9　A　このあと、「さぶしい」という言い方もある、「さむしい」というのもあるという話が出ました。自分は使わないけれど、きいたことがあるということでした。

10　B　方言だという人がありました。それから、民話のなかで、見たようだという人もありました。

11　○「さびしい」「さみしい」、現代のことばとして、たしかに両方使われていますね。でも、どちらかというと、やっぱり「さびしい」が多いでしょうね。それから、「さみしい」と言っている人も、「さびしい」という方が、標準的だと思っている人がそうとうあると思います。

国立国語研究所の調査でも「さびしい」をとる人のほうが多くなっています。そして、「さみしい」は特殊な感じがするという人は四〇%もあったということです。(注52)（後略）（1・2の氏名は姓名まできちんと名のるということを悟らせるために、あえて名前を入れたのか、生徒に入れさせたのかしたようである。）

（2）実際にインタビューをする際の注意事項を意識させながら、一人か二人かで実地に尋ねてみさせる。
○「相手の話を理解しないで、それを無視したような形で、予定の方へ引っ張っていこう」とせず、「考えておいた順序、運び方にこだわらず、実際の相手の話をよく聞いて、それを生かしながら話を進める柔軟さを大切にする。」(注53)
○「思いがけない話になったとき、聞きとれないときに『えっ？』などと、急に驚きそのものを出さない」(注54)で、「静かな、明るい話し方」を心がける。
（3）役割を分担して、「確かに聞くこと」(注55)を旨として、一語一句に拘泥せずにそれぞれの記録をとらせ、それらを集めて、文章化し、全体の場で報告し合わせる。

〈考察〉

準備の引き金となったのが、てびき1の例として示された「考えたいことばづかい」であるから、まずそれと生徒作成資料との比較によってその意義を探ることにしたい。それぞれのことばづかいごとに、てびきの文例の目的／そこから生徒がどういうアンケートを作ったか／結果をどうまとめたかを整理すると、左の表のようになる。

言葉遣い	文例の目的	生徒作成のアンケート	結果の整理
あげる	目下の人や動物・樹木に対して「やる」と言うべきところ「あげる」を使う二例を示して、どう考えていけばよいかという課題意識を高める。	対比するものが明確なため、教師の挙げた二例を含む八例を挙げて、選択肢方式でいずれがよいかを尋ねるものになっている。	各事例について、いずれを選んだかを統計的数値（男女別人数、比率）で出し、それらの結果の比較をもとに、インタビューの際どう取り込むかを探ろうとしている。
ください	教師も、生徒の係や委員も「ください」を濫用していることを三例挙げて示唆し、どこに境界線を引くかを探らせようとしている。	ここでは「ください」を使うか使わないかが問題なので、選択方式を用いず、○×方式をとり、代わりに「ください」を用いる例を誰が誰に言うのかをはっきりさせ、三十二例を掲げて、多さの伝わるものにしている。	誰が誰に言う時に、一番使っていいとした人が多かったかを男女別に、事例を挙げて示している。委員が、生徒に／先生が、生徒に／係の人が、生徒にという三点についてメモしている。
先生	教師自身が生徒に向かって自らのことを「先生」と自称する例を二つ記し、日常一般的に用いられていることを見つめ直させようとする。	事例をいくつも挙げる形ではなく、「1先生が自分のことを先生と言うのをどう思うか。／2先生が自分のことをぼく、わたしと言ったらどう思うか。」について選択肢で答えを求め、まとめとして「3⑴どっちを先生からよく聞くか。／⑵どっちの方が感じがいいか。」を尋ねる発展的アンケートとなっ	アンケート項目も限られているため、「いいと思うものに○、わからないものには△」をすべてつけるように求め、結果も○と△の人数をすべて挙げている。これらを順に見ていくことでインタビューに生かせるだろうと予測できるものになっている。

		ている。	
〜くん	女子が男子を「くん」と呼んだり、司会が男子を「くん」、女子を「さん」と呼び分けたりする二例が挙げられ、生徒自身がどういう時に「くん」を用いるかを意識化させようとする。	こちらも、「1どういう場合に使いますか／2どういう年齢の人によく使われていると思いますか。」という段階的アンケートになっている。1のなかでは、⑴先生に出欠を報告するばあい／⑵発表会で司会者がメンバー紹介するばあい／⑶先生にグループのメンバーを紹介するばあいについて、男女使い分けるか否かを問うている。	後にインタビューに生かすという意識が明確で、上記1の⑴も、「さん」と「くん」別々／どちらも「さん」／両方使う　のように統一的観点から、男女別人数を出すものにしている。その結果、1⑴では、「さん」と「くん」は別々に言うのに、⑵・⑶では、どちらも「さん」を使う人の方が多くなる。それも発表会で司会者がメンバーを紹介する時、女子はいずれも「さん」を使う人が多く、先生にグループのメンバーを紹介する時は、男子にどちらも「さん」を使う人が多くなるなど、おもしろい結果が出てきている。

結果の整理は各班にゆだねたとのことであるが、（ア）文例にこめられた目的を汲みとり、（イ）作成したアンケートの長所を生かした整理になっていると言えよう。

次に「話の運びかた例」（てびき2）には、体得に誘うインタビューのコツが、以下に示すようにいくつも得られるものになっている。

○正式なインタビューの場でどのように話し出していけばよいかを悟らせている。（1・2）…最初の切り出し（「では、先生」という相手への呼びかけ）が後の発言を引き出す契機となる時には、そこから入るが、二人目も同じように言うなど、形式的な発言は控え、インタビューの内容にぐんぐん入っていく。

○インタビューの挨拶はこれで十分であるとわからせる。（1・2）…こちらの紹介、インタビュワーへの挨拶は、「よろしくお願いします。」と姓名をきちんと話すことでよく、これらの順を入れかえてもよい。ともかく、この両要素をきれいに取りこめば、インタビューにおける挨拶は十全であることに気づかせる。

○内容への切り出しかたは単刀直入に。ただし、問題意識を持つに至った契機は省かずに話す。（3）…形式的に最初に話し出したAの人が、内容についても切り出さないといけないわけではなく、Bは二人目の挨拶なのだから、そこにそれほど比重はなく、すぐ内容に入ってよいことを了解させている。

○二人でのインタビューなのだから、相手の話を補ったり、意味づけたり発展させたりする。（4～6）…4は、3のBが話した事実を批評し、後に本人が言おうとすることを引き出している。5は、4のとらえ方をまとめ、意味づけている。6は、そこから話を進めて、問題意識の核になる点に及んでいる。このように、二人で組んでインタビューすることの長所を生かして、一人ではすらすらと言えないことも補い合って問うべき内容をはっきりするように誘っている。

○資料提出のしかたを理解させる。（7）…聞く側の課題が出たところで、改めて何を調べたのかを明確にした上で、アンケート結果を示すようにさせる。出した後は、間をとり、相手の反応を誠意をもって受けとめるようにする。

○相手に答えてもらうために、なおつけ加えておくべきことを共同で挙げて、答えをじっくりと聞こうとさせる。（9～10）…9は、これまでに挙がっていない例を、使用頻度の少なさや「聞いたことがある」という情報の間接性を伴って伝えている。10は、9が出した「さぶしい」や「さむしい」の語がどこから出たかについて、主な見解を挙げている。これらは識者に存分に話してもらうために、こちらの用意してきたものを全て提供しようとするものと言えよう。

以上で、目標（1）に掲げたインタビューをするための土台作りは、十分に達成されるであろうと推察できるわけである。

さらに、この「話の運び方例」で練習した上での実演（下記）を見ると、目標（2）（予め考えた運び方にこだわらず、話題を進展させようとする態度）にも少しずつ及んでいくことが予想されるものになっている。

インタビューの実際（第一グループ　聞き手　北原圭子）

北原圭子です。よろしくお願いいたします。さっそくですがお伺いします。

先生、「あげる」という動詞がありますね。その使い方ですが、――昨日、母が私に「ねえ、妹の勉強をみてあげなさい。」と言われたとき、ちょっとへんだなと思ったんです。

それから、妹と出かけるとき、「妹は小さいんだから車に気をつけてあげてね。」などとも言っていました。

あっ、それに、母が妹に、「わからない問題があったらみてあげるわ。」などと言っているのを聞いたことがあるのですが。

それで、いったい、みんなはどう使っているのか、それぞれ、どのくらいあるものか調べてみました。

このアンケートにはありませんが、気をつけて聞いてみると、私たちのクラスで話すときには、あまり、「あげる」は使わないようですし、いつかのテレビで、おとなが、「やる」なんて下品なことばだわと言ったのを聞いたことがあります。

それでいったい、みんなはどっちをよく使っているか、それぞれ、何人ぐらいあるものか、調べてみました。

また、家の中での会話、たとえば四番など〔母→姉に〕は、「やる」〔「妹の宿題みてやりなさいよ。」〕と言っているようです。

でも、三番など〔母→子に〕は、今度は「あげる」〔「宿題みてあげるからもってきなさいよ。」〕と言っています。小さい子なので言っているのでしょうか。

こうしてみると、おとなの人は「やる」というのはなんだか下品というように見ているのではないでしょうか。(注56)

ここからは、次のような点に気づかれてこよう。

○実例では、初めてのインタビューなので、二人で補い合って尋ねる形にしていたのに、ほとんど独力でインタビューしてみようとする人にはそれも認めて、聞き手として一人立ちする一助にしていること。
○前半は、「話の運び方例」に即していくことで順調に滑り出している。ただし、問題意識を鮮明にする箇所が出て来ず、何を調べたかを先に言ってしまい、改めて話し直すところが出てくる。それもインタビューの流れが頭に刻みつけられていたからこそ、早目に軌道修正ができたのだと言えよう。そこから後は、実際に調べただけに自信もあり、そこから湧いてくる感慨も、一層なだらかに、概観―言及すべき事例についての結果―総括と見事に進めている。

むろん、初めてのインタビュー単元だけに、目標（1）のインタビューについて理解し、見通しをつけることが第一目的であるが、目標（2）の体現にも幾分踏み込めたため、もっと学んでいこうとする意欲が高まったことであろう。

以上の二つの単元の目標を比べてみると、次の二点について実践系統を見いだすことができよう。

①見通しをつける…相手の年齢に応じて個々の尋ね方を工夫する必要性を理解することから、尋ねたいことに即して全体としてどんな順に組み立ててどういうふうに聞くかに苦心することへ、後者のインタビューにおいては二人で協力して補い合って価値の高い答えを引き出す素地を作り出すことから、独力で尋ねても趣旨の明確で、ふくらみのある尋ね方にしていくことへ

②質疑力の体現へと向かう…どんなふうにすれば質疑力が身につくかを了解し、ともかく実地にためさせることから、実際に少しでも体現してみることへ

こうしてみると、一単元ではあっても、対話領域の単元学習において質疑力を伸ばす筋道がうかがえるものになっていると言えよう。

（イ）　他の単元のなかで鍛えていくばあい

昭和四九（一九七四）年の講演「私の授業から」には、主目的が別のところにある単元学習において、中二から中三にかけて副次的に質疑力を伸ばす場をこのように見いだしたという事例が、三つ紹介されている。いずれも昭和四八（一九七三）年から昭和四九（一九七四）年にかけてのことで、同一学年を持ち上がりで教えられたようである。そこで、以下、実際に指導された順に並べ直して引用し、そこから対話領域以外の単元学習において、質疑力をつけるべき場、問うべき相手をどのように考えていったらよいか、探ることにしたい。

（1）読みの単元「私たちの生まれた一年間」（昭和四八年一一月）において

「今持っております三年生が昭和三十四年から三十五年三月までに生まれたのですが、その間の百日間の新聞のある面をもとにしまして、子どもたちと一緒に、自分たちの生まれた一年間には、いったいどういうできごとがあったか、

どういう意見が投書や「天声人語」などには述べられたか――そんなことを調べてみようとしました。みんなはたいへん興味がありまして、一所けんめいに自分たちの分担を勉強していました。その時に、私が聞くのではなくて、向こう、つまり生徒から――問答は向こうから聞く率を多くするのがこつだと思いますが――実に様々な質問に出合いました。子どもたちは生まれた時の新聞なので、ア読めない字もありますし、イ意味のわからないこと、ウ関係のわからないこと、エ何が何だか皆目わからないことがたくさんありました。（中略）（そこで）みんなが新聞を片手に実に真剣な目で、飛んできてくれました。

いったい、どういうことなんだろうか。そしてさっき読んだ時こうなっていたけれど、ここはどうなったことなのか。その投書と、この投書と関係があるみたいだけれど、どう関係があるのか、それともないのかとか、そういう話を持ってきました。みんなが読めない字一つ聞くにも、一所けんめいです。質問をもって、立って来る姿勢が違います。私が遠くの方にいると、急いで来て、他の人よりも先に自分が聞きたいと思う。（先が読みたくてたまらないのに）番を待つことは閉口であると思うのでしょう。手のあいたところを見はからって急いでガタンと立って飛んで来る。そして一所けんめいに聞きます。（中略）私は飛んで来られて幸せでした。自分を求め、自分に何か聞きたくて、こんなにも飛んで来てくれるのかと思いました時に、うれしいと思いました。それは全くの一対一の対話でございました。(注57)」

（2）言語単元「ほめことばの研究」（昭和四九年三月）において

「去年（昭和四八年）夏休み中かかって、人をほめることばというのを採集いたしました。そしてそれを種類に分けまして、（人から）言われたとき、みんながいい気持ちになるのはどういうことばだろうか。それから人によってはよくない、ある場合にはほとんど反対になるようなことばはどれだろうかというふうな研究をしました。これは男女別のグループで研究しました。ほめことばについては、（男子と女子とで）感覚が違うというので分かれていたわけです。そして、『しっかりしている』というようなことばはどのぐらいの位にランクされるか、『しっかりしている』といわれたときにうれしく思う人というのは、この組にはどのぐらいいるか。『ハキハキしている』といわれたときにうれしく思う人は、どのぐらいいるか。男女違いがあるだろうか、などと調べたわけです。ハキハキしているなどというのは幼稚な人をほめるのであって、そんなことを言われるのは屈辱ではないかという人がクラスには多くて、だめな、マイナスほめことばであっておりました。それは幼稚園の子どもなどをほめることばであって、中学生をほめることばではないというわけなんです。それで、それを私にただすわけです。こういうことばでこういうふうにほめられたら、どういう気がするか。また、先生として、こういうほめことばはどういうふうに思って使うか。

前に指導要録の話が出て、指導要録などはあとに残るものなので、大体ほめることにするなどと言ったことがあったものですから、感覚をためしにくるわけです。いろいろと例をあげ、場面をあげながら、こういう時こういうふうに言われたら、先生はどういう気がなさいますかということを聞かれました。こういうふうなことも子どもたちの方から尋ねて来る一対一の場面でございました。(注58)」

（3）読書単元「明治・大正・昭和の作文の歩み」（昭和四九年九月）において

「（滑川道夫氏が編集された中学校編全六冊をもとにして、）みんなはいろいろな観点で勉強を始めたのですが、グループはテーマ別に分かれております。一グループだったら四人です。たとえば学校生活。明治、大正、昭和にわたって学校生活についてはどんな取材がされ、どんなことが書かれ、内容的にどんな変化があり、また文字づかいなどはどんなふうに変化したろうかというふうに、いろいろなことを調べたわけですが、その時、たくさんの観点を考えました。めいめいが一つずつ分担して、調べ始めたわけです。

そうすると、結局のところ組中では、三十八、九というテーマで子どもが動いていることになります。（中略）もういろいろな研究をしてきた三年生でありますので、私はその三十いくつもある、それも一人で二つ持っている人もありますので、五十近いテーマが動いている時に、その一つ一つのやり方を説明しようとは夢にも思っておりませんから、今までのことを考えてみんな自分でやります。それを私に聞くわけです。この方法論を。このことについてこのぐらいの時間でしなくてはならないのに、どういうふうに調べたらいいか。カードをとってこうやったらいいとは思うのだけどもどうだろうかという、その研究の進め方。

研究は、進め方がわるかったらダメだということは（生徒は）もう耳にタコができるほど、今日まで聞いておりました。ですからみんな恐れております。やり方をあやまった研究というのは、ない方がよかったような結果を生むのだなどと、今まで言われたことがありますので、恐れております。それで相談するのです。

この相談もまた今までの、字を聞くとか事柄を聞くとかとは違った、真剣な聞き方がありました。そして、どうやったらいいですかというようなおおざっぱな質問には答えません。こういうふうにやろうとしているがどうか、ここまでやってみたがどうか、これをちょっと修正してほしい。こういった聞き方にどうしてもなってきます。それも、私が、『どうやったらいいかと白紙でもって向かってくる質問には答えません。』などと言ったからではありません。みんなは質問することが多いからそういうふうに聞かなければ用が足りないわけです。どうやったらいいですかと初めから縷々述べられるようなことを聞いたのでは、間に合いませんので、やっぱり待っている間に考えたのです、いろいろ。そして、こうでもない、ああでもないと考えて、いく通りか持って来て、これはこういうふうになっています、これはこうなっています、どれがいいのでしょうか。これをやっていきますと、こういうことになります、ここの所はどんなものでしょうか――というふうに聞くようになってまいりました。

私は、私の作ったこの学習の場がクラスに五十もの観点を生み、それを見つけて研究が進められる場合に、尋ねること（内容）、その話し方についてのみんなのくふう、そこからせっぱつまって生み出された方法をうれしく思いました。たいへん頭を痛くしながら、みんなのいろいろな、似たような、しかしちょっと違う問題の案の見きわめが大変でありました。しかしこの単元をやってみて初めて、そういうふうな場面に出くわすことができたのだと思いました。（注59）」（括弧は引用者）

上記（1）～（3）の単元の順に問うべき相手、実の場の設定について帰納すれば、左に示すようになろう。

①まずは、教師が生徒の問いに何でも答えられるように準備しておき、

○教師がもともと興味を持っていた「私の生まれた年」「私の生まれたころ」への関心を、生徒の発言をきっかけとして広げ、耕し、生徒たちにも調べたいという思いにいざなう。
○資料（このばあい、新聞）を捜し出して、中学生がほんとうに知りたいのに、読もうとするとわからないことが次々に出てくるという状況に直面させる。（ア）読めない漢字、（イ）意味のわからない語句・慣用表現・ことわざ、（ウ）それぞれの意見・評論の文章の内部でどう関係するか判然としないこと、別々の投書の関連がありそうで見抜けないこと、（エ）何を言おうとしているのか見当がつかず、右の（ア）～（ウ）が入り組んでいてどこから解きほぐしてよいか、途方に暮れることに囲まれて、何とか解決して先に進みたいという思いをつのらせるようにする。
○それに答え得る教師は一人だけであるので、何としても機会を見つけて的確に答えてもらおうとして、聞くべきことを整えて尋ねざるを得ないようにして、ほんとうにわかった時の目の前が開けてくる喜びを味わわせ、次へと読み進める原動力にする。この限られている時間に一人の先生に誰もが聞かざるを得ない場が、実の場としてはたらくことになる。
②それに対して、「ほめことばの研究」は、思春期の生徒が関心を持たざるを得ない、「こう言われたい」と思う言葉を、意識化させ、教師も加えるものの、生徒自身が以下のような観点で集めた言葉を内容によって六種に分け、グループで、その種類の語句のうち、
○みんながいい気持ちになるのはどういう言葉か。
○人によってはよくない印象を与えるのはどんな言葉か。
など、先生や同級生の語感を尋ねて、他の人との感受性の違い・共通点を知って、人間の内面の豊かさに気づかせようとしている。何としても聞きたいと思うことが、協力して多様な相手に問う意欲を湧かせ、それぞれの語はど

のような年齢・性の人に、どんな場面で用いるのがふさわしいか見きわめようとするものになっている。
③さらに、中三の読書単元「明治・大正・昭和の作文の歩み」は、同世代の人たちがこれまでにどのようなことを考え、文章に表してきたかに関心を持たせ、生徒たちにそれぞれのテーマ・領域についてまかせることにする。その代わりに、実りの多い研究方法になっているかどうかという全体計画に関して自らこれでよいかと問わざるを得ない場にしている。この際は程度も高くなるので、やはり教師に問うほかなく、問い方も工夫して尋ねなければ他の人に迷惑がかかるものになる。質疑力も高まって行かざるを得ないように考案されている。

これらのうち、題材、質疑の内容、問うべき相手の三点からまとめ直せば、次のようになろう。

（ア）中学生の自己発見、人間理解の深化につながる題材「私たちの生まれた一年間」→自他の意識の相違に目を開かせる「ほめことばの研究」→時代と作文とのかかわりに目を向けさせる「明治・大正・昭和の歩み」の順に配列し、ほんとうに知りたいという思いを耕し、

（イ）質疑の内容も、とにかく多くの疑問を持ち、尋ねてきてわかるという経験を持たせるものから、問うべきことを絞らせて、得た答から何が導き出せるかに考えが進むようにし、さらにどのように研究していくかという研究方法を確かめさせることにまで発展するものにしている。

（ウ）問う相手は基本的に教師とさせ、何でも答えることから、教師その人でなければ答えられないことを見つけ、返していくことへと進めていく。その基本線を固めた上で、応用編として、生徒同士が尋ね合うことも盛り込んでいく。

中二の一一月から中三の九月までと、全学年を網羅してはいないが、でも、この前に何が養われ、これらの後何が加えられたかと考えていけば、質疑力を単元学習の中でどのように養っていくべきかという指針は十分に得ることができよう。

三　培った対話の力を活用する学習指導

この時には目標にも掲げない。それまでに培った応答力・質疑力を生かして読み深めや作文などに用い、それらの力が順調についているかどうかを診断する授業である。したがって、読みの単元なら、読む力を徹底してつける授業を考案すればよいが、そこにどのような対話の力が育っているか診断する場を設けて、留意点として掲げるのである。

逆に、どういう対話の力が伸びているかが曖昧なものは、そこまでに身についた対話の力を活用しているかどうかも明確には言えないわけで、話しことばの年間指導計画には取り上げようがないことになる。

注（1）（6）野地潤家博士稿「対話のできる子を育てるには――言語能力の貧困化の克服――」（『現代教育科学』三三七号、明治図書、昭和五九〈一九八四〉年一二月一日発行）五二～五六ページ、引用は『教育話法入門』（明治図書、平成八〈一九九六〉年七月発行）いずれも二一二ページに拠る。

（2）（3）野地潤家博士稿「人間関係をひらく話しことばの指導」（『月刊国語教育研究』第一五〇集、日本国語教育学会、昭和五九〈一九八四〉年一一月一五日発行）、引用は『教育話法入門』二一六、二一七ページより。

（4）この段落の論述は、拙稿「『共生時代の対話能力を育てる国語教育』の成果と課題――話しことば教育実践の拠点を求めて――」（『福岡教育大学紀要』第四七号第一分冊文科編、福岡教育大学、平成一〇〈一九九八〉年二月一〇日発行）五四～五六ページ（本書第Ⅰ部第一章）の論述に拠りつつも、一歩進めようとしたものである。

（5）野地潤家博士著『言葉の伝達――コミュニケーション』（「ことば」シリーズ30、文化庁、平成元〈一九八九〉年三月発行）、引用は『教育話法入門』二四二ページに拠る。

（7）（8）（10）（12）（13）（14）（15）（16）（17）（18）（19）（21）（22）（28）（29）（30）（32）（33）（34）（35）（36）
（39）（40）（41）（42）（43）（44）（45）（46）（47）（48）（49）（50）（51）（52）（53）（54）（55）（56）（57）（58）（59）『聞くこと・話すことの指導の実際』（大村はま国語教室第二巻、筑摩書房、昭和五八〈一九八三〉年三月三〇日発行）一八一、一八二、二一二、二一四、二一四、二一八、二二〇、二二三、二二四、二二六、二一一、一八三、一八三～一八四、七一～七二、七五、一四七～一四九、一六八、一七一、一七二、一七二、一五三～一五四、一四七～一四九、一四九、一九八～一九九、二〇八、二〇〇、一八八～一八九、二〇九～二一〇、二〇九、三四七、三四三、三四六、三四一～三四二、三四五～三四六、三四七、三四七、三四七、三四六～三四七、一四二～一四四、一四六～一四七、一四四～一四六ページ。

（9）大村はま氏稿「読解教育と聞き取り教育」第二節（『講座現代語』第三巻、明治書院、昭和三九年〈一九六四年〉四月一五日発行）二三二～二三八ページ、改稿は『聞くこと、話すことの指導の実際』（大村はま国語教室第二巻、筑摩書房、昭和五八年〈一九八三年〉三月三〇日発行）二一一～二一七ページ所収。

（11）（37）大村はま氏稿『やさしい国語教室』四六、四八ページ。

（20）大村はま氏稿「『話し合い』指導について」（『国語通信』九三・九五号、筑摩書房、昭和四二〈一九六七〉年二月一日、四月一日発行）、『聞くこと・話すことの指導の実際』（大村はま国語教室第二巻）一七五～一八六ページに再掲。

（23）大村はま氏著『教室をいきいきと』第一巻、（筑摩書房、昭和六一年〈一九八六年〉一月三〇日発行）全二五二ページ。

（24）同上書『教室をいきいきと』第一巻、二五～二六ページ。

（25）大村はま氏稿「話し方学習の系統化」（『聞くこと・話すことの指導の実際』）七一～七六ページ所収。

（26）日本国語教育学会編『国語の系統学習』（東洋館出版、昭和三二〈一九五七〉年一二月発行）全二五〇ページ。

（27）大村はま氏稿「話し方の系統学習」（日本国語教育学会編『国語の系統学習』東洋館出版、昭和三二〈一九五七〉年一二月発行)、後に『聞くこと・話すことの指導の実際』五九～六九ページに「『話すこと』の学習」と改題して再掲される。
(31) 大村はま氏稿「聞くこと・話すことの教育実践」(『実践国語』二〇巻二二二号、穂波出版社、昭和三四〈一九五九〉年四月一日発行)、『聞くこと・話すことの指導の実際』(大村はま国語教室第二巻)一六七～一七四ページに再掲。
(38) 大村はま氏述「私の授業から」(話しことばの会での講演、昭和四九年八月)『聞くこと、話すことの指導の実際』(大村はま国語教室第二巻、筑摩書房、昭和五八年〈一九八三年〉三月三〇日発行)一一七～一五四ページ。

第三章　発表力の育成をめざす年間指導計画の作成

本稿では、公話領域において発表力を育成・伸長させるためにどのように指導構想を立てていけばよいかを明らかにしたい。

一　発表力の根底を耕す学習指導

これについては、対話の項にほぼ尽くしているが、以下二点のみ補足しておきたい。

①「学習者に発表（公話）の価値を身にしみて感じさせる」ことは、是非目ざしたいことである。学習者にとっても、人前でまとまった話をし得たという充実感は、以後自らの話しことば、話し手としての自己を鍛え、伸ばしていこうという思いを奮い立たせることになろう。ただし、そういう機会は得がたいだけに、発表の重要性を強調し過ぎると、かえって生徒を萎縮させることにも陥りかねない。

したがって、

○人前で一まとまりの発表をさせる以上は、十分に準備させて、その努力と成果に対して、担当の教諭しか、なし得ない評価を心がけて、その「価値を身にしみて感じ」られるようにするが、

○それ以前に小さな発表の機会を随時におりこんで、生徒自身が考えたり感じたりしていることを、既成の答えで済ませずに「正直に率直に的確に」「(誠意をもって) ありのままに(注1)」述べるように習慣づけるべきであろう。

大村はま氏の実践研究書において、「学習者に発表することの価値を身にしみて感じさせる」ことが、敢えて掲げられていないの(注2)も、上述のような配慮があるためであろう。

②一方、「発表の価値を身にしみて感じさせる」ことは、本人に直接発表をさせて実感させるだけでなく、教師の方が絶えず聞き甲斐のある、まとまった話を聞かせることによっても可能になる。この面については、大村はま氏も、昭和二〇年代から留意されている。

たとえば、昭和二八年の「話すことの指導計画(注3)」には、全単元に「指導者の話」が、「まとまった話を聞く練習のために(注4)」として掲げてある。一・二学年に挙げられたもの (第三学年は略されている。) を、単元名・題名・補足説明の順に挙げれば、以下のようになる。

(一) 一学年

(1) 私たちのことば「聾学校を参観して」

(2) ノートのとりかた「『中学の先生方に望むこと』というある図書館員の放送を聞いて」(百科辞典をまる写しにしている中学生を問題にして、図書の利用とノートの指導について教師への希望を述べられた放送についての感想)

(3) 正しい表記「東京駅の一角に立って」(掲示・広告・ポスターなどに見られる表記の混乱について)

(4) 図書館「図書館の夢物語」(理想の図書館の話)

(5) 手紙「私の宝の手紙」(じぶんのもらった中での感銘深い手紙の紹介)

(6) 朗読会「聞く楽しみ」

(7) 生活記録「書くことの『ない』という記録」
(8) 語彙をふやそう「ことばがなくて困った経験」
(9) 放送の聞きかた「私はきょうは何を聞きたいか」
(10) 会話のしかた「駅で拾った会話」
(11) 人形劇「木馬座の公演を見て」
(12) 文集「寄贈を受けた文集いろいろ」

(二) 二学年

(1) 詩「忘れられない詩」
(2) 小説の味わいかた「私の三度読んだ小説」
(3) 研究発表「エピソード」(生徒は毎時間学習状況の報告を提出する。そのすみにエピソードを書く欄がある。そこに書かれたものから興味深いものをとる。)
(4) 会議の進めかた「私の失敗」
(5) クラス雑誌の編集「編集室風景」(編集中の忙しい教室の中で教師の見いだした興味深い小話)
(6) 読書の方法「中学生と読書」
(7) 映画について「このごろ見た映画」
(8) ことばのきまり「うそ発見器とことばの誤り発見器」
(9) 論文の読みかた「目を開かれた経験」
(10) 学校新聞の編集「朝日新聞記者からの批評」
(11) 放送のしかた「教え子のアナウンサーから聞いた話」

これらについて、以下のように記されている。

「なお、付属的な計画として（中略）すべての単元からまとめまで、どこかで一回ずつ指導者の『まとまった話』をすることにし、その題目・内容をきめた。[注5]」

考察の手がかりを得るために、中一～中二の同一単元を取り上げた「聞くことの指導計画」並びに「話すことの指導計画」の説述（指導しようとする学習の場面）と照らし合わせると、下記のようなことに気づかれてくる。

(1)中一～中二のいずれの単元においても、必ずまとまった話が想定されており、中学校国語科の全領域を射程に入れて、新鮮な導入にしたり、学習者のそれぞれの領域に対する学習にはずみをつけたり、さらなる高みにいざなったりしている。

(2)これらの話題は、国語科全領域についての識見を養い、新鮮な話題を探し続けていないと、考え出すことが難しいものになっている。

(3)しかも、これらは、あくまで三年間の「聞くことの計画」・「話すことの計画」の一環であり、話しことば年間指導計画・単元構想を一層肉づけするものになっている。

(4)したがって、教師自身が話し手として話しことば授業力を自ら鍛え、伸ばす場になっている。

二　発表力そのものを育てる学習指導

(一)　発表力を伸長させる階梯

第Ⅲ部第一章においては、大村はま氏の『やさしい国語教室』[注6]（昭和四一〈一九九六〉年）所収の発表力に関する学習目標を、取材／構想／口述／反省・吟味に分けて中学一年から積み上げていく形で設定した。ただし、この項では学年間の段階設定としてこれでよいかどうかを吟味するため、比較資料として、少し遡って昭和三二（一九五七）年に出された「話し方の系統学習」[注7]を選び、そこから右の分節された観点にほぼ対応する指導内容を想定して、発表力を伸長させる階梯を導き出したい。

大村はま氏は、この論考「話し方の系統学習」において、「言語内の条件」（音声・語・文・話）と「言語外の条件」（ことがら〈1話題／2構成〉・場〈1相手との関係／2目的／3場〉）に分け、さらに細かく二五の項目について、三段階を設定している。それらは、「場」のD系列にあるように、「対話・問答（一対一）」→「会話・討議（一対多）」→「討議・公話（一対衆）」となっていて、公話（発表）のみから光を当てられたものではない。しかし、一まとまりの発表をする過程において最も留意され、意図的に力をつけていくことも、またまちがいのないところであろう。そこから談話形態の伸展の側面を一旦保留し、発表力を育成する筋道を引き出せば、次のようになろう。

場（目的意識・相手意識）	話題（取材）	
くつろいだ場（たとえば学級において）で、親しい友だちにさらに親しみを増してもらったり、楽しいという思いを大きいものにしてもらったりするために、内容を事前に準備した上で相手に直接話すことができるようにする。	直接取材できるもの、間接取材によるしかないもの、いずれも個々の事実や個人個人の性質・くせ、作品に表れた人物の人柄など、感想や意見の源となるできごとをきちんととらえることができるようにする。（例、小学校生活であれば「担任の先生のこと」、家族の話であれば「各人の性質・くせ」、学校生活のうちクラスでの出来事であれば「事実」、学習生活のうち「民話　白うさぎ」であれば、「大国主命はどんな人がらか。」）	思想構成においては、「しぜんのまま、発生したままの構成」とあるように、頭に思い浮かぶどおりの連想的・時間的順
少し改まった場（たとえば会議室）で、それほど親しくない人に、何かをわからせたり、知らせたり、尋ねたりすることができるようにする。当然準備するのであるが、予期しない発言を求められても、その時点で答え得ることを、謙虚さをもって正直に率直に言い表す態度を養う。	何があったか、どうであるかを個別に着実にとらえた上で、徐々にまとめて把握したり、事実に基づく思いに気づいたり、作品中でとらえたことから一般化し得ることを見抜いたりすることができるようにする。（例、小学校生活であれば「クラブ活動のこと」、家族の話であれば「うちの気分」、学校生活のうちクラスでの出来事であれば「感想」、学習生活のうち「民話　白うさぎ」であれば、「私たちの祖先はどんな人を理想と考えたか。」）	「理論的な構成」とあるように、徐々に知的に構成せざるを得ない話題に対して、それにふさわしく論理的に組み立て
公の改まった場（たとえば講堂）において、初めて顔を見る人も多勢いる前で、入念な準備をして話し、聞く人たちを喜ばせたり、行動を導いたりすることができるようにする。用意してあった話題が意外な発展をしたばあいでも、そこにひそむ可能性を探って、この場でしかできない話を生み出そうとする態度を育てる。	新たな角度から光を当て直し、生産性・発展性があり、自らの認識を問い直す取材に意欲をもって臨むようにさせる。（例、小学校生活であれば「児童会のこと」、家族の話であれば「家庭・家族への希望」、学校生活のうちクラスでの出来事であれば「批判的意見」、学習生活のうち「民話　白うさぎ」であれば、「私たちの祖先の考えた理想の人と、私たちの考える理想の人」。）	「心理的構成」とあるように、論理的な構成にとどまることなく、それが聞き手にどういう効果を与えることになるかも

構想（思想構成）	口述（1）話レベル（話全体）において
序によって構成に対する安心感が湧くようにする。 　ただし、どう組み立てればよいかとまどう題材のばあいは、教師が構成を指定して、飛躍する印象を持たないで、新たな構成に取り組むようにさせる。	①話全体としては、大よその見通しをつけて聞き手がなるほどとうなずけるようにし、（「筋を立ててわかりやすく話す。」） ②何が肝心なことなのかが伝わるものに努め、（「要点をつかんで話す。」） ③それぞれの小話についてはここで切れるということを意識させ、（「話に区切りをつける。」） ④個癖が表に出て、そこで伝えたいことを妨げることのないようにさせる。（「くせがない。」）
ることができるようにさせる。 　ただし、論理的構成は、思考のはたらかせ方によって何種類でも考えられるため、こういう構成がよいとは言っても、それに絶対に従わないといけないというようには思わせないようにする。	①話す内容が多岐にわたり、複雑になっていっても、それをこんなふうにまとめれば理解してもらえるという展望を持つようにし、（「こみいったことを、巧みに整理してわかりやすく話す。」） ②話のなかでどうしてもとらえておいてほしい肝心な点や、その特徴をのがさないで説き明かし、（「特徴や要点をとらえて説明する。」） ③話の小節についてここで切れるという意識を持ち続けさせることにとどまらず、全体を見据えて、段落意識が表れてくるようにさせる。（「段落を組み立てる。」） ④くせがない話しぶりを確立した上で、話し手の人間性を幾分感じさせるものにと心がけさせる。（「個性的なものを少し出せるように工夫する。」）
考えて、構成を練り直し、練り上げることができるようにさせる。 　教師の考えた構成案も、暗示にとどめ、生徒自身が創意を加える余地が一層大きいものにしていく。	①話すべきことが豊富になっていけばいくほど、どんな時にもその中心になるべきことは何なのかを閑却しないようにし、（「中心のはっきりした話をする。」） ②重点を、内容中心から聞き手中心に移して、話の急所や似たような話題の中での独自性をどうすればわかってもらえるという手立てを一箇所でもおりこむようにさせ、（「特徴や要点をはっきり伝えるくふうをして話す。」） ③話全体を見据えて段落意識を力動的に変化していくものにさせる。（「段落の組み立てを目的によって変える。」） ④自らの話の中で、どこにどういう個性を感じさせようとしているかも考慮して、それが自然な形でにじみ出るようにさせる。その結果についても、吟味を怠らないようにさせる。（「個性的なものが出る。」）

(2) 文レベルにおいて	(3) 語レベルにおいて
①構文上、決まった用い方をされる文型（たとえば、「おとうさんがおっしゃるには、…ということでした。」の文末を、誤りなく言うことができ（文意識）、②修飾句が二つつくばあいに、並列の時には、適切に切って修飾句と被修飾語の関係を表せるようにする。	①平生の級友同士が話し合う時、どういうことばがふさわしいかが、おおよそ会得できるようにし（「そうだよ。」「そうよ。」の程度）、②悪いはやりことばに引きずられないようにし向け（用語の適否）、③人前では、父・母というようにし、先生に対する敬語はきちんと安定して使うことができるように、身につけさせる（敬語の出発点）。④特に、これは方言としてもどうかと思えるもの（東京方言で中学校にしきりに用いられる「みたく」）に気づいて直そうと努めさせる（方言）。⑤語感としては、人の話すことばに耳を傾ける習慣を身につけ、「努力のたまもの」の「たまもの」にある感じ（力の入っているところ）を受け取れるほどの敏感
①主部と述部との間に短い句をはさんでも、くるわないように話し表すことができるようにする（文意識）とともに、②修飾句同士の関係に考慮せざるを得ないばあいでも、それをときぼくほぐして、はっきり伝わるようにしようとする態度を養う。	①先生などに対して、少し改まった話し合いのことばが身につくようにし、（「そうです。」の程度）②答える時、言い切れるのか、私の思いとして述べるのかを考慮して、文末表現として「○○です。」「○○と思います。」などを選んで用いるようにさせる（用語の適否）。③なかなか身につけにくい、自らを謙遜していう「謙称の使い方」に慣れるようにさせる（敬語）。④関連する表現、たとえば「私こそ」と「私なんか」を比べて、その印象の違いを直覚できるようにする（語感）。
①主部と述部の間に、二、三の句をはさんでも、すじがくるわないように話すことができるようにする（文意識）。	①改まった公式の場のことばを新たに獲得するようにし、思い切って使ってみようとする姿勢を育て、②名詞一つにしても、相手や使うべき場から見て不適当かどうか吟味する意識を芽ばえさせる（用語の適否）。（例、土壌学の大家にどろの研究…云々と聞くことの不適切さに気づく程度）③どう言えばよいかとまどってしまうとき「目上の人のことを、より目上の人にいうときの敬語の使い方」にも関心を向け、典型的な用法をまねてわがものにするようにさせる（敬語）。④意味的には同義であっても語感の異なる和語と漢語・外来語（たとえば「心からのおくりもの」と「心からのプレゼント」）の違いをくみ取る感受性を育てていく（語感）。

	さを育てるようにする（語感）。		
（4）音声レベルにおいて	①「ひ」と「し」、「い」と「え」が使い分けられているかどうかを振り返り、「正しい発音」を心がけさせる（発音）。 ②普通に用いることばについては、正しいアクセントかどうかという疑問の点がないようにさせる（アクセント）。 ③日常使っている自分たち生徒たちのイントネーションについて意識化させる（イントネーション）。 ④声の大小を自覚して話すようにいざなう（声の大小）。 ⑤日常のことばについて、適当な速さを考えて話すように仕向ける（速さ）。	①「正しい発音」が間違いなく聞き手に伝わるように「はっきりした発音」をめざすようにさせる（発音）。 ②新たに獲得することばについては、正しいアクセントとともに身につけるようにさせる（アクセント）。 ③生徒たちが直接間接に耳にする社会のことばについてどういう声の上がり下がりをしているかに耳を傾ける習慣をつける（イントネーション）。 ④声の大小だけでなく、それがどのように上がり下がりして一文を構成するかにも着目する態度を育てる（声の抑揚）。 ⑤さまざまな場にふさわしい速さが判断でき、速さを調節して話すことができるようにさせる（速さ）。	①単に明瞭であることにとどまらず、相手に好ましく響くために、「美しい発音」にと努めさせる（発音）。 ②文学作品の朗読に際してそれぞれの文がどのようなイントネーションで読まれているかに留意し、自分でも試みていこうとする態度を養う（イントネーション）。 ③声の大小や抑揚がかもし出す声の表情を汲み取ろうとする態度を養う（声の表情）。

ここでは、発表の場が明確に掲げられ、発表の過程に即した学力（態度も含む）が細やかに取り出されている。本来、個別的な段階設定がなされているものであるため、包括的に発表力育成の階梯として取り出すのはきわめて難しいが、あえて記せば、次のようになろうか。

（1）日常の生活の場で、音声レベル・語レベル・文レベルで正しさと確かさのある素地を身につけ、無理のない形で人前で発表する態度と能力を養い、

(2)徐々に改まった場に挑ませ、話そうとすることにふさわしい構成や話し方に力を注ぐようにさせる。

(3)最終的には公の場に立っても、聞き手の胸に自然に入ってくるような構成や話し方を、話し手の個性も伴って表すようにさせる。

〈二〉　発表の基礎訓練において

発表には、自己紹介／感想発表／苦心談の発表／調査発表／研究発表／挨拶／意見発表など、さまざまな形態があるが、大村はま氏は昭和三六（一九六一）年の講話資料「国語教育近代化のための資料――討議の学習指導1」第一六回全日本国語教育協議会、昭和三六（一九六一）年九月二〇日発表において、「討議のための基礎的な技能の練習」として、「意見の発表」について、下記のような練習のしかたを示されている。

「(1)ある意見をいろいろの長さで発表する練習
(2)ある意見を〝ま〟に注意して発表する練習
(3)ある意見をいろいろある材料の中から適当なものを選んで使って発表する練習
(4)ある意見を例を引きながら発表する練習
(5)ある意見に対して賛成する。同じ意見をくり返すことによって強めて賛成する練習
(6)ある意見に対して賛成する。適当な実例を加えて意見を強めて賛成する練習
(7)ある意見に対して、理由を述べて不賛成意見を言う練習
(8)いろいろの意見を出す、はじめの言い方の練習
(9)ある意見を発表する、その話の構成の練習

(10) ある意見を対象によって言いかえる練習
(11) 次のようないろいろの意見のある状態をまとめて発表する練習

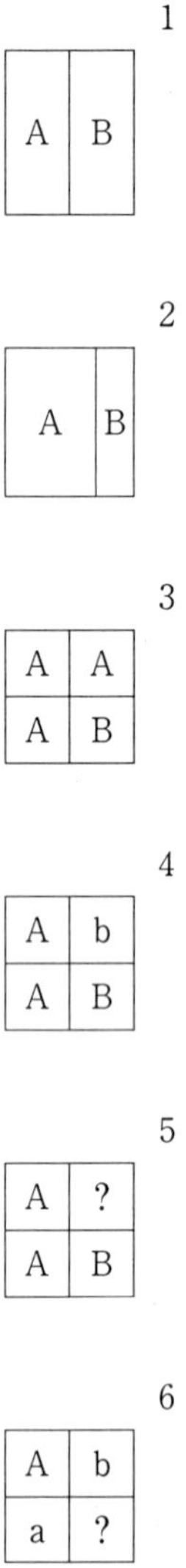

A―Aという意見
B―Bという意見 } (AとBとは反対の意見)
a―Aと同じ、しかし弱い意見
b―Bと同じ、しかし弱い意見
?―不明

(12) 討議の中でよく使われることば、「文型[注8]」

ここにどのような発表力を育成する基礎訓練への展望が示されたことになるだろうか。それを明らかにするために、同じ年に示された中学校の「作文の基礎力を養うための学習手引」である『中学作文[注9]』の構成を掲げて、手がかりを得ることにしたい。

(一) 述べ方（A描写する／B説明する／C議論する／D説得する／E物語る／F感動を表わす）
(二) 書き出し
(三) 段落（A切り方／B関係／C補充省略／D主題の出し方／E中心文の位置／F結び／G強調）
(四) 書き継ぎ（文と文）

（五）材料
（六）その他（相手意識の拡大、論文紹介に伴う意見表明）
（七）注

これを下敷きにして見直すと、上述の意見発表の基礎訓練一二項目には、下記のように五つの層が見いだせよう。

①自ら意見を発表するばあい（上記の（1）〜（4）があてはまる。）

「（1）ある意見をいろいろの長さで発表する練習」は、『中学作文』の（一）述べ方（C議論する）の下位項目のうち、

「一五　短い文で書かれている結論を、二つの文にしたり、三つの文にしたりすること
一六　結論を短くまとめて書くこと」(注10)

に対応し、意見を縮約したり敷衍したりして発表する練習と言えよう。

それに対して、「（2）ある意見を〝ま〟に注意して発表する練習」は、徳川夢声の『話術』(注11)にしたがえば、意見表明を「溌剌として元気あらしむる」生命力を帯びたものにする練習であり、話しことばでなければ訓練し得ないことである。

これら二項目によって、生徒は書きことば（作文）との共通性を悟るとともに、話しことばならではの留意点に目を向けることになろう。

続く「（3）ある意見をいろいろある材料の中から適当なものを選んで使って発表する練習」は、『中学作文』の（五）材料の下位項目、

一　いろいろな材料を目的によって取捨すること(注12)

を実際の意見発表にまで行き着かせることを目ざした練習と言えよう。

「(4)ある意見を例を引きながら発表する練習」は、『中学作文』には、特に照応する項目が見られない。ただ、(二)述べ方(B説明する)の下位項目に、

一三　ものごとを実例によって説明すること(注13)

があり、本来「C討議する」系列に属する意見発表においても同じような力が必要とも解されよう。しかし、そうなるとこの位置で課せられるのではなく、(二)の「C議論する」項目に続けて、意見発表に不可欠な要素を自得させるものとして、置かれるはずである。とすれば、この(4)は、「(3)ある意見をいろいろある材料の中から適当なものを選んで使って発表する練習」と一連の項目で、例を挙げることに絞って意見発表を促したものであろう。したがって、(3)が材料(取材)と口頭発表を結びつけた項目であるため、この(4)も、ほぼそれに準ずるものと言えよう。

②意見が表明された後に、自己の意見を発表するばあい(上記の(5)~(7)が該当する。)

「(5)ある意見に対して賛成する。同じ意見をくり返すことによって強めて賛成する練習」は、『中学作文』に照応するものがないが、話しことばとしては、人の意見に賛成する際の出発点となる発表である。

「(6)ある意見に対して賛成する。適当な実例を加えて意見を強めて賛成する練習」も、「(7)ある意見に対して、理由を述べて不賛成理由を言う練習」も、(二)述べ方(C議論する)の一項目

一四　証拠をあげ、根拠をあげて、ある意見に賛成したり反対したりする(注14)

と対応する。そのため、意見発表のしかたの土台（5）を固め、発表を充実させるように少し発展をはかる（6・7）ことにとどまろう。ただし、上記（4）の考察と照らし合わせれば、（6）・（7）も取材力形成と口頭発表をつなぐ項目と見なすこともできよう。

③素地となる話し出し・構成・場の理解と活用（上記（8）〜（10）があてはまる。）

「（8）いろいろの意見を出す、はじめの言い方の練習」は、『中学作文』「（二）書き出し」を全面的に受けた項目と見られる。そこには、意見発表の際の示唆を与える以下の五項目も挙がっている。

一　書こうとしていることがらについて端的に書きはじめること
二　自分の一つの論拠から書きはじめること
三　自分の考えと他の考えとを対比して書きはじめること
四　反対の考えから書きはじめること
五　問題提出の形式で書きはじめること(注15)

これらの観点をヒントとして出すのではなく、意見ごとに例示や帰納によって結果的に意見を発表しようとする時、これらの観点が自ずと念頭に浮かぶことが目ざされているのであろう。

「（9）ある意見を発表する、その話の構成の練習」は、「（三）段落」の「B関係」のうち、

六　書こうとすることによって材料の順序を決めること(注16)

を受けたもののようである。この項目（9）については発表まで記入されていないため、『やさしい文章教室』中の「四枚のカード」[注17]を頭に置いて、順序づけることが主になろうか。ここでやっと構成練習が課せられることになる。

「(10)ある意見を対象によって言いかえる練習」は、『中学作文』では、「(六)その他」にある次の二項目が該当しよう。

一　仲よしの友だちに読んでもらうつもりであった文章をもっと広く読んでもらう文章として書き直すこと

二　相手が学級のつもりで書いた文章を、学校全体を対象として書きかえること[注18]

相手意識（目的意識も含む）、もしくは発表の場を、明確に自覚させようとしている。ここでも、話し出し→構成→相手意識（場）と口頭表現の過程を遡って挙げてある。

④いくつもの意見が出された上でまとめるばあい（上記（11）に対応）

ここでは、一つの課題に対して二人ないし四人の意見が示された時に整理して報告する練習が掲げられている。意見創出そのものが求められるというより、意見表明がいくつもなされることに伴って求められる技術と言えよう。

図1は、いずれも有力な二つの意見が相対して表明された時、図2は、一方がきわめて有力な見解を時間をかけて説得性をもって主張し、他方がおもしろい意見なのに短時間にあっさり述べた時にどうまとめるかを考えさせ、実地に言わせてみるものであろう。ここで、複数の意見を整理する際の基本的な心構えが養われよう。その上で、左記のようなさまざまなばあいを想定して、まとめて発表する練習に慣れさせていくのである。

図3　同じ結論を三人が論拠をそれぞれに持って主張し、別の意見は一人だけというばあい

図4　一方の意見は二つの確かな論拠から出されたのに、他方の意見は、主張する人数は同数であっても、確かな理由を挙げたのは一人だけで、もう一人はどちらかと言えばBという弱いものであるばあい
図5　一方の意見は二人から根拠をもって主張されたのに、他方の意見は一人だけの表明にとどまり、もう一人はどういう意見なのかがあやふやで、論拠も聞きとりがたいばあい
図6　一方の見解は二人から示されるが、そのうち一人はこれという論拠は挙げない。それに対して、他方の見解は、有力なものになる可能性はあっても弱々しく表されたに過ぎず、あとの一人は不明なままのばあい

これらを実際に言われたことを忠実に反映させることを第一とし、できればこれからの発展の余地にも言及するように努めさせるものになろう。

⑤意見創出・表明の鍵となることばの理解（上記（12）と照応）
これも意見表出そのものの練習ではなく、実際の討議を深める際に寄与することば・文型（論理展開上のキーワードや文型が主になろう。）を獲得させて、間接的に意見の掘り下げを促そうとするものであろう。全ての国語学習にことばの学習を伴わせる大村はま氏の方針が、このような着眼を見いだしたようである。

以上を振り返ると、『中学作文』における網の目を念頭に置きながらも、

（1）発表がどんな場面で試みられるかも考慮に入れて
①自ら意見を発表するばあい（発表練習（1）～（4））
②誰かの意見が表明された後に自己の意見を発表するばあい（練習（5）～（7））を分けて練習することとし、その上で、
③両者の素地となる話し出し→構成→場に理解を及ぼしている。（練習（8）～（10））
（2）それぞれの系列のなかでは、実際に発表すること（発表のしかた）に直結する項目から、徐々に口頭表現過

程を遡るものにしている。これは『中学作文』の章立ての時と共通しており、発表に生きてくるという実感をもって練習していくのにふさわしいものになっている。

(3) さらに、以下の練習も取り込んで意見発表を実用性と文化性の高いものにしている。

④いくつもの意見が出されてまとめるばあい（練習(11)）

⑤意見創出の鍵となり、討議を深める契機となることばや文型を提供して、間接的に意見発表を充実させようとするばあい（練習(12)）

(4) ただし、話しことばのばあい、何より実地において鍛えられるものであるから、練習学習としては必要最小限にとどめている。

㈢　日々の国語学習において

1　意見に賛成の時「賛成」と発言することから

野地潤家博士は、日々の国語学習のなかで「ある意見に対して賛成し、賛成の意見を述べるということから練習を始め、意見の発表にしだいに慣れさせるのも、一つのいきかた」(注19)とされている。基礎訓練以上に、日々の国語学習においては、実際に賛成したり、反対したりする必要性が生じてきているから、「実の場」としての色彩を帯びてくるのである。

このことについて、大村はま氏は『やさしい国語教室』のなかで、次のように記しておられる。

「積極的に言うという気構えはもっているのだけれど、何か言おう言おうと思うだけで、言うべきことがなかなか思い浮かばないという人もあるでしょう。そういう人は、こうしてごらんなさい。自分からよい意見を言おうというよりも、ほかの人の言うことをよく聞いていて、その人の意見に賛成だったときに、賛成だということをはっきり言うことから始めるといいのです。（中略）ひとの言ったことに賛成するだけなんて、そんなことはつまらないではないかと思うかもしれませんが、そういうものではないと思います。自分が意見を言ったときに、だれかが『賛成です。』と言ってくれますと、たいへんうれしいものです。（中略）すると、またほかの人が手をあげて、

『今、大村さんが言ったことは、わたしも考えていました。』

わたしは、またうれしくなりますね。この人たちのようにして、その人を元気づけていかなければならないと思います。そういう役目のはたし方も、話し方の中に、はいっています。（中略）

『賛成です。』が、らくに言えるようになりましたら、次には、こんなことをやってみましょう。それは、『賛成です。』のあとへ、なぜ賛成か、どういうところが賛成かを、少しでも話すことです。賛成する理由とか、根拠とかを、つけ加えて話すということです。これがらくにできるようになりましたら、もう、あなたは、話し合いに参加できにくい人でも、発言のよわい人でもなくなっているでしょう。[注20]」

出発点では、当然、発表態度、そして発表力そのものの育成をめざし、以下のような過程をたどることになろう。

（1）まず、賛成であることをそのまま「賛成です。」ときちんとみんなの前で言い表すようにし、その手ごたえを了得させる。

（2）賛成であると先に表明があった時には、同じことを二人目の賛同者としてどう言うかも幾分考えて、自らの思いを誠実に表させる。

（3）賛成であると言うだけでなく、その理由も加えて、聞き手にはたらきかけさせる。

（4）言いづらい反対意見も、同じように順々に範囲を広げて、相手を納得させながら言えるようにする。

これらが、すべての国語学習・教科学習でも応用・発揮されれば、発表に対する引っ込み思案は、雲散霧消されることになろう。

2　発表者の個性に応じて

野地潤家博士は、先の点とも密接に関連させながら、以下のように説かれている。

「発表に対して消極的な学習者に、思いきって発言をさせ、発表をさせること——それには、指導者が個々の学習者に、どういう機会を用意するか、どういう意見・感想を述べさせるかについてこまかく心をくばっておくのがよい。活発に発表し、あるいは発表したがり、冗長にすぎるような学習者に対しては、発表練習によって、発表のしかたを洗練させ、ひきしめていくようにしむけていくのがよい。(注21)」

これらは、前項の賛成・反対を言わせることにとどまらず、全国語学習の中で機会を得て指導することになろうか。消極的な学習者に話すことの自信を持たせるよりも、話したがり、冗長になりがちな学習者に引き締まった発表をさせる方がやさしいとは言えないことに気づかされるのである。

㈣　単元学習において

発表力を養う単元としては、『聞くこと・話すことの指導の実際』（大村はま国語教室第二巻）の「Ⅲ　聞くこと・話すことの単元の展開」には、七単元のうち下記の四つの単元が掲げられている。

1　単元「いきいきと話す」（昭和五〇〈一九七五〉年）六月、中学一年生を対象とした実践、同上書、三一九〜三三七ページ所収）

文字のない四コマまんが「クリちゃん」を用いて心からいきいきと話せるようにする。

2　単元「国語学習発表会」（昭和四七〈一九七二〉年一一月、中学一年生を対象とした実践、同上書、二四三〜三一七ページ所収）

四月入学以来、培った作文力、読みの能力、聞く力をもとに、開会・閉会のことば、スピーチ、読書生活報告のような、比較的に独立して発表しうるものと、調査報告や研究発表のように話し合って進めざるを得ないものとを国語学習発表会として組織させ、人前で立派にし遂げたという達成感を味わわせる。

3　単元「お話がお話を呼ぶ」（昭和五一〈一九七六〉年七月、中学二年生を対象とした実践、同上書、四〇七〜四一四ページ所収）

一人の話に続いて、スピーチをふくらませる、スピーチを飾る、その話に関連した本を紹介するなど、話が話を呼んで、みんなが話し手になっていくようにする。

4　単元「このスピーチにこの題を」（昭和四八〈一九七三〉年九月、中学二年生を対象とした実践、同上書、四一五〜四四三ページ所収）

一人二分のスピーチ大会に、聞いていて生徒自身でこれならどうかと思える題が浮かんだ時につけさせる。これを一覧表にして、それに基づいて個人個人が研究発表し、その上で話し合わせる。

これらの実践をもとに、発表力を伸ばす年間指導計画に見通しをつけようとする時、実際は1・3が同一生徒で持ち上がり、2・4がもう一サイクル以前の生徒ではあるものの、学年・実施時期に着目して、1〜4の順序でおよそとらえていくこともできよう。発表力の育成に着目して、改めて四単元の目標・単元計画・考察を挙げると、下記のようになろう。

1　単元「いきいきと話す」（中学一年六月実施）

〈目標〉

（1）おもしろく、しかも自己の発見したものが見いだせる題材をもとに、聞き手の期待に励まされて自信を持ち、心から生きいきと話すことができるようにさせる。

（2）全体の中心をとらえて、ひと言で言い表すことができるようにさせる。

（3）話だけで、長くならずに的確に場面を思い浮かべることができるようにさせる。

（4）必要な間を計って、周囲の状況を見て、ゆっくり話し出したり、早口に言って調整したりすることができるようにさせる。

〈計画〉

（1）セリフのついていないまんが「クリちゃん」[注22]を読み、これにことばをつけようと思うのを二つ選ばせる。（教師は一人ひとりのところに椅子を寄せて、口べたの力の弱い子に話させたり、教師の読みを示して笑いの奥にあるものをのぞかせようと試みたりする。風刺のわかる生徒には、対等の気持ちで、自分の感じとっているものを披歴して話し合うようにする。）

（2）書くこと・話すことのてびき（左記）にしたがって書いて、発表の準備をさせる。（生徒一人ひとりの相談に乗って、場面のとらえ方・表し方・人物のことばづかいなどを吟味し、練り上げさせる。）

書こう　話そう　学習のてびきB

〔（　）のことばは指導者〕

1　先生、クリちゃんの、とても――のがありました。（×おもしろい）

（2）そう、どんなの？　ですか。

3　（こんなのです。）

（4）それはたいへん――ですね。どこに出ていますか。

5　（　）色の本で、（　）ページです。

6　（〈聞いている人が本のそのページを開いて確認するまで〉まをとる。）

7　それにことばをつけると、こんなかなと思います。（ことばをよむ。）

8　いかにも――と思います。〈1の――と照応するように〉

9　それに――ことも、考えられます。〈そのマンガにある風刺がわかった時〉

（10）――〈教師の共鳴し、感心している気持ちが伝わるように工夫[注23]する。〉

（〈　〉は引用者が補足した部分である。）

（3）学級のみんなが聞くなかで、遠い位置にいる教師に一人ひとりが語りかけて、気持ちに張りを持って発表できるようにさせる。

〈考察〉

ここではまだ一まとまりの発表をさせるに至っていない。その前投階として、先生の期待・あいづちに引き出されて、「自分の発表していることに自信をもち、それがしぜんに生きいきとした話し方をさせていくように」[注24]と願ったもので、先生に補ってもらって仕上げる時期と言えよう。

肝心な「クリちゃん」の作品中の会話にしても、一人二編ずつ話しことばを書き写す工夫をさせ、文章化したものの一編の「ことばをよむ」(注25)ことでよいとされている。ただし、少しでもその場に近い形で再現しようとすると、自ずと生きた話しことばになってくる。大村教室の生徒も、書いたものを読めばよいのだからと安心しつつも、嬉々としていきいきと話そうと努めたと思われる。

ここには、生徒の話したい気持ちを順に引き出す「学習（発表）のてびき」の形が明確に示されている。何をどんなふうに、どんな順序でいえばよいかわかることが、発表への見通しをつけ、先生にも語りかけて、まちがいなく受けとめられて、発表したことへの満足感が得られることにつながるのであろう。そうしてみると、実の場における発表に取り組ませる時、これならできるという発表の形式・しかたを与えたことが、人前で発表する意欲と能力の素地に培ったと言えよう。

2　単元「国語学習発表会」（中学一年一一月実施）

〈目標〉

（1）開会のことば・閉会のことば・スピーチ・読書生活報告など、一人でまとまりのある発表をしていくことに慣れ、実地に試みることを通してその力を伸ばすようにさせる。（役割を自覚して一人で発表していく力の育成）

（2）文集を編集した上で調べたり、読書の結果を分析したり、観点を決めて比べ読みをしたりした上で、それらについてどのように話し合い、文章化し、役割分担して発表していけばよいかを理解させ、主体的に研究を仕上げる喜び・達成感を味わわせる。（共同の調査・研究に基づく発表態度の確立）

（3）めいめいの担当箇所や読み方を相談し、一緒に練習をして、班員が一体となって朗読を仕上げていくことの喜びを味わわせる。（共同して主体的に朗読を仕上げる態度）

（4）発表会のなかに全員で楽しく取り組める暗唱、ことばのゲームなどをおりこみ、会を進行していく際に工夫

すべきことを会得させる。（発表会進行の見通し）

（5）一連の発表会を聞いて、感想を出し合い、発表会を様々な側面から意味づけていこうとする態度を養う。（即時的発表に基づいた、討議力育成への端緒）

〈計画〉

（1）上位の生徒にも「自分のよいところをほんとうに受けとめてくれる人や、いたいところをついてくれる人」(注26)がおり、発言の弱い生徒でも発言の場が得られるような四グループ（一〇人ずつ）を編成し、会議を開いて、誰が国語学習発表会の何を担当するかを決め、発表会のプログラムを作成させる。

国語学習発表会プログラム（例）

第二グループ　プログラム

1	開会のことば	北村
2	スピーチ「はてな?」	唐島
3	暗唱（古典の冒頭十七編、名作の冒頭十二編）	全員
4	発表「学級文集に学ぶ」	寺田　平野　北村　南須原　原
5	研究発表「私たちの読書傾向」	女子全員（五人）
	休けい＝ことばのゲーム＝	司会　原（全員参加）
6	スピーチ「花」	湯ノ口
7	発表「本を読む私たち」（読書生活報告）	小倉　唐島　湯ノ口　太田　小西
8	朗読「桃花片」から	全員

9　研究発表「日本・中国・朝鮮の民話」　小倉　唐島　湯ノ口
10　話し合い「発表会を聞いて」（他のグループ発表の批評会）　司会　南須原（他の三班から二、三名ずつ参加）
11　閉会のことば　太田[注27]

（2）目標（1）については、これまでに試みた学習を念頭に置かせつつも、下記のごとく一人ひとりの学習者にかかわって、しっかり準備させ、自信をもって発表させることになろう。

①開会のことば・閉会のことばについては説明がないが、別の箇所に、中一の初めに学習準備の単元を置き、そのしめくくりに「朗読発表会」をするときの手びきが示されている。

開会のことば

1　いきいきと話す。これから発表しようとするグループの仲間の気持ちもいきいきとしてくるように。聞き手も何か期待をもって、さあ聞こう、どんなふうに読むだろうというような気持ちになるように。
　雰囲気を盛り上げるように。
2　必ず　話す。読まない。
3　内容
①「けさは……」「きょうは……」天気、空のようす、日の光、風、目にはいったもの、など。
②気分、気持ち、感想。
③いよいよ、朗読を始めますが、
○たいへん、くふうした……のところ、うまく読みあらわせるように、と思います

○言いにくくて、何度も練習したところ、きょうは、うまく言えればいいがと思っています。
○ルナールのことば、ど忘れしないかと心配です。（暗唱も盛り込んでいるようである。）
④では、始めることにいたします。
では、始めます。（いずれかを選んで話すのであろう。）

4　これは、やめよう。
×　発表会を行います。
×　いっしょうけんめい、練習してきました。(注28)

閉会のことば

1　今、終わった朗読を、ひとりひとり、心に思い起こし、味わい返す、――そういう気分を作るように、しっとりと話す。
2　内容
①「読み始めたら、あっというまに終ってしまいました」などと始めて、感想を述べる。具体的に、実際の例をあげて。
×　よくいったと思います。
×　皆さん、いかがでしたか。
②次の機会には、こうしたいと思うところ。
あまりたくさん言わない。せいぜい、三つまで。一つでもよい。(注29)

これらを応用して、中一の二学期の総合性をもった国語学習発表会にふさわしい挨拶として練り上げていかせるものになろう。

②スピーチに関しては、自分で話したいという希望者を募り、人を発表会の前半と後半に配して比べることのないようにし、それぞれの話を充実させるように話題をいくつも提供して触発していく。（プログラム6の「スピーチ　花」〈湯ノ口義人〉には、「ファーブルの本で、『大切な人間の食べものになる麦の花は、おしゃれをしているひまがない』ということばを読んだことがあります。[注30]」とあるが、この話題は『国語教室おりおりの話[注31]』に挙がっており、大村はま氏がもとになった本を提供された可能性が高い。）

③発表「本を読む私たち」には言及がないが、少し前の「読書生活の指導――実践から得たひとつの計画案――」（昭和四五（一九七〇）年、私学会館における「指導の実際」に、「互いに、考えたことや気づいたこと、感じたことを発表しあう機会をつくる。[注32]」として、下記のてびきが掲げられている。

本を紹介するてびき

○話しだしのしおり　一

どんなふうに話しはじめようか　「私の読んだ本」「紹介」

①私のご紹介する本は、――です。この本のなかに、私のたいへん好きな情景があるんですが、それは―です。

②この本のなかに、私のたいへん好きな人物が出ています。それは――です。

③この本を読んで、私は、ひとつの疑問をもちました。

④この本を読んで、前から疑問に思っていたことが、ひとつ、解決されたような気がしました。

⑤この本を読んでいると、ときどき、思わず笑いだしてしまいます。

⑥この本を読みながら、いくたびか、本から目をはなして考えさせられ（まし）た。

⑦皆さん、――のことを知りたいと思いませんか。
⑧皆さん、――は、どうしたらいいと思いますか。
⑨――は、小さいとき、どんな子どもだったと思いますか。
⑩――は、どんなところだと思っていますか。
⑪――のようすを読んでみたいと思いませんか。
⑫この本を読みながら、私は、しばらく楽しい空想にひたりました。
⑬なんとなく読みはじめたこの本から、私は、じつに多くのものをえました。
⑭正直者が損をするといいますが、損するどころか、たいそうしあわせになったというお話です。
⑮この本のなかに、こういうところがあります。（一節を朗読する。）(注33)（⑥の括弧は、引用者）

このようなてびきによる学習を経て、五人の発表順を相談して、一連の読書生活報告として受けとめられるようにと心がけたものであろう。

（3）目標（2）に関しては、発表「学級文集に学ぶ」のように、内容・題・書き出しなど、どのような観点で調べていくかを示すだけのものと、研究発表「私たちの読書傾向」と研究発表「日本・中国・朝鮮の民話」のように、研究の進めかたにとどまらず、発表のてびきまで提供されるものとがある。いずれも発表資料は作るのであるが、当然前者は平易な発表になり、後者はゆきとどいた発表になってくる。学力面でも、前者は、ともかく調べたことを発表することに慣れさせることが目標になるのに対し、後者は中学生としての地力を最大限に発揮して、研究をまとめ、みんなに披露する充実感をおぼえさせることが目標になろう。担当した生徒たちの負担感もやり遂げた後の達成感も、相当違ってくるわけである。

「私たちの読書傾向」発表のてびき

〈研究の目的〉

〈研究の方法〉（研究の進めかたのてびきに基づいて書く。）

1○私たちが夏休みに読んだ本は、全部で、延べ（　）冊でした。

　これは（　）さんがはいっていませんから、全体といっても（　）人です。

○平均一人（　）冊ということになります。

○どんな本を読んだか、十進法分類法に従って分類してみると、0が　冊、1が　冊、2が……、9が……

です。

　いちばん多いのが、　いちばん少ないのが

○913の小説をもう少しくわしく見ると

　純文学が　少年文学が　推理小説が　SFが

　多いのは

○思ったこと

2　男女別に、どんな本を読んだかを考えてみました。

　男子は

　女子は　1と同じように。

　男女の状態を比べてみますと

3A　組でたくさん読んだ人は（　）さん、（　）さん……です。

　この人たちは、どんな本を読んでいるでしょうか。

3B　あまり数をたくさん読んでいないのは、（　）さん、（　）さん……です。

この人たちは、どんな本を読んでいるでしょうか。

私たちの読んだ本の実際の状態を、いろいろの文献に照らして考えてみました
まず、子ども調査研究所の『現代子ども白書』の「子どもはどんな本を読むか」という一節によって考えてみました。

（4〜8略）

次に阪本一郎編著の『現代の読書心理学』の「読書興味の発達段階」という章に当たってみました。

その五番めの段階が、10歳から12歳で「物語期」となっています。（以下、9〜16略）
17 『現代読書指導事典』に「子どもの読書興味の発達」という表が載っています。同じ阪本一郎先生の執筆です。これで見ますと
18 このあいだ、録音で、滑川道夫先生の「中学一年生に読ませたい本」のお話を聞きました。
そのときあげられた本のうちに、私たちがこの休みに読んだ本はどのくらいあるかを見ました。
19 以上、いろいろの文献に照らして考えて
もちろん、ここに、私たちの読んだ本というのは、夏休みのあいだのものであって夏休みに読まなくても、その前に読んであったとか、いろいろのことがありますからこの結果をあまり重く見すぎてはいけないと思います。しかし、……（注34）

「日本・中国・朝鮮の民話」まとめのてびき

まえがき
民話は、それぞれの民族のあいだに、いつとなく生まれてきて、語り伝えられたお話です。作者も、だれと、ある人を指せない、その民族みんなです。
ですから、民話には、その人たちの生活―どんなものを使って、どのようなことをしていたか、ということや、

また、感じかた、考えかた―どんなことに対して、どう感じどう考えたかというようなことが、しぜんにあらわれてきているわけです。ある本に「民話は遠い祖先たちの精神的遺産」とありました。

民話を読んで、その民族の生活やものの見かた、感じかたを考えることは、意味の深い、おもしろいことだと思います。

日本に、地理的に近く、関係の深かった、そして、これからも切っても切れない関係をもっていくと思う中国や朝鮮の民話を、日本の民話と比べながら読んでみました。似たところ、違うところ、いろいろなことに気づきました。そして、いろいろの感想をもちました。

1　話の筋

○○に「　　」という話がありますが、これが○○の「　　」という話の筋とよく似ています。○○が……するところ、○○が……なるところなど、まったく同じで、ただ……がちがうだけです。

○○のような筋の運びかたは……

2　話し出し方

○○の話は、……のように始まっているのが多く……

3　話の終わり方

4　話のなかに出てくるもの

植物・動物、それから道具類は、次の表のようですが

（表）

共通に出るものは……、○○は……にしか出て来ません。

5　風俗・習慣

6　不思議な力

お話には、よく不思議な力をもつものが出てきます。そういう、人のもっていない、不思議な力を考えたこ

とは同じようですが……
7　よい人、好まれる人
中国では、……人、……ことが好まれ、よいとされているようです。たとえば、
「……」のなかの「　　」は、
朝鮮では、……
日本では、……
このことを考えてみますと、……
8　……
以下、同じように。
むすび
以上、いろいろの点から、日本と中国と朝鮮の民話について考えてきましたが、私が全体として考えたことは、
①……
（説明）
②……
（説明）
感想（研究を終えての）（注35）

（4）目標（3）については、岡本薫作「桃花片」を各班で四分の一ずつ担当し、これまでに学んだ朗読台本の作り方（注36）や個人・班・全員を組み合わせた時、個人で読む時、二人で読む（注37）時の朗読のしかたを生かして、地力を発揮させる場にしたようである。

（5）目標（4）については、暗唱とことばのゲームの明快性、発表会の中の幕あい的性格を生かして、下記のように活用している。

①暗唱資料「古典の冒頭・名作の冒頭――心に書いておこう――」に、古典一七編、名作一二編を掲げ、おりおりに全編をみんなで読み、徐々に暗唱にいざなうようにする。発表会当日は、指名方式にし、どの作品の冒頭かを注文して答えさせるようにする。指名の範囲は、個人でも班でも全員でもよく、楽しみながら進めさせる。

暗唱資料「古典の冒頭・名作の冒頭」

〈題〉古典の冒頭・名作の冒頭
――心に書いておこう――

○古典の冒頭

（1）「古事記」……天地《あめつち》初めて発《ひら》けし時、高天《たかま》の原に成れる神の名は、天野御中主神《あめのみなかぬしのかみ》、次に高御産巣日神《たかみむすひのかみ》、次に神産巣日神《かみむすひのかみ》。此の三柱の神は、並独神《みなひとりがみ》と成り坐《ま》して、身を隠したまひき。

（2）「万葉集」……籠《こ》もよ　み籠持ち　掘串《ふくし》もよ　み掘串《ぶくし》持ち　この岳《をか》に　菜《な》摘ます児《こ》　家聞かな　告《の》らさね　そらみつ　大和《やまと》の国は　押しなべて　われこそ居《お》れ　しきなべて　われこそ座《ま》せ　われにこそは　告《の》らめ　家をも名をも
（大泊瀬稚武天皇《おほはつせわかたけのすめらみこと》）

（3）「古今和歌集序」……やまとうたは、人のこころをたねとして、よろづのことの葉とぞなれりける。世の中にある人、ことわざしげきものなれば、心におもふことを、見るもの、きくものにつけて、いひいだせるなり。花になくうぐひす、みづにすむかはづのこゑをきけば、いきとしいけるもの、いづれかうたをよまざりける。

（4）「古今和歌集」……年の内に春は来《き》にけり　ひととせをこぞ（去年）とやいはん　ことしとやいはん（在原《ありわらの》

元方《もとかた》)
(5)「土佐日記」……をとこもすなる日記《にき》といふものを、をんなもしてみんとてするなり。(紀貫之《きのつらゆき》)
(6)「枕草子」……春はあけぼの。やうやうしろくなり行く、山ぎはすこしあかりて、むらさきだちたる雲のほそくたなびきたる。(清少納言)
(7)「源氏物語」……いづれの御時《おほんとき》にか、女御《にょうご》・更衣あまた候《さぶら》ひ給《たま》ひける中に、いとやむごとなききはにはあらぬが、すぐれて時めき給ふありけり。(紫式部)
(8)「紫式部日記」……秋のけはひの立つままに、土御門殿の有様、いはむかたなくをかし。(紫式部)
(9)「更級日記」……あづまぢの道のはてよりも、なほ奥つ方に生ひいでたる人、いかばかりかはあやしかりけむを　(菅原孝標女《たかすえのむすめ》)
(10)「新古今和歌集序」……やまと歌は、むかしあめつちひらけはじめて、人しわざいまださだまらざりしとき、あし原の中国《なかつくに》のことのはとして、つたはれりける
(11)「新古今和歌集」……み吉野は山もかすみてしら雪のふりにし里に春はきにけり　(摂政大政大臣)
(12)「方丈記」……ゆく河の流れは絶えずして、しかも、もとの水にあらず。よどみに浮かぶうたかたは、かつ消えかつ結びて、久しくとどまりたる例《ためし》なし。(鴨長明)
(13)「平家物語」……祇園精舎の鐘の声、諸行無常の響きあり。沙羅双樹《しゃらそうじゅ》の花の色、盛者《じょうしゃ》必衰のことはりをあらはす。
(14)「徒然草」……つれづれなるままに日暮らし、硯にむかひて、心にうつるよしなしごとを、そこはかとなく書きつくれば、あやしうこそものぐるほしけれ。(吉田兼好)
(15)「奥の細道」……月日は百代《はくたい》の過客《くわかく》にして、行きかふ年も　また旅人なり。(松尾芭蕉)
(16)「謡曲　羽衣」……風早《かざはや》の、三保《みお》の浦曲《うちわ》を漕《こ》ぐ舟の、浦人《うらびと》騒ぐ浪路《なみじ》かな
(17)「論語」……子曰《いわ》く、「学びて時にこれを習ふ。またよろこばしからずや。朋《とも》あり、遠方より来たる。また

楽しからずや。」

○名作の冒頭

（1）「坊っちゃん」……親譲りの無鉄砲で子どもの時から損ばかりしている。（夏目漱石）

（2）「吾輩は猫である」……吾輩は猫である。名前はまだない。（夏目漱石）

（3）「草枕」……山路《やまみち》を登りながら、こう考えた。智に働けば角《かど》が立つ。情に棹《さお》させば流される。意地を通せば窮屈《きゅうくつ》だ。とかくに人の世は住みにくい。（夏目漱石）

（4）「山椒太夫」……越後の春日を経て今津を出る道を、珍しい旅人の一群れが歩いている。（森鷗外）

（5）「高瀬舟」……高瀬舟は京都の高瀬川を上下する小舟である。（森鷗外）

（6）「夜明け前」……木曽路はすべて山の中である。（島崎藤村）

（7）「破戒」……蓮華寺では下宿を兼ねた。（島崎藤村）

（8）「土」……烈しい西風が目に見えぬ大きな塊をごうっと打ちつけては又《また》ごうっと打ちつけて皆瘦《みなやせ》こけた落葉木の林を一日苛《いぢ》め通した。木の枝は時々ひうひうと悲痛の響きを立てて泣いた。（長塚節《たかし》）

（9）「雪国」……国境の長いトンネルを抜けると雪国であった。夜の底が白くなった。信号所に汽車が止まった。（川端康成）

（10）「伊豆の踊り子」……道がつづら折りになっていよいよ天城峠《あまぎとうげ》に近づいたと思ふ頃、雨脚《あまあし》が杉の密林を白く染めながら、すさまじい早さで麓《ふもと》から私を追ってきた。（川端康成）

（11）「忘れえぬ人々」……多摩川の二子《ふたこ》の渡《わたし》をわたって少しばかり行くと溝口《みぞのくち》という宿場がある。その中程に亀屋というはたごやがある。（国木田独歩）

（12）「絵の悲しみ」……画を好かぬ子供はまずみないとして、其《そ》の中《うち》にも自分は子供の時、何よりも絵が好きであった。（と岡本某が語り出した。）（国木田独歩（注38））

②ことばのゲームは、生徒たちに短時間の「休憩」と自覚させて、下記のような言葉を投げかけて、「伏せことば」をあてさせ、雰囲気をやわらかくしたり、会を運営する工夫を悟らせたりする。

ことばのゲーム「伏せことば」

まず、リーダーがひとり出てきます。その人が、鬼をひとり決めて、鬼を部屋から出します。そしてあとの人で、ことば（形容詞）を一つ決めます。形容詞「寒い」「暑い」「うれしい」「悲しい」「おもしろい」……「食べたい」なんかは違いますよ、「い」がついていても違います。「遠い」「近い」「まずい」「おいしい」、そういったことばです。今、「寒い」と決めたとします。決めたら、鬼を呼び込みます。「どうぞ。」ってゼスチュアよろしく中へ入れて下さい。その鬼の人は、決められたことばを知りません。知りませんが、お友だち三人にだけ、どんなことでもいいからきいてみることができます。

「何々さん、あなたの家族はだれだれですか。」こうきいたとします。当てられた人は「寒い」ってことばをどこかに入れて、その問いに答えます。変なところへ入れますと、あれ、このことばかな」と鬼がわかっちゃいます。不自然でないように入れなさい。それら形容詞を一つしかいれないと、それに決まってるということでわかっちゃいます。幾つも入れなさい。「長い」だの「暑い」だの「おいしい」だのいろんなのを入れながら、うちの家族はだれだれか、もちろん「寒い」もおりこんで話します。

聞き手のお友だちが笑いじょうごじゃだめ、「寒い」を入れたときに、入れたなって顔をしたりしちゃだめ、皆すましてなきやいけませんね。どんなおかしなところへ「寒い」を入れても、すましてなきや。その話が済みましたら、鬼は「ありがとう」と言って、次は二番めの人に、たとえば「何々さん、あなたの趣味は何ですか。」……さあたいへん、「寒い」を入れながら趣味を話します。一番の人が話したお話の中に形容詞が幾つも出てきました。その幾つかのもやっぱり繰り返さないと、すぐわかっちゃいますね。いろんなのを繰り返しながら、新しくほかの入れながら、不自然にならないよう話します。変なとき、急に「寒い」なんて言ったりしないように、こんどは三番めの人にききます。「あなたの国語の先生は、どんなお洋服を着てきましたか。」そんなことをきいたとしますこれで「寒い」を入れて話す。これはたいへん。そこにいらっしゃる先生の洋服のことを言うんですから、でたらめは言えません。

　三人済みましたら、リーダーが「鬼さん、わたしたちの決めていたことばはなにですか」こうきくわけです。もし、鬼が、三人ともつかったことば、そしてその入れ方が、何としても不自然であったというふうなことから、「それは『寒い』でしょう。」って言いましたら、『ご名答』ってわけです。(注39)

（6）目標（5）については「その日の発表グループ以外のグループの代表者に、指導者も加わって、その日の発表会について話し合う。(注40)」とある。当然、司会は発表班から出すため、代表的な感想を引き出し、本発表会を意義づける場になろう。

〈考察〉

　この発表会の「内容は、四月入学以来、学習してきたことである。(注41)」とあるように、いくつもの発表会（開会のことばや閉会のことばを伴うスピーチ発表会、読書報告・研究発表会、および朗読発表会）を組み合わせている。他方、発表会の規模が大きくなるため、息苦しさをおぼえさせないように、ゲーム的な暗唱と伏せことば（形容詞を捜す）を折り込んでいる。さらに発表会の充実に伴って、話し合い・討議への進展も期している。当然、これまでに、次のような個々の小発表会が計画され、実施されてここに至ったものであろう。

問題を二つとりあげた小発表会

題「○○○○」研究発表会
　　手引を中心に
　司会　A　（A～Mは生徒）
一、開会のことば　B
二、発表（「てびき二」に関して）　C・D・E
　質疑応答　（進行A）
　批評　F
　まとめ　G
（発表・質疑・批評の結果をまとめ、まとまった答えにする。）
三、発表（「てびき二」に関して）　H・I・J
　質疑応答　（進行A）
　批評　K
　まとめ　L
四、講評　指導者
五、閉会のことば　M(注42)

右のプログラムでは少しでも多くの生徒が、「大勢の前に立つ機会を持つ(注43)」ことを目ざしているため、項目が幾分ふえているが、原型は明快である。どの小発表会にも、進行役としての司会、開会のことばを話す人、閉会のことばを話す人がおり、主要部分に、テーマになる発表や朗読（右表のばあいは、「学習のてびき」一、二についての研究発表）が位置づく。聞き手にも、しっかり聞いてこそ発表できる発言を促す。……およそ以上のような構造になろう。

これらのうち、進行役、開会のことば、閉会のことばは、一人ひとりが工夫するべきものであるため、中一の初め（四月末）からモデルを示して、さまざまな発表会を設けて人前でひとりで話す手ごたえを実地に会得させることになろう。どう話せばよいかという話しぶりを一応理解して、安心して話せるようにする段階から、場に応じ、内面にふさわしい内容にと修練を積み重ねる段階へと進むことになろう。

中心に置かれるものは、発表の性格によって、①主として個人で一まとまりの発表を作り上げるもの（本単元では、スピーチと読書生活報告）／②グループで話し合った上で、資料を伴う発表として仕上げるもの（本単元では、三つの研究発表が含まれる。ただし、発表のてびきがない「学級文集に学ぶ」は、「発表」としか記されていない。当然、後の二者ほどの完成度は問われない発表になろう。）／③グループにおける話し合いを生かして共同で作り上げるもの（発表を補う朗読）などに分化していく。

小発表会では必要ないものの、規模が大きくなっていくに連れて必要になってくるものに、発表会全体を配列し、組織する能力がある。これはなかなか身につくものではないが、暗唱や伏せ言葉のゲーム的扱いなども盛り込んで、これぞと思える配列を示して、実際に発表会を進めていきながら会得させるようにしていく。こうした工夫をこらした発表会の順序に何度も親しませていった上で、徐々に生徒たちで発表会の運営を考案するようにし向けることになろうか。

さらに、発表会に基づいた話し合いについては、即時性が求められることもあり、司会に人を得なければならないこともあって、容易ではない。それにしても、発表を意義あるものにするため、その余地を少しずつ切り拓いていくことになろう。本単元においては、第二班の発表に対する感想（すなわち短い発表）をそれぞれ出させ、若干交通整理をする程度でよいのかもしれない。

3　単元「お話がお話を呼ぶ」（中学二年七月実施）

〈目標〉

（1）絶えず誰かが忙しく準備をしているという発表の実の場を設けて、話題を探そうとする態度を育て、話題を耕したり、自己発見を促したりしながら、自信を持って話すことができるようにさせる。

（2）一人の発表を手がかりに、「話し足りなかったところ、言い落としたらしく思えること（注44）」を引き出したり、関連して「思い出したこと、思いついたことなどを（さまざまな方向に）発展的に（注45）」繰り広げたりして、「みんなで話を広げて賑やか（注46）」なものにし、発表した充実感が一層大きなものになるようにする。

（3）発表に関連する本を出し合わせ、どんなに豊かで広がりのあるものになっても、なお話題を進展させる余地はいくらでもあることに気づくようにさせる。

〈計画〉

（1）「週に一人」ずつスピーチをさせることにし、一週間前に話題を持てた人、教師の話題を育てていける人を探して、予告して十分に準備させる。その際、指導者には「話の題目について、趣旨について、材料についてはもちろん、話の組み立て、話し出しの工夫、話し方、用語、なんでも相談して（注47）」よいことにしておく。

（2）スピーチの前日に一言「こういう話をする」と予告させ、みんなにその話につづいて何が話せるかのあらましを書いて出させ、スピーチ→スピーチをふくらませる（言い足りないことを補わせる）→スピーチをかざる（関連していくつもの方向に発展させる）の順に発表させる。

（3）発表会の最後に、関連すると思われる書物を紹介し合わせ、教師の方からも補って、めいめいの発表の生産力、発展可能性を実感させる。

〈考察〉

前単元「国語学習発表会」（中学一年一一月）のうち、主として個人で一まとまりの発表を作り上げる系列の発展線上に位置づく帯単元といえよう。

グループで話し合った上で資料を用いて発表するものは、発表力の前に、多くは作文力・読解力など固有の目標を有しており、「発表のてびき」を新たに掲げないばあい、これまでの発表力がどれだけ根づいているかを診断する単元になりやすい。したがって、本単元は発表力を伸長させる二大系列のうち、他の領域の学力養成をてこにして発表力を伸ばす系列ではなく、発表力固有の単元を創出する系列に属することになる。その意味では、スピーチは発表力育成の本道を行くものと言えよう。

中学二年七月の本単元に至れば、スピーチは、誰もが始終意識してその力の育成・向上に励むものになり、取材・構想・口述の各側面は学習者のなかで一体となって実際に生きてはたらくものに磨かれていくことになる。発表した手応えを一層大きなものにするために、発表者の言わんとするところを引き出し、それによって聞き手として触発されたことも出し合い、関連する本も紹介し合っている。生徒は、めいめいの発表の豊かさを十分に味わいつつも、さらに広大な世界を自覚させられることになろう。発表に対する自信を高め、以後意識して人前で話す努力を積み重ねていくことが期待されるのであろう。

4　単元「このスピーチにこの題を」（中学二年九月実施）

〈目標〉

（1）題をつけようとして本気で聞き入る聞き手に包まれて、話そうとすることが生み出され、発表者として成長する喜びを実感する契機にできるようにさせる。
（2）スピーチに各人がつけた題のうち自信があるものを出させて、それらを比べて考えを練らせ、思考の喜びを主とする発表のおもしろさを悟るようにさせる。
（3）発表で出てきた問題を共同思考によって掘り下げ、考えぬくことの喜びが感じられるようにする。

〈計画〉
（1）夏休み前にスピーチ大会の予告をして、夏休みの生活から話題を発掘しようという姿勢を持たせる。単なる生活報告に終始しないように求める。二時間の準備をさせて、三時間のスピーチ大会（一人二分）を行う。聞き手には、スピーチに題をつけるように勧めるが、「思いついたらいくつも書いてよく、どうも思いつかないときは書かなくても」(注48)よいようにする。
（2）めいめいがつけた題のうち、これは自信があると思えるものを一人五つ選んで出させ、どの人の発表に誰がどういう題をつけたかが一覧できるようにする。この資料をもとに、
○たくさんの題がついたスピーチを、（ア）とらえ方／（イ）ことばの意味、感じ／（ウ）文の型などの観点から比較させたり、
○似た題のちょっとした違いを詳しく解明させたり、
○自分のつけた題と資料に載せられた題とを照らし合わせたり、
○題をつけてもらった側からどう思えるかを見直させたりして、
発表し合わせる。
（3）一人ひとりでは解決のつかない二五の問題について、とらえ方、文法、語句・語感の三グループに分けて個別に準備させるが、実際の話し合いでは自分の用意してあるものにとらわれず、問題そのものを共同で深めていく

ようにさせる。

〈考察〉

単元「お話がお話を呼ぶ」と同じく、スピーチを主とする単元であるが、さらに先に進んでいる。本単元では、

（1）聞き手に題を想定させることによって、聞き入らせ、一人のスピーチを一緒になって仕上げていき、話し手としての成長を実感させるにとどまらず、

（2）出し合った題を手がかりにして、とらえ方、述べ方の違いを比べて思考をはたらかせ、次元の異なる発表に誘おうとしている。

（3）さらに、個人個人の発表の意義を、討論に発展していく土壌を養うところに置き、両者を関連づけながらそれぞれの役割を自覚させるものになっている。

三　発表力を活用する学習指導

スピーチにおいては、それを前提にして、読み深めたり、書いたりすることに力を注ぐ単元などが、ここに含まれよう。

また、研究発表においては、「発表のてびき」を新たに掲げないばあいは、すべてこれまでの発表力がどれだけ根づいているかを診断する単元となろう。

注
（1）野地潤家博士稿「学習集団化への基礎訓練」（『学校教育』第六六八号、学校教育研究会、昭和四八〈一九七三〉年四月発行）、引用は『国語科授業論』（国語教育研究叢書第七巻、共文社、昭和五一〈一九七六〉年六月一日発行）一〇八ページによる。そこには、「話表力の根幹は、心のとおり、思うとおりに述べさせることにある。」とあり、心のとおり、思うとおりに述べさせるということは、どういうことかが、本文に引用したようにかみ砕いて記されている。その上で、それは「ちょっとした思いつきでなしうること」ではなく、「ふだんのたえざる修練にまつべきもの」だと説かれている。「心のとおり、思うとおりに」というなかに、これまで言い表してきたどのような言葉にもからめとられてしまわずに、現時点で感じていること、考えていることをみずみずしい感情・思考をまるごと言い表そうと努めることがこめられていよう。日々成長する「心のとおりに」、そして清新な思いのとおりに言葉に表そうとすれば、「ふだんのたえざる修練」がなくては、身につけようがないのである。
（2）大村はま氏と野地潤家博士との対談集『学ぶということ』（大村はまの国語教室3、小学館、昭和五九〈一九八四〉年九月二九日発行）一五九～一六八ページには、大村はま教諭が西尾実氏の前で実践を一所懸命になって話しているうちに心の中を開発されていく経験が語られている。ただし、これは教師の発表に対する開眼であり、生徒の発表する意義に留意させることまで勧めるものではない。
また、一連の対談集『さまざまのくふう』（大村はまの国語教室2、小学館、昭和五八〈一九八三〉年一〇月一〇日発行）一四二～一四三ページには、

「こちら（教師）が何倍も話して、雰囲気が楽しくなって、口が開きたいようになれば、子どもはだいたいがしゃべりたいほうですから、自分から口を開くのです。そういうときに本音が聞けると思います。」

と提言されるが、ここでも生徒ひとりひとりに応じた指導をするためである。

そうしてみると、大村はま氏は、発表の価値を実感させることは、望ましいことであるにしても、正面きってめざされてはいないと考えられるのである。
（3）大村はま氏稿「話すことの指導計画」『中学校の国語学習指導』（国語教育実践講座第一二巻、牧書店、昭和二八〈一九

五三〉年一〇月二八日発行）四二～四六ページ。
（4）同上書、四五～四六ページ。
（5）大村はま氏稿「聞くことの指導計画」『中学校の国語学習指導』（国語教育実践講座第一二巻、石黒修他編、牧書店、昭和二八〈一九五三〉年一〇月二八日発行）三八ページ、『聞くこと・話すことの指導の実際』（大村はま国語教室第二巻、筑摩書房、昭和五八〈一九八三〉年三月三〇日発行）三一ページに再掲。
（6）大村はま氏著『やさしい国語教室』（毎日中学生新聞連載）、（毎日新聞社、昭和四一〈一九六六〉年三月一五日発行）五一～六一ページ。
　この書物に拠った発表力の学習目標の設定については、拙稿「対話能力の育成を中核にした国語教室経営の研究」（『平成一一年度研究紀要』第一二号、福岡教育大学中等教育研究会編、平成一一〈一九九九〉年九月二五日発行）一～四ページ（本書第Ⅱ部第二章）参照。
（7）大村はま氏稿「話し方の系統学習」、『国語の系統学習』（日本国語教育学会編、東洋館出版、昭和三二年〈一九五七〉年一二月発行）、後に『聞くこと・話すことの指導の実際』五九～六九ページに「『話すこと』の学習」と改題して収められる。
（8）大村はま氏稿「国語教育の近代化のための資料――討議の学習の基礎1」（第一六回全日本国語教育協議会発表資料、昭和三六〈一九六一〉年九月二〇日、鳴門教育大学図書館大村はま文庫所蔵）五ページ。
（9）東京都大田区立石川台中学校国語部（代表者　大村浜）著『新指導要領準拠　中学　作文』（筑摩書房、昭和三六〈一九六一〉年一一月一〇日発行）全一一二ページ。
（10）（12）（13）（14）（15）（16）（18）『中学作文』七～八、九五～九七、七、七、一九～二〇、三五～三六、一〇二～一〇四ページ。
（11）徳川夢声著『話術』（白揚社、昭和二四〈一九四九〉年六月二五日発行）三八ページ。
（17）大村はま氏著『やさしい文章教室』（共文社、昭和四三〈一九六八〉年九月一五日発行）、『ことばの力を伸ばす』（大村はま国語教室第一四巻、筑摩書房）三五〜三八ページ。

（19）（21）野地潤家博士稿「コミュニケーション技術の訓練」（『講座自主学習』Ⅲ、黎明書房、昭和四五〈一九七〇〉年三月）、引用は『話しことば学習論』（共文社、昭和四九〈一九七四〉年一二月一五日発行）二一〇、二二〇ページ。

（22）根本進著『クリちゃん』全四巻（さえら書房、昭和五三〈一九七八〉年一二月改訂版）オレンジの本・みどりの本・きいろの本・そらいろの本とも全六四ページ。

（23）（24）（25）（26）（27）（28）（29）（30）（34）（35）（38）（39）（40）（41）（42）（43）（44）（45）（46）（47）（48）『聞くこと・話すことの指導の実際』三二四〜三二五、三二七、三二六、二四四、二四八、一一五、一一五〜一一六、二九五、二七〇〜二七三、二九九〜三〇一、二四九〜二五一（作者名、本文の省略部分は補っている）、二九三〜二九四、二四四、二四三、一八五〜一八六、一八六、四一一、四一一、四一二、四〇八、四一六ページ。

（31）大村はま氏著『国語教室おりおりの話』（共文社、昭和五三年〈一九七八年〉一〇月二五日発行）一五六〜一五七ページ。

（32）（33）大村はま氏著『読書生活指導の実際』（共文社、昭和五二〈一九七七〉年一一月七日発行）、『読書生活指導の実際』（一）（大村はま国語教室第七巻、筑摩書房、昭和五九〈一九八四〉年六月三〇日発行）二一、二二〜二三ページに再掲。

（36）（37）大村はま氏稿「鑑賞のための朗読」（『読むことの指導と提案』大村はま国語教室第四巻、筑摩書房、昭和五八〈一九八三〉年二月二八日発行）二〇八〜二一〇、二一一〜二一九ページ。

第四章　討議力の伸長をはかる年間指導計画の作成

はじめに

本章においては、会話領域において、左の二系列に即して討議力を育成するための年間指導計画をどのように作っていけばよいかを明らかにしたい。

一　討議力の根底を耕す指導
　　――話し合うことの価値を身にしみて感じさせることを中心に――
二　討議力そのものを伸ばす指導

一　討議力の根底を耕す指導
――話し合うことの価値を身にしみて感じさせることを中心に――

学習者に話し合うことの価値を身にしみてわからせることに関しては、大村はま氏の下記の論述・講演・対談に言及されている。

ア「よい聞き手・よい話し手」（『やさしい国語教室』毎日新聞社、昭和四一〈一九六六〉年三月一五日発行）六一～六二ページ。

イ『話し合い』指導について」（『国語通信』第九三号・第九五号、筑摩書房、昭和四二〈一九六七〉年二月一日、四月一日発行）（『聞くこと・話すことの指導の実際』（大村はま国語教室第二巻、筑摩書房、昭和五八〈一九八三〉年三月三〇日発行）一七八～一八〇ページに再掲。

ウ『国語教室の実際』（昭和三〇年代の四編の講演記録）（共文社、昭和四五年〈一九七〇年〉二月一日発行）全二一〇ページ。

エ「私の授業から」（話しことばの会での講演、昭和四九〈一九七四〉年八月）同上書『聞くこと・話すことの指導の実際』一二八～一三二ページに収められる。

オ「話し合える人を育てる」『ことばを豊かに』（大村はまの国語教室1、小学館、昭和五六〈一九八一〉年七月一〇日発行）四一～四四ページ、同上書『聞くこと・話すことの指導の実際』九九～一〇二ページに再掲。

カ「話し合いを成功させるために」（『教室を生き生きと』第三巻、筑摩書房、昭和六二〈一九八七〉年七月三〇日発行）六七～七四ページ。

キ「話し合うこころ」（『日本の教師に伝えたいこと』筑摩書房、平成七〈一九九五〉年三月二〇日発行）六七～一〇七ページ。

これらに言及されていることは、次の三点に集約されよう。

A　実地の話し合いを経て学習が格段に進んだという経験を振り返らせて、話し合うことの威力に目を見はらせる。

B　個人的にも、学級全体に対しても、おりおりに「1＋1＋1＝5」など、話し合うことの価値・必要性を説いて、自ら積極的に話し合おうとする気持ちを強めていく。

C　話し合うことを通して「ひとと一緒に生きていることの幸せ」を感じ、何としても自らの「運命を開」いていいこうという姿勢を固めさせる。

これらは、段階として明記されてはいないが、三者の関連を考えれば、そこに段階性があると気づかれてこよう。以下、これらの項目から話しことばを年間指導計画を作成していく際の手がかりを探ることにしたい。

(一)　実際の国語学習の中で話し合いの威力に気づかせる

上記イ「『話し合い』指導について」(昭和四二年)には、次のような事例が掲げられている。

「ある年、こんなことがあった。生徒は中学二年生、その五月のことであった。『詩を味わう』という単元であった。教科書には数篇の詩を材料にして、詩の味わい方を書いた文章と、詩五篇とが載っていた。私はこれに、さらに詩三篇を加えて計八篇を材料にした。そしてグループを八つに編成し、一篇ずつ担当して共同研究をさせ、発表させるということにした。

そのグループの編成の資料のために、めいめいその八篇の詩を読み、自分の味わいえたところを書かせた。八篇全部について書いてもよく、いく篇か選んで、それだけについて詳しく書いてもよいのである。時間をじゅうぶんとって、めいめいの精いっぱいのところを書かせた。

そして、それを次のような観点で分類した。

①多くの詩を取り上げ、比較的簡単に、短い感想を述べているか、少ない数の詩をとりあげ、なかには、ただ一篇をとりあげて、それについて深く、詳しく書いているか。

②書かれた感想・味わい方など、内容の価値について、よい着眼をしているか。

③多くの詩について書いたにしても、少数について書いたにしても、全体の分量はどのくらいか。全体で何行か。

④いろいろの文の型が使われているか。
⑤語彙が豊富に使われているか。（たとえば、『いい詩です。』『……のところがいいと思います。』『……の気持ちがよく表されています。』などというように、『いい』ということばが繰り返されて、どのように『いい』のか、こまやかなことばが使えていないか、それとも、どんなよさか、感じとったものがそのままに、いろいろなことばで表現されているか。）

これに、

⑥今度の八篇の詩の中では、どれがいちばん好きか。
⑦ふだんから詩が好きで、よく読んでいるか、詩にはあまり興味がなく、自分から進んでは詩集は開かないか。
⑧自分でも詩を作るかどうか。（考察の便宜上、（A）〜（H）とあるのを①〜⑧に改めている。）

の三項目を加えて、カードに整理して、なるべく似たタイプを集めてグループにした。

このようにして編成されたグループで、分担した詩について、じゅうぶんに話し合い、その後、それぞれ感想文を書き直した。発表会のプログラムの中に、その感想文の発表もあったのであるが、私は、それを聞きながら、前に書かれた感想文とのあまりに大きい差に驚いた。

すべてが終わって、このひとまとまりの学習の反省時間、私は生徒に、学習のはじめに書いた感想文と、この学習の終わりに書いた感想文とを読み比べさせた。そして、その大きな違いに気づかせた。

それから、この大きな差、まことに喜ぶべきこの大きな差が、どうして出てきたのか、始めと終わりの間に、何があったのかを考えさせた。この短い時日の間に、急にそれほど、実力の増すことはないであろう。

このとき、しみじみとグループでの話し合いの力、話し合いの生み出すふしぎな力に気づいたのである。ひとりでは、どんなにいっしょうけんめいに読み味わっても、このような高いところまで、あるいは、深いところまで、短時日の間には、達しえなかったであろうということを、ひとりひとりかみしめたのである。

この体験は、生徒の話し合いに対する態度を変えた。生徒たちは、話し合うことの価値を知ったのである。

これは、特に計画したものではなく、他の目標をもって進めていた学習の副産物とでもいうべきものであった。特に計画した場合でも、そういう場合でなくても、とにかく話し合うことのよさを、体験として、ひしと自分で感じさせることである。」（『聞くこと・話すことの指導の実際』一七八～一八〇ページ）

この単元「詩を味わう」の目標を想定し、指導計画を記した上で、なぜ話し合うことの価値が身にしみる単元になったかを探っていきたい。

〈学習指導目標〉

詩を読んで自ら味わい得たことを力いっぱい書くことにとどまらず、さらに共通な学習傾向を持つ級友と話し合ったうえで改めて感想を書くことによって、詩をさらに深く味わえることに気づくようにさせる。

〈計画〉

（1）教科書所収の詩五篇と加えた三篇、計八篇をめいめい読み、自らの味わい得たところを、時間を十分にとって精いっぱい文章化させる。八篇全部について書くか、幾篇か選んで詳しく書かは、本人にゆだねる。

（2）①多く短くか、少なく詳しくか、②内容の価値についての着眼の良否、③全体の執筆量、④多様な文型が使われているか否か、⑤語彙が豊富に用いられているかどうか、⑥八篇の中でどれが一番好きか、⑦詩を読む習慣の有無、⑧自ら詩を作るかどうかという八つの観点（①～⑤は各々が記した文書から、⑥～⑧はそれぞれへのアンケートから）似たタイプでグループを編成して、分担した詩についてしっかり話し合わせる。

（3）その上で各々が感想文を書き直し、発表会を設けて披瀝させる。（発表会のプログラムには、他に研究発表や朗読などもあった可能性が高い。）

（4）全学習を振り返って、本単元の初めに書いた感想文と終わりに書いた感想文を読み比べて、あまりに大きい違いに気づかせる。その間に何があったのかに思い至らせ、話し合いの生み出す不可思議な力を実感させる。

〈考察〉

（1）話し合う力を存分に発揮させるためのグループ編成

大村はま氏は「学習のはじめに書いた感想文と、この学習の終わりに書いた感想文」との間にあったものは、グループでの話し合い以外にはないと学習者に気づかせておられる。ただし、そのグループをどのように作られたかという点も、要因としては見逃せまい。

（i）まず、最初の感想文を記させる際に、時間をしっかり取って、八篇の詩全部について書くか、篇数を絞って書くか選ばせた点が重要であろう。いずれでもよいのであるから、学習者には自らの得意・不得意や八篇の詩への関心の度合いに応じて選択する余地があり、素地となる詩への思いを生かそうと意欲をもって取り組めたことであろう。そのなかで、特にこの詩をという思いは湧かずどれについても書くしかないと思って選んだのか、特定の詩にぐいぐい引きつけられてはいてもあえて他の詩にも目を開こうとしてのか、この詩だけは入りこめるという作品が見つかりほっとして取り組んでいるのか、どれも味わい深くて心に魅かれるが、どれについても徹底して書くわけにいかず、心して見定めたのかなど、詩鑑賞への関心・能力の基本的傾向が見えてこよう。それが、①に少しずつでも多くの作品についてふれるか、編数を限って詳しく書くかという選択となってあらわれるわけである。

（ii）自ら選んで書いたものには、当然じっくり味わおう、選んだこちらの思いが伝わるものにしようという欲求が伴うから、そこに②の内容の価値についての着眼ができやすい。そこでその良否を判断することもできるようになるのであろう。むろん、詩を絞って詳しく記したものに、価値のある着眼が表れやすいが、いずれも取り上げてそれぞれに内容の価値を簡潔にえぐっていくことも可能である。教師としては、それらを虚心に汲んでいったのであろう。

（ⅲ）③の全体の執筆量の問題も大事である。それぞれの生徒が、書くべきものをどれだけ持ち、表そうとしているか、端的に現れてくるからである。一編に焦点を絞っていても書くべきことがこんこんと湧いてくる生徒がある一方で、八編を取り上げてもそれぞれについて書くことがあまり出てこず、執筆量としてははるかに劣ることも、十分あり得る。これらを両極として、量を手がかりにどういう感想をどこまで表そうとしているかを見きわめることになろう。

（ⅳ）②が内容面に関する豊かさを挙げたものとすると、それと対になるのが、④文型の多様さ、⑤語彙の豊かさになろう。似たような言い回し、同一語になりかねないところをどのように表すかも、劣らず重要になってくる。内容の価値についての発見は、他方でそれをまるごとわかってもらおうとする工夫となって現れずにおれないためである。それだけに、これらの項目は、学習者の感動が文章のすみずみにまで及んでいるか否かを判断する目安になろう。

ここまでを振り返ると、①今回の詩学習に対する基本的態度、②内容的価値、③執筆量に見られる内容と表現の調和、④・⑤文型・語彙という表現面に見られるよりよく表そうとする修辞的意義などが、初めの感想文から汲み取られることになる。

（ⅴ）さらにアンケートでは、⑥八篇のうちどれが最も好きかを問うことによって、①で選んだものとの異同を調べたり、書き手の性向を推察したりできるし、⑦詩を鑑賞する習慣や⑧主体的な詩作への取り組みの有無によって、①～⑤で分類したものの基底にあるもの（ひいては詩歌学習個体史）に思いを及ぼすことも可能になる。

これほどの分析・調査をした上での似たタイプを集めての班編成となると、共通な点が多いだけに、長所を強め合うことができよう。作品を絞って徹底して感動を耕すことが得意な人たちが集まれば、自らの感動を一旦明瞭に文章にしているだけに素地もあり、他の人の発言もしっかり考慮に入れてふくらませて書こうという思いも強くなるわけである。自分の感想をかたくなに固持しようという生徒には、もちろん教師の心のときほぐしが行われたであろう。

一方、これという詩への執着がなく、内容の価値についてのこれという着眼がなく、時間をかけても執筆量があまりふえず、文型・語彙も単調・貧弱な人たちが班を作る際はどうであろうか。この時には、教師が深めるヒントを存分に与え、ぐいぐい深まる楽しさをおぼえて、あれも書きたい、ここにも書くことがある、何としてもこのことは書かずにおれないと胸をふくらませて書くようにさせ、達成感を味わわせたのであろう。

――そうしてみると、二度目の感想文は、違うべくして違ってきたのである。

(2) 話し合うことによってお互いの感想を揺さぶり、ぐんと飛躍させるための話しことばそのものの育成

同一単元のなかで次元のまるっきり違う感想文が書けるようになるには、間に介在した話しことばをそれ以前に鍛えておくことも不可欠である。この面においても一年間かけて、一人が口を開けば、どんなにつたなくても必ず聞くという堅固な習慣を確立させており、話し合う前の準備を一人ひとりにかかわった上で話し合った時の満たされた思いを持たせ、どんなふうに話し合っていけばよいかを身をもって会得させてきたのであろう。したがって、ここでこれまで培った話し合いの力を発揮して読み（感想）を深め、耕すことができたのである。

(3) 以上は、特に計画していなかった時に、なぜ話し合うことの価値をひしひし感じさせることができるものになったかの解明であるが、引用の末尾には、計画して話し合うことの価値を身にしみて感じさせることを目ざす単元もあることが記されている。当然、それは話しことばの単元になり、話し合いがぐいぐい深まるのを目のあたりにしたり、自らも話し合いの一員として加わりながら「三人寄ればなるほど文殊の知恵だ」と得心したりする場を、

国語の授業において作り上げることになろう。

　これについては、上記ア「よい聞き手・よい話し手」に左記のように、大村はま氏の新聞で読んだ事例が紹介されている。


「つい、このあいだの新聞に出ていたのですが、それは、長野県でのことでした。会場には、小学生や中学生が二百人あまりも集まっていました。

　先生が、

『まず、新聞紙の利用方法を考えてみよう。』とおっしゃって、中学生のなかにひとり、

『きみ、思いつくだけ言ってごらん。』

と指されました。その中学生は、いっしょうけんめい考えて言いましたが、五つくらいでとまってしまいました。先生は、

『ひとりで考えたのでは、そのくらいしか思いつかないものだ。こんどはみんなで考えよう。』

と、おっしゃって、みんなに言わせになりましたら、なんと、百近い利用方法が考え出せれたそうです。

　それで、みんなは、みんなで話し合うことのよさ、たいせつさを、身にしみて感じたということでした。

　わたしは、この記事を読んで『ああ、この小学生、中学生たちは、いい経験をしたなあ。』と思いました。話しあうことのねうちを、一度でも、ほんとうに味わった人は、話し合っていこうとする心の構えを、きっと持ちつづけていくでしょう、《ママ》と思ったからです。」（『やさしい国語教室』六一～六二ページ）

　ここに挙げられた例「ひとりで考えたら五つ、みんなで考えたら百」は、純然たる話し合いというよりも、個々の発表を教師が組み合わせたものと称すべきであろう。それにしても、生徒たちが話し合うことの価値に着想の面から気づいたことは確かである。ここに挙がったような独創的な実践を、授業の中で仕組めば、話し合うことの価値を身にしみて感じさせることを目ざすことも可能になろう。

ここまでの考察をふまえて、話し合うことの価値を会得させる授業の構想は、次のように二つ措定できよう。

○話し合うことの価値を身にしみて感じさせるように計画した単元において…上記の「ひとりで考えたら五つ、みんなで考えたら百」のように話し合いが威力を発揮する場に直面させて、その生産性に目を開かせ、以後話し合っていこうとする根本的姿勢を固めさせる。

○それまでに蓄積した話し合いの力を活用・発揮する単元において…とくに話し合うことをなかだちに、(読みの)学習がぐんと深まるように仕向け、その前後を比べさせて話し合うことの意味を悟らせていく。

(二)　おりおりに話し合うことの価値・必要性を理解させる

上記ウ『国語教室の実際』とエ「私の授業から」より、この点に関する説述を取り出せば、下記のようになる。価値や必要性まで言及されていない事例は、私の方で推察して補っている。

(a)「ふたりでやりますと、一に一を加えて二の仕事ができるのではなくて、三や四の仕事ができる」しかも「ひとりでは全然できない仕事ができる」(『国語教室の実際』一二一ページ)→話し合いによって共同で生み出すものの大きさと豊かさ(相手から得られるもの)に気づく。

(b)「いろいろな問題について話し合っておりますと、相手から何か得るというだけでなく、それ以上に、自分がひとりで考えていたときと全然違った新しい考えが自分の中にわいてくる」し、「不思議なくらい自分の考えがはっきりしたり、発展したりしてまいります。」(『国語教室の実際』一二三ページ)→話し合いによって自己が開発される。(『ことばを豊かに』四一、四二ページ)

(c)「ある時はトヨワケキキミミノミコトから始まりまして、聖徳太子などを題材」にして、「話しことばというものの力をわからせようと思いました。」(『聞くことと・話すことの指導の実際』一二八ページ)→古来日本ではしっかり聞き取り、何人もが話しても聞き分けられる人が一番偉い人であるとされていた。話し合うことは何より聞き合いであると見抜かれていたからこそ、現在までのこのような話が伝わったのであろう。言霊という語でわかるように、話しことばの力に深い畏敬の念を覚えて用いる伝統が脈々と続いてきたのである。

(d)「クラスでいろいろの話が出ている時でした。今この組の中にいくつ意見があるだろうか。さっきから開いていると六つほどある。その六つがわかったかどうか、その六つの意見がわかったとして、そのどれかに対して今、自分が本気の意見を言わなければならない、決めなければならない――そういう時の状態は、アチーブメントテストの選択肢が並んだ格好と同じではないのか。こうかもしれない、そうかもしれない、それぞれの理由があって、みんなよさそうなところがあります。どれどれが違っていて、どれとどれが同じなのか、共通点はどれが多いのか、それで自分はどういう理由でどれを取ろうとするのか、そういうことを考えている頭というのは、あのアチーブメントの中の、こわがるそのテストの、できなければ運命を決すると信じられているらしいそのテスト問題(の選択肢)を選ぶ時と、何が違うだろうか。頭は一つ、こっちは討議の頭、こっちは数学の頭などということになっているわけではない。どのつまり頭がよければいいわけで、理由を見つめて、そして判定を誤らなければいいわけなので、それは文章を読んで、選択肢のあれこれかというような練習をすればできるというものではない。もっとも基礎的なものは、その理由を明らかにし、共通点、違う所をしっかり見つめて、自分の考えを決めるところではないのか。それはまったく同じ頭の運動、頭の働き方なのであって、討議ぐらいそれに密着したテストの準備ではないのではないか。しかも、討議の方は速くやらなければいけない。いつまでも考えていたのでは次の話に移ってしまいますから、非常に短い時間に決定して挙手をしなければならないのだから、これはほんとうに、テスト気ちがいでもぜひやらせてもらいたいと頼みに来るような仕事ではないのか――いたずら小僧(中学生)もその時、多少は、そうだなという気持ちがしてきたようでした。

こういう話もして、話しことばがどういうことで必要なのか、どういう意義があるのかを中学生に向け理屈っぽく説いて、その指導の背景を作ろうとしたわけです。」(『聞くこと・話すことの指導の実際』一三〇～一三一ページ。一部改めている。)

(e)「世界の方向を変えていくような国際的な会議も話しことばによって行われるということを考えなければならない。日常生活でも、人と話し合ったり、人と相談したりしないでできる仕事というのは、なにとなにがあるのかということを、考えなければならない。そうすると、はなすということ、聞くということ、みんなの話を聞いて、そこから得たエネルギーで次の発言をするということ、こういうことができないと、商売をすることも学問をすることもできない。おおかたの職業が成り立たないことなるのではないか。話しことばの力は、昔とは非常に違ってきているのではないか。今このくらい違ってきているのだから、この次の何十年かはもっともっと速い。その中であなたたちは生きていくのに、お父さんやお母さんや私たちの持っている話しことばの世界、こんなことではとても用は足せないと熱っぽく話してみたこともございます。」(『聞くこと・話すことの指導の実際』一三二ページ)

(f)「個人的にもどのくらいいろいろな話をしたかわかりません。昔風な優等生がいまして、ほとんど発言しませんが、見事な学習記録を作る。そして非常にいい考えを持っている。私はその人に、クラスにおいて討議の時などいい発言で方向を変えたりしてほしくてたまらないのです。その聡明な頭で、すばらしい意見を一つ言ってほしくてたまらないのです。けれども、その人はそういう興味は持っていないようなのです。自分の世界で深まっていくことだけが、好きのようです。私はそういう子どもの目を開きたいと思いまして、いろいろなことを個人的に話したこともございます。」(『聞くこと・話すことの指導の実際』一三二ページ)

これらの説述の関係を整理すると、左の図のようになろう。

- 学級で全体に
  - 話し合いの生産性
    - (a) 共同で生み出すものの大きさと豊かさ (対人性)
    - (b) 参加している人たちのめいめいの想が開発される (対自性)
  - 話し合いの必要性
    - (c) 話しことばの力に対する畏敬の念を
    - (d) 当面の課題 (テスト) にも生きてくる話しことばの重要性
    - (e) 将来を見据えた時の話しことばの重要性
- 個人個人にも語りかける (f)

右の図の大枠から順に説述すれば、以下の三点にまとめられよう。

（1）まず、学級で全体を相手に説くだけでなく、（f）のように一人ひとりの学習者にもおりを見つけて話すようにし、話し合いに対する教師の思い（信念）が、生徒の内面にも浸透していくようにする。

（2）話し合いの生産性は、

（a）量的にも質的にも一人ではできない仕事が共同によって可能になることと、

（b）話し合っているなかで、本筋とは直接につながらなくても、参加している人の心を活発にし、全く新しい考えが生まれるなど、自己が開発されることとの二種にみとめられる。これらは、話し合いのなかで相手から得られること（対人性）と、自ら生み出すこと（対自性）というふうにも、分けられよう。

（3）話し合いの必要性については、

（d）テストなど生徒の目の前にある課題への有効性（現象的・現実的必要性）を説くばあいと、

（e）学習者の将来にどうしても必要不可欠になること（将来的・本質的必要性）を説くばあいとは明瞭であるが、（d）・（e）のように生徒にすぐつながらなくても話しておきたいことも取り込んで、

（c）話しことばの力に対する畏敬の念を抱かせる

ことになろうか。

これらが網の目となって授業の内外で話し合うことの価値・必要性を悟らせる題材がすくい上げられ、学級全体にも個人にも還元されていったようである。

㈢　話し合うことの究極的目的に目を開かせる

キ「話し合うこころ」に、次のように一節がある。

「ひとりで考えていては開けてこない世界、話し合ってこそといった成果、それが生めるようになっていないと、それは民主的な国家の基盤を崩すようなものという気がします。

そういうこと〔話し合ってこその成果が生み出せること〕ができないで、自分が言いたいことだけは言うけれど、人の持っているものを、ことばによって引き出せないというのでは困ります。たまたま口不調法の人がいるかもしれない。しかしそれは、その人が持っている思想まで不調法だということには、けっしてならないでしょう。そういう発言力の多少弱い人も、ちゃんと生かして意見を引き出して、私たちの発展のために役立てていくというのが、本当のいい話し手といえましょう。

人の言うことを引き出せない。（1）その人と一緒に生きていることの幸せや（2）運命を開くことなどができないとすると、これは話すということを、ほんとうに生きる力にはしていないことではないか。」（『日本の教師に伝えたいこと』六九～七〇ページ）

第一段に、否定的に述べられていることを肯定型に直せば、

〔一人で考えていては開けてこない世界／話し合ってこそといった成果〕が生み出せるようになる

と話し合いの生産性が身についた姿が浮かび上がってくる。それを第二段では、「発言力の多少弱い人も、ちゃんと生かして意見を引き出して、私たちの発展のために役立てていくというのが、ほんとうの話し手」と例を挙げて説き明かしている。第三段も、同じように肯定型に改めれば、左記のようになる。

（1）その人と一緒に生きていることの幸せを見いだす

（2）自他の運命を開く
ことができてこそ、話すことを本当の生きる力にし得たことになる。
この（1）・（2）は、「ほんとうに生きる力」にするという説述からすれば、話し合うことの究極的目的と言えよう。

本節で導き出された結論をつづり合わせれば、次のようになる。

1　実際の国語学習のなかで話し合いの威力に気づかせる
①話し合うことの価値を身にしみて感じさせるように計画した単元において…「ひとりで考えたら五種、みんなで考えたら百種」のように話し合いが威力を発揮する場に直面させて、目を見張らせ、以後話し合っていこうとする根本的姿勢を固めさせる。
②それまでに蓄積した話し合いの力を活用・発揮する単元において…特に話し合うことを契機にぐんと深まるように仕向け、その前後を比較させて話し合うことの意味を悟らせていく。

2　おりおりに話し合うことの価値・必要性を理解させる
①まず、学級全体を相手に説くだけでなく、めいめいの学習者にもおりを見つけて個性に応じて話すようにし、話し合いに対する教師の信念が、生徒の内面にも浸透していくようにする。
②話し合いの生産性は、
（a）量的にも質的にも一人ではできない仕事が共同によって可能になることと、

（b）話し合っているなかで、本筋とは直接につながらなくても、参加している人の心を活発にし、全く新しい考えが生まれるなど、自己が開発されることの二種にみとめられる。これらは、話し合いのなかで相手から得られること（（a）、対人性）と、自ら生み出すこと（（b）、対自性）というようにも分けられよう。

③話し合いの必要性については、

（d）テストなど生徒の目の前にある課題への有効性（現象的・現実的必要性）を説くばあいと、

（e）学習者の将来にどうしても不可欠になること（将来的・本質的必要性）を説くばあいだけでなく、

（c）生徒にすぐ接点が見いだせなくても話し合いの必要性に結びつく話題を蒐集して話し、話しことばの力に畏敬の念を抱かせる。

3　話し合うことの究極的目的に目を開かせる

①話し合うことによって目前にいる人と一緒に生きていることの幸せを見いだす

②自他の運命的にも思える状況を打開する

——これらのことに行き着くようにする（ほんとうに生きる力にし得たことの証）。

以上の1・2・3が全き段階性を示しているとは言えまいが、そこに異なった層をなしていることがみとめられよう。そうしてみると、討議すること（話し合うこと）の価値を身にしみて感じられるようにする本節においても、年間指導計画を作成する際の網の目として生かすことは可能である。したがって、ここに掲げたような構図を念頭に置いて、話し合うことの意義を生徒に自覚させるために、教材発掘にいそしむと、実り豊かなものになってこよう。実際の成果は、授業者の力量によるにしても、きわめて生産的な観点が示されたことになろう。

二　討議力そのものを伸ばす指導

㈠　討議力を養う階梯

大村はま氏の昭和三二（一九五七）年前後の論述「話し方学習の系統化」には、西尾実説［聞き手の数・性質によって通じ合いのあり方が変わってくることに着目し、談話生活を生活的形態の対話（一対一）↓会話（一対多）↓公話（一対衆）、文化的形態の問答（一対一）↓討議（一対多）↓討論（一対衆）と、段階づけていく見解］に従って生活形態としての会話と文化形態としての討議に分けて学習目標が段階的に設定されている。ただし、後者の討議には、括弧して「司会」(注1)としており、実際の学習目標を見ても、司会力の段階にふさわしいものになっている。したがって、ここでは前者の「よい会話ができる。」として記された以下の内容に絞って考察することにしたい。

「A　会話の中に進んではいっていく。
自分だけ多く話し過ぎない。
B　共通の話題をとりあげる。
話していることがわからない人のないように心を配り、もしそういう人があったら適当に言うべきことを言い直す。
C　話を高め、ゆたかなものに展開させていく。話していない人を引き入れる。(注2)」

これらは、前半の話し合いに臨む意識の高まりと、後半の参加している人に対する配慮の深まりとに分けられよう。

前者は、話し合いにおいて何よりも大切な心を開く気構えをもって「会話の中に進んではいっていく」→その上で、話がはずみ、みんなで様々な思いが繰り広げられるように「共通の話題をとりあげる」→誰もが話し合った充実感が持てるように「話を高め、ゆたかなものに展開させていく」という筋道であろう。

それに対して、後者は、数人で話し合っているのだということを念頭に置いて「自分だけ多く話し過ぎない」→話すことに夢中になり過ぎないで、聞いている人にも目を配り始め、「話していることがわからない人」がいないかどうか留意し、一人でも首をかしげるような人がいれば「言い直す」→話題から心が離れている人やうまく入れない人を察して、さりげなく「引き入れ」、せっかくの場を有意義なものにするという進展になろう。

いずれも、会話や討議ならではの指標になっている。しかも、Aが下塗り、B・Cがその上に重ねて塗っていくような様相を呈している。実践の中から見いだされた、得がたい提言と言えよう。両側面は、討議力を育てる指導目標としては、統合された方が望ましいのであろうが、へたに結びつけると、個々の目標の内包するものを狭めてしまう恐れもある。そのため、ここでは両側面を並記するにとどめ、以後の実践を検討する際に、どういう指導目標として統合されるべきなのかも留意していきたい。

(二)　基礎訓練における討議力の育成

大村はま氏は、昭和三六（一九六一）年九月二〇日の「国語教育の近代化のための資料――討議の学習の基礎1」（第一六回全日本国語教育協議会）において、次のような基礎訓練を提案されている。

(1)指導者の問いに対して、となりの生徒と話し合って答える。
①となりの生徒の考えを紹介して、自分の考えを言う。（～さんは……私は……という形）
②となりの生徒の考えと、自分の考えとをまとめ、ふたりで考えたこととして発表する。（わたしたちは……と考えますという形）
③となりの生徒と話し合いながら、自分の考えをすすめ、話し合いながら育てた考えを述べる。（わたしは……と考えますという形）（必要な場合、友だちのことばに示唆をえたことをいう。）
(2)指導者の問いに対して、まわりの三、四人の生徒と相談して答える。
①三、四人の生徒の考えを、そのまま紹介し、自分の考えを述べる。（～さんは……と考えているようです。～さんは〈も〉……～さんは〈も〉……わたしは〈も〉……という形）
②三、四人の生徒の考えを整理し、代表者として答える。（わたしたちは話し合って、……こんな考えをもちました、というような形）
③三、四人の生徒と話し合いながら、自分の考えたことをまとめて発表する。（わたしは……こう考えますの形）（必要な場合、友だちのことばに示唆を得たことをいう。(注3)）

(1)の①は隣にすわっている同級生と自己の意見とをそのまま列挙すれば済むので、最も容易である。それでも、問いに対して、どう考えているのかを二つ挙げるのであるから、話したことに忠実に、しかも明快に話す必要は出てくる。それが（2）の①になると、聞く相手が三人、四人と多くなるため、独立した意見なのか、類似した意見なのかで、副助詞「は」か、格助詞「も」かを的確に使い分けること、どの程度それぞれの人の見解をしっかりととらえているかで、文末表現を「～です」と断定できるばあいと「～ようです。」と推察として述べるしかないばあいとを区別することなど、工夫の余地が広がってくる。見解が幾様にも分かれる可能性があるため、どの人の意見も誤りなくしっかりとらえ、指導者に明瞭に伝わるように話す努力が求められる。

⑴の②は、それぞれの見解を出し合った上で、共通の意見として言い得ることはどういうことなのかと、集約をはからざるを得なくなる。一致している点をすばやく見いだして、違って出されたこともどうまとめれば、ともに考えたこととして表せるか探し出すようになる。⑴の①（列挙）以上に意欲的に取り組めよう。⑵の②になると、三、四人の考えをかみ合わせて、共同思考を進める話し合いをするしかなくなる。どれとどれが似ており、どの意見が違うかを見分けて、どう整理すれば、「わたしたちは話し合って、……こんな考えをもちました」と言ってかまわないものになるかを、みんなで練らずにはおれなくなる。

⑴の③は相手と「話し合いながら（自ら）育てた考え」を正面から引き出そうとする項目である。ただし、大村はま氏は「わたしは……と考えるようになりました。」という文型を挙げずに、「わたしは……と考えます」に止《とど》めている。括弧にあるように「友だちのことばに示唆を得」るばあいもあり、特に示唆が得られないばあいもあるため、練習学習としては、いずれの時にも発表できるようにという配慮であろう。話し合いながら育てた考えが出せればそれを発表するようにさせるが、話し合ってもやはりもとの意見のままだったとしても、それはそれでよしということになろう。①が、自分の考えを心に置いて、友達の意見も取り上げ、②がそれぞれの見解のうち、一致する点のみを選び取るのであるから、なお静的である。それに対して、③は話し合いの経過を通して自らに生み出されたものを、その過程も合わせて表す力動的なものになってくる。⑵の③のばあい、個々の発言にばかりか、三者、四者の発言を関連させて触発されたことも出てくるため、一層意見の可変性は大きくなる。

このように考察してみると、野地潤家博士の指摘どおり、討議の「原型」(注4)が見いだされていることがわかる。自他の見解をきちんととらえ、共通点を見抜き、共同思考の展開によって新たに育ってきた自らの見解を、その過程も盛り込んでつぶさに言い表せること……これがまず一対一で試みられ、徐々に一対多でもできるようになれば、討議の素地は固まったと言えよう。（一対一は対話形態であるが、討議力育成に進める過渡的形態として、そのままここに位置づけることにした。）

㈢　日々の国語学習における討議力の練成

大村はま氏は、昭和三一（一九五六）年の講演記録「国語学習指導の記録から」[注5]や昭和三七（一九六二）年の講演記録「生きた場（実の場）にすること」[注6]に以下のようなグループ指導の段階について言及されている。初期(ア)・(イ)が前項2の練習学習とも対応しており、日々の国語学習のなかで討議力を伸ばす筋道にもなっている。

(ア)（四月から）尋ねられたことに対して意見を述べる時に、隣の人の意見を聞いて、自分の意見と一緒にしたものを答えさせる。（前項⑴②と対応。ただし、⑴①や⑴③のばあいも含められそうである。）

(イ)（一学期の間）三、四人で相談して五、六分話し合いをして一人がまとめて答えられるようにする。（前項⑵②と対応。ここでも⑵①や⑵③のばあいも、当然あり得よう。[注7]）

(ウ)ある学習活動だけ、一〇～一五分くらい、続けて四、五人のグループで話し合わせる。

(エ)ある一時間の活動だけ、グループに分かれて取り組ませ、報告を出させる。

(オ)（秋に）初めて何時間かの一連の学習活動をグループでさせる。それから一単元全体をグループに分かれて進める学習活動に発展させる。

これらのうち、(エ)・(オ)は日々の国語学習というより、独立した単元学習に入るべき話し合いである。したがって、討議力を育てる日々の国語学習としては、(ア)が素地、(イ)が中心と言えよう。(ウ)は(イ)の応用になろう。

主に(イ)を念頭に置いて、日々の国語学習を進める際の指導上の留意点と学習者にとっての有用性を、上掲二編よりまとめれば、次のように言えよう。

〈日々の国語学習のなかで討議力を育てる際の指導上の留意点〉

(1)目的を明確にし、制限時間を決めてその時間内に話し合い、必要があれば相談に乗り、結論を得るようにさせる。

(2)グループ（学習集団）に分かれる際には、約束事として一グループでは一度にひとりしか発言しないということを決めておき、習慣づける。

(3)グループに聞く時に、隣や後ろの人に相談しながらまとめて返事するような機会を長い間、根気よく作っていくとともに、学級全体に対しても幾人かに当てて答えてもらうようにし、討議における頭のはたらかせ方を身につけさせる。

(4)まとまった時間をグループ学習に用いるばあいは、
○きょうグループで何をしたかを把握し、
○話し合いの様子が望ましい形であったかどうかを洞察し、
○各々のグループではどんな問題が出てきてどれが未解決になっているかを理解するために、観点を決めてグループ報告を必ず提出するようにさせる。

(5)グループ学習の後が発表になる時には、発表会準備の時間を設け、十分にヒントを与えて他のグループにもよい質問ができるように促す。

〈学習者にとっての意義〉

(1)人と話す習慣が自ずとできてくる。

(2)話し手としては、自分にいい答えが得られないときでも、ほかの人の意見をまとめて言える。

(3)聞き手としては、友達に聞かれれば答えざるを得ないため、級友の意見を引き出すことができる。

以上の国語学習と練習学習とは、いずれが先になるとも言いがたい。人と話す習慣づけが主になるばあいは日々の国語学習が先行し、討議力の素地を養うように意識させる時には練習学習が優先すると言えようか。ともかく両者があいまって、以後の単元学習の土台を確固としたものにしていくのであろう。

㈣　単元学習における討議力の養成

大村はま国語教室第二巻『聞くこと・話すことの指導の実際』には、討議力を育てる単元学習の事例が三編収載されている。これらを資料として、単元学習として討議力育成をどのような筋道をたどって進めていけばよいか探ることにする。

これらの単元は、大村はま国語教室第一巻『国語単元学習の生成と深化』所収の「私の研究授業一覧」(注8)と照らし合わせ、学年・時期・大要の順に並べると、次のようになる。

A　国語学習発表会（学習準備のまとめ）（中学一年四月、昭和四七〈一九七二〉年四月二八日研究授業、『聞くこと・話すことの指導の実際』一〇八～一一七ページ所収）

○発表会の準備として、後に掲げる「話し合いはこんなふうに」という話し合いの手引き（台本）を提供し、生徒たちに話し合いによる学習の仕方を具体的に理解させる。その上で、実地の話し合いに取り組ませる。行き詰まった時にはすぐに教師を呼びに来させ、どこで止まったかを報告させる。教師がすばらしい発信者になって身をもって盛り上げ、楽しい気持ちで話し合いが続けられるようにする。生徒はこう発言すればよかったのかと悟り、明るい弾んだ気持ちで語り合い、その実りを実感できるようになる。さらに、一つの会の準備のしかた、会の進行のしかた、開会、閉会、司会のことばについても、おおよそを理解させ、実地にためさせる。

Ｂ　ことばの意味と使い方（中学一年一〇月～一一月、昭和四七〈一九七二〉年一一月七日研究授業、同上書、三八五～四〇五ページ所収、『教室をいきいきと』第二巻、筑摩書房、昭和六一〈一九八六〉年一月三〇日発行、一三〇～一四一ページにも言及がある。）

○使いこなすべき八語を使った生徒の用例文を集め、このために作成した話し合いのてびき（台本）にしたがって適否を話し合って、吟味し、学級で発表させる。その上で、全体で模範例・誤用例について討議させる。

Ｃ　討議する（中学二年六月、昭和三六〈一九六一〉年六月一二日研究授業、同上書、三六七～三八四ページ所収）

○国語科の範囲内から「掘り出すなぞの都」(注9)（ジョン＝ハント著、教科書教材）の副題をつけることのような適切な題材を選び、みんなが出した副題を、自分が司会になったらと考えて、いかに検討していけばよいかという進め方を出し合わせ、そこで決まった柱立てと進行上の留意点のみで実地に話し合わせる。

これらのうち、Ａ・Ｂは同一年度、同一学年であり、そこに当然発展性がうかがえよう。Ｃは、Ａ・Ｂのような話し合いの手引き（台本）を案出する以前の実践であるが、それだけにもっと初歩的な指導に遡る余地を残している。したがって、昭和四〇年代における大村はま氏の意向からしても、討議力育成の筋道をＡ→Ｂ→Ｃとたどっていくことは、決して外れたものではないと考えられる。そこで、以下、話し合いのしかたをどのように身につけさせようとしているかに着目して、改めて単元の目標・計画を想定し、考察を進めることとする。

Ａ　「国語学習発表会」（中学一年四月）のばあい

〈目標〉

(1)話し合いのモデルを読み、まねながら、話し合いはどのようにすればよいかが実感として了解でき、明るい気持ちで話し合いに臨もうとする態度を育てる。

(2)一つの会の準備のしかた、会の進行のしかたや開会や閉会にどんなことをどんなふうに話すかが、おおよそ理解でき、恥ずかしさがあっても正面から取り組もうという姿勢を固めさせる。

〈計画〉（目標(1)にかかわる部分）

(1)話し合いのどうしても必要な、発表会のための相談をするという場を設定し、脚本のように、実際何と言えばよいかがわかる、下記の話し合いのてびき（台本）を提供し、役割を交代しながら、何回も読んでみて、ああ、このようなばあいは、こんなふうに意見を出したり、賛成したりするのかと実地にさとらせる。

〈話し合いのてびき〉

グループの話し合いはこんなふうに

1　A　では始めます。よろしくお願いいたします。

〔1′　BCD　よろしくお願いいたします。〕

2　A　きょう、相談してきめなければならないことは、まず第一に、みんなで読む「この新鮮な気持ちを」の読み方のくふう。それから〔そこに引用された一二の〕ルナールのことばの〔暗唱をする〕分担のしかた。これを決めなければなりません。それから〔先生から提供された四編の詩について〕一人で読む詩の担当。それから〔最後の発表会の〕プログラムはぜひ。プログラムのプリントを書く人。それから朗読発表会の司会者。そして、開会のことばの担当者と閉会のことばの担当者。こんなにあります。いま話したこの順序で話し合うことにしていいですか。

3　B　しぜんな順序でいいと思いますが、いちばんになっている、「みんなで読む詩〔「この新鮮な気持ちを」〕の読み方のくふう」は、時間がかかるでしょう。いくらでも時間があるだけ、かけたいでしょう。ですから、これはあとまわしにして、話し合いのあとにつづいている練習の初めに、話し合ったらいいのではないかと思います。

4　D　賛成です。それがいいと思います。

5　C　〔次の〕ルナールのことばの分担も、あとにまわしますか。
6　B　さあ、……それは……。
7　C　ルナールのことばも、詩〔「この新鮮な気持ちを」〕の一部分ですから、あとにまわしたほうがいいのではありませんか。
8　D　分担は、やっぱり早くきめたほうがいいと思います。あと、つづいて話し合うことが、みんな、何かの分担なのですから。
9　B　でも、ルナールのことばのすぐ前のところを、だれが読むのか、みんなで読むのか、それがきまっていないでしょう。
10　D　それは、そんなに関係がないと思います。
11　BCD　（……しばらく、みんな、だまる。）
12　A　どうでしょうか、にばんのルナールのことばは、その前のところの読みかた、読む人をきめてからでないときめられないでしょうか。それとも、そう関係はないでしょうか。
13　C　それは、関係あると思います。関係ある、というより、関係させて考えたほうがいいと思うのです。
14　B　それもそうですね。
15　D　そんなに関係はないと思いますが、関係させて考えたほうが、ほんとうかな、という気がしてきました。
16　A　では、はじめの二つ、詩をみんなで読むときのくふうと、ルナールのことばの暗唱の二つは、まとめてあとにまわしますか。
17　C　はい。
18　BD　それでいいです。
19　A　では、あとにまわします。
20　A　それでは、〔四編のうちからめいめい〕一人で読む詩をきめましょう。どんな方法できめますか。

21　D　めいめい、希望を出してみたら？
22　BC　賛成。
23　A　希望をまず出して、もしダブったら、そこで話し合うことにしますか。
24　BCD　はい。そうね。それでいい。
25　B　あの……すまないけれど、まだ、その詩を読んでないので、少し、時間、ください。
26　A　ああ、そうでした。どうぞ、読んで考えてください。
（……）
27　A　きまりましたか。
28　BCD　はい。
29　A　では、Bさんから。
30　B　ぼくはも「山頂から」。ぜひ。
31　C　わたしは、どれでもいいです。
32　D　わたしも、どれでもいいけれど、……「野のまつり」か「木琴」。
33　A　そうすると、「山頂から」はB―、きまりですね。C―は、ほんとにどれでもいいですか。D―は、「野のまつり」か「木琴」ですね。わたしは、できたら「木琴」が読みたかったので、……「野のまつり」がD―、いいですか。で、わたしが「木琴」で、「夜明け」はC―ということになります。
34　BCD　いいです。それでいいです。これできまり。
35　A　では、今度は、プログラム。あんまり、いろんな種類はないように思いますが。案、出してください。
36　D　まず、A案は、みんなで、はじめに「この新鮮な気持ちを」を読んで、それから一人ずつ、担当した詩を読む〔そして後半もみんなで読む〕。
B案は、A案の反対。まず一人で読んで、それからみんなで読む〔そして、後半も一人で読む〕。

C案は、一人で読むのを〔前半も後半も〕二人ずつに分けて、まん中に、みんなで読むのを入れる。
37 C　そのくらいだと思います。あとは、その二人ずつに分けるのを、男子と女子に分けるとか、そうでなく……。
38 B　男子とか、女子とかより、どの詩とどの詩を〔「この新鮮な気持ちを」より〕前にするか、どれをあとにするか、ではないでしょうか。
39 C　それはそうですね。
40 B　それに、二編ずつときめなくても、〔「この新鮮な気持ちを」の〕前に一編、あとに三編とか、その反対でもいいんだと思います。
41 A　では、このABCの案、どれにしましょう。
42 C　ちょっと、思いついたことがありますが……。
43 A　何ですか、どうぞ。
44 C　このプログラムの中に、自分たちの書いたものの朗読も入れたら、と思うのですが。
45 D　自分で書いて？ひとりひとり？
46 C　そう。
47 A　入れるとすると、どんなのを？ですか。
48 C　ルナールのまねして、こういう、新鮮な目でとらえた短いもの。
49 B　それはいい。「この新鮮な気持ちを」のなかにも、
「なんでも新鮮に見える今のこの目を、大事にしていこう。そうして、何かを発見するような目を、育てていこう。」

とあるし。
50 D　「ルナールだって、目は二つ。
わたしたちと何も変わってはいないはずだ。」
やってみよう。
51 C　おしまいのところにも、

「何か今までとは違ったものを発見していくように努めよう。」とあるでしょう。これは、こういうふうに書いてみよう、ということだと思います。
52　A　じゃ、ちょっと、先生に相談してきます。
（……）
53　A　それは、たいへんいいことを考えたって。グッド・アイデアですって。で、これをプログラムに入れるとすると、どうなりますか。
（中略）プログラム決定。
54　では、このプログラムを書く人ですね。どうでしょうか。これは、司会からの提案ですが、あと
プリントを書く人
発表会の司会者
開会のことば
閉会のことば
この四つの仕事をいっしょに考えたらと思います。
55　BCD　賛成
56　A　一人一役です。
57　B　プリントって、書くんですか。
58　A　はい、ホワイトミリアに。
59　B　印刷するのは？
60　A　先生が刷ってくださるんです。
では、どうぞ、希望を出してください。

（あと略[注10]）

(2)この話し合いの手びきをお手本に実際の話し合いを試みさせる。うまくいかない時にはすぐに教師を呼び、どこでどのように行き詰まったかを実演なり、説明なりしてはっきりさせる。教師がすばらしい発言者になって、屈折点を作り、盛り上げ、元のようによい具合に話し合えるように、みんなが弾んだ、明るい気持ちで続けられるようにする。（教師は話し合いの中身について十分下調べをしておき、生徒たちがどんなことで立ち往生しても大丈夫という状態で臨む。）

〈教材〉

A　教科書教材

この新鮮な気持ちを　　石森　延男

春になった。
空には、白い雲が光って、羊の群れのように浮かんでいる。
山すその林が、うす緑になって深呼吸をしている。
そうして、みんなは、中学生になった。
校舎も、教室も、机も、黒板も、窓ガラスも、友だちの顔も、――
何を見ても、新鮮な気持ちがするだろう。
なんでも新鮮に見える今のこの目を、大事にしていこう。

そうして、何かを発見するような目を、育てていこう。
泉から水がわく、あの新鮮さを、心に持ち続けたいものだ。
なんでも見慣れてしまってはおしまいだ。
「見慣れるなんて、そんなはずはないよ。」
こう言いたいところだろうが、なかなかそうはいかないものだ。
よくものを見ているようで、実は見ていないことが多いからだ。
あとで思い出してみようとしても、少しも思い出せないことだってある。
心を働かせてものを見るようにしたいものだ。
時には、記憶にとどめ、
時には、創造の翼を伸ばして、ものを見るようにしよう。

次に、いくつかの短文を掲げてみよう。
この筆者は、いったい何を見たのであろうか。
天地にばらまかれているもろもろのものを、
みんな自分のものにしているような感じがするではないか。
○小鳥はいつも、新鮮な様子をしている。ついきのう生まれ落ちたように。
○月の光に包まれた村。おおいをかけた家具みたいだ。
○川。水は決して同じものでないが、いつも同じ様子をしている。
○月曜。人間がだれも目をさます。一週の初めのこの日は、いつも何かしら、誕生日らしい思いがする。
○ああ、自然よ、キャベツ一つにしても、この美しさといったら。
○煙が残り惜しそうに離れていく屋根。

○雲が一つ、行く先を知ってでもいるように飛んでいく。
○でも、ひどい風だなあ。ほとんど水平に降る雨。
○コップにさした花のうちには、野に帰りたがっているのがある。
○よごれたゆりの花ほど、きたならしいものはない。
○木の皮の半分は、北風を知らない。
○枝の端が、飛び去る鳥を見送っている。

――「ルナールのことば」（内藤濯《あらう》訳）から――

この筆者は、ジュール＝ルナールだ。
彼の日記のあちこちに書かれたものなのだ。
まことにあざやかな風景、
まことにういういしい感覚、
すばらしい知性、
表現はやさしいが、なるほどと共感させられることばかりだ。
ルナールだって、目は二つ。
わたしたちと何も変わっていないはずだ。
それなのに、どうして、こんなに物事を新鮮にとらえられるのだろう。

春になった。

そうして、みんなは中学生になった。

今のこの新鮮な気持ちを失わないようにしよう。

何か今までとは違ったものを発見していくことに努めよう。(注11)（波線部は「グループの話し合いはこんなふうに」中に言及されている部分である。）

B　補充教材

①山頂から　　　　　　　　　　小野　十三郎

山にのぼると
海は天まであがってくる。
なだれおちるような若葉のみどりのなか。
下の方で　しずかに
かっこうがないている。
風に吹かれて高いところにたつと
だれでもしぜんに世界のひろさをかんがえる。
ぼくは手を口にあてて
なにか下の方に向かって叫びたくなる。
五月の山は
ぎらぎらと明るくまぶしい。
きみは山頂よりも上に
青い大きな弧をえがく
水平線を見たことがあるか。

②野のまつり　　　　　　　　　　新川　和江

空いろのスカートをはいた少女たちが

ひろい野原でステップをふむ
すると　その足もとから
ぐん！
と芽を出す春の草
おさげがぷらんぷらんゆれるたびに
その先から
うまれてとび立つ春のちょう

こんどは森でかくれんぼ
少女たちは　いっぽんいっぽんの木のかげに
いそいでかくれて　クスクス笑いをかみしめる。
するとみるまに
木はしなやかな枝葉をのばして
やさしく少女をかくまってしまう

遠くの方から
なにやら聞こえるさざめきに
ひとびとが　さそい合わせていってみると
野も森も
いちめんみどりにぬりかえられて
少女のすがたは　ひとりも見えない

③木琴

金井　直

妹よ
今夜は雨が降っていて
お前の木琴がきけない

お前はいつも大事に木琴をかかえて
学校へ通っていたね
暗い家の中でもお前は
木琴といっしょにうたっていたね
そして　よくこう言ったね
「早く街に赤や青や黄色の電燈がつくといいな」

あんなにいやがっていた戦争が
お前と木琴を焼いてしまった

妹よ
お前が地上で木琴を鳴らさなくなり
星の中で鳴らし始めてからまもなく
街は明るくなったのだよ。

私のほかにだれも知らないけれど

妹よ
今夜は雨が降っていて
お前の木琴が聞けない

④夜明け　　伊藤　整

山腹の木立の中にいて　だれかが大声で呼んでいる。
若者らしい声だ。
この良い朝じゅうに自分だけだというようにして。
なんて大きな声だろう。
それで私ははっきり目をさました。
そいつが今度は　水のような朝に口笛を吹いている。
ひとり朝を思い切りたのしんでいる。
まだ日も上らない　うす明かりを良いと思っている。
あいつは今じぶんどこから歩いて来たのだろう。(注12)

〈考察〉

㈠　教科書教材「班の話し合い」との相違点

検討の焦点は、目標（1）と照らし合わせて、ここに挙げられた「話し合いのてびき」の独創性を明らかにすることと、この手びきを用いた学習指導が生徒にもたらすものを顕在化させることの二点になろう。もともと教科書教材に、「この新鮮な気持ちを」（石森延男）と並んで「班の話し合い」が載せられており、この二教材が、「心をひらく」という単元名で包括されている。大村はま氏は、これら二教材がへたをすると分裂しかねないため、話し合いに重点を置いた一単元として作り変えられたと見られる。そこで、この「班の話し合い」と対比しながら、大村はま氏の「話し合いのてびき」の創意を探ることにする。

教材「班の話し合い」には、冒頭に「森村君たちの学級では、班や学級の生活に必要なことを話題として取り上げ、班ごとに話し合いをすることになった。話し合いの話題は各班で決め、まとまったことは学級会で発表するのである。」(注13)として、きょうの話し合いで取り上げられた五班の題が、次のように掲げられている。

「○班ノートを書こう。(第一班)
○班の名まえを考えよう。(第二班)
○クラブは、どのようにして選んだらいいか。(第三班)
○教室の美化をさらに進めるには、どうしたらいいか。(第四班)
○班で助け合って学習するには、どうしたらいいか。(第五班)(注14)」

そのうち、第一班の話し合いの例が以下のように文字化され、下欄に十項目の着眼点が記されている。そして、末尾の「学習のてびき」において、参加者が適切に発言しているかどうか、話し合う上での注意・心構え、話し合って物事を解決・決定する意味を考えた上で、第二班〜第五班の話題を参考に実際に班ごとに話し合うことを勧めている。

班ノートを書こう(第一班)

1　森村(司会者)　ぼくたちの班では、班ノートを作ったらどうかという提案が出ていますので、そのことについて話し合いたいと思います。いいですか。

2　一同　いいです。

3　森村　では、提案者に提案してもらいます。谷口さん、どうぞ。

4　谷口　はい。班ノートというのは、わたしたちの回覧ノートのことです。それに、班や学級の生活の中で感じたり考えたりしたことを、自由に書き込んでいくのです。交替でノートに書くことによって、お互いによく知り合ったり、ある問題について考え合ったりすることができるし、何よりも、みんなの心を結びつけていくのに役立つと思います。

5　安田　めんどうくさいなあ、そんなこと。それに、何か束縛されるみたいでいやだなあ。

6　木村　提案の理由がそれだけなら、こうして話し合いをするだけで十分じゃないんですか。わざわざノートに書かなければならないというわけがわからないなあ。

7　田島　ええ。ぼくも話し合いは大切だと思いますが、ノートにはまた、話し合いにはないよさがあると思うのです。たとえば、話し合いでは指摘しにくいようなひとでも、書くとなると気楽にできるし、じっくり考えて書くこともできます。ぼくは小学校のとき、班ノートを書いていたんですが、今でもよかったと思っています。

8　山下　そうかしら。話し合いのほうが時間もかからないし、相談することなど能率的にできていいと思うけど。

9　安田　ぼくは書くのはいやだなあ。字はへただし、文章もうまくないし…。書かされるのは迷惑だなあ。

10　小川　わたしも小学校のとき、班ノートを書いていました。初めは、今安田さんが言ったようなことを言った人もありました。また、山下さんの言ったこともわかりますが、班ノートはとてもすばらしいものです。いったん書き出すと、安田さんが言ったような気持ちや心配は、自然になくなって、書くことにあまり抵抗を感じなくなります。卒業の別れの会のときに、

「班ノートをずっと書いてきたおかげで、字も文章も気をつけて書くようになったし、考えをまとめて書くこともできるようになった。何より、文章を書くのがおっくうでなくなったのがうれしい。」

と、感想を述べた人もありました。

11 安田　へえ…、そうかなあ。それで、いったいどんなことを書けばいいの。

12 森村　ちょっと待ってください。そのことは、班ノートを作るか作らないかを決めてからにしてください。

13 中原　班ノートにいろいろいい点があるということは、今の説明でわかりました。特に反対の人もないようですから、書くことに決めたらどうでしょうか。まずいことがあったらいつでもやめられるんですから…。

14 木村　そうですね。ぼくは賛成します。

15 安田　それじゃ、ぼくも賛成します。

16 森村　それでは、だいたい意見が一致したようですから、書くことに決めていいですか。

17 一同　(うなずく。)

18 森村　では、班ノートを作ることに決まりました。次に、実際に班ノートを書く前に、いろいろ決めておかなければならないことがあると思いますが…。

19 安田　何を書くのか、はっきりしなきゃ書けないよ。

20 小川　どのくらいの長さで書くのかも、だいたい決めておいたほうがいいと思います。

21 田島　どんな形式で書くのか、それとも、形式はめいめいの自由にするのか、これも決めておく必要があります。

22 山下　自分のことだけ書けばいいのか、それとも、ほかの人のことやクラスのこと、それに学校のことなども書くのか、その点はどうなんですか。

23 中原　書く内容や形式については、あまり細かいことまで決めてしまわないで、自由に書けるようにしておくほうがいいと思います。それより、いつから書き始めるのか、順番はどうするのかを決めておかなくちゃ…。

24 森村　わかりました。それでは、決めておかなければならないことについて、今、いろいろ出た意見を参考にして、話し合い(注15)たいと思います。それでいいですか。

25 一同　いいです。(1~25は、考察者)

この教科書教材と比べてみると、大村はま氏作成の「話し合いのてびき」は、以下の五点に特色が見られる。

(1)場の設定・範囲

教科書教材においても、一応「班や学級の生活に必要なことを話題として取り上げ」て、「まとまったことは学級会で発表する」という場は設定されているが、話題は各班で決めるため、結局どの程度必要なのかという吟味も学習者・班にゆだねられる。生活の場に近いことを期待しているのであろうが、班活動を前提にして自治活動を活発にするために話し合うものである。

それに対して、大村はま氏の「てびき」は、国語学習発表会を最初から念頭に置いて、教材（教科書からとったものと新たに準備したものの二種）の読み方、分担のしかたに焦点を絞って、学習目的を明確なものにしている。国語科の話し合いとしての色彩が鮮明である。それだけに、学習者も一々の発言から目を開かれるものになっている。

(2)てびき・会話例の作り方

会話例「班ノートを書こう」は、教師用指導書に「中学一年の話し合いをもとにして編集委員が構成したもの[注16]」とある。参加者は八人。国語学習として八人が話し合えるように至るまでどのようにして積み上げたかには言及されていない。学級会活動で小学校でも話し合ってきたため、この程度の話し合いは可能と見なしたようである。いずれの発言者にも名字が挙がっており、男子か女子かもはっきりわかる。ほんとうの生活上の話し合いをそのまま取り出したと思わせようとしている。しかし、男子・女子の話し方の違いをはじめとして、学習者には気になるところがあり、かえって、同化できず、話し合いを眺めて見過ごすところも出てこよう。

「話し合いのてびき」はもちろん教師がこのような話し合いができたらというモデルとして作成したものである。それだけに、いつもしている、すぐにできるというわけにいかないものの、中学校に入り、正式な話し合いに進むための勉強をしているのだと実感できるものになっている。こちらは参加者は四人。それまでに当然教師が一人ひとりとの心の通う対話を絶えず心がけており、尋ねられて隣の人の意見を聞いて一緒に答えるなどの練習学習を積み重ねて、やっと四人で話し合うところまで来たのだと推察される。「てびき」はA・B・Cで書かれており、男子でも女子でも同化しやすいように注意がはらわれている。なお、どの発言にも通し番号が送られており、後で個々の発言に即した取り扱いを可能にしている。モデルではあるが、このように話せたらよいのにという思いを引き出すものになっている。

(3)てびき・会話例の意図

「班ノートを書こう」は、事例を研究して話し合いの着眼点を理解させようとしている。下欄に八つもの問いが出されており、それぞれの箇所では、話し合いの知的理解を促している。それらは、「話し合いを成功させるためには、どのような注意や心構えが必要か(注17)」に帰着するものであろう。

それに対して、「話し合いのてびき」は、「グループの話し合いはこんなふうに」という題がわざわざつけられているように、生徒にAさん、Bさん……と役割分担して実際に呼んでみて、話し合いはこんなふうにすればよいのかと悟らせるものである。なぜなら、「こういうこと〔内容〕を話せばいいとわかっていても、口に出すときになるとどう言ってよいか〔言い方〕かわからない」ことを「どんなふうにことばにするかを教える(注18)」必要があるためである。そして、四人で一通り司会をするところまで習熟させて、本番を迎えさせるという。学習者がほんとうに困っていることを見抜いた上で、「話し合いの生きた呼吸(注19)」がのみこめるように周到に準備されている。

(4)てびき・会話例の有効性

「班ノートを書こう」における話し合いも、その後四班の話題もいずれも参考にとどまり、実際の話し合いについては何もかも班にゆだねられている。それだけに何を話し合ってもよい自在さはあるが、他方何を話し合うかもはっきりせず、話し合う意欲も湧かないという事態を招きかねない。

他方、大村はま氏の「話し合いのてびき」は、実地に試みる時も、これを下敷きにして改めるべきところのみ改めていけばよいので、安心して取り組める。しかも、通し番号が打ってあるので、行き詰まった時に連絡すれば、教師がどこでつまずいているかをすばやく見抜いて、さっと話し合いの中に入って優等生として発言をし、局面を打開することが可能になる。

(5)てびき・会話例の構造と内実

教科書の会話例は、「教師用指導書」には以下のように五つに分けられている。それを発言順に通し番号をつけると、括弧のようになる。

「①司会者から、話題（議題）を提示する。（1森村〈司会者〉の提案、2一同の了承がこれにあたる。）
②提案者から、提案の理由を説明する。（3司会者の要請と4谷口の班ノートの内容・理由づけ）
③提案に対する賛否の意見を述べ合う。（5・9安田、6木村、8山下の反対意見に対して、7田島と10小川が賛成意見を述べる。）
④提案どおり、全員一致で決定。（11安田が先走ったので、12司会者が歯止めをかけ、13中原の班ノート推進の提案に、14木村・15山下が賛成。16司会者が決定してよいかどうかを確認し、17で一同がうなずくのを見届ける。）
⑤実施の方法について話し合う。（18司会者が班ノートを書く前に決めておくことを求め、19安田、20小川、21田島、22山下が内容、長さ、形式、書く範囲について決めるべきこと・論点をだすが、23中原は内容や形式には自由性を要求し、開始時期・執筆順を決めることを提案する。24司会者がそれらについて話し合うことについて了承を求め、25一同で認める。）」[注20]（括弧内は考察者）

一見整然とした展開にも見えるが、実際に参加した学習者の内面に何が残るかと問い直すと、議題進行の筋道の形式的理解にとどまりそうである。ただし、もともと基本方針が、

「この話し合いは、会議・討議・討論といった大げさなものではない。いわゆるグループの相談に近い。したがって、ここでは、あまり四角ばった会議方式などを指導しないほうがよい。(注21)」

ということであるため、それも曖昧になってしまう。

①では、1司会者の森村が、班ノートを作ったらという提案が出ているので、話し合いたいということのみ言及する。2で一同「いいです。」と答えてはいるが、どれだけ話し合う必要性を感じているかは判然としない。学習者には、内心でどう思っていようと、話し合いなのだから一応そう言っておけばよいのだなという思いが湧くかもしれない。また、議題が一つであるため、議事運営の順序にまではふれられていない。

②に進むと、3司会者に促されて4谷口は、班ノートとは何で、どんなことをどんなふうに書くか説明し、理由づけとして、①お互いによく知り合う、②ある問題について考え合うことができる、③「何よりも、みんなの心を結びつけていくのに役立つ」と述べている。③は、①・②の統合として出てきたことなのか、①と②のうち、①を選択し、強調するために表現を改めたのか、はっきりしない。しかし、司会者は確認も整理もしないまま済ましている。提案の趣旨が共通に理解されないまま、賛否の意見表明に進めていったことに、以後のもどかしさの根本原因があろう。

③に至って、司会者はみんなに意見表明さえ促さない。そうすると、気軽に言ってよい場なのだという思いが醸し出されてくる。それで、5安田は司会者の許可を経ずに、面倒、束縛されるみたいでいやと、感情的に反応する。

6木村も「提案理由がそれだけなら」話し合うことで十分と反論。ノートを書く必然性について「わけがわからない」と疑問を呈する。ここでも「それだけ」に、①・②・③のどれも含められているのに、そのようになぜ言えるかという司会者の問いかけはなされていない。7田島は6木村の発言に対して話し合いの大切さは認めた上で、ノートに書くよさを下記のように二点指摘する。

○話し合いでは指摘しにくいことでも、書くとなると気楽にできる。

○じっくり考えて書くこともできる。

小学校の班ノート作成は、今でもよかったと思っていると補足している。上記二点を体験的に裏づけられたものにしたかったようである。ここでも、一点目は、4谷口の理由づけの①お互いによく知り合うや③みんなの心を結びつけていく（長い目で見れば）に、二点目は②ある問題について考え合うことにつながってきそうだが、司会者の補いは見られない。それが、8山下の、7田島が挙げた二点にふれない話し合いの効率のよさの主張や、9安田の書かされるのは迷惑という発言を招くに至る。10小川に至って、8山下の意見も了解できるが、いったん書き出すと、9安田が言った書くのがいやという気持ちや文章のうまい・へたで判断されるという心配は自然になくなるとし、小学校卒業時点における述懐を添えている。これらは、7田島の班ノートのよさに気づく以前のところを、体験によって補強したものと言えよう。

④になると、10小川の耕しによって、11安田が少し気持ちが動き始め、どんなことを書けばよいか聞くと、12司会者が、それは先走りであり、班ノートを作るか作らないかを決めてから言及すべきだと戻してしまう。13中原が、班ノートにいろいろいい点があることはわかったと総括。4谷口・7田島が本来の目的からして意義があり、10小川が作文への効用から意義があるとしたことが、誰もの頭に刻みつけられたかどうかを明瞭にはしていない。代りに、特に反対の人もないようだから、班ノートを書くことに決めたらと提案する。しかも、問題があればいつでも

やめられるからと補う。14木村が受け入れやすさで賛成したとみると、15安田も一応賛成に回る。16司会者が、書くことに決めてよいか尋ね、17一同うなづいて了承を与える。ここでも論拠があやふやなままなので、積極的な賛同が得られず、一応反対はしなかったという程度にとどまったようである。

⑤では、18司会者が班ノート作成を宣し、書く前に決めておくべきことを尋ねると、やっと話が動き出すため、一気に19安田、20小川、21田島、22山下、23中原と意見が続出。24司会者が以上の発言を参考に話し合うことを確認し、25一同で了承しているが、19～23の発言を整理しないままの確認なので、曖昧模糊たるものに終わっている。

以上のうち、11の安田の発言「へえ…、そうかなあ。それで、いったいどんなことを書けばいいの。」に、司会者が「小川さんの意見は確かに説得力があったので、これまで書くのがいやと言っていた安田さんも心が動き始めています。誰かこんなことを書けばいいんだと、さらに安心させてあげられませんか。」と一旦投げかけた上で決定するなどの方策がとれなかったことが最も惜しまれよう。こうした参加者一人ひとりの心を汲んだ例でなければ、議事進行の筋道の形式的理解といっても、空疎なものになってしまうのである。

それに対して、大村はま氏の「話し合いのてびき」は、次のような構造になっている。

a　開会のあいさつ（1司会、および1参会者一同）

b　何を話し合うか、五点挙げて、その順序に話し合ってよいかどうか意見を求め、はじめの二点を後に回すこととする。（2司会～19司会）

c　繰り上がって最初の議題になったこと、すなわち、補充教材四編のうちからめいめいが読む詩をどう決めるかを尋ね、みんなが納得のいくように導く。（20司会～34参会者一同）

d　発表者のプログラムをどうするか案を求め、創意のあるものに決定する。（35司会～53司会）（「中略」の箇所がある。）

e　プログラムを書く人、発表者の〔総括〕司会者、開会・閉会のことばを話す人を一括して考えることにし、いずれにするか希望を出して決める。（54司会～60司会）（「あと略」と記されている。）

先の教科書会話例「班ノートを作ろう」と比べると、下記の五点に違いが見いだせよう。

①入門期の話し合いであればこそ、大人になってからの正式な話し合いにも臨めるように、開会の挨拶からきちんと教え、話体も、一区切りつきそうで安心するところ、自然に省略するところ以外はきちんと敬体で通している。（a）

②話すべきことを先に列挙して、今日何を話し合うか心づもりをさせ、議題の順序をまず問題にしている。（b）

③話題はいずれも焦点の明確なもので、しかも次々に切り換わっている。それぞれの話の中で目が開かれるものが出てくる。（b・c・d・e）

④五つの柱を誰から初め始め、誰で終わっているかに目を向けると、はじめはいずれも司会者から始まり、終わりも司会者か参会者一同かで結ばれている。教科書会話例は、司会者と提案者がわかれていたが、ここでは両者を一体化させ、話し合いの原型を明確に示している。話し合いのモデルを通して、司会者の決定的重要性が自ずと了解されるものになっている。（a～e）

⑤後半になると、「中略」・「あと略」のように、切り上げるべき箇所は、省き、必要なら各班で補うものとされている。しかも、五つの話題のうち二つはまだ残しており、この「話し合いのてびき」に則って進めても、なお話し合う余地はずいぶんある。そうすると、生徒たちには、土台は据えられていても、実際の話し合いによって自分たちが多くのものを加えてこそ仕上げられるものと思えてこよう。（d・e）

①からここで話し合うことの将来への有用性を悟り、②で国語の授業において話し合う必然性を自覚し、③より話し合うことの楽しさに気づき、④によって話し合いにおける司会の役割に目を向ける。後に司会力を身につけたいと願う素地になろう。⑤に臨んだ時には、大きな船に乗って安心感を持ちながらも自分たちで冒険する喜びもおぼえることが期待できよう。これらは、①・②・③・④が、単元目標（1）の前半部「話し合いのモデルを読み、まねながら、どのようにすればよいかが実感として了解でき」ることに結実し、⑤が後半部「明るい気持ちで話し合いに臨もうとする態度を育てる」につながってこよう。

㈡　「話し合いのてびき」にこめられたもの

「話し合いのてびき」の通し番号を送った一々の発言にこめられた意図を、大村はま氏が途中まで説述されたことに基づいて探っていくと、単元目標⑴で目ざしたことがいかに具現されているかをさらに闡明《せんめい》することができる。

a　開会のあいさつにおいて

司会（通し番号1）の「ではじめます。よろしくお願いします。」については、大村はま氏は、次の二点を指摘されている。

○実際の方法…参会者にいかにも、「さあ。これから始まるのだ。」という気持ちが自ずと湧いて、この言葉に続いて、「よろしくお願いします」という、あとの三人の言葉が思わず引き出されるような明るい言い方を、グループごとに練習させる。

○有用性の実感…決まりきった発言のように見えても、社会人になっても十分通用する立派な挨拶で、何歳になってもこう始めてよいことを話して、その適用範囲の広さを実感させる。

話し合い・討議への導入という機会をのがさずに、少々背伸びしてでも、実質的な大人の仲間入りができるように誘《いざな》っている。脚本のような「話し合いのてびき」を用いて、新しい跳躍台に立つことが可能になっている。なお、司会者の挨拶に応えて、1のように「よろしくお願いします。」と後の三人も挨拶を返す方が望ましいが、ここでは司会者がみんなが挨拶したくなるような言葉を発することに力点を置いているため、「てびき」では省かれている。しかも、司会者の開会のことばを司会への導入という以上に、話し合い（討議）を理解するための出発点としているのである。話し合いにおける司会者の大切さを身にしみて感じるところから、話し合い（討議）がようやくわかり始めるのだとも言えよう。

b　話し合う内容を挙げ、取り上げる順序を決める

続いて司会（通し番号2）が左記の議題を提出する。念のため、改めて掲げる。

「きょう相談してきめなければならないことは、[ア]まず第一に、みんなで読む『この新鮮な気持ち』の読み方のくふう。[イ]それから、〔そこに引用された二二の〕ルナールのことばの〔暗誦する〕分担のしかた。これをきめなければなりません。[ウ]それから、〔先生が提供してくださった四編の詩について〕一人で読む詩の担当。それから〔最後の発表会の〕[エ]プログラムの〔計画〕はぜひ。[オ]プログラムのプリントを書く人。[カ]それから朗読発表会の司会者。そして、[キ]開会のことばの担当者と[ク]閉会の言葉の担当者。こんなにあります。いま話したこの順序で話し合うことにしていいですか。」（ア～ク、傍線部および〔　〕は引用者。）

この発言に関しては、以下の三点に言及される。

○意味づけ…司会者がきょう何を話し合うかを改めて話す必要があることに気づかせる。

○実演による話すべき内容と話し方の会得…司会者になった生徒は、台本どおりに読みながら、「ああ、こういうふうに言えばいいんだな。」と実際にどう言うのかをおぼえていく。

＊「こういうふうに言えば」…司会役になった中一の生徒が、どう思うのかという中身を分析的に言えば、次のようになろう。

・話題を列挙する際に、後に順序を尋ねることを射程に入れて、「まず第一に」「それから」「そして」など、順序を示唆する副詞・接続詞を添えておく。ただし、おおよその見通しを聞き手につけてもらうために加えるのであるから、「それから」が三回繰り返されるようなことは、話し言葉のばあい、当面はかまわないのだと安心する。

・相手が誤解する恐れさえなければ、話し言葉においては、文末表現は必要最小限にとどめても伝わるものだと了解する。

・内容説明においても、大筋をはずさなければよいという気に思えてくる。

○司会役の実演を聞きながらの理解…他の参会者も、「ははあ、ああいうふうに、きょう話し合う内容を列挙するのか。それも、一方的に押しつけるのではなくて、このように取り上げる順序についてみんなの意見を聞いて進めてくれると、こちらも発言する気力が出てくるな。」（傍線部分は考察者の補足）と、議事の勧め方と参会者の取り込み方を納得していくようにする。

司会者に「今話した順序で話し合うことにしていいですか。」と問いかけられた時の返事、次のB（通し番号3）についても、後に掲げるように、二点留意されている。

「しぜんな順序でいいと思いますが、いちばんになっている『みんなで読む詩「この新鮮な気持ちを」の読み方のくふう』は、時間がかかるでしょう。いくらでも時間があるだけ、かけたいでしょう。ですから、これはあとまわしにして、話し合いのあとにつづいている練習の初め（実際に取り組む時）に、話し合ったらいいのではないかと思います。」

○問われたら必ず返事をしないと人間らしくないと得心させる。
○実際の返事としては、司会者の提案が教材と実際に取り組む順序を忠実に反映したもの（「しぜんな順序」）であることを評価する。その上で、現時点で話し合うことと実際に着手する時に盛り込むべきことがあり、その観点から後に回す（現時点の話し合いには取り上げない）ことを指摘している。とすると、提案されたことをどう受け止めたかを誠意をもって認めるとともに、実際に活動に取りかかることを念頭に置いて、現時点で話し合う内容と順序を見定めて表現することを勧めたことになろう。（二点目は、考察者の付け加え）

B（通し番号3）の意見にD（通し番号4）の賛成があり、続いて先のBの発言は、それが含み込む範囲を考えると、二つ目の話題である、ルナールの一二のことばのどれを誰が暗唱するか分担することも含むのかという、C（通し番号5）の問いかけがあり、司会者の提案を受けて改善の視点を提供したBも、そこまで考えていなかったので、「さあ…それは…。」と、とまどってしまう。

C（通し番号7）は、「(二番目の話題）ルナールのことばも、最初に取り上げる詩の一部分(に入っているもの)ですから、あとに回した方がいいのではありませんか。」と、ルナールのことばの暗唱の分担は、教材文中で占めるべき位置から言って、先に詩の読み方と一連のものとして後に回すことを提起する。それに対して、D（通し番号8）は、

「分担は、やっぱり早くきめたほうがいいと思います。あと、つづいて話し合うことが、みんな、何かの分担なのですから。」

と言い、議題の一点目は読み方の工夫であったが、二点目は、分担者の決定に関するものである。後も、ずっと分

担者を決めることが続くのだから、後に回しても同じ、それなら早く決めた方がよいと主張する。B（通し番号9）は、Dに対して以下のように述べて疑問を呈する。

「でも、ルナールのことばのすぐ前のところを、だれが読むのか、みんなで読むのか、それがきまっていないでしょう。」

「この新鮮な気持ちを」は全体としてみんなで読むことにしていたが、「ルナールのことば」の直前の箇所については、特定の誰かが読むのか、みんなで読むかも決めていないことに言及している。したがって、「ルナールのことば」暗唱の分担を決める基本的要件が整っていないことを示唆している。D（通し番号10）は、「それは、そんなに関係がないと思います。」と、B（通し番号9）において指摘されたことが、後の分担者決定に響かないと言い出す。B・C・D（通し番号11）は参加者が三人とも、D（通し番号8・10）の「ルナールのことば」を誰が読むか早く決めたほうがよいという見解が成り立つのか、それともB（通し番号9）のようにそうは言いにくいのか、わからなくなって、黙ってしまう。

——このようにうまくすべりだした後に、みんなが考えあぐね、困り果てる場面を置いて、話し合いの現実に直面させている。実際に時間がかかるところには、当然間ができるわけである。そして、次の司会者の発言を待ち望むものにしている。

司会者（通し番号12）は、「ルナールのことばは、その前のところの読みかた、読む人をきめてからでないときめられないでしょうか。それとも、そう関係はないでしょうか。」と、「ルナールのことば」に焦点を戻して、B（通し番号9）の指摘を否定したD（通し番号10）の言わんとするところを二者択一の問いの形で明確化する。C（通し番号13）は、いずれかという形で問われれば「関係ある」の方であり、もっと厳密には「関係させて考え方がいい」と答える。決めていなかったB（通し番号14）も賛意を表する。ただ一人、分担は早く決めた方がいい、「この新鮮な気持ちを」の読み方・読む人と、その詩の一部に入っている「ルナールのことば」暗唱の役割分担とは関係ないと言い張っていたD（通し番号15）も、「そんな関係はないと思いますが、関係させて考えたほうが、ほんとうかな、《ママ》という気がしてきました。」と、自説はまちがっていないが、関連させて決定した方が実りが大きいと思えてきたと認める。そこで司会者（通し番号16）が集約して、詩「この新鮮な気持ちを」の読み方、読む人の工夫とそこに収められた「ルナールのことば」暗唱の分担とは、まとめて後に回すことでよいかと問いかける。C・B・D（通し番号17・18）から了承の声が上がり、司会者（通し番号19）が、決定したことを確認している。

取り上げる順序の決定にここまで時間をかけていることは、改めて注目されよう。大村はま氏は中学校国語学習入門とも言える四月の時点でも、最初から本格的な会議を念頭に置いて話し合いのてびきを提供されるのである。

c　最初の議題（補充教材四編の担当者）の審議・決定

司会者（20、以下「通し番号」の文字を省く。）が補充教材の四編の詩を読む担当がどういう方法で決めるかを尋ねる。D（21）がそれぞれの希望が生かせないかという可能性を打診すると、B・Cの二人（22）が賛意を表す。司会者（23）は、DやB・Cの発言はどれを担当したいという希望がそれぞれ違っている時に認められるのに過ぎないことを知り、そのために希望をめいめい出し合い、その希望が重なった時には調整するという筋道でよいかどうかと念押ししている。その用心深い発言に、B・C・D（24）はそれぞれのことばで了承を与えている。

B（25）が補充教材をまだ読んでいなかったことにして、読む時間を要求する。司会者（26）はすべての人が希望を出すための前提が満たされていなかったことに気づき、Bに読む時間を保証する。それ以外の人たちも自ずと読み返し、自分の希望する詩はこれという思いを固める余裕ができたことであろう。司会者（27）が、分担希望の固まったかどうかを尋ねると、全員の声（28）がそろう。いよいよという気持ちになっていることの証であろう。司会者（29）は、Bさんから順に一人ずつ希望を言うように促す。学習者たちには、特別な理由のない時は、B↓C↓Dというアルファベット順の発言もよいのだと安心感が湧くところであろう。

B（30）は、「山頂から」（小野十三郎）という詩を強く希望するが、C（31）は、対照的に特に四編のどれということがない。D（32）も、Cに近いが、しいて言えば「野のまつり」（新川和江）か「木琴」（金井直）であることを告げる。司会者（33）には、自らの希望も知っているため、全員のデータが出そろったことになる。「山頂から」（小野十三郎）は要望どおりにBに。Cがほんとうにどれでもよいかどうか確かめて後に回す。Dが二編出していることを明確にし、司会者自身の希望も生かして、もう一方の「野のまつり」（新川和江）でよいかどうか尋ねた上で、司会者は「木琴」（金井直）にし、残った一編「夜明け」（伊藤整）がDの担当ということに決める。司会者のあざやかな采配に、B・C・D（34）から賛意が続出する。話し合いの醍醐味をおぼえさせるところと言えよう。

d　創意のある発表会プログラムの決定

二番目の議題である発表会プログラムの案を司会者（35）が求めている。この時点では、司会者も、みんなで読む「この新鮮な気持ちを」と、それぞれ担当した四編の詩を読むことをどう前後させるかしか念頭になかったようで、「あんまり、いろんな種類がないように思いますが。」と断っている。それで、D（36）は遠慮せずに、次の三案を示す。

A案　　教科書教材をみんなで↓補充教材四編を一人ずつ
B案　　補充教材四編の朗読を先に↓教科書教材の読みを後に
C案　　補充教材を二人だけ読む↓教科書教材をみんなで↓残りの補充教材を二人が読む（いずれの案も、A・

B・C本人とは無関係）

C（37）も、案としてはその三種であろうと認める。さらに具体化するなら、C案の二人ずつを男子・女子に分けることも可能だし、また別の分け方をすることも……と言いかける。B（38）は、D（36）の「二人ずつ」という言い方に触発された男子・女子などという形式的な分け方よりも、詩によって先にするか、後にするかを決めるべきだと主張する。これにはC（39）も納得して、発言37で言いかけたことを引っ込める。B（40）は、さらにひらめいて、前後の詩の編数も二編ずつと均衡をとる必要がないことも言い足す。司会者は、ころあいだと判断し、C案が、詩によって編数も前後異なる余地も含むものとして、A案・B案・C案のいずれにするかをみんなに問う。

C（42）は、右の三者からいずれかを選んでプログラムを決めるだけでは物足りないものを覚えていたらしく、そこから「思いついたことがある」と口にする。三者択一の問いが発せられるこの時点になって言ってよいかどうかという、ためらいながらの発言であろう。司会者（43）も新しい可能性を秘めた発言なので、さっそく取り入れて、意見を出すように促す。C（44）の提案は朗読発表会に既定の教科書教材・補充教材だけでなく、班員の自作の詩も加えてプログラムを作ってはということである。それは、教科書所収の「この新鮮な気持ちを」の趣旨を生かすことになるため、一同の発言（45～51）が俄然活気を帯びてくる。司会者（52）は、本来考えていなかったことであるが、朗読発表会に独自性が生まれるため、教師に相談に行ってくるという。班員が心待ちに待っていると、司会者（53）が教師の高い評価を伝え、一同勇み立つ。これを加えてプログラムをどうするかが改めて問われ、多少複雑にはなるが思考が活発に行われ、決定に至るであろうと予測される。この部分は略されていて、実際の話し合いにゆだねられている。

e　発表会に関する役割分担の決定

司会者（54・56・60）が、四つの議題を一括し、一人一役で希望を出して決めることにしてはと提案。省略できるところはぐんと省略するため、最後まで新鮮な思いで話し合いに臨めるものになっている。ここも、実際のところは、「後略」となっており、生徒が出し合い、まとめるところにしている。

以上のように、最初は、話すべき内容、その順序をきちんと確認しながら一歩一歩着実に進み、後半になれば、少しずつ自ら話し合う場を用意し、全体として必ず話し合いが価値あるものと感じられるものに作り上げてある。読み上げることで、学習者もそれが身にしみて感じられ、「てびき」をふまえつつも自主性もおりこんでいくことになったことであろう。教師が話しことば授業力を存分に発揮するのは、「てびき」に基づいて各班の話し合いを始めた時で、行き詰まるごとに教師に来てもらい、ああ、あのように発言すればよいのか、ああすれば乗り越えられるのだと実地に感得していくことになる。その際においても、「話し合いのてびき」に路線をしっかり引いてあるため、教師の話しことば授業力を支え、一層伸ばしていくのに役立ったことであろう。

B　「ことばの意味と使い方」（中学一年一〇～一一月）のばあい

〈目標〉

(1)担当した語句を用いた生徒作成の用例文を、「話し合いのてびき」を使いこなして徹底して検討し、発表の準備のための話し合いも重ねて、話し合いのしかたの理解にとどまらず、会得をはかるようにさせる。

(2)学級全体の話し合いに臨んでも、さらに準備したことを援用して答えるように努めさせ、実際の討議のなかで、新たに考えて話すことの難しさとおもしろさを悟るようにさせる。

〈計画〉

(1)教科書・作文やそれ以外の書物・新聞などから、「説明では言い尽くせないような語感」があったり、「文脈、場面によって、細かい心づかい」が必要であったりする「使いこなさなければならないことば」(注22)八語句（好意、一変、関心、けがす、……のみならず）について、全員に五十字以上の用例文を作らせ、それぞれの語句の担当グループに提出させる。

(2)下記の「話し合いのてびき」を手がかりにして、担当したことばについて気づいたことを出し合い、さらに最大限辞書にあたるなどした上で、○か×か?かに分けるために話し合わせる。そして、○のばあいはそのなかから特によいものを選び、×のばあいは、まちがいの原因、種類、注意すべきことをまとめ、?のばあいは検討して、できるだけ○か×かに入れられるように努めさせる。これらも、発表の準備のための話し合いに集約されることとなる。

話し合いのてびき

1司会　では始めます。よろしくお願いします。

2一同　よろしくお願いします。

3司会　これからすることは、まず担当のことばについてよく調べること。そして、自分たちとしての考えをしっかり持つことです。

次に提出されている用例文を読んで、正しく使えているもの、使い方の違っているもの、そして、よくわからないもの、というふうにわけます。つまり、○と×と、?のものに分けるわけです。

それから、よいもののなかから、特別によいものを捜します。次によくなかった点、まちがいの多かった点をもとめます。そして、発表の準備をするわけです。

では、まず、私たちの担当のことばの研究から始めましょう。私たちの担当のことばは、「たたずむ」ですが、似たようなことばの違いとか、どういう場合には使えない、とかいうような注意など何か気がついたことを言ってください。

4A　はい、……こういうことがあると思います。
B　……こういう意味でしょうか？
C　………
D　………
5司会　辞書にもう一度あたってみましょう。
6　（みんなで、いろいろの辞書で調べる。報告しあう。）
7司会　では、これから調べます。一枚ずつ読みますから、それを○と思うか、×か、それとも？か、言ってください。はじめAさんに聞いて、それを、BさんやCさんがどう思うか聞いて、次は、初めにBさんに聞いて、というふうでいいですか。
8一同　賛成。

1司会　では読みます。まず、これはどうでしょうか。
日曜の朝、だれか外で呼ぶ声がするので、急いで出てみると、二年生の人がたたずんでいた。わたしの顔を見ると、「天気がわるくなりそうだから、きょうの試合は中止するって。」と言うなり帰ってしまった。
Cさんからどうぞ。
2C　いいと思います。
3D　いいんじゃない？
4A　ぼくはへんだと思います。「たたずむ」って、そんなところに使えないんじゃないか？
5C　「そんなところ」って？
6A　……
7D　どんなところに使うの？

8 A　川の岸に「たたずむ」なんか。

9 B　なにも、川の岸でなくてもいいんじゃないでしょうか。じいっとたっていることでしょう。

10 A　「川の岸」って言ったのは、川でなくても、なんか、詩的な感じのあるところ。

11 B　詩的かどうか、関係ないと思います。町のかどなんかに、「たたずむ」こともあります。

12 A　「町かど」なら、詩的じゃないっていうことないでしょう。

13 B　ああ、それはそうね。

14 C　〔Aさんが詩的な感じのあるところとして〕「川の岸」と言ったので、〔Bさんは〕「詩的」っていうことを「自然」〔の中にあるもの〕ていうふうにとってしまったんでしょう

15 D　さっき、いいって言いましたが、取り消します。「立ちどまっている」という意味を忘れていました。

16 C　わたしも取り消します。

17 司会　そうすると、これは×ということですね。意味が合っていないという理由ですね。

18 B　けれどね、さっき出ていた問題、も少し考えておかないと、ただ×では、書いた人は―〇〇さんは、きっと承知しないと思います。きっと質問が出ると思います。それにつれて、いろいろの問題が出そうです。もう少しくわしく考えておきましょうよ。ただ「立ちどまる」という意味だから、では困ると思います。この場合、しばらく立ちどまっていたかもしれないし。

19 A　「こんな場合では使えない」ということが言えるんですか。

20 E　今すぐどんな場面では使えない、どんな場面なら使えるとは、わたしには言えないのですが、なんだか不つりあいな感じ。

21 D　ただ立ちどまっているのではなくて、もう行こうかと思いながら、やっぱり帰れないで、しばらくそこにいる、つまり立ちどまっている、というところではないか。

22 E　さっき、Aさんが「詩的」といったのも、なにも、そう「詩」にこだわらなくても、何か、こう、心持ちを含

んでいる、含みのある、というようなことば、という気持ちだったのでしょう。
23 D　「含みがある」って、どういうこと？
24 E　ちょっと言えないけど……。
25 D　でもね、「たたずみながら大笑いしていた」なんてこと、ありますか。
26 C　え？
27 A　それはやっぱりおかしい。
28 C　やっぱり、なんか、しみじみした味わいのあることばね。だから、そういう気分のないところへ、ぽっと使ったらおかしいと思う。
29 B　さっきの「川の岸にたたずむ」ね、やっぱり「川べにたたずむ」なんていうのが合うと思う。
30 C　文章語ということかな。(注23)

(3)学級全体における討議では、めいめいが書いた用例文が「○と思うのに、×や？である」(注24)余地が大きいため、なぜそうなのかと問いつめられることを予測して、十分に準備して発表させる。それにしても、質疑になれば予想以上の追求も必ず出てくる。その際、実際に答えることの難しさと見事な答えが出てきたときの手応えとを身をもって実感させ、共同思考を進めるためにどう答えていくのが望ましいかという方向性を探らせる。

〈考察〉

ここでは、「話し合いのてびき」の工夫が、先の単元「国語学習発表会」（中一の四月）とどう変わってきているかと、その後発表した上で実際に行われる討議のなかで教師としてどう誘っているかの二点を探っていくことにしたい。

㈠「話し合いのてびき」の進展

⑴構造面から

a　開会の挨拶（1司会～2一同）
b　どういうことをどんな順序でするかを提示（3司会〈前半〉）
c　最初の議題である担当班内におけることばの精査（3司会〈後半〉～6みんなで調査・報告）
d　二番目の議題の進め方の確認、その一例を示す（7司会～8一同、1司会～30Cまで）

中一の四月「国語学習発表会」の「てびき」の構造と照らし合わせると、以下の点が気づかれてくる。

①開会の挨拶は、全く同じで、この入り方を覚えておけば「おとなになってもこれでいい」[注25]といわれていたことを、実際に示している。

②議事の進行に異論が生じないばあいは、きちんとした説明をすれば、特に了解の返事を求めなくても先に進めてよいのだと、わかるものにしている。それだけに、基盤となる担当班内の研究→提出された用例の分類→発表のための準備という明確な筋道にしている。

③第一の議題（担当班内のことばの精査）では、「たたずむ」という語を担当したばあいを例に、班員からまず素地となる気づいたこと（類義語との相違点、使用できない時の条件、意味の想定など）を出させ、その上で、多くの辞書で調べ、報告し合うという二つの活動をするように促す。この目的は、3の司会が述べてあるように「自分たちとしての考えをしっかり持つこと」であろうが、実際にはそれを目ざして進めばよいのであろう。そのため、6では、改めて取り上げられていない。

また、議題1の次元の話し合いは、何を話し合うのか、どういう話型で答えていけばよいかがわかればよいようで、4のA・Bに見られるように、「はい、……こういうことがあると思います。」「……こういう意味でしょう?」

とそれぞれの内容を補って話すものになっている。このような省くべきところと力点を置くべきところとの峻別が、この中学一年一〇月から一一月の「話し合いのてびき」を新鮮なものにしている。

④第二の議題については、なぜふさわしくないかが説明しにくい典型的な例を取り上げて、徹底を期している。以後についていては、この例に準拠していけば見通しが得られると判断されたのであろう。このように一例目から厳密に考えていくからこそ、後が容易になり、改めて検討し直さなくても済むものになるのであろう。

⑵**内容面から**

後半部（級友が作ってきた一文例を話し合って検討するところ）には、傍線を引いたように「じっと立っている」（9番目Bの発言）と「立ちどまっている」（15番目のDの発言）という「たたずむ」の二つの意味が取り上げられている。

この二つの意味が選ばれた理由、二つの意味の違い、たたずむが用いられる場面の明確化の三点について、展開を追っていくと、次のようなことが見えてこよう。

ア、たたずむの語義のうち二つが選ばれる理由

下記の辞典をはじめとして十種の国語辞典を対照すると、「たたずむ」の語義は後に述べるように四つの意味に分かれよう。

○『新版　言海』（大槻文彦著、冨山房、昭和三一〈一九五六〉年三月一日新訂版）一二六九ページ

○『日本国語大辞典』縮刷版第七巻（日本大辞典刊行会編、昭和五五〈一九八〇〉年一〇月二〇日発行）一三七四ページ

○『広辞苑』第二版補訂版、新村出編（岩波書店、昭和五一〈一九七六〉年一二月一日発行）一三七四ページ

①（そこに）じっと立っている。その所を離れずにいる。しばらくとどまる。

②立ちどまっている。

③そのあたりを行きつもどりつする、その辺をうろうろする。
④一時身を寄せる。生計をたよる。
①が中心的意味で、特定の場所にある程度の時間立ったままでとどまっている状態を表す。②は、その前の状態との変化に着目して、歩いていって、その場に立ちどまる意味を記したもの。③は、①にある特定の場所（そこ・その所・そのあたり）に関する規定が、一点なのかどうかに目を向けて、その範囲を幾分ゆるやかに解したばあいに出てくる意味。④は、可視的でないことについても拡大して出てきた意味のようである。
したがって、大村はま氏は、これら四点の意味が出てきてもよいが、実際に生徒から文例が出されるのは、①・②の意味に絞られると考え、それでよしと見なされたことになろう。この辺の見きわめが、「話し合いのてびき」前半部の3司会～6（みんなで辞書を確認し、報告し合う）までのおおらかさになったようである。

イ、二つの意味を手がかりに是非の見通しをつける。

文例では、上級生が事務的用件で自宅に来、急いで出た時に見えた様子を「たたずむ」と表している。判断に迷う事例の典型と言えよう。それに二人の賛成が出る（CとD）がA（通し番号4）は「たたずむ」は「そんなところに使えない」と主張する。ただし、例文をもとに「そんなところ」をどう一般化するかを尋ねると、答えきれない。それで、反対に「たたずむ」は実際にどんな時に用いるか、具体化を求めると、A（通し番号8）からやっと「川の岸にたたずむ」という例が示される。ここまで感じが述べていたことを根拠づけるために、B（通し番号9）が「たたずむ」の①の意味を挙げ、「じいっと立っている」という意味だけからすれば、「川の岸」でなくても使えるとする。A（通し番号10）は「川の岸」という例を出した意図を、改めて「詩的な感じのあるところ」と言い直す。語義（語の辞書的定義）では尽くせない「たたずむ」という言葉の用いられる場面や背景に迫ろうとした発言である。しかし、B（通し番号11）は、たたずむが使えるかどうかには、詩的かどうかはかかわらないとし、「町のかどにたたずむ」こともあるという例を持ってくる。ただし、これには、Ａ（通し番号22）から、詩的ではないという例として「町かどにたたずむ」を挙げるのはおかしいと反論があり、それについては、Ｂ（通し番号13）もすなおに訂正している。Ｃ（通し番号14）はＡが「川の岸」を例にして「詩的な感じのあるところ」と言ったため、Ｂが、Ａの「詩的」ということを自然に関連するものと解したのではないかと推察し、ＡとＢとの間をつないでいる。したがって、通し番号10でＡが出した「詩的な感じのあるところ」に使えるという発言と、通し番号11にＢの発言した、たたずむが用いられる場面は「詩的かどうか関係ない」という発言とは、まだ対立したままで残っていることになる。

ただし、この文例で「いい。」と言ったＣとＤは、簡単によいとは言い切れないことがわかってきたようで、Ｃ（通し番号15）が「たたずむ」の②の意味「立ちどまっている」の意味からして、文例「日曜の朝、だれか外で呼ぶ声がするので、急いで出てみると、二年生の人がたたずんでいた。」は、玄関に立って間もないためおかしい、取り消すと申し出る。Ｄ（通し番号16）もそれに追随する。そうなると、この文例でよいという人は誰もいなくなったため、司会（通し番号17）が、主要な意味に合っていないという理由で、文例は正しくないとまとめている。

以上が、二つの語義と文例とを照らし合わせながら、正誤の見通しをつけたところである。そのなかで、二つの語義の違いを納得するとともに、「たたずむ」が用いられるのにふさわしい場面は、どんな時なのだろうと課題意識が湧くようになろう。

ウ、たたずむが使用される場面の明確化

「てびき」の通し番号18～30を追っていくと、以下のようになろう。

Ｂ（通し番号18）は、発表するためには、そして作成者からの問いに答えるためには、上記の事例がふさわしくないという理由をさらに詳しく考えておくべきだとする。文例にしても、実際には二年生の人が「しばらくたち止っていた」のに、作者が気づかなかっただけかもしれない。だから、「たたずむ」が使える余地がないか、なお、検討すべきだとする。しかし、A（通し番号19）は、そうは言っても明確に「こんな場面では使えない」ということが根拠をもって言えるかと、疑問を呈する。ずっと発言を控えていたE（通し番号20）が、即答はできないが、この場面には、「たたずむ」は不つりあいな印象を受けるとする。それに触発されて、D（通し番号21）が、単に「立ちどまっている」のではない。なぜ、たたずんでいるのかという、その人の内面を推察すれば、「こう行こうと思いながら、やっぱり帰れないで、しばらくそこにいる」という状態なのではないかと指摘する。すると、E（通し番号22）も、通し番号10でAが「詩的」と言い表したのも、いまDが言ったような心持ちを包み込んだ、含みのある言葉だと言いたかったのだろうと、汲んで話す。D（通し番号23）は、もう一段明瞭にしようとして、Eに「含みがある」にこめられたものを顕在化することを求め、E（通し番号24）が答えられないと見ると、自ら（通し番号25）「たたずみながら大笑いしていた」という反対の例を出して、そのおかしさを白日のもとにさらす。そうすると、C（通し番号28）が、「たたずむ」は「しみじみとした味わいのあることば」だけに、そういう気分のないところに突如用いても合わないとする。ここで、「たたずむ」という語が入った一文のおかしさというより、それを用いる場面全体、文章全体のおかしさへと視野が広げられている。それをふまえて、B（通し番号29）が、「たたずむ」が用いられる一文単位に話を戻して、通し番号8でAが出した「川の岸にたたずむ」は、「川べにたたずむ」の方が合うのではと提案。C（通し番号30）は、たたずむということばの性格を「文章語」と集約している。

このような話し合いを通して、上記の文例には「たたずむ」はふさわしくないことを最終的に了解し合うものになっている。

改めて、中一の四月の「国語学習発表会」における「話し合いのてびき」と照らし合わせれば、下記の点が指摘できよう。

(1)開会の挨拶など骨格をなすものは一貫させた上で、

(2)どんな順序で話し合えばよいかを了解することが大切と自覚させる段階から、議事の進行に異論の生じない時の進め方など、おりおりにふさわしい時間のかけ方を了解する段階へ

(3)きちんと何を言えばよいかがわかる「てびき」から、少しずつならし運転の要素を織り込んだ「話し合いのてびき」へ

(4)話し合いの全体構造を明確にしたものから、題材に応じて例を通して重点的に内容を掘り下げるものへ

(5)話し合いにおける司会の重要性に気づかせる「てびき」から、参加者も司会者の立場になってともに話し合いを作り上げていく「話し合いのてびき」へ（通し番号18のBの発言など）

(6)そのまま則って話し合えばよい話し合いの台本から、それを参考としつつもそれぞれの班が選んだ事例について話し合うものへ

——なお両者とも、中一の生徒が役割を決めて「てびき」を読み上げるごとに話し合いに目を開かれるものになっている。そして、実際に話し合わせる際には、生徒が困っている場に、教師が一員として加わり、「身をもって指導」して「いつ、どんなことをどんなふうに言えばいいのか(注26)」体得できるように努めている。そうすると、じつに盛んな討議が行われたという。「一枚の答案をめぐって、これでよい、模範答案に取り上げようという意見と、模範答案どころか誤用例だという意見が出て、互いに、説明し合い、根拠をあげ、」「熱心というより激しさを感じる場面もあった。(注27)」とある。討議の素地が養われた証と言えよう。

(二) 実際の討議における教師のはたらきを通して

さらに担当グループには「発表のしかた　てびき[注28]」、聞く側には「質問のしおり[注29]」を与えて準備させて発表会に臨ませると、その後、以下のような教室風景が見られたと述懐されている。

「自分の（作った）文章が×であったりすると、なかなか承服できず、よい答案というのにそっくりだと思うが、どこがちがうのか、これがよいなら自分のも○のはず、と責める者、×になる理由の説明を納得のゆく《ママ》まで聞こうとする者、?とは……どこが、なにがわからないのかと、意外そうに、残念そうにしおれている者、たまには、○がつけまちがい、これが○のはずはないと言い出す者もあったりして、教室がわき立っていた。不思議に、すぐ、直接に、私に聞いてしまおうとせず、聞きにくるのは、返答に困りきった、当惑した顔の、発表グループのメンバーが多かった。[注30]」

したがって、教師の当面の仕事は、

①討議者として自立し始めている人たちに、それぞれの語句の生命力をとらえた、明快な説明をほどこすことであるが、

②少しすらすらと運び過ぎそうな時、あえて「だれかに質問をださせること[注31]」（要点を話すこともあったが、そばに寄り添って、小声でことばを送りながら発言させることも多かったという。）

③教師の方で故意に一生徒として質問し、「波紋を起こしてみること[注32]」

も試みたという。②にも、③にも、「一変」を取り上げた話し合いの実際が再現されている。したがって、前節と対比させれば、次のように討議力の進展をはかっていることになろう。

(1)発表後の話し合い（質疑応答）では、基本的に発表班と質問者のやりとりを信頼しつつも、話し合いが順調に進み過ぎるばあい、生徒に耳打ちをして、あえて尋ねさせる（②に対応）。

(2)また、教師の方で故意に一生徒になって問い、十分に吟味して答えざるを得ない場に直面させる（③に対応）。

(3)発表班と聞く側とに白熱した討議が繰り広げられているばあいは、有意義な共同思考になっているかどうかを絶えず見守り、相談に来た人たちに自信を持って説明できるように手助けする。

(1)の方が、時間的なゆとりもあるばあいで、比較的に平易で、確認の要素を帯びたものになることが多く、(2)は、その瞬間に問わないと機会をのがしてしまうばあいで、代わりに生徒には言ってもらいにくく、発表班の思考をぐんと深める問いを出すことが主になろう。

このように見てくると、同じ討議のしかたを学ばせる単元といっても、ずいぶん進展している。

C　「討議する」（中学二年六月）のばあい

〈目標〉

(1)伝記の読み深め方を理解するにとどまらず、自らの感想を生かして結実させる方法に気づくことができるようにさせる。

(2)討議の進め方を考え、練り上げるだけでなく、内容についても十分準備して、参加者として実際にどう発言すればよいかを会得することができるようにさせる。

〈計画〉

(1)伝記教材「掘り出すなぞの都」（塚原健二郎）を、この教材を紹介するてびきの文章を完成させようとしてめいめいで読ませ、みんながつけた副題を一覧にして配布する。

A　この教材を紹介するてびきが左に掲げたものである。（ただし、考察の便宜上①～⑧は引用者が付したものである。）

「掘り出すなぞの都」を紹介する

①「掘り出すなぞの都」は、一生をかけて、トロヤの遺跡を掘り出すことに成功したハインリヒ＝シュリーマンの物語である。

②シュリーマンは、いったい、どんな動機から、トロヤの発掘をしようという気持ちになったのだろうか。

……

③シュリーマンが、トロヤの発掘に成功するまでには、いろいろなことがあっただろう。その苦心と経過とを整理してみると、

（……箇条書き）

④このような苦心の発掘の結果、遠い□□の世界が（　　　　）になってきたのである。

また、世界の古代文明の発祥地は、今まで、エジプトとメソポタミアの二つと思われていたのに、もう一つあったことがわかり、古代文明の研究が、（　　　　）。

⑤では、シュリーマンが発掘に成功できたのは、何によってであろうか。

第一は……

第二は……

第三は……

第四は……

⑥私がこの文章を読んで一番感動した場面は……

それから（　　　）さんに聞いたら……

また、（　　　）さんに聞いたら……

⑦私は、何よりも、シュリーマンの人がらに心を打たれた。

……（どういう人がら。どういうところに見られる。）

⑧終わりに、私は、この作品にもう一つの題をそえたいと思う。（副題・サブタイトル）

「　　　　　　（注33）」

B　仕上げた生徒作品の一例を引用しておく。

二年　不破　修

①「掘り出すなぞの都」は、一生をかけて、トロヤの遺跡を掘り出すことに成功した、ハインリヒ＝シュリーマンの物語である。

②シュリーマンはいったい、どんな動機から、トロヤの発掘をしようという気持ちになったのだろうか。

それは、シュリーマンが八歳のクリスマスに父から贈られた絵本「イリアッドとオデッセイの物語」を読んでいるうちに、すっかりこの話にひきつけられ、実際にあったことであると深く信じ込んだこと〔から〕です。

③シュリーマンがトロヤの発掘に成功するまでには、いろいろなことがあっただろう。その苦心と経過とを整理してみると、

一、一八三〇年、絵本ではもの足りなくなった彼は、父の本を捜し出して読むようになった。

二、中学生になってからはギリシャ語で読みたいと思い、トロヤの土地を捜そうという決心をした。しかし家がまずしい彼は十四歳の時に学校をやめて雑貨屋の小僧になった。

三、彼はレーベルという若者に酒をごちそうしてギリシャ語でホメロスの詩を読んでもらい感動した。

四、五年後、大望ある彼は店をやめ、南米通いの船のボーイや、領事館の役人や、商店の事務員などをしながら、語学、考古学の勉強を独学した。

五、一八四六年、ロシアにあいの販売人になって行き、一人前になって財産をたくわえた。

六、一八六八年、妻とギリシャのイタカ島を発掘したがなにも発見できなかったが、それにつづいている丘を発掘しローマ時代の城の一部と二十二のつぼを発見した。そして中から小刀や骨などをみつけた。

七、つづいてミケーネ、ティリンスの古跡の調査をした。
八、一八七一年、ヒサルリックの丘を発掘して九つの町を掘り出し、下から二番目の丘〔地層〕から銅の箱の中に黄金の冠、首飾り、杯、腕輪などを見つけた。
④このような苦心の発掘の結果、遠い伝説の世界が世界の人の前に姿を表すようになってきたのである。
また、世界の古代文明の発祥地は、今まで、エジプトとメソポタミアの二つだと思われていたのに、もう一つあったことがわかり、古代文明の研究がさらに深くおしすすめられたのである。
⑤では、シュリーマンが発掘に成功できたのは、何によってであろうか。
第一はシュリーマンがホメロスの詩を伝説や想像と考えずにそれを参考にして発掘の仕事をおしすすめたからである。

第二はトロヤの遺跡がこの地上のどこかにあるという強い信念を持っていたからである。

第三に貧しい生活を自分の力で切り拓いて独学で考古学や語学の勉強をしたからである。

第四にシュリーマンの妻の発掘の時の協力や、彼の父が発掘の動機を作ってくれたからである。
⑥私がこの文章を読んで、いちばん感動した場面は、シュリーマンが地中海のイタカ島で、僕達が想像もできない五十二度という猛暑の中を四ヶ月もがまん強く発掘を続け、失敗したのにもくじけずに、さらにいくつもの丘〔遺跡〕を発掘したところです。
それから高野君は、シュリーマンがこのような不適当なかんきょうの中で三年間も発掘を続け一生をトロヤ発掘のためにささげた彼のがまん強さに感動したと言ってくれました。

また、鈴木君に聞いたら、シュリーマンが雑貨屋へつとめたり船のボーイになったり、役人、事務員をやりながら〔やったりしながら〕も幼いときの夢を実現したところだと言った。
⑦私は何よりも、シュリーマンの人がらに心を打たれた。
それは彼の忍耐強い性質で、それは六十年間もの長い間一つの仕事に没頭して偉大な結果をうみだしたところに見ら

れる。

⑧終わりに、私はこの作品にもう一つの題をそえたいと思う。

「考古学の父、ハインリヒ＝シュリーマンの発掘の生涯」(注34)

C　生徒たちが書き上げた紹介文の終わりにある副題を取り出して配布された資料が左記のものである。

副題のいろいろ

1　トロヤの遺跡
2　幼い心偉大な心
3　三年間の苦心
4　シュリーマンの決心
5　一生をかけた発掘
6　シュリーマンの一生
7　幼いシュリーマンの空想のなかに
8　真実の宝庫
9　八つの少年の夢
10　古い都トロヤの古跡
11　トロヤの遺跡の発掘をめざして
12　シュリーマンと掘り出すなぞの都
13　空想のトロヤの発掘
14　シュリーマンの功績
15　英雄
16　ハインリヒ＝シュリーマンのトロヤ発掘
17　大きな望み
18　第三の古代文明発祥地
19　命をかけたトロヤの発掘
20　英雄なるシュリーマンよ
21　ある一少年の空想
22　発掘への情熱
23　シュリーマンとトロヤの遺跡
24　シュリーマンの努力
25　考古学の父、ハインリヒ＝シュリーマンの発掘の生涯
26　空想から生まれた黄金の都
27　イタカ島の一生
28　努力と苦心の結果生み出された伝説の世界

29　シュリーマン、トロヤ発掘に成功
30　ある一つの空想から
31　エーゲ海地方発掘
32　信じた道を進んだ人
33　シュリーマンの一生の仕事
34　トロヤに一生を
35　トロヤの発掘
36　にじみ出る汗

37　シュリーマンが一生をかけてやりとげた物語
38　幼いシュリーマンの夢
39　シュリーマンとトロヤの遺跡
40　シュリーマンの苦労
41　ひらけた遠い伝説の世界
42　空想が現実に
43　空想が現実になった話
44　偉大な発見（注35）

(2)生徒一人に自分が司会者になったらと想定して、どのように進めるかを考えさせ、数例をみんなで検討して、こんなふうに進行していけばよいという案にたどりつかせる。

A　学習者に出させた一例を左に引用しておく。

〈学習記録（不破　修）から〉

「司会者になったら（案）」

1　話し合いの目的を再確認する。司会者の予定をいう。
2　内容を具体的に述べたものとそうでないものにわける。（原案発表・討議）
3　四十四の副題を系統に分類する。
4　副題として必要な条件を持っているのはどの組かをきめる。（司会は副題として必要なことをしらべてそれでよいかきく。→意見→質問）

5　その中ですぐれた表現のものはどれかを討議する。
6　その他の中でも、表現のすぐれたものなどがあったら提案してもらう。
7　提案→質問→討議→採決(注36)

B　上記のような案を数編検討して、固められた進行計画が、以下のものである。

①話し合いの目的、四十四の中からこの文章の副題として適切なものを選ぶという目的の確認。
このとき、まず、副題とはどういうものかを復習する。

〈学習記録（不破　修）から〉


「副題とはどんなものか」

副題　本題にそって本題の意味を強めたり、はってんさせたり（して）、とくに中心点をはっきりさせるため、うきぼりにする（もの）。

副題はなければならないものではないが、あればなおよい。文章の中みをあらわす。

長さは、本題に対して、ある程度の長さが必要である。（括弧は引用者）

②司会者は進め方の予定を言う。
③四十四の副題を分類する前に、次のようなものがないか検討し、あれば省く。この順序に検討する。
○内容的に誤りのあるもの
○あまりに一部分しか取り上げていないもの
○あまりに漠然としていて、副題とはどういうものかを忘れたようなもの
④分類というより、第二段階として省くもの

○説明的で平凡、中身が誤りなくわかるというのみのもの
⑤よいものの条件
○読んだ人の気持ちが伝わってくるもの
○ひきつけられることばがある
○リズムがある
⑥いくつか、よいものが選ばれたら、それを本題の「掘り出すなぞの都」のあとに続けて吟味する。
⑦一つに決めなくてよい。(注37)

(3)実際に個別に副題の一つ一つについて研究させ、さらに直前準備の時間を設けた上で、討議・検討して、よいものを探らせる。

A　個々の副題の個人個人による検討の実際については、次のように記されている。

「副題のいろいろ」のプリントにある四十四の一つ一つについて研究する。この間に、個人指導に力を入れ、それぞれ発言ができるように、また、よいところはよいと気づいて、話し合い全体の方向に狂いのないように、さらに、司会者の骨折りが大きくなり過ぎないように、路線を敷き、路線を整えるよう、努力した。(注38)

B　討議を次の時間に控えての準備
どのようにしていったかを学習記録（不破　修）から取り出すと以下のようである。

㈠　ことばの練習
㈡　討議の始めのことばをおぼえる。

1　言葉を聞いてその人の気持ちを知るようにする。
2　座席（教室に横列の短い長方形になるように席を並べ、司会者が前列左端に座ることが図示されている。）
3　先生としての発言はベルを鳴らしてから。
その他の時は生徒として言っている。
4　（発言すべき内容が書かれた）カードをもらったら直ちに手を上げ発言する。
5　賛成の意見の出しかた。
例　賛成だと思ったらすぐ賛成する。勇気をもつ。

「〇〇君の意見に賛成します。」

「〇〇君の意見に賛成ですが、疑問があります。」

「〇〇君の意見の結論は賛成ですが、その理由に疑問があります。」

「〇〇君の意見には絶対反対です。[注39]」

C　討議の実際については、下記の述懐がある。

特によく教えることのできたのは、四十四の副題から、一つ一つ条件を挙げて省いていくときであった。今、条件にしていない、べつの条件で、どれかを省こうとしたりする――たとえば、あまりに一部分しか取り上げていないという理由で省くものを考えているとき、長すぎるという理由で、べつの題を問題にしたりすることが多く、たびたび注意する機会があった。あわせて、そのような場合に、司会者は、どのように言ったらよいか、また、司会者以外の、それと気づいた人は、どのようなことばづかいで、どうしたらよいか、そのような、討議の基本的な事項を学ぶ機会が多かった。

一つの文章を読んでの、自分たちから生まれた材料なので、なにかの考えをもちやすく、また、国語学習教材でもあり、読みの確かめでもあるので、「制服をどう思うか」という話題とちがって、そんなことは考えたくない、興味ないというようなことは言えないわけである。「空想」と「夢」と、どちらのことばを取ろうか、いったい、どう違うのか、同じか、このようなことで興奮したりした。（中略）

それに、副題なので短く、全員のものを取り上げても、ひと目で目に入り、表現の比較などもしやすい。四十四もあり、数が多いので、どの子どもも、どれかについて何かを考えることができる、小さな意見をいくつも出せるということも、初歩の練習的学習として適切に思われる。（注40）

〈考察〉

(1)「掘り出すなぞの都」を紹介するてびきにおける副題の位置

副題をつける作業（⑧）はこの読みのてびきの最後に置かれている。したがって、副題を導き出すまでの①〜⑦がどう積み上げられているかを探り、副題の位置づけを明らかにしたい。

「てびき」の①「一生をかけて、トロヤの遺跡を掘り出すことに成功したハインリヒ＝シュリーマンの物語である。」は、伝記教材の大要である。以下、本文について考えていく土台、もしくは契機として掲げられたものである。②トロヤ発掘の動機→③成功に至るまでの苦心と経過→④発掘の結果もたらされたものが、伝記文精読の第一段階で、文脈の展開にそって書かれていることを確かに、構造的にとらえさせるもの。⑤発掘に成功できたゆえんが、伝記文精読の第二段階の課題で、伝記の本質に迫ろうとするもの。⑥最も感動した場面の自覚と対象化、⑦心を打たれた主人公の人間性を端的に表そうとするもの、いずれも自らの感想を耕すためのものと言えよう。そうだとすると、⑧の副題は、①〜⑤の作品解釈と⑥・⑦の感想を見つめ直す系列の接点に位置づくものと言えようか。

事実、後の説述では、副題は「本題にそって本題の意味を強めたり、はってんさせたり、とくに中心点をはっきりさせるため、うきぼりにする」ものという客観的側面を有しつつも、なお「読んだ人の気持ちが伝わってくるもの」がよいとされている。ただし、この時点では、すでに副題の学習はしていても、この読みのてびきの項目の順序に示唆することにとどめている。したがって、副題としても多岐にわたるものが出てきたのである。

作品例として挙がっている不破　修君のばあいは、目標(1)に想定した「伝記の読み深め方を理解するにとどまらず、自らの感想を生かして結実させる方法に気づくこと」ができた例と言えよう。副題「考古学の父、ハインリヒ＝シュリーマンの発掘の生涯」の波線部は、読みのてびき①の大要に似ているが、⑥に記した五十二度という猛暑の中を四か月も発掘を続け、失敗を乗り越えたこと、⑦に挙げた六十年もの長期にわたって一つの仕事に没頭し、偉大な成果が得られたことへの感嘆の思いが表れている。「考古学の父」も、本文にはないが、本題と並べて「掘り出すなぞの都――ハインリヒ＝シュリーマンの発掘の生涯――」と読み上げたところ、どうしても加えざるを得なくなったものであろう。とは言え、読みを主とする授業ではないため、教師としては、副題に現われた目標の達成度を念頭に置くにとどめたようである。

(2) 各々の司会計画をもとに全体の進行計画へ

実際には数例出させて学級で話し合い、進行計画を固めたとある。ここでは、事例に挙がっている不破　修君の案と最終に行き着いた進行計画とを照らし合わせて、どこが違っているかを示し、本単元の話し合いの第一段階で行われたことの意義を明らかにしたい。

不破　修君の案は、次のように整理できよう。

(ア)前提となる話し合いの目的とどんな順序で進めるかを明示し（1）、

(イ)内容を具体的に述べているか否かで、副題を二つに分けた原案を提出し、それについて討議し、了承する

（2）。それを契機に、二分した四四の副題の下位分類に進み、系統的にいくつかのまとまり（組）に分類する（3）。

(ウ)司会者が副題として必要なことを調べ、それに合う組をきめ（4）、さらにその中からすぐれた表現の副題を出し合う（5）。

(エ)付随的になるが、(ウ)で選ばれなかった組に入れていても表現の優れたものは提案してもらい、先に挙げた副題を超えている可能性がないかどうか、吟味し合う（6）。

(オ)その上で、これこそという副題を司会者の方から提案し、質問→討議を経て、採決する（7）。

それに対して、最終的に落ち着いた進行計画では、下記のようになっている。

(ア)話し合いの目的を最初に確認するのは同じであるが、その際不破　修君が(ウ)に入れていた「副題とはどんなものか」を冒頭に持ってきて、以後の判断が揺れないようにしている。副題は、本題あってのものであり、なくてもよいが、あればなおよく、「本題の意味を強めたり、はってんさせたり（して）、とくに中心点をはっきりさせるため」本題に比して「有る程度の長さが必要」と詳しく規定している。（①）。その上で進め方の予定に言及している（②）。

(イ)不破　修君の案のように四四の副題を系統に分類することは後に置き、まず省くものがないかどうかを調べるべきであるとする（③）。実際には左の三点が記されており、この順に検討することにしている。

「○内容的に誤りのあるもの
○あまりに一部分しか取り上げていないもの
○あまりに漠然としていて、副題とはどういうものかを忘れたようなもの」

このうちの三番目の項目が、不破　修君の「2　内容を具体的に述べたものとそうでないもの（具体的に述べていないもの）にわける」という波線部を取り込んだものであり、先の二項目は、それ以前に何としても吟味が求められるものと言えよう。

(ウ)次に省くものとして、「説明的で平凡、中身が誤りなくわかるというのみのもの」を取り立てて掲げている④。これは、先に示した「あまりに漠然といていて、副題とはどういうものかを忘れたようなもの」ほどではないが、概略だけとらえていて、副題の本来の役割である一歩踏み込んだところが見られないものである。これも、不破　修君の「2　内容を具体的に述べたものとそうでないもの（具体的に述べていないもの）に分ける。」という波線部に含まれるものかもしれないが、大村はま氏は、細やかに考えさせるため、改めて特立しておられる。

(エ)以上の基礎作業をふまえて、今度は反対に「よいものの条件」の方から、それに合うものを選んでいこうとされる⑤。これは結果的には、副題を系統的に分類することになろうが、残ったすべての副題を無理矢理どこかにわけようとしているのではない。目的は、この文章の副題として適切なものを選べばよいのであるから、副題の分類自体がひとり走りしてはおかしなことになる。さらに、選ばれたものを最終的に本題に続けて読み上げてみて決めるとしている⑥。

上記の副題として「よいものの条件」に、

「○読んだ人の気持ちが伝わってくるもの
○ひきつけられることばがある
○リズムがある」

と三項目挙がっているが、これも不破　修君が「表現のすぐれたもの」と包括していたものを分析・解明したとも言われよう。むろん、不破　修君が直接に意識していたのは、二番目の「ひきつけられることばがある」であり、ひいては三番目の「リズムがある」であろうが、なぜ表現のすぐれた副題に引き付けられるかと考えていけば、そこに読み手の気持ちが厳密に表されているという内容面からの支えも必要になってくるからである。

(オ)最後にふさわしい副題を一つに決めなくてよいとされていることも見のがせない⑦。不破　修君は討議ということを正面から受けとめて採決までを提案したのだが、このばあい議決するほどの相違が出てくるとは思えず、また議決したことがこういう点で有効に作用するとも明確に言いにくい。そうだとすれば、副題をどうつけるかふさわしいものをいくつも考え、選ばせることで、以後も一層適切なものをと探す素地ができれば十分なのであろう。

(3)**事前準備もして進行計画に基づいた討議へ**

本単元においては、中学一年四月の「国語学習発表会」や中学一年一〇～一一月の「ことばの意味と使い方」のように、「話し合いのてびき」は配布されておらず、進行計画と直前準備とによって討議が繰り広げられている。「司会は四人で、話題が移るたびに交替した。(注41)」とあるのをみれば、話す内容、吟味する観点ごとに司会を変え、それぞれの司会者は一点に集中する形で進めていけたようである。先に挙げた二単元と照応できるものにするため、この本時の冒頭部分を仮りに再現してみれば、次のようになろう。

司会　では、始めます。よろしくお願いします。

一同　よろしくお願いします。
司会　きょうは、「掘り出すなぞの都」を読みながら私たちがつけた四四の副題のなかから、この文章の副題としてふさわしいものを選ぶのが目的です。副題がどんなものかについてはもう復習していますが、後で選ぶ際の拠り所になりますので、念のため、不可欠な点だけ黒板に記しておきました。皆さんも学習記録に書いたことと照らし合わせて見てください。

> 副題とは――(1)本題にそって本題の意味を強めたり、発展させたりするもの。特に中心点をはっきりさせ、うきぼりにする際に用いられる。
> (2)副題をつけるばあい、文章の中身を表すためには、本題に対してある程度の長さが必要である。

このようなまとめでよいでしょうか。（みんながうなずくのを見て）それでは、今からの進行の順序を話します。

前の時間に決めたように、まず省けるものを省き、その上で「よいものの条件」から見て選びます。そして、本題に続けて読み上げて適切なものを見つけ出すのです。先生から一つに決めなくてもよいと言われていますので、私たちのつけたものからいくつも残ればと願っています。

進行は、一つ一つのことに全力投球したいので、観点が変わるごとに司会も交替することにします。ます、前半の省くばあいですが、
○「内容に誤りのあるもの」については、aさんの司会、
○「あまりに一部分しか取り上げていないもの」は、bさん、

○「あまりに漠然としていて副題とはどういうものかを忘れたようなもの」はｃさん、
○「説明的で平凡、中身が誤りなくわかるというのみもの」は、元に戻って私が担当します。
後半の適切な副題を選ぶばあいは、「よいものの条件」に照らし合わせて吟味していきます。そのうち、
○読んだ人の気持ちが伝わってくるものに関しては、ａさんが、
○ひきつけられるものがある、
○リズムがある
の二項目については、関連するところが多いので、ｂさんが担当します。最後に、それらの中から何点か――もっと多くて数点でもかまいませんが――選び、本題の後に続けてふさわしいかどうか考える時には、ｃさんが司会をします。これも、黒板に貼っておきます。

では、進行の予定も司会の担当も了承されたものと見なして、司会をａさんと代わります。

司会（二人目）　まず、省くことに入っていきます。

一番目に、内容に誤りのあるもの――これはありますか。

以下は、紙数の関係で省略し、討議の結果どうまとめられるかについて、一例を挙げておきたい。

(ア)省くばあい　その一――内容的に誤りのあるもの――

先に挙げた「副題のいろいろ」のうち、まず「27　イタカ島の一生」が挙がってこよう。「イタカ島の一生」は「イタカ島における一生」の意であろうが、イタカ島は、シュリーマンが最初に鍬をおろした地というだけで、その後ミケーネ、ティリンス、トロヤとどんどん発掘場所を移している。もともとそこに住んでいたわけではなく、そこで一生を終えたわけでもない。発掘場所として最も重要とも言いづらい。イタカ島という島自体の歴史が綴ら

れているわけでもない。したがって、「イタカ島の一生」は明らかに内容的に誤っている。

また、「3　三年間の苦心」と「26　空想から生まれた黄金の都」も、誤りではないかという指摘も出てこよう。しかし、「3　三年間の苦心」は、イタカ、ミケーネ、ティリンス、トロヤと根気強く掘るうちに「三年の月日が流れた(注42)」と途中にあるので違うように見えるが、その直後に宮殿の跡が見つけ出せている。したがって、これも含めてトロヤの焼け跡を発見するまでの、掘り出してから三年間の苦労ということは、ほぼ言えるのである。ただ、掘り出すことを決心してから「四十年の労苦(注43)」ということばも本文中にあり、以後もさらに発掘に従事している。誤りというより、「一部分しか取り上げていないもの」に入れられよう。「26　空想から生まれた黄金の都(注44)」は、末尾の一文「この偉大な発見が、八歳の日のハインリヒ＝シュリーマンの空想から生まれたとしたら、……」という波線部と、トロヤで出てきた「黄金の冠(注45)」、ミケーネで掘り出された「黄金の飾り・黄金のマスク(注46)」から生徒が考えついた、「黄金の都」の語を組み合わせたものであろう。ただし、このように結合させると、黄金の都は空想を基に新たに作り出されたという誤解を招く恐れがある。黄金の都の呼び名にふさわしいのは、むしろホメロスが「こがねに富むミケーネ(注47)」と歌うミケーネの方だけではないかとも見られる。しかし、そうなると、部分的だと評されよう。そのため、これらがここに入るか否か、議論を呼ぶことになろう。

(イ)省くばあい　その二――一部分しか取り上げていないもの――

前項に言及したものを除けば、「4　シュリーマンの決心」・「9　八つの少年の夢」・「17　大きな望み」・「21　ある一少年の空想」・「34　トロヤに一生を」・「36　にじみ出る汗」・「38　幼いシュリーマンの夢」が挙げられよう。これらのうち、9・21・38が八歳の契機を取り上げ、4・17・34は中学に入ってから心に誓ったこととその思いの内実、壮大さを表したものである。他方、36は、最初のイタカ島発掘の際、「五十二度という、とほうもない暑さ」であったが、「流れる汗も苦にならなかった(注48)」という叙述をふまえたようである。しかし、「にじみ出る汗」は「流れる汗」とは違う。後に「(トロヤの) 夏は、平野と沼から上がる熱風のような蒸気が湛えがたかった。冬は、地中海から吹き付ける北風が氷のように冷たかった(注49)」とあるのを、「にじみ出る汗」によって代表させるのも難しい。いずれも一部分しか取り上げていないことになろう。36は、シュリーマンの人生を象徴的に表したものとすれば幾分認められようが、厳密には、内容的に誤りのあるものに属するかもしれない。

(ウ)省くばあい　その三――あまりに漠然としているもの――

「6　シュリーマンの一生」・「8　真実の宝庫」・「14　シュリーマンの功績」・「15　英雄」・「20　英雄なるシュリーマンよ」・「24　シュリーマンの努力」・「30　ある一つの空想から」・「40　シュリーマンの苦労」・「42　空想が現実に」・「43　空想が現実になった話」・「44　偉大な発見」が、ここに入ろう。そのうち、6・14・24・40は「シュリーマンの――」と発掘者（誰が）に着目した副題をつけながらも、一生・功績・努力・苦労という包括的な語で表してしまい、本来の目的である「本題の意味を強めたり、はってんさせたり」することが見えにくくなっている。15・20は、「英雄」の語で、シュリーマンが後世の人からどう見えるかという評価を加えているが、やはり漠然としてしまうという弊に陥っている。何をに着目した副題が、「8　真実の宝庫」になろうが、歴史の真実が詰まっているところということか、ほんとうの宝が入っていた蔵ということか、言葉足らずの感を残している。この点に、高く評価したいという思いを加えれば、「44　偉大な発見」になろう。本文では、この用語が一〇ページ余りの伝記の末尾に記されているため、なるほどと思えるが、副題に据えると、唐突の感は否めなくなる。どういうことがどんなふうになっていったかに着目したものが、30・42・43であるが、「30　ある一つの空想から」は出発点に力を注ぎ、「42　空想が現実に」・「43　空想が現実になった話」は、起点にも終点にもふれている。ただし、どれも抽象性を免れていない。

(エ)省くばあい　その四――説明的で、平凡に堕しているもの――

この項には、「1　トロヤの遺跡」・「10　古い都トロヤの古跡」・「12　シュリーマンと掘り出すなぞの都」・「16　ハインリヒ＝シュリーマンのトロヤ発掘」・「18　第三の古代文明発祥地」・「23　シュリーマンとトロヤの遺跡」（39も同一の題）・「29　シュリーマン、トロヤ発掘に成功」・「31　エーゲ海地方発掘」・「33　シュリーマンの一生の仕事」・「35　トロヤの発掘」・「38　シュリーマンが一生をかけてやりとげた物語」が挙がってこよう。そのうち、発掘の場所をそのまま副題にしたものが、「1　トロヤの遺跡」・「10　古い都とトロヤの古跡」であり、シュリーマンの発掘の結果、どう見られるようになったか現われているのが、「18　第三の古代文明発祥地」である。一方、発掘者と発掘場所が並列されるのが、「12　シュリーマンと掘り出すなぞの都」と「23　シュリーマンとトロヤの遺跡」であり、両者の関連はつけられていない。特に12は、半ばは題と同一であり、副題とはどういうものか忘れたようなものとして、前項に置かれるべきかもしれない。それらに比して一段と進んだのが、「16　ハインリヒ＝シュリーマンのトロヤ発掘」・「29　シュリーマン、トロヤ発掘に成功」・「31　エーゲ海地方発掘」・「35　トロヤの発掘」である。ただし、16・35は中心になった発掘の事実を述べただけとも見られるものであり、29は「トロヤ発掘に成功」とまで書いたものの、新聞記事の小見出しのような、注意を喚起する力はあるが、目をひくという程度にとどまり、安定性を欠いている。「33　シュリーマンの一生の仕事」と「38　シュリーマンが一生をかけてやりとげた物語」とは妥当性はあるが、実際何をしたかが記されておらず、冗長の感は免れまい。

(オ)選ぶばあい

残るのは、「2　幼い心偉大な心」・「5　一生をかけた発掘」・「7　幼いシュリーマンの空想のなかに」・「11　トロヤの遺跡の発掘をめざして」・「13　空想のトロヤの発掘」・「19　命をかけたトロヤの発掘」・「22　発掘への情熱」・「25　考古学の父、ハインリヒ＝シュリーマンの発掘の生涯」・「28　努力と苦心の結果生み出された伝説の世界」・「32　信じた道を選んだ人」・「41　ひらけた遠い伝説の世界」の一一項目である。

「読んだ人の気持ちが伝わってくるもの」としては、①本文にないことば（上記傍線部）を案出して説こうとするもの（2・5・19・25・28・32）、②すべてを言わずに余情を感じさせるもの（7・11）、③本文に用いられている語句に共鳴して、改めて副題として挙げようとしたもの（22）があろう。

「ひきつけられることばがある」のも、波線部とほとんど重なるが、2・5・19・22・25になろうか。

また、「リズムがある」のは、2・5・13・19・22・25・32であろう。

これら三条件をいずれも満たすものは、2・5・19・22・25になる。「本題に対して、ある程度の長さが必要」という副題のあり方を考慮に入れれば、「22　発掘への情熱」を省いてもよかろう。
(カ)本題の後に副題を続けて吟味したばあい
「掘り出すなぞの都」に続けて、残った2・5・19・22・25を入れて、順に読み上げてみると、「2　幼い心偉大な心」は、本題と少し離れているように見える。「5　一生をかけて発掘」・「19　命をかけて発掘」は、本題の「掘り出す」と幾分重なって見える。むろん、「25　考古学の父、ハインリヒ＝シュリーマンの発掘の生涯」においても「発掘」の語は含まれるが、「発掘の生涯」とあって、シュリーマンに光が当てられ、重複の感は薄らぐ。本題「掘り出すなぞの都」だけでは何を書こうとしたかわからないままであるが、副題によって、どう役割を担った人のどういう人生を記した伝記であるかが、書き手の感嘆の思いやひきつけられる言葉のリズムとともに、本題に調和して伝わってこよう。

ここに示したようなまとめに行き着く討議を想定すれば、それがどれほど豊饒なものであったかが推察されよう。いくら国語科の範囲から題材を選んだとは言え、副題の根本的性格として基底に据えるべきことと、当面基準として考えていこうとすることがあり、両者が錯綜せざるを得ないのである。それを進行計画に基づいて進めていくのであるから、先の「話し合いのてびき」による二単元に比すれば、応用性・自在性が顕著である。とは言え、⑴進行の拠り所はあり、⑵尋ねる際の聞き方も四種類用意され、また⑶授業中教師からカードによって発言を指示されたら必ず手を上げ、発言するという学習規律を確立させておられる。しかも、授業のおりおりに教師は一生徒になったり、カードや小さい声で発言を促す役をしたり、教師として司会の代わりに混乱を整理したり、司会にどう言えばよいか教えたり、参加者としてどう司会を助ける示唆したりして、共同思考を深めるために、八面六臂の活躍もされるのである。討議力の進展は当然と言えよう。

おわりに

以上の考察を基づいて、討議力そのものを伸ばす指導に関して年間指導計画を作成する際の見通しを示せば、次のようになろう。

1　討議力を養う階梯としては、⑴話し合いに臨む意識の高まりと⑵参加している人に対する配慮の深まりという二点から、以下に示す三段階が導き出せる。

⑴話し合いに臨む意識の高まりから

①心の窓に開いて、会話の中に進んで入っていくようにする。

②話がはずみ、誰もがさまざまな思いが繰り広げられるように共通の話題を取り上げていく。

③みんなが話し合った充実感が持てるように話を高め、豊かなものに展開していく。

⑵参加している人に対する配慮の深まりから

①数人で話し合っているのだということを絶えず念頭に置いて、話すことに夢中になり、自分だけ多く話し過ぎるということがないようにする。

②聞いている人にも意識を配り始め、話している内容や言葉がわからない人がいないかどうか留意し、一人でも首をかしげる人がいれば、明るく、陽気に言い直す。

③話題から心が離れている人やうまく入れない人を見抜いて、さり気なく引き入れ、せっかくの場を共同の場にしていく。

2　基礎訓練としては、

(1)まずは一つの問いをめぐる一回性の話し合いを一対一でさせ、答えさせることから入っていく。

①なかでも、相手の発言をしっかり聞き、自分の意見と並べて発表することから始め、

②次に、相手の意見と自らの意見とをまとめることに進み、

③簡単にはまとまらない問いを投げかけて、学習者が相手と話し合って育てた考えを答えるように導く。

ここに至れば、一回性の話し合いでは済まなくなる。

(2)次に、相手を三、四人にして、やはり上記①〜③の筋道を踏んで、目的を持って話し合うことに慣れさせていく。

3　日々の国語学習においては、半年ないし一年をかけてグループ学習ができる学級にしていくのだという心構えで、基礎訓練とも結びつけて、以下のように徐々に進めていく。

(1)四月から、尋ねられたことに対して意見を述べる時に隣の席の人の意見を聞いて、自分の意見と一緒にしたものを答えさせるように習慣づける。……基礎訓練の(1)と対応

(2)一学期の間、三、四人で相談して、五、六分の話し合いをし、一人がまとめて答えられるようにす

る。……基礎訓練(2)と対応

(3)二学期から、ある学習活動だけ、四、五人のグループで一〇分から一五分くらい続けて話し合わせる。

(4)ある一時間の活動だけ、グループに分かれて取り組ませ、報告を出させる。

(5)秋に初めて何時間かの一連の学習活動をグループでさせる。

(6)一単元全体をグループに分かれて進める学習活動に発展させる。

4

単元学習においては、下記のような観点から、討議力育成の段階を設定することができよう。

(1)開会の挨拶・話し合いの骨格など、初めからどんな正式の場でも安心して用いられるものを教え、慣れていくようにする。

(2)どんな順序で話し合えばよいかをきちんと了解してもらう必要性を自覚させた上で、議事の進行に異論が生じないばあいの進め方など、時宜に応じた時間のかけ方を心掛けさせる。

(3)「話し合いのてびき」(台本)によって、きちんと何を言えばよいかが具体的な場面のなかで会得でき、そのまま則って話し合えばよい段階から、台本を参考にしつつも、各グループが選んだ事例について話し合うものへと、進展を促している。さらに要点のみ示されれば「てびき」が示されなくても充実した話し合いができることへと進めていく。

(4)それはまた、「てびき」によって話し合いの際に司会がどれほど重要であるかを身にしみて感じさせることから、参加者も司会者の立場になってともに話し合いを作り上げていくものへという進展にもなっている。

(5)「話し合いのてびき」の作り方は、話し合いの全体構造を示したものから、題材に応じて典型的な事例を通して焦点的に理解を促すものへと発展している。この延長線上に、学習者が頭の中に話し合いの台本を作り上げる段階が想定されよう。

この上に、それまでに蓄えた討議力を発揮して、別の目標を達成していく指導が考案されていくが、討議力そのものを養い、伸ばす指導体系が堅固であるため、他の目標をめざす際にも十分活用できたのであろう。

注

（1）（2）大村はま氏稿「話し方学習の系統化」（『聞くこと・話すことの指導の実際』筑摩書房、昭和五八〈一九八三〉年三月三〇日発行）七五、七四～七五ページ。

（3）大村はま氏発表資料「国語教育の近代化のための資料――討議の学習の基礎1」（第一六回全日本国語教育協議会において、昭和三六〈一九六一〉年九月二〇日報告）一～二ページ。

（4）野地潤家博士稿「コミュニケーション技術の訓練」（『話しことば学習論』共文社、昭和四九（一九七四）年一二月一五日発行）二二二ページ。

（5）大村はま氏講演「国語学習指導の記録から」（広島県大下学園国語教育研究会において、昭和三一〈一九五六〉年一二月二日）『国語教室の実際』（共文社、昭和四五〈一九七〇〉年一二月一日発行）一五～三七ページ。

（6）大村はま氏講演「生きた場（実の場）にすること」（広島大学教育学部国語科光葉会において、昭和三七〈一九六二〉年一一月二八日）『国語教室の実際』一六三～一七一ページに所収。

（7）大村はま氏の対談集『大村はまの国語教室――ことばを豊かに――』のなかに、その傍証と見られる立言が以下のように記されている。「ひとの考えを聞いて、自分の考えと合わせて言うとか、ひとの考えを聞いて、自分の考えがどういうふうにか、変わってきたりした、それを言うとか、そういう訓練のようなものが長く必要なわけです。」（四六ページ、波線部も二重線部も、引用者。）

（8）大村はま氏稿「私の研究授業一覧」（『国語単元学習の生成と深化』大村はま国語教室第一巻、筑摩書房、昭和五七〈一九八二〉年一一月三〇日発行）四七九～五二八ページ。
（9）塚原健二郎「掘り出すなぞの都」（『国語』二上、西尾実編、筑摩書房、昭和三五〈一九六〇〉年一一月二〇日発行）四八～五八ページ。
（10）（18）（19）大村はま氏著『聞くこと・話すことの指導の実際』一〇七～一一四、一〇六、一一七（野地潤家博士の立言）ページ。
（11）石森延男「この新鮮な気持ちを」（石森延男編『中等新国語』一、光村図書、昭和四六〈一九七一〉年四月一〇日文部省検定済、昭和四七年〈一九七二年〉二月五日発行）一四～一八ページ。
（12）補充教材「山頂から」（小野十三郎）・「野のまつり」（新川和江）・「木琴」（金井直）・「夜明け」（伊藤整）の四編はいずれも石森延男編『中等新国語』一（光村図書、昭和四六〈一九七一〉年四月一〇日文部省検定済、昭和四九〈一九七四〉年四月一〇日改訂検定済、昭和五〇〈一九七五〉年二月五日発行）三三一～三三八ページ所収。大村はま氏が発掘した補充教材四編が、この実践の三年後に「話し合いのてびき」に挙げられた順に掲載され、しかも（注11）の教科書教材は改訂後もそのまま残されている。これを見ると、石森延男氏ら光村図書教科書編集者が大村はま氏の単元構成に示唆を得て、改訂時に四編ともさしかえた可能性が大きい。
（13）（14）（15）（17）石森延男編『中等新国語』一（〈注11〉の教科書）二四、二四、二四～二九、三〇ページ。
（16）（20）（21）石森延男編『中等新国語　教師用指導書』一上（光村図書、昭和四七年〈一九七二年〉二月五日発行）三四、二九、二九ページ。
（22）（23）（24）（25）（26）（27）（28）（29）（30）（31）（32）（33）（34）（35）（36）（37）（38）（39）（40）（41）『聞くこと・話すことの指導の実際』三八六、三九二～三九五、三九一、一〇八、三九五～三九六、四〇一、三九六～三九八、三九八～三九九、四〇一～四〇二、四〇二、四〇三、三七〇～三七一、三七二～三七四、三七四～三七五、三七六、三七六～三七七、三七七～三七八、三七八～三七九、三七九～三八〇、三七九ページ。

(42)(43)(44)(45)(46)(47)(48)(49) 塚原健二郎「掘り出すなぞの都」(『国語』二上)五五、五六、五八、五六、五六～五七、五六、五二、五五ページ。

第五章　司会力を養う年間指導計画の作成

はじめに

司会力は、話表力の到達点である。大村はま氏の説述においても、話し合い・討議に関する実践になると、必ず司会への留意が見られる。ただし、司会のしかたについて、まとまった論及はあまり多くない。とは言え、探してみると、下記の文献が見いだせる。

（ア）「新しい国語学習の実際」（『国文学解釈と鑑賞』一五巻八号、至文堂、昭和二五〈一九五〇〉年八月一日発行）一〇三〜一〇六ページ、『聞くこと・話すことの指導の実際』（大村はま国語教室第二巻、昭和五八〈一九八三〉年三月三〇日発行）一五五〜一六五ページに再掲。

（イ）「司会のしかたについては、どのように指導したらよいか」（『中学校・高等学校学習指導法国語科編』、各論「第一章　言語技術の学習指導」の「一　聞くこと、話すことの学習指導」、文部省、明治図書、昭和二九〈一九五四〉年七月一日発行）一三〇〜一三三ページ。

（ウ）「話しことば」（昭和三三〈一九五八〉年三月、ＮＨＫラジオ「ことばの広場」での放送、『国語教室の実際』共文社、昭和四五〈一九七〇〉年一二月一日発行）一九五〜二〇五ページ。

（エ）「国語教育近代化のための資料——討議の学習の基礎１」（第一六回全日本国語教育協議会発表資料、昭和三六〈一九六一〉年九月二〇日）二～四ページ。

（オ）「生きた場にすること」（昭和三七〈一九六二〉年一一月二八日、広島大学教育学部国語科光葉会での講演、『国語教室の実際』）一六七～一七一ページ。

（カ）「よい聞き手、よい話し手」（『やさしい国語教室』毎日新聞社〈共文社〉、昭和四一〈一九六六〉年三月五日発行）四八～七七ページ。

（キ）「話し合える人を育てる」（『ことばを豊かに』大村はまの国語教室第一巻、小学館、昭和五六〈一九八一〉年七月一〇日発行）、三五～七一ページ『聞くこと・話すことの指導の実際』九五～一一四ページに再掲。

（ク）「話し合いの学習」（『教室をいきいきと』第一巻、筑摩書房、昭和六一〈一九八六〉年一月三〇日発行）一七八～一八六ページ。

（ケ）「話し合いを成功させるために」（『教室をいきいきと』第三巻、筑摩書房、昭和六二〈一九八七〉年七月三〇日発行）六七～八一ページ。

（コ）「身をもって教える」（平成三〈一九九一〉年一二月、大下学園国語科教育研究会における講演、『日本の教師に伝えたいこと』筑摩書房、平成七〈一九九五〉年三月二〇日発行）六〇～六三ページ。

（サ）「話し合うこころ」（平成四〈一九九二〉年一二月、大下学園国語科教育研究会における講演、『日本の教師に伝えたいこと』）八八～九六ページ。

これらを主要な手がかりに、司会力を育てる年間指導計画をどのように作っていくかという見通しを得るようにしたい。

一　司会力の根底を耕す指導

ここでは、司会の価値を身にしみて感じさせることと、司会者としての聞く力の修練について、言及していく。

㈠　司会の価値・必要性を感じさせる

このことについては、取り立てて言及されてはいない。前章に記したように、話し合うことの価値に繰り返しふれられるため、司会の価値も、そこに含むものと見なされたのであろう。それをあえて特立して掲げれば、次のように言えよう。

1　日々の国語の授業のなかで、教師が鮮やかな導入をし、構造的な授業を進めていきながら、生徒の発言の可能性を汲んで掘り下げ、感動を呼ぶようなまとめに行き着くようにする。そして、生徒の内に自ずと、あのように進めることができればという憧れの思いが湧くようにする。

2　話し合いの授業に入っては、教師が実地に目の前で司会をしてみせ、生徒が司会の価値や役割の重要性をひしひし感じられるようにする。

3　司会をしてみての苦心や、このように進めてみてはという方向性が見えてきた時の喜びなどを出し合い、教師の司会経験も披瀝して、

○司会者としての修練にはきりがないことを悟り、

○参加者の誰もが話し合ってよかったと思える司会をしたいという願いが湧くようにする。

(二)　司会者としての確かな聞く力をつける

昭和二〇年代の論考（イ）「司会のしかたについては、どのように指導したらよいか」の「1」に記された、次の説述を手がかりにしたい。

「まず、司会のしかたを身につける基礎として、たとえば、グループ活動のとき、各グループから何か報告なり意見なりを発表するというようなときには、それを聞いて、⑴全体としての方向をつかんだり、⑵Aという意見がどのグループで全体のどのくらいを占めているか、ということをつかんだり、⑶いくつかの違った報告の共通点をつかんだりすることをじゅうぶん指導しなければならない。⑷生徒の話合いの記録を材料にして、このような練習をくり返して、司会者としての確かな聞き方の力をつけなければならない。もちろん、その⑸聞き方の助けとして、効果的なメモを書かせる指導も伴ってくる。メモは必ずよい実例を見せていくようにしたい。」（『中学校・高等学校学習指導法国語科編』一三〇ページ。傍線部は引用者。）

グループ報告・意見発表を次々に聞くばあいを例にとって、以下のような力をつけるとしている。

（1）それらの発表が全体としてどのような傾向があり、どういう方向にあるかを的確にとらえること。
（2）分析的にどのような意見をどこが出し、それぞれ全体のどのくらいの割合を占めているかを判断すること。
（3）異なった何種類もの報告の共通点を帰納的に見いだすこと。
（4）以上のような話し合いを目のあたりにして即決的に考えさせるだけでなく、活字化した資料によって見直したり、考え直したりさせ、全体の傾向をとらえ、分析的に意見を分類し、相違した見解同士の共通点に気づく力を、強めていくこと。

（5）（1）～（4）を進めていく手がかりとして、効果的なメモの取り方を会得すること。

これらは、実際に司会者が切り盛りする場面を想定して、どういう聞く力が必要になるかを記したものである。他方、司会者に求められる聞く力を段階的につけていく点から見れば、（エ）「国語教育近代化のための資料」の「一、討議の学習への準備」の「B　聞くことを主に」に掲げられた左記の説述が、照応する内実を備えている。

「(1)指導者の問いに対して、ある生徒が答えたあとで、
①ある生徒がそれでよいかどうかを言う。
②ある生徒の答えに、それ以外の考えを加える。
(2)指導者の一つの問いに対して、三、四人の生徒がそれぞれ自分の考えをつづけて答えたあとで、
①三、四人の生徒の考えの共通点、相違点をあげる。
②三、四人の生徒の考えをまとめて述べる。
(3)ひとつの問題について一〇人ほどの生徒の考えを聞いて、いくつかの考えかたに分ける。
(4)経験発表、感想発表、研究発表を聞いて質問する。」（「国語教育近代化のための資料」二ページ）

(1)の①は、指導者の問いと一生徒の答えとが一致しているかどうかを判断させるもの。②は問いと答えとの照応性を一層見つめさせて、別の答えの可能性を探らせるものである。これら二つ（一対の問答の一致しているかどうかを見抜くこと、問いにふさわしい別の答え方を探ること）が、司会者としての聞くことの原点になろうか。

(2)の①は、問いに対する生徒三、四人の答え方に着目して、一致するところ、相違するところを見抜くもの。も

ともと、比較する対象は多くなっているのに一致点（共通点）のみならず、相違点まで考えざるを得ないため、一層細やかに三、四人の答え方を見つめ直すようになろう。帰納的に考えていく力が不可欠になろう。②は、三、四人の見解の共通点・相違点を見抜いた上で、全体としてどうまとめられるかに、思考を及ぼすようになる。

(3)は、さらに答える生徒の数を多くし、考え方が、いくつの群に分けられるか、思考をめぐらせるものになろう。

(4)は、特定の問いに限定されない「経験発表、感想発表、研究発表」を聞いても、

○その趣旨と照らし合わせて、ふさわしいものかどうかを判断したり、

○別の経験、感想、研究として発表する素地をつくったり、

○発表が続いた時に共通点や相違点を考えたり、

○これらの発表を、まとめるとすればどんなふうになるかと頭をはたらかせたり、

○たくさんの発表を、いくつかに分類するとすれば、どうなるかと活発に思考を進めたりして、

それを「質問」という形で表していくことになろうか。

上記の二側面の関係を考えれば、後者の聞く力の段階づけをむしろ先にし、前者の聞く力を過程に即して分節的に見きわめることが、その上になされることになろう。

二　司会力そのものを育てる学習指導

㈠　司会力を伸ばす階梯

昭和三〇年代前半に執筆したと見られる、当時未発表であった原稿「話し方学習の系統化[注1]」の目標5には、「よい討議（よい司会）ができる」として、次の三段階の目標と指導法が記されている。（括弧内は考察者）

A　（目標）いろいろな人の意見を聞いていて、だれだれが同じ意見で、だれだれがちがう意見か、わかる。

（指導法）問答法で授業を進めるとき、また何かについて感想や意見を聞くとき、五、六人にいわせて、全部いい終えてから、同じ考えの人はだれだれか。ちがうけれども、一番それに近い考えはだれか。ま反対の考えをもっているのはだれか、ひとりだけ別の見方をしているのはだれか《ママ》、など、いろいろな問いによって整理してみる。

B　（目標）いろいろな人の意見の向きがわかり、どちらへ向けたら、まとまるかを考え、その解決の方向へ向けるために必要な質問や主張は何々かがわかる。

（指導法）討議の途中、適当な時に切って、その場合、どういうことを聞くべきか、どういうことを主張するべきか、みんなで考えさせる。

C　（目標）いろいろな人の真意を深くくみとり、みんなを納得させる一線を見いだし、それに気づかせる。[注2]

これらは括弧にあるように、「よい司会ができる」ための、三段階としての意味合いが濃い。その意味を探ると、次のように言えよう。

目標A「いろいろな人の意見を聞いていて、だれだれが同じ意見で、だれだれがちがう意見か、わかる」は、出てきた意見の共通点と相違点をとらえた上で構造的把握をめざすもの。以下の指導法に説かれているように、

○問答法で授業を進める時

○何かについて感想や意見を聞く時

に、鍛えていくものである。五、六人の考えを分析的に問いを出して、思考を細やかにはたらかせるようにしている。司会力の第一歩として、耳をとぎ澄ませて、いくつも出てきた発言をしっかり理解して、現状把握を心がける段階と言えよう。

目標B「いろいろな人の意見の向きがわかり、どちらへ向けたら、まとまるかを考え、その解決の方向へ向けるために必要な質問や主張は何々かがわかる」は、様々な意見がどういう方向に進むかを見抜いて、課題解決のために、どう問うか、何を提案するかという打開策を見いだしていかせるもの。指導法としては、思い切って「討議の途中」に切って、全員に司会の立場になって考えさせるようにしている。それまでの討議力を生かして、司会力への飛躍を期する段階とも言えよう。司会者の司会者たるところは、これからどうすればよいかが見通せるところにあるからである。ここでも司会者としての聞く力が問われることになる。

目標C「いろいろな人の真意を深くくみとり、みんなを納得させる一線を見いだし、それに気づかせる。」になると、実際に司会者として体現することを心がけるようになろう。それぞれの発言者のほんとうに願っていることを汲んで、どのように提案し、まとめれば、みんなの願いがそれぞれところを得て生かされることになるかを発見する。それを自らの話しことばで言い表し、押しつけがましくならずに、自然に落ち着くべきところに行き着くようにするのである。これには特別な指導法などはなく、教師の討議者になったり、司会者に代わったりの懸命の努

力で、実地に会得させるしかないのであろう。この第三段階において、司会者の聞く力と話す力とが最大限に発揮され、役目を全うするものになる。

とすると、Ａ（発言の共通点・相違点を見抜いた上での構造的把握）↓Ｂ（解決への見通しをたてる）↓Ｃ（司会者として実地に誰もが納得するところに行き着かせる）も、司会力育成の確かな階梯であると考えられてくる。

(二)　基礎訓練において

上記（エ）「国語教育近代化のための資料――討議の学習の基礎1」には、「1　討議の学習への準備」に続いて、「2　討議のための基礎的な技能の練習」があり、そこに「司会」について左記のように言及されている。

(1)司会者としての発言

討議の録音教材を使って、必要なところで止め、司会者として適当な発言をする。

①討議の中で、話が本筋からそれたとき、一時止め、本筋へもどすことばを言う。

②討議の中の新しい展開をするようなところで止め、そこまでの共通点、相違点をあげてまとめることばを言う。

③討議の途中で、問題をしぼる。

④発言がかたよっているときのことばをいう。

(2)場面

①グループの司会（グループ四人～六人）

②クラスがいくつかのグループになっている場合のクラス全体の討議の司会

③クラスの三分の一ずつの討議の司会

④クラス全体の討議の司会

(3) 指導者の活動

①指導者が実例を出す。司会をして見せる。

②討議のひとこまずつ、実際に司会して見せては、生徒にさせる。（指導者が司会者になり、参加者になりして、予想させる討議の実際を試みる。）

③生徒を司会者にし、よい進行はほめ、よく進まないときは、

○司会の生徒になり代わって言うべきことばを言う。

○司会の生徒が言うべきことばの、はじめの数文節を与える。

○指示を書いたカードを渡す。

○生徒のひとりになって、〝進行について〟という発言をする。

○生徒のひとりになって、その場に適した、質問なり意見なりを言う。そして、それに応じた司会のしぶりについて批評する。（「国語教育近代化のための資料」二〜四ページ）

これらのうち、(1)の「司会者としての発言」には、「討議の録音教材を使って」とあるが、鳴門教育大学図書館所蔵資料には、大村はま氏自筆の書き込みで、次のようなメモがある。

「関西旅行前――帰ってからの文集づくりの計画

1　帰ってからきめれば

2　それではぬけるところがあると思います。

3　文章の種類別

どうしぼる（司会者として）

いろいろ言わせてみる。」（「国語教育近代化のための資料――討議の学習の基礎1」三ページ）

これを五年後に公刊された（カ）『やさしい国語教室』によってみると、以下のような内容と展開になろう。

〈例1〉

三年生がまもなく京都・奈良・大阪方面への修学旅行に出かけます。

わたしは当番でしたので、下校の時刻をみはからって教室を一つ一つまわりました。すると、三年生の一つの教室から、さかんに話し合っているらしい声が聞こえてきました。行ってみると、旅行のあとで作る文集の編集会議でした。

わたしがはいっていったときは、ちょうど司会者が、

1　「では、次に、どういうふうに編集するか、だいたいの形を考えたいと思います。」と言いました。すると、山野さんは、すぐに言いました。

2　「そういうことは、あとで決めればいいのではありませんか、旅行に行ってきてからで……。」

みんな、ちょっと黙っていました。どうかな、どっちがいいかな、と考えているようでした。やがて、

3　「でも！」

大きな声。まるで、考えに考えたあと、心が決まって、その瞬間思わずとび出したことば——というような感じでした。小島さんです。

4　「でも、決めて頼んでおかないと〝出発〟から〝車中〟〝京都〟……順に並べていって、どこかぬけるところができたりしませんか。どこか、だれも書いていないところができると思います。」

つづいて、どんどん話し出しました。

5　「出発してから、ずうっと、行く順に並べていくのですか。」

6　「順に並べていくとしたら、ぬけたところがないようにしたほうがいいわけですね。」

7　「文章の種類別にするのはどうでしょうか。」

8　「それがいいと思うのです。」

9 「普通の文章と、それから、詩はあるかもしれないけれど、そんなに、いろいろの文章の種類が出てきますか。」
10 「文章の種類別、いいと思います。手紙の形で書いたり、絵はがき通信、寄せ書き、いろいろあるでしょう。それにしても、片寄らないように、前から頼んでおくのは、いいですね。」
11 「しぜんに、いろいろ集まるから、決めておくことないでしょう。」
いろいろの発言が出ていますね。この辺で司会者はなんとか言うべきですね。あなたが司会者でしたら、なんと言いますか。（1～11は考察者。以下も同じ。）（『やさしい国語教室』七一～七二ページ）

この〈例1〉は、「司会者としての発言」の「②討議の中の新しい展開をするようなところで止め、そこまでの共通点、相違点をあげてまとめることばを言う」と「③討議の途中で、問題をしぼる」に該当しよう。

1司会が、旅行後に作る文集をどのような形で編集するか、およそ考えておきたいと提案すると、2が予め決めておく必要があるかどうかに疑問を呈する。それでみんな考え始める。3・4は、2の言うようにした時には、編集した際に、旅行先の順に並べていくと、欠けたところが出てくるという懸念を述べる。5は、4で前提とした「〝出発〟から〝車中〟〝京都〟……順に並べていく」という編集のしかたは、全く何も省かないで行く順（出発・車中・京都……という挙げ方を見ると、〈京都〉のようにはっきりした場所が示せる行き方順の意味と、〈出発〉や〈車中〉のようにその経過としか挙げようがない過程順の意味とが、いずれも含まれている。）に並べていくことになるのかという事実を確認する問いである。4が自ら前提にしたことを共通の土俵に乗せるため、どこまでを含めるか確かめようとしたものといえよう。6は、4に「順に並べていく」ことを想定した時には、どこも略さない方が編集する際には望ましいと考えているのだろうと、念押ししている。5・6とも4の発言にひそむ、事実として、当為としての論拠を顕在化させようとしたものである。

ところが、それに対する4の発言者の返事——事実認識としても当為認識としてもそうだというのか、あるいはそこまではっきり考えていなかったため、どうしても予め決めておくべきだという論拠としては不十分なものであったと認めるのか——が出される前に、7が、事前に準備した方がよいことは当然のこととして認め、4によって行く順に誰と決めておく案が出されたものと見なし、それに対抗して、「文章の種類別に」編集するまとめ方を提案する。5・6の発言に、4がすぐ返事をしかねるのを見てとって、別のまとめ方の可能性を思いついたものであろう。7の発言は先走りであるが、8の7に対する賛成意見が先に出してしまう。9は、文章の種類別といっても普通の文章（散文）と詩のほか、どれほど種類があるかという、7・8に対する疑問を提出する。10は、7・8に援護射撃を行い、手紙・絵はがき通信・寄せ書きなど、いくつもあるとする。ただし、文種別にするにしても、実際に編集するとなれば、偏りがないように事前に頼んでおくことは不可欠であるとする。ところが、11は、旅行後の文集となれば、随意に任せても、さまざまな文種の作文も集まるはずなので、事前に決めておく必要はないと、10に反論する。事前に文集の執筆分担を決めておくかどうかが、決まらないまま、行く順に書くことをどこまでもしていくか、それとも文章の種類別にまとめる方がよいか、議論をしていたのである。そのため、11まで至ってまた灰燼に帰してしまうような意見が出てしまうのである。

この時点で、司会者は何としても発言しなければならないが、何と言うべきかが肝心な点である。したがって、1～11の発言までを（地の文は除いて）録音で聞かせた後、口頭でそのことが問われ、学級みんなで録音を改めて聞き直し、目でも読み返して、なぜこのような堂々めぐりの議論が出てきたかを突きとめ、何が問題であったかを明らかにする発言を出し合わせ、比較して最もよい発言を作り上げることになろう。

それについて、『やさしい国語教室』では、司会者の次のような発言が示されている。

12　司会者「いろいろ、お話が出ていますが、まず、行った順に、場所を追って（まず行った所、次に行った所というように順に）作品を並べるか、それとも、文章の種類で並べるか、決めておきたいと思います。前から頼んでおくほうがいいかどうかは、そのあとで決めましょう。」（ほんとうにそうだと思えたようで、しんとなり、真剣に考え始める。）

13　司会者「では、旅行していく順に作品を並べるのと作品の種類で並べるのと、どちらがいいでしょうか。」（『やさしい国語教室』七二～七三ページ）

このまとめ方を見ると、司会者として以下のように思考をめぐらせたことになろう。

Ⓐ2や11の文集の執筆分担を先に決めておくかどうかに対する意見と、3～10の何を基準にして並べるかに対する見解とがあると気づき、

Ⓑ「旅行後に作る文集をどのような形で編集するか」という本来の趣旨から言って、後者の「行った順に、場所を追って作品を並べるか、それとも、文章の種類で並べるか、決める」方が優先されるべきであり、

Ⓒ前者の「前から頼んでおくほうがいいかどうか」は、副次的な問題であるので、後に論じることを提案するのがふさわしい。

Ⓓ提案した上は、みんなの帰趨を見定めて、改めて共通に考えるべきことは何か、選択肢を明確にして提示する方が、今どういう段階に来たかを示すことができてよい。

このような最適の答えを示して、「そこまでの共通点、相違点」を見抜いた上で、「問題をしぼる」発言としてどこがすばらしいのかを会得することも、為されたことであろう。

大村はま氏の直筆メモと対応するところは以上であるが、『やさしい国語教室』には、この話し合いの続きがあり、それも「討議の録音教材を使って必要なところで止め、司会者として適当な発言をする」練習をする絶好の資

料になりそうである。経緯も含めて引用すれば、下記のとおりである。

〈例2〉

修学旅行の文集。旅行をしていく順に作品を並べるか、それとも作品の種類によって並べるか、話し合った結果、前のほう、つまり場所を追って並べることになりました。司会者は、その決まったことを、はっきりまとめて言い、それから、次に考えると言っておいたことに、話をうつすわけです。

どういうふうに言いますか。

14 司会者「では、作品は、場所をおって並べることに決まりました。次は、旅行に行く前から、どこをだれが書くと決めておくかどうかということなのですが、これはどうでしょうか。」

（中略）三年の編集委員は、どんなふうに相談を進めたでしょう。

15 「どうしても作品がなければ、困ることがありますね。たとえば金閣寺、法隆寺、若草山なんか、ぬけたら困るでしょう。」

16 「そういう取り上げかたのほかに〝奈良に遊ぶ〟とか〝鹿と遊ぶ〟とか〝夜の新京極〟とか……」

17 「〝宿の夜〟とか、ちょっとエピソードふうのものもあるほうがいいでしょう。」

（中略）もう、この話しあっている人たちの心は、みんなといっしょに泊まる楽しみに占領されてしまったようです。……アブナイ、アブナイ……調子に乗っては、アブナイ……話しあいはどこへいくでしょう。

モシモシ、ナニニツイテ話シアッテイルトコロ？　と口に出そうになっていましたら、案の定（思ったとおり）いきなり、池上さんが、

18 「ね、ね、わたしには、ぜったい、奈良を書かせてね。」

ひとりが調子をはずすと、どんどん落ちてきます。

19 「奈良は、田中さんに書いてもらうのがいいじゃないか、前にいた所だもの。」

20「いやだよ、ぼく……、そんなの……。」
こうなりますと、司会者まで――この方向を正して、もとへ引き戻さなくてはならない司会者まで――みんなのペース（歩きかた）にまきこまれてしまいました。
21　司会者「では、順に希望をいってください。」
とんでもないことをいってしまいましたね。
いま、何を話しあっているのでしたか。
さて皆さん、このとき、この司会者のことばが、とんでもない方向違いと気がついた人は、すばらしいと思います。気がついたうえ、この見当違いの方向の直しかたがわかっている人は、もっとすばらしいと思います。方向をとめ、方向の直しかたがわかっていて、そして、それが実際にことばを使って直せたなら、もっともっとすばらしいと思います。考えてください。（『やさしい国語教室』七三～七六ページ）

この〈例2〉は、「①討議の中で、話が本筋からそれたとき、一時止め、本筋へもどすことばを言う」と「④発言がかたよっているときのことばを言う」にあてはまる。

14の司会者が、第一の結論として、作品は、行き先の順に配列することに決まったことを宣し、第二の議題として、予めどこを誰が書くと決めておくかどうかを提出する。

それに対して、15は、「どうしても作品がなければ困るところがある」とし、その例をいくつも出す。この発言は、だから少なくともこれは欠かせないという場所については、事前に旅行先ごとに誰が書くかを決めておく必要があるという意見に行き着くものであろう。ただし、15がそこまで明確に打ち出す前に、16が口をはさむ。15の「たとえば金閣寺、法隆寺、若草山」と挙げた言葉を、場所をそのまま題とする「取り上げ方」まで含んでいるものと推察し、それに対して、〝奈良の道〟〝鹿と遊ぶ〟〝夜の新京極〟などの取り上げ方もあるとする。すると、触発されて、17が〝旅の夜〟のようなエピソードふうのものもある方がよいと言い出す。16も17も、修学旅行に思いをはせて出してきた意見であるため、周りの共感を得やすい。そのため、反論が出てくるどころか、どこを書くのが楽しいかという思いに駆られて、18が、いきなり奈良を書きたいという希望を出してくる。当然、もう事前に行き先ごとに誰が書くか決めるのであればという前提があるはずだが、それも閑却されてしまう。19は、18の一人決めに対して、別の執筆者を推すもの、20は推された本人が拒むもので、いよいよ混迷の度を深めてしまう。

21の司会者は、18～20のいずれの発言も先に旅先ごとに書き手を決めることを前提にしているため、その場の雰囲気に流されて、もうそのことはみんなの前提になったと勘違いしたようである。推薦制は「いや」の声が出ているため、希望を順に聞いていくことを提案する。

ここでも地の文を除いた文例を提供し、この司会者の発言を見直して、どう言い直すかを検討することになろう。解明の方向としては、次のようになろう。すなわち、15の「どうしても作品がなければ困るところがある」という発言は、事前にどこを誰が書いておくかを決めておかないといけないという意見になるべきものである。続く16・17の、金閣寺、法隆寺、若草山という取り上げ方のほかに、〝奈良の道〟〝鹿と遊ぶ〟〝夜の新京極〟や〝宿の夜〟という取り上げ方もあるとした発言も、予めどの場所を誰が書くかを決めておくことを前提にしたもので、一段の飛躍がある。18～20の特定の場所が書きたいという希望を出した人、いや、その場所には別の人がふさわしいと推薦してきた人、それは困ると断った人たちの一連の発言になると、その取り上げ方さえ、保留して、個人の場所についての希望や推薦を出したり、拒んだりするのであるから、さらに話がとんでしまうことになる。現象的には違うように見えて、結局旅行に行く前にどこを誰が書くと決めておくことを、15は提案しようとし、16以下は、それを了解済みの事項として勝手に先に進めたものである。ただし、それは、まだ決まっていなかったことなのである。したがって、司会者としては、15の「どうしても作品がなければ困るところがある」という立言を生かして、

○そういう場所が確かにあるとみんなが了解するなら、そこが抜けることのないように、事前にそこは誰が担当するか決めないわけにはいかない、
○そうすると、全体としても旅行に行く前にどの場所は誰の担当と決めるのが合理的である、
○とすれば、予め修学旅行の行く先によって誰がどこを担当するかを決めることを承認してほしい、
○その上で、誰がどこにするかを、不可欠な場所とそうではない場所とを同じように扱うかどうか、希望を出し合うのか、推薦制も取り込むのかなども考慮に入れて決定したい

と集約することになろう。

ただし、このまとめは、「①討議の中で、話が本筋からそれたとき、一時止め、本筋へもどすことばを言う」ばあいで、「④発言がかたよっているときのことばを言う」ばあいには、次のようになろう。

○15の「どうしても作品がなければ困るところがある」という発言は、だから、先にどの場所を書くかを決めておかなければならないという意見になり、誰が書くかも決めるべきだということに結びつく。確かに、私たちが第一の結論として、修学旅行の文集に載せる「作品は、場所を追って並べること」にした趣旨にも合い、誰もが念頭に置いておくべきことであろう。

○ただし、その後の発言が、どんな取り上げ方をすればよいかに移り、さらに具体的にこの場所を書きたいという発言が出るに至って、別の次元の話題になってしまった。これはよくよく考えるに、15の発言の説得力から「旅行に行く前からどこを誰が書くと決めておく」ことは当然と見なして、みんな次々に、先に行ったものと推察される。しかし、そのこと（予めどこを誰が書くと決めておくかどうか）はまだ了解されていない。しかも、いずれも旅行前から、どこを誰が書くかを決める方向での発言であり、決めずに多くの旅行先を見ておき、書きたいところについて一人二～三編ずつ記録をまとめ、それを生かすなどの可能性を考えようという発言は全く表れて

いない。無理なく出てきた発言ではあるが、偏っていることは否めない。
○ただし、今から別の見解の可能性を探ろうとすると、時間もかかり、以後の進展も見通しにくくなる。したがって、改めて第二の議題に戻り、「旅行に行く前から、どこを誰が書くと決めておくか、それとも決めないで後から出されたものを順に並べていくか、いずれにするか」を確認したい。

『やさしい国語教室』には、実際に話を戻す発言が出た後、司会者が先の自らの発言のおかしさに失笑する場面があり、次のように展開されている。

22　「どうでしょうか。旅行していく順に、場所を中心に並べることになりましたが、だれがどこを書くと決めておくことにしますか。それとも自由にして、あとで集まった作品を行った順に並べることにしますか。」
どちらの意見の人もありましたが、結論はいちおう決めておく、そして、それ以外にもおおいに書いておくということになりました。

それで、司会者は次のように結びました。
23　「では、いちおう決めておくことにします。そして、いまの話し合いに出ていた気持ちを考え、それ以外にもおおいに書いておくようにしてください。」
「いちおう決めておく」ことに反対であった人のことを考えていることばが、はいっていますね。「いまの話し合いに出ていた気持ちを考えて。」――だいじなことばです。（『やさしい国語教室』　七七ページ）

Ⓐ22の司会者の発言は、
○「旅行していく順に、場所を中心に並べることになりました」とこれまでに決まったことを明示し、

○問題を「だれがどこを書くと決めておくことにしますか。それとも自由にして、あとで集まった作品を行った順に並べることにしますか。」と、違いを明確にして二者択一で提起している。
○それだけに、両者を勘案して細かく思考をはたらかせやすく、

（いちおう決めておく
（それ以外にも大いに書いておく

という実りの大きい結論が得られている。

Ⓑ23の結びは、主なる結論「いちおう決めておくこと」を宣しながらも、副次的な結論「それ以外にも大いに書いておく」ことがなぜ必要かを、決めておくことに反対する人の意見も汲んで「いまの話し合いに出ていた気持ちを考えて」と取り込んだものである。均衡を失しない、妥当な結論と言えよう。

「①討議の中で、話が本筋からそれたとき、一時止め、本筋へもどすことばを言う」と「④発言がかたよっているときのことばを言う」ことができた上で、22のように問題が再提示され、23のような結論に至れば、司会者としてどれほど本望だろうと思えるものになっている。

(2)「場面」は、どんな場に置かれた時司会力が発揮されると想定されるかを挙げたものである。①「グループの司会」（グループ四人～六人）が基本的で、中学生では、誰しも身につけるべきものとしている。(注3)②「クラスがいくつかのグループになっている場合のクラス全体の討議の司会」は、実際に発言するのがグループ単位であるから、①「グループの司会」と似たようなものと解されたようである。③「クラスの三分の一ずつの討議の司会」となると、討議に加える人数も二、三倍になり、多様な見解を見抜く力とどう提案すれば解決し得るかという見識とが不可欠になる。④「クラス全体の討議の司会」となると、教師に準ずる司会力が必要になってこよう。②～④につい

ては、個人差が大きいので、生徒一人ひとりに応じて伸ばすことになろう。

⑶の「指導者の活動」としては、先に引用したように、

①実際に教師が司会をして見せて、このようにすればよいのかとわからせるばあい。

②討議の各部分ごとに教師が司会をして見せて、生徒たちに実地に試みさせるばあい

③生徒に司会をさせながら教師があらゆる指導の手を用いて司会を支え、実際の場による体得をめざすばあいと、目標の違いによって、段階的に記されている。

①については、前節「司会力の根底を耕す指導」の第一項「司会の価値・必要性を感じさせる」に位置づけている。

②については、昭和三七（一九六二）年の講演（オ）「生きた場（実の場）にすること」に、以下のように言及されている。

「グループになりましたならば、（中略）私はまず司会者を決めること、進行係を決めることを教えます。社会生活では然るべき人が立つものであるということ、然るべき人というのは、例えば同窓会だったら、年配のかた、早く卒業したほうの人が世話役をするように、いろんな場合には、それに適当した人があって、おとなになればその位置はわかるものだと申します。

国語の時間の場合はどうかと申しますと、私はいちばんさきには（予備的進行役を）背の高い人に（指名して）やらせています。（中略）例としてやらせているわけです。その人が立ちまして、『これから進行係を決めたいと思います。どういう方法で決めますか。』こういうふうに言いまして、（中略）最初に一グループを前に出してモデルとしてやらせてみます。『どういう方法で決めますか。』そう言ったらこっちにいる（同じグループの）人は、必ずなんか言わなけれ

ばならないんだ、黙っているのはエチケットに反するんだということを教えます。こんな少ない人数のときに、投票しますなんてことを言うものではないということ、推薦にするにしたら、先に（名前の）出た人から順にきくとか、そういうふうな作法を教えまして、モデルでやらせてのみこませます。『じゃそこまでやってごらんなさい。』と言って、各グループでやらせます。あっちでもこっちでも『では司会者（進行係）を決めたいと思います。』とやり始めます。

司会者が決まりましたら報告してもらいます。うまくいかなかったところや、止まってしまったところは、すぐ手をあげることになっています。その練習は何度かするわけですが、練習でやるときは、『では、きょうの司会は、番号のいちばん若い人』というふうに決めてしまい、その人がきょう選ばれたことにします。司会者が一番さきに言う文句は必ず教えます。きょうは、こういうことをするのだから、どんなふうに話を進めたらよいか最初にこの詩の鑑賞という文章を読んでみましょうということにして、それをこういうふうにまとめてこういうふうにするんだということを教え、こういうふうにやり始めてごらんなさいと言います。どのグループもいっせいに同じやり方で進めていきます。けっして野放しで自由に話し合っているわけではなく、骨組みはちゃんと授けているのです。

一定の時間がたちますと、『どこまで話が進んだはずだけど、まだ進まないところはのろいのだから、そこはこういうふうにしてはしよってしまいなさい。』というふうに言って時間をむやみにかけさせないようにしています。つまり、いっせいにグループの進め方そのものを指導しながら、内容も進行させているわけです。」（『国語教室の実際』一六七～一六九ページ。括弧は引用者。）

ここに記されていることを、討議の各部分ごとに教師が司会をして見せて、生徒たちに実地に試みさせる例と見なして、整理して挙げれば、次のようになろう。

（A）まず、司会者を決めることとし、言い出すことば、対応することばを教えて、一グループにモデルとして試みさせる。その上で、各グループでもそれに基づいて実際の話し合いに入らせ、各班の創意を加えて決める練習をする。うまくいかなかったところ、話し合いが止まってしまったところは、すぐに手を挙げて教師を呼び、実地にどのように打開していくかを悟らせる。決まった結果も報告させる。それを何度か練習し、司会者を決めることは十分できるまでに至らせる。

（B）実際に司会者を決めた後は、何（どういう内容）をどんなふうに（どんなことばで）話し出すかを実地に示して、以後の展開・まとめ方も教えて試みさせる。

（C）一定の時間が経っても、順調に進まない時には、どう短縮するかも示して、グループの進め方自体を指導しながら、内容も進行させるようにする。

③生徒に司会をさせるばあいのうち、よく進まない時に、（a）「司会の生徒になり代って言うべきことばを言う」ことの事例が、（キ）「話し合える人を育てる」（昭和五六年の対談）に、次のように印象的に語られている。

「昭和三十八年の五月のことです。（中略）あと、時間も少なくて、司会者は、ぜひ何か言うべき場面でした。私は、（ア）ふっと『ちょっと失礼します。』と言いながら、司会の子の前に立っていました。そして、（イ）『いままで話し合ったのはこういうことです。（ウ）残されていることは……。（エ）あと六分ある時間で、このことについて話し合えばいいと思いますが……。』と言ってしまったのです。そして、（オ）『と、――さん（司会者名）は申しました。』……『どうぞ。』と言って身を引いて、つづきをその子に譲ったのです。とたんに、その子はとてもにこにこして、私の言ったその次から――繰り返さないでつづけて『いかがでしょうか。』と言ったのです。（中略）とっさのことだったのですけれども、その子が助かって、すぐぱっと乗ってきたものですから、知らん顔して、ほんとに自分が言ったことのような顔をして、どんどん進めたものですから、ほとんどすきまなく話は進行しました。」（『聞くこと・話すことの指導の実際』一二〇～一二一ページ）

この例を見ると、以下のようなことに努めることになろう。

(ア) 司会者がどうしてよいかわからないでいる時には、自然な形で教師が臨時に司会者の役になることを悟らせ、

(イ) 実地にそこまで話し合ったことを明解に整理して示し、

(ウ) 整理したこととかかわらせて、残された点を明らかにし、

(エ) 限られた時間の中で話し合えることはこういうことではないかと、これから話し合うべき焦点化した課題を提案する。

(オ) 最も無理のないことばで、司会役を生徒にゆだね、通常の話し合いに戻らせる。

④よく進まないときでも、(a)「司会の生徒になり代って言うべきことを言う」ばあいのほか、次のような指導者の活動も考案されている。

(b)「司会の生徒が言うべきことばの、はじめの数文節を与える」は、言おうとしている内容はあっても、話し出しが見いだせないでいると推察される時の手だてであろう。

(c)「指示を書いたカードを渡す。」の例は、次のように記されている。

「生徒に司会をさせ始めてまだ慣れないうちなど、その場で言うこと、することを、小さい紙に書いて渡して助けていたこともございます。例えば、このへんでまとめて、『いま、残っている問題は……』と言えばいいのに……と思っていても、子供には、そんなふうには言えない、雰囲気が重くなってくる、そういうときに、『残っている問題は何か。これとこれではない?』と書いて渡すというようなことをいたしました。(中略)カードは必ずきちんとした楷書で、

八分の一の紙に、二行しか書かなかったのです。そして文節書きで、読みやすいことをいのちにして書いていました。」

（『聞くこと・話すことの指導の実際』一一九～一二〇ページ）

（a）の「司会の生徒になり代って言うべきことばを言う」のばあいとほぼ同じ状況で、少し時間的な余裕があり、教師が表に立たない方が良いと判断されるばあいの指導法であろう。その際は、小さい用紙に文節書きで、楷書で二行までとし、読みやすさを旨として、まとめ方を書いて教えるわけである。

（d）「生徒のひとりになって、〝進行について〟という発言をする。」と（e）「生徒のひとりになって、その場に適した、質問なり意見なりを言う。そして、それに応じた司会のしぶりについて批評する。」のいずれもが含まれた事例が、左記の「学級日誌の『記事』欄に何を書くか」である。

司会　では、今日は学級日誌の『記事』の欄にどういうことを書いたらいいかについて話し合いましょう。どうぞ意見を出してください。

一同　……

（ちょっと考えが出そうもない。そこで――）

大村　（挙手）はい。

司会　大村さん、どうぞ。

大村(1)　進行についてなんですが、ちょっと意見が出しにくいようなので、自分はどんなつもりで書いているか、ありのままを発表しあってみてはどうでしょうか。

司会　そうですね。どうですか、とにかく、みんな書いているのですから、実際どうか発表しあいましょうか。

一同　（うなずく。）そうね。はい、そうしましょう。（など。）

司会　Aさん、どうでしょう。
A　わたしは、クラスの出来事を書くというようなつもりでいます。
B　わたしも出来事だろうと思います。
C　はい。
司会　どうぞ。
C　出来事というほど、大きなことではないのではありませんか。
A　ええ、そうです。出来事というと、ちょっと、やはり大きな事の感じですね。
司会　Dさん、どうぞ。
D　平凡な出来事ですね。平凡な出来事、——言葉がおかしいけれど。
E　大きい、小さいこと、というみたいですね。
D　なんていっていいかな、平凡なことなんだけれど、——やっぱり。
大村　(挙手)
司会　大村さん、どうぞ。
大村　(2)平凡なことのようだけど、クラスとしては、やはり、書いておく意味のあること。
D　そう、そうです。
先生　(3)「意味のあること」ってわかりますか。わからなかったら、質問しなさい。Bさん、質問してみなさい。
B　意味のある、ってどういうことですか。
司会　[全体に向かって]どういうことでしょう。
先生　(4)(小声で司会者に)発言した人に聞いたら?
司会　大村さん、どういう意味でしょう。
大村　(5)書いてあると、何か、そのクラスの、その日の生活とか、クラスの人の気持ちなりがわかるようなこと、の意味です。

先生　さて、(6)だいたいわかったのですけれど、ちょっとはっきりつかめないというところですね。このままでは、やはり日誌の記事のところ、書きにくいでしょうね。ここを、もう一歩進めて本当にきょうの話し合いをかいのあるものにするのに、いま、いいことが言えるのですが、どなたか、発言、思いつきませんか。

E　あの、ちがっているかもしれないけれど

——例を出してもらう——

先生　(7)そうそう、それから？

C　日誌を見たら、どんなことが書いてあるか読みながら考える。(『聞くこと・話すことの指導の実際』一五七～一五八ページ。「司」とあるのを「司会」とするなど、幾分体裁を改めている。)

指導者が、一人の生徒として話し合いに加わったり、教師としての助言をしたりして、八面六臂の活躍をしている。その（1）～（7）の発言を司会者の発言と照応させると、以下のような点が見えてくる。

（1）司会者が議題を提出し、意見を求めたものの誰も考えが出せそうもないのを見はからい、進行について、すぐに「どういうことを書いたらいいか」に答えることを求めるよりも、その前に、私たちが「どんなつもりで書いているか」という現状を出し合ってはどうかと提案している。これは、司会者が「どういうことを書いたらいいか」という議題は示していても、そのためにどこから、どんな順で話したらよいかを提案していないため、それを進行についての意見という形で示したものともなっている。

（2）司会者がその提案を受け入れて、改めて学級日誌をどんな思いで書いているかと尋ねると、学級の出来事を記すという意見（A）が出、賛成意見も出る（B）が、それほど大げさなことではないという意見（C）も出され、最初に意見を出したAも、それを認めざるを得なくなる。Dが「平凡な出来事」というまとめ方を出すが、Eか

らそのおかしさが指摘される。Dが改めて言いかけるが、途中で行きづまってしまう。そこで、挙手して代わりに「平凡なことのようだけど、クラスとしては、やはり、書いておく意味のあること」というまとめを提出する。学級の出来事という言葉で立ち止まっていた内包が、「平凡な出来事」という一見矛盾しているかに見える表現に行き着き、難渋した後、「平凡なことのよう」にみえるが、学級全体として「書いておく意味のあること」と二層に截然と分けて説明されたのである。これもDがまとめるのを手伝っているようでありながら、司会が集約するのを代わりに述べた発言である。

（3）すでにきちんとした説明をしながらも、自らの提案の内、分かりにくいと思われる用語「意味のあること」について、わざわざ質問をさせている。これも、司会者が聞いている人の理解の程度をおもんばかって提案者に尋ねてみる代わりをしている。

（4）司会者が漠然と全体に向かって聞いたため、小声で司会者に、提案者に絞って尋ねることを勧めている。これは、司会者への助言といえよう。

（5）司会者の尋ねに応じて、「書いてあると、何か、そのクラスの生活とか、クラスの人の気持ちなりが分かるようなこと」と、学級生活や学級に流れる心情を見抜いて記録として残すという学級日誌の意義を鮮明にしている。これも、司会者が今回話し合う準備として予め考えておくと、どれだけ有効にはたらくかを示したものと言えよう。

（6）は、「ここを、もう一歩進めて本当にきょうの話し合いをかいのあるものにするのに、いま、いいことが言えるのですが、……。」と実質上の司会者になって、思考を誘い、Eの「例を出してもらう」という発言を引き出す。

（7）は、さらに発言を促して、具体策「日誌を見たら、どんなことが書いてあるか読みながら考える。」まで、導き出している。

以上は生徒になっての進行についての発言と、司会を補う意見表明が主である。「それに応じた司会のしぶりについて批評する」のは、上記のさまざまな発言に潜ませているといえようか。

これらは、どこまでが練習学習で、どこからが日々の国語学習、もしくは単元学習であるとも言いがたい。よい題材が得られるごとに練習学習として組み、日々の国語学習にも浸透させ、単元学習において実の場での定着をはかっていくことになろう。

㈢　話し合いの学習の中で

先にも取り上げた昭和二〇年代の論述（イ）「司会のしかたについては、どのように指導したらよいか」には、下記２～５のように話し合いの単元学習に伴う司会について、箇条書きされている。

（先に引用した、１司会における聞くこと　に続く論述である。）

２　次に、いろいろの学習活動の中で話合いのときに、必ずはっきりと司会進行の役を設け、その結果を反省し研究するしくみにしておくことである。具体的には、たとえば、次のような記録ノートを持たせることである。Ａは他の人の司会の場合、Ｂは自分が司会である場合の記録である。

Ａ

参加者　司会者　月　日
どんな会か（会の性質）

Ｂ

参加者　月　日
司会　回目

おもな話合いの内容
司会者に忠告したいこと
もし自分がきょう司会だったら
疑問に思うこと

どんな会か（会の性質）
おもな話合いの内容
苦心したこと、困ったこと
先生や友達からの批評
疑問に思うこと

3　小さな指導の機会をたびたび設けるようにする。たとえば、グループに分かれて話合いをするようなとき、どのグループもだいたい似たような形で話を進めることのできる場合には、きょうの話はどう進めたらよいか、わずかの時間をさいて全体で研究してから始める。二分でめいめいに案を立てさせ、一分半で何人かに発表させ、一分半で教師の批評をし、全体で五分ぐらい、というような指導をできるだけ多くの機会にする。

4　いつも全員に司会の立場に関心を持たせ、司会者の立場を考えて判断し、協力するようにしむける。2の記録Aなども、このために活用する。

5　司会のしかたについて、話合いのあとで批評をするばかりでなく、話合いの進められている、実際の場で、指導をする。たとえば、「意見をまとめていく」とか、「中心をそらさないように、話を進めていく」ということでも、話し合いの進行の間に、「今までのところはこうまとめられる。」とか、「中心からそれてきているから、こう言ってみなさい。」とか、実際に示していくことがよい。

（例）あるクラス雑誌編集会議より（中学生二年）

――（前略）――

司会　では、次に各種目について、ページ数をだいたい考えましょう。

N　全部で五十ページですから、文芸十、論文五、研究十二、ニュース二、スポーツ五、娯楽十二、それにあと編集後記その他四ではどうでしょう。

K　娯楽は二ページくらいでいいのではありませんか。

N　二ページではとてもおもしろいお話や冒険小説なんか、はいらないでしょう。

S　私も二ページではすくないと思います。「級友の横顔」というようなものを入れるといいでしょう。そうすると、七、八ページはほしいと思います。

T　ぼくは、六ページぐらいがいいと思います。娯楽のページはのせるものが短いものが多いと思うから、十二ページはなくてもいい、漫画や笑話は一ページでもたくさん入りますから。

――（後略）

この場合に、教師から次のようなことを言って、司会を指導するようにしたい。

「ひとりひとりの考えている娯楽というものが違っているようです。『娯楽』という内容は、あなたがたの雑誌では、どんなものを含むことにするか、それを決めないとページが決まらないでしょう。」（『中学校・高等学校学習指導法国語科編』一三〇～一三三ページ）

大村はま氏は、後に「司会を練習することと話し合いに参加することとをいっしょに学ばせるのは、なかなかむずかしいことですが、しかし話題の準備とか、時間のかけ方からいって、これを一つずつ別の題材で学習するということは、たぶん実際として不可能でしょう。」（『教室をいきいきと』第三巻、一八〇ページ）と述懐される。したがって、司会力は独立した単元学習として扱われることはなく、上記の2～5のように話し合いの学習の中で養われることになろう。

2は、話し合いの時に明確に司会役を設け、その結果を反省し研究するという、基本方針とその拠点を述べたものである。すべての国語学習の集積の場として国語学習記録があるように、話し合いに不可欠の存在として司会者を位置づけ、参加者になっても、司会者になっても、司会に心をとめざるを得ない記録を残させるのである。Aの参加者のばあい、司会者の名前も記録させ、司会者と同様に、全体として

①どんな会か（会の性質）

②おもな話し合いの内容

をとらえさせるとともに、

③司会者に忠告したいこと

④もし自分がきょうの司会者だったら

の二項目を用意し、③の司会者への意見を言わせるにとどまらず、④のように代わりに司会者として立っていたら何をしたかという具体的方策まで打ち出させようとしている。

⑤疑問に思ったこと

は、司会者に忠告するには至らない、話し合いの中でのちょっとしたことも、のがさずに記させようとしたもので、司会者と同じような鋭敏さを参加者にも身につけさせようとする項目であろう。このように考えていくと、2は、司会力をつける土台固めがなされるものになろう。

3は、全員が司会として思考をはたらかせる機会をどのように取るかを記したものである。グループで話し合う前に「きょうの話はどう進めたらよいか、わずかの時間をさいて、全体で研究してから始める」という。具体的には、「一分でめいめいに案を立てさせ、一分半で何人かに発表させ、一分半で教師の批評をし、全体で五分ぐらい、というような指導をできるだけ多くの機会にする」とある。司会者としての頭のはたらかせ方に慣れさせる項目と言えよう。

4は、たとえ自らは司会役として指名されず、話し合いの参加者の立場であっても、絶えず「司会者の立場に関

心を持たせ、司会者の立場を考えて判断し、協力する」ように誘うもので、司会者の立場を考慮した討議への協力になろう。

5が、実の場における、中心目標を明確にした司会力の育成に言及したものである。例に挙がった「あるクラス雑誌編集会議より」では、司会が各種目のページ数の目安を求めたのに、四人の発言者が娯楽のページ数についてばらばらの意見を出し、帰趨が見えなくなってしまう。それで、司会者に「ひとりひとりの考えている娯楽というものが違っているよう」だと問題の所在を指摘する。ただ、それを全部出してもらっていると時間がかかるため、『娯楽』という内容は、あなたがたの雑誌では、どんなものを含むことにするか」決めた上で、娯楽のページ数を決定すれば、他の種目のページ数も確定すると、打開策を提案している。

Nは、文芸というものを狭くとらえ、おもしろい話や冒険小説という楽しみのための読みものは娯楽に入れるため、一二ページ必要だとしている。Kは、反対に娯楽というものを狭く解し、Nの六分の一の二ページ程度でよいとする。Sは、気軽に伸び伸びと書ける「級友の横顔」なども、娯楽に入れるとよいとし、七、八ページは要るとしている。Tは、Sよりも少ない六ページ程度とし、娯楽のページに載せるものは漫画や笑話のように短いものが多いからと理由を説明している。

したがって、司会としては、クラス雑誌に入れる「娯楽」の内容として、以下の点を吟味して、その上でページ数を決めることになろう。

①おもしろい話や冒険小説という楽しみのための読みものは、娯楽に入るのか、文芸に入れるのか。
②「級友の横顔」など、気軽に伸び伸びと書けるものは、娯楽に入れるのか、入れないのか。
③私たちが娯楽のページに載せるものは、漫画や笑話のように短いものが多いと言ってよいかどうか。

このような適材を得るごとに、司会者ばかりか参加者もともに考え、司会力をどう伸ばしていけばよいかを会得することになろう。

おわりに

以上の考察をもとに、司会力を養う年間指導計画を作成する際の手がかりを記せば、以下のようになろう。

1　司会力の根底を耕す指導においては、司会の価値を身にしみて感じさせることと、司会者としての聞く力の修練との二点から、見通しをつけていくようにする。

(1)司会の価値・必要性を身にしみて感じさせる。

①日々の国語の授業の中で、教師が新鮮な導入をし、構造的な授業を進めていきながら、生徒の発言の可能性を汲んで掘り下げ、感動を呼ぶようなまとめに行き着くようにする。そして、生徒の内にあのように進められればという憧れの思いが湧くようにする。

②話し合いの授業に入っては、教師が実地に眼前で司会をしてみせ、生徒が司会の価値や役割の重要性をひしひし感じるようにする。

③司会をしてみての苦心やこのように進めたらという、方向性が見えてきた時の喜びなどを出し合い、教師の司会経験も披瀝して、

○司会者としての修練にはきりがないことを悟り、

○参加者の誰もが、話し合ってよかったと思えるような司会がしたいという願いが湧くようにする。

(2)司会者としての確かな聞く力をつける

①聞く力を段階的につけようとすれば、次のような段階が考えられる。

(A)指導者の問いに対して、ある生徒が答えたあとで、

ⓐある生徒がそれでよいかどうかを言う。

ⓑある生徒の答えに、それ以外の考えを加える。

ⓐ指導者の問いと一生徒の答えが一致しているかどうかを見抜くことと、ⓑ問いにふさわしい別の答えを探し出すことが、司会者としての聞くことの原点になる。

(B)指導者の一つの問いに対して、三、四人の生徒がそれぞれ自分の考えを続けて答えたあとで、

ⓐ三、四人の生徒の考えの共通点、相違点を挙げる。

ⓑ三、四人の生徒の考えをまとめて述べる。

ⓐ聞くべき答を出す生徒の数をふやし、一致するところばかりか、相違点まで考えるようにし、ⓑさらに全体としてどうまとめられるかまで思考を及ぼすようにする。

(C)ひとつの問題について一〇人程度の生徒の考えを聞いて、いくつかの考え方に分ける。

さらに問いに答える生徒の数（聞くべき対象）を多くし、考え方がいくつの群に分けられるか、整理できるようにする。

(D)経験発表、感想発表、研究発表を聞いて質問する。

一まとまりの発表を聞いても、まとめるとすればどんなふうに整理できるかと頭をはたらかせたり、その趣旨に照らし合わせて、その真意を汲んだり、その発表で言いたりなかった点は何かを推察したり、この話から学ぶべき最も大切な点は何だろうかと思いをめぐらせたりして、それを質問という形で表していけるようになる。

②他方、実際にグループ報告や意見発表を次々に聞く場面を想定すれば、その過程に即して以下のような聞

く力が必要になってくる。

(A)それらの話し合いや発表が全体としてどのような傾向があり、どういう方向性を持つかを的確にとらえる。

(B)分析的に、どのような意見をどこが出し、それぞれ全体のどのくらいの割合を占めているか判断する。

(C)異なった何種類もの報告の共通点を帰納的に見いだす。

(D)以上のような話し合い・発表に直面して即決的に考えるだけでなく、活字化した資料も使って、見直したり、考え直したりさせ、全体の傾向をとらえ、分析的に意見を分類した上で、相違した見解同士の共通点を見抜く力を強める。

(E)上記のことを進めていく手がかりとして、効果的なメモの取り方を会得する。

これらの両面を勘案して、司会者としての聞く力を鍛えていく。

2　司会力そのものを育てる学習指導

(1)司会力を伸ばす階梯

①いろいろな人の意見を聞いていて、だれだれが同じ意見で、だれだれが違う意見かわかる。

②いろいろな人の意見の向きがわかり、どちらへ向けたら、まとまるかを考え、その解決の方向へ向けるために必要な質問や主張は何々かがわかる。

③いろいろな人の真意を深くくみとり、みんなを納得させる一線を見いだし、それに気づかせる。

①がさまざまな発言の共通点と相違点を見抜いての構造的把握、②が多様な意見がどういう方向に進むかを見抜いて、課題解決への見通しをつけること、③がさまざまな人の真意・願いを洞察して、誰もが納得する地点に実際に行き着かせることという筋道である。このような階梯を指標にして司会力を育てる学習指導を考案していく。

(2)基礎訓練において

①討議の録音教材を使って必要なところで止め、司会者として適当な発言を見いださせる。

(A)討議の中で、話が本筋からそれたとき、一時止め、本筋へもどすことばを言う。

(B)討議の中の新しい展開をするようなところで止め、そこまでの共通点、相違点をあげて、まとめることばを言う。

(C)討議の途中で、問題をしぼる。

(D)発言がかたよっている時に正すことばを言う。

これらは、ここに揚げた順に問題が出てくるというわけでもなく、また別々の場面で出てくるともきまっていない。ふさわしい録音教材が決定的に重要になってくる。市販の録音教材だけでなく、教師自ら日々の学校生活の中で起こる生徒同士の話し合う場面に耳を傾けていく。その際、上記(A)～(D)は、教材発掘の四観点として活用していく。

②中学生が司会力を発揮する場面

(A)グループの司会（グループ四～六人）

(B)クラスがいくつかのグループになっている場合のクラス全体の討議の司会

(C)クラスの三分の一ずつの討議の司会

(D)クラス全体の討議の司会

中学生では、(A)グループの司会を、誰もができるようになることを目ざす。(B)・(C)・(D)については、個人差が大きいため、生徒一人ひとりに応じて伸ばしていく。

③指導者の活動としては、

(A)討議の分節ごとに教師が司会をして見せて、生徒たちに実地に試みさせるばあいと、
(B)生徒に司会をさせながら、教師があらゆる指導の手を用いて司会を支え、実際の場による体得をめざすばあいとがある。

(A)は、以下のように具体化する。

ⓐまず、司会者を決めることとし、言い出すことば、こたえることばを教えて一グループにモデルとして試みさせる。その上で、各グループでもそれに基づいて実際の話し合いに入らせ、各班の創意を加えて決める練習をする。うまくいかなかったところ、話し合いが止まってしまったところは、すぐに手を挙げて教師を呼び、実地にどのように打開していくかを悟らせる。決まった結果も報告させる。それを何度か練習し、司会者を決めることは十分できるまでに至らせる。

ⓑ実際に司会者を決めた後は、何（どういう内容）をどんなふうに（どんなことばで）話し出すかを体現して、以後の展開、まとめ方も教えて試みさせる。

ⓒ一定の時間が経っても話し合いが順調に進まない時には、どう短縮するかも示して、グループの進め方自体を指導しながら、内容も進行させるようにする。

(B)には、下記の五つの方法がある。

ⓐ司会の生徒に成り代わって言うべきことばを言う。

ⓑ司会の生徒が言うべきことばの、はじめの数文節を与える。

ⓒ指示を書いたカードを渡す。

ⓓ生徒のひとりになって、〝進行について〟という発言をする。

ⓔ生徒のひとりになって、その場に適した、質問なり意見なりを言う。そして、それに応じた司会の

しぶりについて批評する。

ⓐは、司会者が何をどんなふうに言えばよいか見当もつかない状態の時で、次のように進めていく。

（ア）自然な形で教師が臨時に司会者の役を勤めることをみんなに悟らせ、

（イ）実地にそこまで話し合ったことを明解に整えて示し、

（ウ）整理した点と照らし合わせて残されたことを明確にし、

（エ）限られた時間の中で話し合えることはこういうことではないかと、これから話し合うべき焦点化した課題を提案する。

（オ）最も無理のないことばで司会役を生徒にゆだね、元の形に戻らせる。

ⓑ「司会の生徒が言うべきことばのはじめの数文節を与える」は、言おうとしている内容はあっても、話し出しが見いだせないと推察される時の手だてで、ⓐ「司会の生徒になり代わって言うべきことばを言う」時と適切に使いわける修練を積み重ねていく。

ⓒ「指示を書いたカードを渡す」は、ⓐと同じく、司会者が何をどんな言い表し方で話すか途方に暮れるばあいであるが、幾分生徒に精神的な余裕があるか、時間にも余裕があるかするばあいの指導法である。その際は、目だたない大きさの用紙に、楷書で二行までとし、文節単位に読みやすさを旨として、そのまま言うべきまとめ・指示を書いて教えていく。

ⓓ「生徒のひとりになって、〝進行について〟という発言をする」は司会者の提案が不十分であったり、議論が百出して、司会者としてどう収拾してよいか分からなかったりするときに、局面を切り開くために、どうすればよいかを、一学習者として提案する方法である。

また、ⓔ「生徒のひとりになって、その場に適した、質問なり意見なりを言う。そして、それに応じた司会のしぶりについて批評する」というのは、話し合いの進展に応じて、生徒になってこれこそと思えることを尋ねたり、誰もが得心するように答えたり、教師に立ち戻って司会のしかたについて批評したりすることを勧めたもので、話し合いにおける教師の縦横の活躍を不可欠のものとして要請したものである。

(3)話し合いの学習の中で

司会力は中学校においては独立した形で育てることはせず、話し合いの学習の中で徐々に育てていく。

○司会力をつける土台固めとして、話し合いの時には必ず明確に司会役を位置づけ、司会になっても参加者になっても、司会の重要性と自分がその役になればこうするという方策を持つことを、記録をてこにして義務づける。

○司会者としての頭のはたらかせ方に慣れるために、短くても話し合いの前に全体で司会としてどう進めたらよいかを研究する機会を繰り返し設けるようにする。

○たとえ、司会者として指名されなくても、絶えず司会の立場を考えて、判断し、話し合いに協力する態度を固めさせる。

○「クラス雑誌の編集会議」など、国語の授業にふさわしい実の場を用意し、見つけ出して、司会力を伸ばす醍醐味を得させていく。

以上のように司会力の育成においては、単元として独立することが難しく、基礎訓練がどこからどこまで、日常の国語学習がどこからどこまで、単元学習に相当するものがこれこれと、明確に区分することが難しい。しかし、司会力が学習話法の到達点であることを絶えず留意して、学習者に司会の重要性に対する自覚をめざめさせ、司会力を伸ばす手応えをおぼえさせる年間指導計画にしていく必要があろう。

注

（1）大村はま氏稿「話し方学習の系統化」（『聞くこと・話すことの指導の実際』筑摩書房、昭和五八〈一九八三〉年三月三〇日発行）七一～七六ページ。

（2）『聞くこと・話すことの指導の実際』七五～七六ページ。

（3）大村はま氏著『教室をいきいきと』第三巻（筑摩書房、昭和六二〈一九八七〉年七月三〇日発行）七八ページに、「グループの話し合いの司会ぐらいはできない人はいないという所へもっていこう」と提案されている。

第Ⅴ部　教育話法・話しことば授業力のために

第一章　教育話法の修練——教師のコミュニケーション能力を求めて——

一　現代におけるコミュニケーション上の課題

二一世紀の教育を考えようとすれば、現代の学習者（児童・生徒・学生）がどのような言語生活を送っており、どこにコミュニケーション上の課題があるかを手がかりにするのが捷径であろう。そこで、以下、大学生を教えていて特に切実だと思われる点を三点だけ指摘しておく。

1　個人でも集団でも、相手の言葉と正面から向き合うのを避ける傾向がある。

授業中でも、卒業論文指導においても、教師の言葉が宙に消えていく感が湧くのは、私一人ではあるまい。「今このように必死に話しても、この学生（これらの学生諸君）にはどうせ聞かれないだろうなあ。」と思えてくるのである。

教育実習後、実習中に試みた国語の授業を検討し直し、新たな代案を立てて模擬授業をしようとする授業で、担当班の授業者がいざ模擬授業をと張り切って前に出たが、私語のやむ気配がない。つい同じ班の人に「このクラス（で授業をするの）はいやだ。」と漏らすことがあった。一緒の授業を受けている人たちが、同じように国語の授業者としての力量をつけようという目的さえ共有してくれず、担当班の模擬授業に何の期待も寄せているようには思えない状況を嘆いたものであろう。

卒業論文指導においても、ときに自分の助言が砂に消えていくような思いに襲われることがある。この学生には、「レポートや感想ではなく研究にするには……。」という研究の核心を体得させようとする助言（こちらが二〇年かけて見いだしたもの）も、心の中では「どっちだっていいでしょう。そんなことを聞くほど甘くはありませんよ。」と嘲笑されているのが、伝わってくるのである。これは、特に小・中・高等学校とできる子で通っており、卒業論文でもこれまでのまとめ方（レポート的な要約・紹介・感想）で済ませようとする人に多く見られる態度である。

むろん、それでは単位を与えようがないと宣告することはできる。しかし、それで奮起してもらえるならまだしも、意地でも相談に来ないと我を張って、一年も、二年も過ぎたり、この指導教官は合わない、変えてほしいと保健管理センターに泣きついたり、相談には来ても最後には現時点から飛躍してまとめる苦しさに耐えきれず、退学を申し出たりする。指導教官としても数年に及ぶ苦しい対応を余儀なくされるのである。

ただ、振り返ってみれば、相手の言葉に真剣に向き合うのは、いつでも至難なことである。決してその場かぎりで済むことでなく、精神の持ちようを変えなければならない。何年か、何十年かの地道な努力によってしか答えようがないことも出てくる。二〇歳を越えてもまだ自己の未熟さを自覚させられることでもある。とことん誠実に聞いてこそかけがえのない喜びが得られるのであるが、聞かないほうが楽だと思うのも人情であろう。そうしてみると、私たち教師の中にも、相手の発言に正面から向き合うのが億劫な思いがひそんでいるのである。自分の人生なのだから、現在の自己に都合のよい発言だけ選んで聞こうとするのも、当然とも言えよう。こういう思いとの戦いが人生であり、自分の現在の価値観をさらしても向上したいと願うところに生の醍醐味があるのであろうが、世には聞かなければならぬことが満ちあふれている。いざとなれば、どれをこそ聞くべきかも、迷わざるを得ないのである。

2　対人関係と言語生活への理想が見いだしにくい。

前項とも関連するが、現在対人関係において、このような形が望ましいという姿が見えにくくなっている。むしろ、同志間の友情を必要以上に強調し、美化する風潮は蔓延しているが、そのような内輪だけの連帯感が、まわりの人への排他心によって支えられているとすれば、そのような友情はない方がましと言えよう。真の友情は、普遍（客観）や社会を意識せずには成立しないものなのである。また、相手との関係に限っても、人間関係は、実は教育的関係なのだと気づかれないことも多い。人間同士は向上し合うために存在するのであるが、視野が狭く、甘やかし合う関係、否定的な関係に陥りやすい。一旦、陰湿な関係に立ち至ると、それがすべてをおおうように思え、その世界を抜け出るすべての方法を考え出し、突破するようにはなりにくい。

他方、自己の言語生活に対しても、このようにしたいという情熱に燃えている人は稀である。「このような言い方をすればようのに……。」という他者への評価はかまびすしいほどある。しかし、自己の言動については内省する機会が乏しい。一日のうち、話して成長したと思える時間がどの程度持てているのか。瞬間瞬間に聞いていて目を開かれたという思いがしていても、なかなか書きとめるまでには進みにくい。ましてや、自分が生涯どれだけのものを書いて生み出せるかと考えて、日々こつこつと論文や小説などを書き続けている人は、数えるほどしかいまい。生涯の読書計画を立てて、「鷗外全集（三八巻）・漱石全集（三四巻）・世界の十大小説（索引参照）の読破」「新釈漢文大系（一〇〇冊余り）や日本古典文学大系（一〇〇冊）・世界古典文学（五〇冊）などの読了」を目指して日々読み続けるとなると、もう人生の一大選択になってくる。人生八十年では、わずか三万日にも満たないが、そのことを念頭に置いて一生でどれだけ読めるのかと焦る人も限られているのである。

これほど情報があふれれば、自分が生み出す情報など何ほどの意味があるかという自嘲的な思いに傾きやすい。そして、一々の文献や資料についてじっくり読んではいられない思いがつきまといがちになる。日記なども、人が読むわけでもないのに、なぜ書く必要があるかと否定したい気持ちに陥りやすい。たいしたことがないから、書かない。そうすると次の日も書けない。……それで思い立っても、すぐには文章が出てこず、わずらわしさの方だけが先に感じられてくるのである。

これらの点についても、非は子供達にあるのであろうか。私たち大人が、学校で、家庭で、内発的に望ましい人間関係を見いださせ、言語生活への自覚をもって、これからの人生計画に伴う形で、このような話し手・聞き手・読み手になりたいという思いを湧きたたせるように導くまでに至っていないためというのが真因であろう。そして、私ども自身つねに自らの人間関係と言語生活に関して、理想に一歩ずつ近づいているのであろうか。こう問い直してみると、根は深いところにあることが知られてくるのである。

3　相手の発言はこういうことだと早のみこみをして、済ませてしまいがちになる。

卒業論文の指導をしている時に、いつまでも修正されないままになっているので、学生の様子を観察すると、こちらの助言にうなずきはするものの、メモするふうもない。そんなことはわかっているということなのであろう。このままではらちがあかないので、「わかっていても、メモを取るように。」と指示した。「君がわかっていそうなのに、なぜこちらがあえて話しているか、考えたことある？」と尋ね、卒業論文の下書きを一々取り上げて、このように改められていない、それはこちらからの助言をこのように取っていたからではないか、しかし、こちらの真意はこうなのだ、それは一度書いてみて、じっくりかみしめてみないと誰しもわからないことなのだと諄々と説いていった。その後、学生の態度が見違えるほど積極的に受け入れる姿勢に変わってきた。

もう一例を挙げる。教育実習半ばの教科別研究会や附属小・中の研究発表会の協議会で、授業者が質問に対して待っていましたとばかりに機関銃のように答えることがしきりに行われている。いかなる問いも想定し尽くしたかに見える即座の応答は、きびきびしており、授業者の底力を満天下に見せつける場とも言えよう。

しかし、この華麗にも見える質疑―応答を通して、授業者は成長しているであろうか。とにかく答えるなかで、自分の中で明確に言いきれないものを何とか言葉にしようとする努力は尊い。とは言え、答えるということは、本来問いによって改めて自分の現時点における見解を吟味し直し、この瞬間に新たに見いだしたことを言葉に表していく営みなのではなかろうか。沈黙の価値が見失われると、発言がいかに小気味よく返すかの速さを競うものになる。そして、聞いている人には、あざやかではあっても、話し合いとしては空しい感を残してしまうのである。

しかしながら、私どももどういう場であっても誠実に答えよう、与えられた時間の中で考えられるだけ考え抜いて、これまでは見いだせなかった見解を生みだそうとする姿勢を持ち続けられるであろうか。また、聞き手として、公の場であっても自分を伸ばしたいと念じて言いよどんでいる方の内面に共感し得る心のゆとりを、私どもはつねに持っているであろうか。このように見つめ直してみると、目の前に繰り広げられることばのピンポンゲームを、簡単には笑えないことが痛感されてくるのである。

以上のように見てくると、教師には次のようなことが求められることになろう。

①どんなに辛くても、我が身をさらして相手の言葉（沈黙も反抗も含めて）をどこまでも聞こうとし、

②教師自身がいかなる人間関係も教育的に高め合える関係になり得るものだという信念を持って、それを機会あるごとに実現していくように努め、

③ひとりの言語生活者としてどうしても実現したい理想を見定め、それを具現せずにはおれない人になり、

④揺れ動く子どもたち、動揺常なき親たち、教師仲間のなかで、いかなる時にも揺るがない柱になり、

⑤恥をかいてもかまわないから伸びていきたいという思いを何歳になっても持ち続け、

⑥どんなに平凡に思える発言にも新たに学べることがあるのではないかと、絶えずその発言の可能性を探ってい

き、
⑦内省こそ自己を飛躍させるものだと悟って、自分を対象化する場を用意して、読む場においても、書く場・推敲の場においても、話す場にあっても、聞くおりにも、絶えず自己点検をしていき、そのことを楽しみとするようになる。

二　教師に必要なコミュニケーション能力の育成（一）

――教育話法の習得・熟達を中心に――

教師のコミュニケーション能力には、総括的には前節（一）末尾に挙げたようなことが求められようが、本節からは、「教師のコミュニケーション能力」そのものを正面に据えて解明していきたい。

㈠　教育話法の種類と位置

教師のコミュニケーション能力を問題にする時、第一に問われるのは学習者に対する時である。

野地潤家博士はそれを包括して「教育話法」と呼び、「教育の場における話しことばの教育的機能（学びとろうとする者の生涯をつらぬく感化力・薫化力があり、人生ならびに人間の指針たり得るもの）を中心に、そのありかたを求めよう」とされている。（『話しことば学習論』共文社、昭和四九年一二月一五日発行、一六三ページ、括弧も同ページによる。）まことに幼児・児童・生徒・学生の目を開き、人間として成長していく喜びをおぼえさせる力こそ、教師のコミュニケーション能力の核心だと言えよう。このような学習者の「生涯をつらぬく感化力」への憧れが、教師を絶えず教育話法の練成へと向かわせることになろう。教育話法の根底には「話し手としての教師の誠実さ」があり、到達点には「(学習者が)どうしても聞き入らざるを得ない」傾聴性を備えているべきことが挙げられる。確かに、これらの支えがなければ、せっかくの教師のコミュニケーション能力も「口がうまい」という皮相的な受けとめられ方をしてしまい、心にしみこむ「教育話法」にはなり得ないであろう。

その教育話法として、『話しことば学習論』の「話しことばの特質と機能――教育話法と学習話法――」には主要なもの六つ(初出は昭和四六年一〇月)が、『国語科授業論』(共文社、昭和五一年六月一日発行、一九六ページ)には八点が挙げられている。それらを組み合わせると、下記のようになる。

(1)発問法…教科・単元・教材・学習活動ごとに周到的確に発問をしていく方法・技術。学習者に学習活動を進めさせる際にもっとも基本的な役割と機能を有する。教育話法の中核をなす。発問の良否が、その教育活動の質を左右する。

(2)助言法…(導入から終結まで)学習者の学習状況をつぶさに観察し、洞察して、全体としても、個々人に即しても的確に助言をしていく方法・技術。これによって、教師としての配慮が学習者の学習活動の隅々にまで浸透していく。助言の一つ一つがどのようになされているかを見れば、その教師が教育にどの程度打ちこんできたかわかるものである。

(3)説明法(場面描写力も含む)…学習のしかた・教材について、興味深くかつわかりやすく説明していく方法・技術。学習者が理解しうるか否かは、教師の説明いかんにかかっている。教育作用の原型をなすものと言える。この中で学習者は解釈法・調査法・考究法を会得していく。

(4)聴取法…児童・生徒の発言をどこまでも聞きとり、聴きわけ、その意義と可能性を見抜いていく方法・技術。助言に生かされることが多いため、広義には、助言法の中に含まれよう。

(5)司会法…話し合いはこのようにすればよいのかという見通しを得させ、実際にみずからすぐれた司会をしてみせる方法・技術。集団共同思考を成り立たせるか否かの決め手になる。司会法には、司会にあたる者の頭脳のすべて、話しことばの実力のすべてが総合的に反映してくる。

（6）賞賛法…学習態度・学習意欲・学習方法・学習成果について周到に評価することによって、学習者の努力にふさわしい賞賛のことばをかける方法・技術。真の教育愛の発露が賞讃となってあらわれる。熟達した教師の冴えは、おりおりの学習者への賞讃にうかがえる。

（7）ユーモア法…目的に応じて、話しわけ語りわけることができ、絶えずユーモアをまじえて、児童・生徒をひきつけて話を進める方法・技術。教師としての熟達といちずな精進から生まれてくる、人間としての自信とゆとりとから出てくるものである。（3）の説明法に輝きを与えるものと言えようか。

（8）朗読法…朗読によって学習者を作品（文章）の世界に引き入れていく方法・技術。

（9）治療法…言語障害児に理解を抱き、その導き方を一人一人に応じて工夫していく。

これらのうち、発問法・助言法・説明法が三大話法と言えよう。発問によって学習の原動力を得、助言によって、学級全体でも、個人個人でもそれを解決する手がかりができ、自ら答えを導き出していく。それを発表し合って、先生の説明を聞いて、深いところで得心する……授業の基本的な筋道をこのように描いてみると、発問・助言・説明が、いずれも不可欠な位置を占めていることが了解されてくる。

それに対して、聴取法は、発問や助言が生み出される源に着目したもの。教育話法としては表に立たないが、発言をその場で聞きとって発問を学習者の心にふれるものにし、この人にはこういう助言をしてあげようと考えつく契機となるものである。

賞讃法とユーモア法は、授業のどこに表れるとは決まってはいないが、学習者を励まし、学習者が楽しいと思わせるのに大切な話法である。いずれもすべて計画し尽くすことはできないため、授業の中で磨いていくべきものと言えよう。

司会法は、狭義には話し合いの授業に発揮される話法で、その成否をにぎっているが、広義には、すべての授業展開を司るのも司会法とも解される。その場合は、聴取法・発問法・助言法・説明法・賞賛法・ユーモア法も取り込まれることになる。なお、狭義の場合も、以上の教育話法が総合的に反映されるという特質を持っている。

治療法は、健常者も言語障害児も視野に入れて話しことばを吟味して用いることを提言したもので、なお教育話法の広大な領域があることを示されたものであろう。

(二)　教育話法を向上させるために

これらのいずれについても教育話法修練の階梯が見いだされる必要があろう。これほど鍛えるべきことが多岐にわたれば、一体どこから着手すればよいか途方に暮れる面もある。しかし、私たち教師が日々どういうことに努めて準備し、授業の中でどういう点に最も留意しているかを静かに振り返ってみれば、私どもの試行錯誤もこのような教育話法修練と無縁ではないことが知られてくる。

①野地潤家博士の教育話法研究を時間をかけて究明し、②発問研究・助言研究・司会研究・朗読研究・言語治療研究などをふまえて、教師のコミュニケーション能力伸長のために、それぞれいかなる階梯をふまえて修練していけばよいかが想定されるべきであろう。しかし、ここでは、①・②ともできていないことを自覚した上で、上記のうちいくつかの教育話法について、向上していくために指標を仮設するにとどめたい。

発問法

(ア)　問いが見つからず苦しむ時期、問いがいくつも出てきて整理がつかない時期を経て、やっと一時間なり一単元なりの発問構成を考えつく段階。ただ、問いをまちがいなく話すので精一杯なので、間を取り、ことばを惜しんで使うことができず、学習者の答えが待てず、別の問い方に言い直して、かえって学習者を混乱させるところも残っている。

（イ）学習者の感想や発言をふまえながらも、それを出した人が驚くような発問に結実できる段階。これによって、一層生きた発問が可能になる。

（ウ）的確な問い、学習者の反応を汲んだ問いが出せることに安心せずに、問いを残し、学習者自らに問いを生み出させるように工夫する段階。そのような問いは、たとえ文章の一点について尋ねられたものであっても、学習者の人生につながるものを持つだけに、授業が終わってからも心から消えていかず、学習者自身が問いをかかえて生きるものになる。

助言法

（ア）発問を考えつくことまでで精一杯で、助言については事前に考えられず、授業の中で試行錯誤を繰り返す段階。

（イ）本時の目標を見つめて、発問計画ともかかわらせて助言の指針も一応立てるが、目の前の学習者への助言に全力を尽くしていて、時間が来てしまい、何人かには手応えのある助言をしえたという充実感と、他方で教室全体への指示も行き届かず、助言を与える人にも偏りがあったと悔やむ思いとがこもごもに湧いてくる段階。

（ウ）本時の目標と発問・助言との有機的な結びつきへの見通しが立ち、限られた時間の中で全体への指示をした上でひとりひとりへの助言も的確に行ない、開眼性・示唆性・誘発性・即決性・包容性をあわせ持つ助言ができるようになる段階。

説明法

（ア）学習者に一応の説明をするものの、知的好奇心を満足させることもできず、自分でも平凡と思えるものになってしまい、申しわけなさでいっぱいになる段階。
（イ）自分なりに少しは発見のある説明ができ、説明の土台になるものに力を注ぐとともに、一層新鮮な説明のしかたを探っていく段階。
（ウ）説明や描写にみがきをかけるとともに、学習者の表情や姿勢に応じて魅きつけられてしまう話し方を日々工夫し、体現する段階。

まだわずかに三項目について仮設しただけであるが、これらの想定をたたき台にして、各々の教育話法を修練するすじみちが見いだされ、展望をもって自らの教師としての話しことばが鍛えていければと願っている。

三　教師に必要なコミュニケーション能力の育成（二）
――学習話法の自覚と練成を中心に――

前節では、教師のコミュニケーション能力で最も大きな比重を占める教育話法（学習者に対する教師としての話し方）について述べたが、教師は学習者と話せば十分というわけではない。教師仲間と協力して教え子のために何かを作り上げたり、保護者と相談して学習者を最も伸ばすように努めたりしなければならない。まとまった話をして教育方針を納得してもらう必要も出てくるかもしれない。その時、最も要請されるのは、話しことばにおいては、教師もひとりの学習者であるという自覚ではなかろうか。自己の話しことばを鍛えたい、あらゆる機会を見つけて話す力を伸ばしたいと思っていない人が、小・中学生、高校生、大学生の話そうという意欲を引き出せるであろうか。そう考えてみると、教師自身の生活の中でも、学習話法を考えていくことが大切になってくる。教師にとって教師仲間や保護者を前にして話すことが、学習者としての自己を鍛える場であり、学習者が授業の中で自らの学習話法を実地に試みるのに類すると解されてくるからである。

野地潤家博士は、学習話法の基礎として聞解力（話し手の発言・内容・意図を正確に聞き取る技術）があるとし、その上に学習話法の中核として話表力（きっかりと話し表す技術）を措定して、下記の五類に分けられている。それらの名称と内容を結びつけて記すと、以下のようになる。

①応答力…問答・発問に対する答え方。対話形態における典型的な能力。発問（教育話法）に対する応答であるが、一見受動的であって、実際はそうではない。柔軟で的確な、即決的な判断に立って、主体的・積極的に答えていくべきものである。

②質疑力…みずから疑問を発し、問いただしていく、質問のしかた。応答力と並んで、学習話法の中核をなす。問題点・疑問点を把握すること、それにもとづいて、質疑・質問をすることは、自主的な学習水準を映し出すものになる。

③発表力…意見・感想などの発表のしかた。公話（独話）形態における基本能力。ひとまとまりの話をどのように組み立て、まとめ、述べていくかを考えておかなければならず、対話（問答・応答）とは別のむずかしさをかかえている。限られた時間・場所の中で、分量や速さも考慮して話す必要が生じる。

④討議力…話し合いのしかた。会話形態における中心能力。共同思考による、問題解決への話し合いは、学習活動を充実させる根幹をなす。また、学習者同士で自主学習を成就させるのに不可欠な能力である。

⑤司会力…話し合いの司会のしかた。話表力（応答・質疑・発表・討議などを含む）が総合的に発揮される。発言のさせ方、質疑のさせかた、発表のさせかた、討議（話し合い）のさせかたは、いずれも司会力を十分に表して、議題をまとめる際に必要になってくる。学習者に司会力を会得させるにはおのずと限界もあるが、学習話法の到達点でもあるため、自覚させ、その機会を与えて少しでも慣れさせておくことが望ましい。（『話しことば学習論』一七一〜一七三

ページによる。)

これらは「話しことばとして、聞く・答える・たずねる・発表する・話し合う・話し合いの進行をはかるなどの活動形態をとる」と記されている。聞く活動に応ずるのが聞解力、答える活動が応答力、尋ねる活動が質疑力、発表する活動が発表力、話し合う活動として討議力、話し合いの進行を図る形態として司会力が措定されたことになろう。基底に聞解力を据えて、応答力から発表力へという発展と、応答力・質疑力から討議力へという進展を想定し、しかも司会力を話表力・質疑力の到達点と見定めた話しことば学力論は有機的な結びつきをもち、私どもの自覚し得る、努力目標の明確な立論になっている。

大村はま氏の中学生に向かって語られた聞解力育成の階梯、話表力育成の階梯ともほぼ一致するため、これらを学習目標として具現化すれば、下記のようになろう。ただし、大村はま氏は昭和四一（一九六六）年の時点では質疑力にはふれられていないため、私の方で補っている。（『やさしい国語教室』毎日新聞社、昭和四一年三月一五日発行、一一〜一二〇、四四〜八〇ページによる。）

聞解力育成の階梯

（1）言われている内容をきちんととらえることができる。
（2）話し手のことばの響きから相手の心を汲みとることができる。
（3）とにかく話そうという気構えで、本気になって聞くという姿勢を確立する。

話表力育成の階梯

（1）問われたことにぴったりした答えを返すことができる（正しく、ふさわしく）。
（2）心のとおりにことばで言い表そうとするようになる（自己の内面にも誠実に）。

(3) 自ら積極的に尋ねて、相手から多くのものを引き出そうと努める。
(4) 身近なところから話題を探すように自ら習慣づけ、豊かに話す土壌を耕すようにする（同じ題材に関して三つの話を思いつき、配列を工夫する、各段落の最初の文字がそれぞれカ・キ・クで始まる話を作り出すなど）。
(5) 話す前におおよそ組み立てを考えておくだけではなく、それぞれの話題の話し出しの言葉を考えておくことが身につく。
(6) 話している途中に「〜だから」「〜なので」と続けたくなるときでも、敢えて文を切り、短い文で明確に話すようにする。
(7) 話した後には、自分の話が聞き手に誤りなく伝わっているかどうかをつねに吟味し、次に話すおりには是非ここを改めようという焦点を見定めることができる。
(8) 実際に場（体験）を通して話し合うことの威力・生産性を悟り、人の考えを大事にして思考を深め合っていこうとする態度を確かなものにする。
(9) 望ましい話し合いの事例を手がかりにして、以下のことを悟るようにする。
・話し合いの中心を明確にする必要性
・他の人が言葉につまったとき、代わりに補ってあげることの大切さ
・みんなが思考を深めやすいように、司会者であるような気持ちになって発言することの重要性
(10) 実地に話し合いに取り組み、実りのある話し合いができるようになる。
(11) 司会者としてどう開会し、何をどんな調子で話せばよいか、意見が出たときはどうまとめればよいかについて、おおよその見通しをもつことができる。
(12) 実地に司会役に取り組み、次のことができるようにする。

・みんなの考えをよく聞いて、幾種類の見解があるかを把握する。
・それぞれの考えのよってきたるところを考慮しながら、共通点・相違点によって分類する。
・解決の鍵になる問題点を見つけて、みんなの前に出す。

（13）一つの問題の結論を出し、新しい課題を提示する際には、ゆっくり、一つ一つの音をはっきりと、念を押すように、そして自分の言っていることを確かめながら話すようにする。

（14）進行についての助言を最大限に聞き入れて、どういう立場・意見の人の心も汲んだ結論を導くようにし、誰もがその話し合いによって成長したという充実感にひたれるようにする。（以上については、（3）を除いて「『共生時代の対話能力を育てる国語教育』の成果と課題――話しことば教育実践の拠点を求めて――」『福岡教育大学紀要』第四七号第一分冊文科編、平成一〇年〈一九九八〉二月一〇日発行、六二一～六三ページ〔本書第Ⅰ部第一章所収〕によった。）

これらの話表力のうち、（1）・（2）が応答力、（3）が質疑力、（4）～（7）が発表力（8）～（10）が討議力、（11）～（14）が司会力に関する学習目標である。主に中学生を念頭に置いて説かれたものであるが、通覧していくと、生涯努力して内実を高め得る指標とも解されてくる。私どもが一学習者（一学徒）として自らの話しことばを伸長させたいと願うとき、これらは得がたい指針を与えてくれよう。そして、これらの学習話法は、児童・生徒が日々の学習の軌跡を学習記録に刻みつけるように、主体的に記録化していかなければならない。例えば、「日々の名言葉」・「聴講目録」・「話述目録」などに集積されれば、教師としての自信のよりどころになろう。学習者以上に伸びたいと願っている人だけが教師の名に値するとすれば、これらの言語生活目録（仮称）は、教師も伸びたいと願い続けている証となろう。

四　教師に必要なコミュニケーション能力の育成（三）

――生活話法の凝視を中心に――

教師には教育話法と、学習者としての話しことば自覚と学習話法の修練とが不可欠であることを説いてきたが、その根底をなすのは生活話法である。そうすると、日々の生活話法においても省察の目を向けることが求められてくる。

生活話法の基礎をなしているのは、野地潤家博士によれば、①呼吸法、②発声法、③発音法、④アクセント法、⑤抑揚法などであるとのことである。（『話しことば学習論』一七〇～一七一ページによる。）私自身を含めて、たいていの時は無自覚であるが、本格的に生活話法から改善していこうとすれば、これらの土台になるものから地道に改善していかなければなるまい。

おわりに

二一世紀の教育を考えたいと願いつつも、私の課題は「教師のコミュニケーション能力」自体をどう見極め、伸ばしていけばよいかに傾くものになった。今こそ本来のコミュニケーション能力を見極めなければという思いが痛切にあったためである。未来を見通すためにも、これまでに蓄積されたものの豊かさに学びたいというのが、私の根本志向である。是非多くのご助言・ご批判をたまわりたいと願っている。

参考文献
1　野地潤家博士著『教育話法の研究』（柳原書店、昭和二八〈一九五三〉年一一月一五日発行）全三五九ページ。
2　野地潤家博士著『話しことば学習論』（共文社、昭和四九〈一九七四〉年一二月一五日発行）全二三八ページ。
3　野地潤家博士著『国語科授業論』（共文社、昭和五一〈一九七六〉年六月一日発行）全二三八ページ。
4　野地潤家博士著『教育話法入門』（明治図書、平成八〈一九九六〉年七月発行）全二五九ページ。

付記　「生活話法」は、『教育話法の研究』（柳原書店、昭和二八〈一九五三〉年一一月一五日発行、全三五九ページ）においては、職業話法としての教育話法に対照させて、「私的生活に立つ市民としての話法」（四ページ）の意味で用いられている。教師に着目したばあい、「教育話法の基盤」（五ページ）となるものである。

しかし、『話しことば学習論』（共文社、昭和四九〈一九七四〉年一二月一五日発行、全二三八ページ）においては、教育者の専門話法に対して、学習者の学習話法が、着目され、生活話法は、「学習話法の習得にさき立って、あるいはその初歩形態ないしは基礎形態として」会得していくもの（一六九ページ）とされている。したがって、教育話法も、教師の生活話法と学習話法を基盤にして考案されることになろう。本稿は、このような『話しことば学習論』の見解に則って、説述している。

第二章　話しことば授業力の修得と練成

はじめに

中学生・高校生の聞く力・話す力を向上させようとすれば、
（ア）到達点としての望ましい学習者の姿を明確にする必要がある。
（イ）また、そこに行き着くまでの話しことば学力の進展を見きわめなければなるまい。
（ウ）話しことば学力論と整合性をもった年間指導計画への見通しをつけることも大切である。
（エ）さらに、教師がどのような話しことば授業力を身につける必要があるかも探っていくべきであろう。

本稿では、拠って立つ（イ）話しことば学力論（（ア）を含む）を略述した上で、（ウ）それと整合性をもった年間指導計画作成の原理を、学習目標の形で具体化し、（エ）そのような目標を達成するためにいかなる話しことば授業力を修得し錬成すればよいかを明らかにしたい。

一　生徒自ら話しことば学力への展望をし得るものに

冒頭（ア）（イ）に記したように、学習者自身がこういう聞き手・話し手になりたいという望ましい姿を心に描き、そのためにどこからどんなふうに自らの話しことば学力をつけていけばよいかという見通しが得られるものでありたい。

大村はま氏が実践的に試行[注1]され、野地潤家博士が定位[注2][注3]された左記の話しことば学力の構造図は、後者の一典型と言えよう。

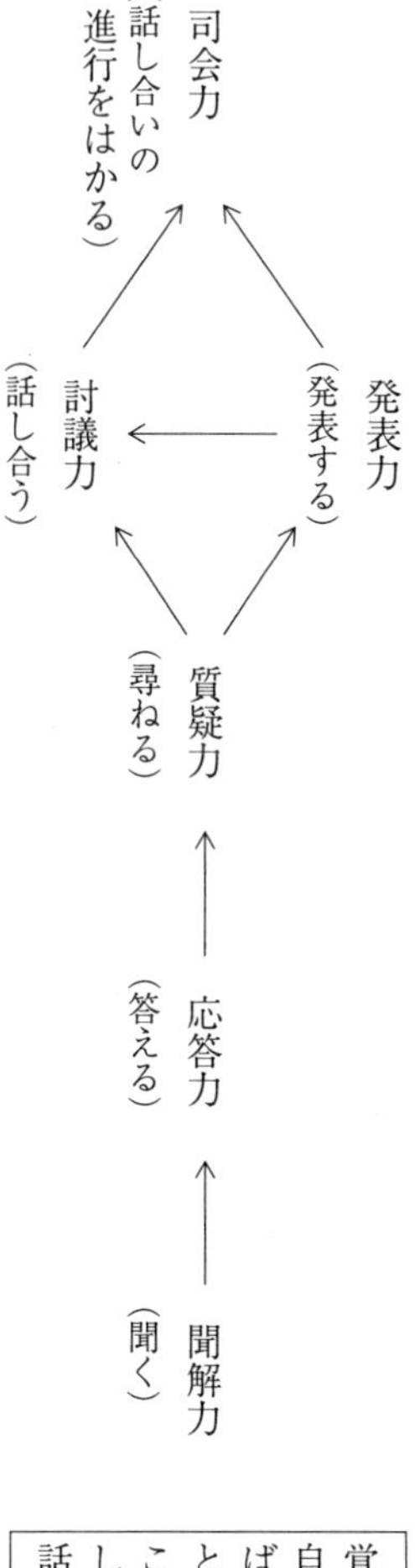

話しことば自覚を根底に据えているのは、いずれの聞解力・話表力（応答力・質疑力・発表力・討議力・司会力）も、それぞれの源となる話しことばの重要性に対する自覚・発見がなければ伸ばしようがないためである。これらのうち、対話においては聞解力・応答力・質疑力が、公話においては聞解力・発表力が、話し合いにおいては聞解

力・討議力・司会力が養われることになる。聞解力がすべての話表力を支えていると言えよう。括弧内は、生徒が自覚し得る、力を注ごうとする焦点を活動形態で示したものである。司会力を学習話法の到達点とするところには、最終的に学習者にどんな聞き手・話し手に育ってほしいのかもうかがえよう。何人を前にしても、一人ひとりと誠実に向き合う姿勢を貫いて、心から聞き、的確に答え、相手の可能性を引き出すために尋ね、要所要所でこれまで話し合われたことを整理し、誰もが話し合ってよかったという思いに満たされる場にするのが司会者の役目なのである。

二　学習者自身の話しことばの努力目標が自覚できるものに

話しことばの授業においては、指導者も学習者も、何を目標としているかを明確にすることがきわめて難しい。それに対して、大村はま氏は、昭和四二（一九六七）年の論述「『話し合い』指導について」(注4)に、教師が下記のような話しことばカリキュラムへの目安を持って単元を構想してはと、提案されている。

㈠　話しことばの根底を耕す指導
（1）話し合うことの重要性を悟らせる
（2）よく聞く習慣を固め、正しく深い聞く力を養う
（3）学級を心おきなく発言できる場に
㈡　話しことばそのものを伸ばす指導
㈢　それまでに鍛えた話しことばを活用する指導

このような柱立ては、先に示した話しことばの学力構造とも照応している。したがって、この系列に即して話しことばの学力をどのように伸ばしていけばよいかという筋道も描くことができるわけである。この構図に基づいて、大村はま氏の実践[注5]や野地潤家博士の立言[注6]によって肉づけし、それを学習目標として掲げると、次のようになる。学習者がおりおりの努力目標としても意識できるものになっている。

(一)　話表力の根底を自覚する

(1)　話し合うことの必要性・重要性を悟る

〔対話において〕

1　教師に水入らずで語りかけられ、通じ合えた喜び、分かり合えた喜びを実感する。

2　日々の言語生活を振り返って対話生活の重要性をかみしめ、心に刻まれる対話を出し合って、更なる意欲をかき立てる。

〔公話において〕

3　教師の題の明確な、まとまりのある話をおりおりに聞いて、あのような話をしたいという願いを抱く。

4　おりおりの小さな発表の機会に、ありきたりな答えで済ませず、正直に率直に的確に真実の言葉を発するように自ら心がける。

5　まとまった話をする際には、自分しか話せないことが盛り込めるように時間をとって十分に準備し、発表への自信をつける。

〔話し合いにおいて〕

6　教師の話に触発されたり、実際に話し合ったからこそ国語学習が格段に進む経験を見つめ直したりして、話し合うことの重要性・必要性に気づく。
7　話し合いの学習を積み重ねた上で、話し合うことをどのような経緯で意識するようになったかを学習個体史として記述し、出し合って、人と一緒に生きていることの幸せを感じ、話し合うことを通して新たに人生を切り拓いて行こうという思いを強くする。

〔司会において〕

8　日々の国語学習や話し合いの授業の中で教師の鮮やかな司会に、あのようにどの発言も生かすことができればという憧れの気持ちが芽生え、司会の生きた呼吸を会得したいという思いをふくらませる。
9　話し合いが行き詰まった時司会者が打開していった例など、文章化したものからも学び、司会者としての修練に終わりがないことを知って、日々の生活を練磨の場としていこうという気概を固める。

（2）よく聞く習慣を身につけ正しく深い聞く力を養う

10　教師の方から思わず聞き入ってしまうという話を次々に提供されて、少々の状況の変化や発表のつたなさでは揺るがない、堅固な聞く習慣を身につける。
11　聞くことでまず大切なのは正しく理解することだと了解して、語・文・段落・文章のどのレベルにおいても、話されている内容をきちんととらえることができる（対話から発表、討議に至るまで）。
12　深く聞くことをめざし、話し手のことばの響きから、どんな場面で発せられたかも考慮に入れて相手の心まで汲み取ろうとする態度が育つ。
13　とにかく話そうとする気構えで場に臨み、本気になって聞くことが自然にできるようになる。

（3）自他ともに尊重される学級に

14　取り組む材料・学習方法・作業に独自のものを与えられて、学級の誰かと誰かを比べるという意識を持たずに国語学習に打ち込むようになる。

15　発表や話し合いの準備においては、教師の個別的支援をてこに十分時間をかけて内実を豊かにし、胸を張って話すようにする。

(二)　話表力そのものの伸長

(1)　応答力の修練

16　いかなる国語学習の際にも的確な応答ができることを目ざして、表現面では、中学生の誤りやすい二〇種(注7)の問い方に答え、つまずいた問いには繰り返し出題してもらって克服できるようにする。内容面では、教師が言い出しを提供したり、代わりに答えたりする呼吸に学んで、自らの答えられる度合いに応じて問われたことにぴったりした答えを返そうとする態度が育つ。

17　心で思っているとおりに誠実に言葉で言い表そうとする態度がめばえる。

18　単元学習において、発表準備の際に教師の問いかけに導かれて思考を整理したり、話し合い準備の際に毎時間の進行状況を一人ひとりから聞いて教師に報告したりして、正しくふさわしい答えを返すことができるようになる。

19　実際に先生に答えざるを得ない発表準備や話し合い準備の場において、正しく場にふさわしいだけでなく、自らの内面にも誠実に言い表すことができるようになる。

20　正しくふさわしい答え方、自らの内面にも誠実な答え方にとどまらず、相手の聞きたがっている、そして聞くことがつたなくて聞けないでいるものまで洞察して答えることができるに至る。

（2）質疑力の錬成

21　相手の話をしっかり聞いて、正しい答えの得られる問いを発することができる。

22　日々の国語学習の中で、本格的な質問は相手の話を一層実り多いものにしようとして聞き入るところから生じ、高い評価がうかがえる質問や新たな可能性を引き出す問題提起となって表れることに気づき、教師の一生徒になり代わっての問いに触発されて、どんな時にどんなふうに尋ねるかを会得していく。そして、自ら積極的に尋ねて、相手からその場でしか得られない多くの豊かなものを引き出すおもしろさに気づく。

23　単元学習の実の場で質疑力に焦点を当てるばあいは、相手の年齢によって個々の尋ね方を工夫し、相手のもっているものを引き出す問いが出せるようにする。

24　さらに、全体を視野に入れて、どういうことをどんな順に問うかを計画しておきつつも、自然な場に応じた問いを心がけ、相手のもっているものを引き出すにとどまらず、相手の言い足りないところ、誤解を招く言い方に気づいて、本人から補うことができるようにする。

25　副次的には、他の単元のなかで、些細なことでもどんどん問い、目の前が開けてくる喜びをおぼえ、人に尋ねることの実り豊かさがひしひしと感じられるようになる。

26　相手のもっているものを引き出すために問うべきことを絞って聞き、得た答えから何が見えてくるかに思考が及ぶようになる。

27　さらに、研究の全体計画に関する尋ね方も工夫し、相手の言い及んでいないところも、どちらからともなく補い合って、充実した場にできる。

（3）発表力の修練

28　基礎訓練においては、話す場を念頭に置いて自ら意見を表明する時、人の意見を受けて自己の見解を示す時どうするか考えたり、実際に話す際に教師の話し出し→構成→場（相手意識）に導かれてどういう順に工夫するかを探ったり、一つの課題に対する二〜四の意見をどうまとめるかを試みたり、意見表出の鍵となる言葉を獲得したりして有用性を実感するようになる。

29　日々の国語学習には、賛成の時にともかく「賛成です。」と言ってみることから始め、次にその理由・根拠を加えて一層自信を持つようにする。また、発表に消極的な学習者であっても教師の時宜を得た指名に促されて思い切って発言したり、発表したがり冗長に過ぎる学習者は、逆に発表のしかたを見直し、ひきしまったものにしたりする。

30　単元学習においては、教師のあいづち・評語に引き出されて、発表する喜びを感得する。

31　発表や進行のモデルが示された小発表会を積み重ねて、どう話せばよいか理解し、練り上げながらも自然さを保って話そうとする。

32　発表会の中軸は、

（A）スピーチなど固人で一まとまりの発表に仕上げるものと、

（B）研究発表など他の学力を伸ばした上で「発表の手引き」によって発表力を一層伸ばすものとの二つであり、

（C）それに準ずるものに、小集団における話し合いを生かして、共同で作り上げる朗読がある。

それらを適宜組み合わせ、配列して、発表し甲斐のあるものにする。

（4）討議力の錬磨

33　基礎訓練や日々の国語学習の中で、隣の人の意見を聞いて列挙したり、まとめたり、自らに育ってきた考えを述べたりする。それに慣れれば、三〜四人で相談し、話し合いの余地を大きくしていく。

34　単元学習としては、教師に提供された話し合いの台本によって、演じながら生きた呼吸を会得する。それに基づく実際の話し合いで行き詰まった時には、教師の発言を得て、明るい弾んだ気持ちで続けていく。事前の準備が何より大切であるが、他方応用問題としてその場で考えるほかない題材にも取り組み、実地における体得を心がける。

（5）司会力の育成

35　基礎訓練の際には、教師が選び出した録音教材を基に、話し合いの要のところで司会者としてどう言うべきかを考え、軌道修正、問題の焦点化・集約、新たな方向づけなど見いだしていく。

36　話し合いの学習の中で、一班の司会をどう決めるかの話し合いを手がかりに、何をどんなふうに進め、収拾するかを実地に理解する。以後、教師の適切な助言（言うべきことを書いて渡したり、立ち往生した時代役をしたりするなど）に導かれて司会者として成長する手応えをおぼえていく。司会力を学習話法の到達点と自覚して、一回ごとの準備と省察を経て、司会者としての足場を固める。

㈢　蓄積された話表力の活用

ここでは当然学習目標にも掲げず、留意点にこれまでに学習してきたもののうち、どの学習で培ったどういう力が発揮されるからこそ主目標が達成されるか記すようにする。ただし、実際の結果については冷静に見つめ直し、不十分であれば話しことば学力そのものを補強する単元を新設するなど対策を講ずる。

三　授業を教師の話しことば授業力の鍛えられる場に

前節に記した学習目標はまだ学習活動と分かちがたいものが半ばを占める。未分化なだけに、他方で教師が各項目においてどう学習者にかかわるかも、ある程度うかがえるものにもなっている。このような学習目標、ひいてはカリキュラムを担い、達成することができる教師の話しことば授業力として、どのような力量が求められるのであろうか。今それを野地潤家博士の国語科授業力(注8)の区分に学んで整理すれば、下記のようになろう。

（1）話しことば教材発掘力

何が話しことばの教材になるかを見抜き、探したり、選んだり、自ら作り上げたりすることのできる力。主に、1・15の生徒の個性と課題に応じた話題の探究と提供、3・10の生徒が思わず聞き入ってしまう話の蒐集・発見、9の見事な司会をした事例の発掘・精査、14のテーマを設定して、生徒数以上の材料を揃えること、16の中学生・高校生の誤りがちな二〇種以上の問い方を見つけ出すこと、18の生徒一人ひとりの発表すべき内容に応じて思考を深め、整理させる尋ね方の会得、22の一学習者として生徒の目を開く問いの開拓、26相手のもっているものを引き出すための問い方の示範、28の生徒の話す場を念頭に置いた、有用性の実感できる発表の基礎訓練教材の蓄積、30の生徒の話を引き出すあいづちの間や発表の喜びの得られる簡潔な評語の研究、33の学習者が隣の席の級友の見解を聞いた上で自分の見解とともに列挙したり、両者の意見をまとめたり、そこで話し合うことによって自らの内に育ってきた考えを述べたりしたくなる題材の見きわめ、35の司会に目を開かせる録音教材の選択・作成などが含まれよう。いずれも、生徒に促す前に教師自らが試み、わがものとすることが不可欠である。

（2）話しことば授業構想力

話しことばの授業を着想し、目標―内容―方法―評価という授業構造に即して組み立てていく力。実際には、こんな話し手・聞き手にしたいという教師の根源的な願いを、話しことばの学習指導案、発問・板書計画、学習の手びきとして実らせることが、中心になる。上記4の継続的な発表の機会の設定、11の対話から発表・討議に至る、語レベル・段落レベル・文章レベルのきちんと聞き取れるための基礎訓練の計画、12・13の聞く力の進展を見据えた授業展開の立案、14の生徒一人ひとりが個別的な材料・学習方法・作業に取り組める授業の考案、23・24の質疑力の進展を見据えた基礎的・発展的な単元の構想、25・26・27の主目標が他にある時の質疑力育成の計画、28の話す場を意識した発表の基礎訓練の組織化・時間配分、30・31・32の学年的展開を考慮した発表単元の配列・授業計画、33の国語教室の学習規律としての話し合いの時間をかけての組織化、34の話し合いのてびき（台本）づくりを中心に据えた単元の計画などには、この力が端的に必要となってくる。どれだけ多角的に考案できるか、その上でどれだけ焦点化し、練り上げられかが、要になろう。

（3）話しことば授業実践力

計画していた話しことばの授業を実地に試み、生徒の思いも汲んで創造性をもって作り上げていく力。なお分析すれば、学習者のこれまでの話しことば学習の歩みと現時点における話しことば学習に対する意欲と実力とを洞察する話しことば学力把握力と、さらにどう伸ばせばよいかを見抜いて、生徒の胸に刻まれる形で実現する話しことば学習深化力とが、見いだせよう。1のめいめいの学習者との対話を成就させること、2の自らの談話生活を凝視する喜びを胸底にたたえており、もとめられればいつでも心に刻まれた対話を披露できること、4の授業における全ての発言が生徒には正直に率直に的確に真実の言葉を発するモデルと受けとめられるようにすること、5の各々の生徒が個性的な魅力ある発表をし得るような多様な助言ができること、6話し合いの意義を、生徒の学力観や将来とかかわらせてさまざまに解き明かすこと、また話し合ったゆえに他の国語学習が格段に進んだ時、見逃さずに指摘すること、7自らの話しことば学習個体史を見据えて、人生における話し合いの役割を自覚して将来を語り合えること、8全授業を教師の司会力が問われる場でもあると意識し、新しい場に直面して、どう進めていけばみんなのためになるかを即座に判断して局面を打開させること、11・12・13を支えるものとして、生徒が発言する時に教師が正しく、深く聞きとる最善の聞き手として慕われる存在になること、16の個々の学習者がどの問いを出した時にどうつまずくかを知悉しておき、予定の問いの形を改めること、また学習者の理解し、答えられる度合を見抜いて代わりに答えたり、ヒントを与えたりできること、19・20の自らの内面にも誠実に言い表したり、相手が聞きたいのに、うまく言えずに聞けないでいることを汲んで答えたりする際の例示と解説、21相手の話をしっかり聞いて、正しい答えの得られる問いをどう発するかの示範、22本格的な質問とはどんなものかをひしひしと実感させること、29生徒の話しことば学習個体史と現在の発表に臨む思いを洞察した、個性に応じた導き方の工夫、34の話し合いのてびき（台本）に従って話し合って行き詰まった班のところにとんでいって、切り抜ける方法を実地に示すこと、またその場で考えるほかない題材においても、考えあぐねた時どうすればよいかを示唆すること、36の生徒に司会をさせるばあいに、場に応じて言うべきことを書いて渡したり、教師が一時的に代役をしたりすることなどが含まれよう。話しことばの対人的直接性、音声の時間的線条性、表現の一回的発現性（注9）のため、特に重要性が高い。

（4）話しことば授業評価力

話しことばの授業実践を振り返って、学習者の内に育ったものを的確に評価する力。上記のいずれの学習活動・学習目標にも求められるが、わけても2・7のような生徒の言語生活や話しことば学習個体史を視野に収めること、6の単元のなかで話し合いのもたらす力を見抜くこと、16・17の問われることにふさわしく、心で思っていることをまるごと言葉で表す態度の育成、さらに、それまでに鍛えた話しことばを活用する際にも要請されよう。この話しことば授業評価力は、他の話しことば授業力（話しことば教材発掘力、話しことば授業構想力、話しことば授業実践力）を陰で支えるものであろう。

おわりに

これらの話しことば授業力の修得も練成もたやすくはないが、私たちに何をどう努めていくかの指標を与えてくれる。話しことば授業力の向上は、話しことばの授業を中軸とする話しことば授業者としての人間的成長と深く結びついていることも自覚されてくる。話しことばの指導は教師にも生徒にも残りにくいと見られているが、実際には生涯をかけるにふさわしい領域であることも理解されよう。そして、このような話しことばの授業を実現してみたいと憧れ、体現できるべく努めるなかで、ひとりよがりに陥らないで独創的な授業を創出する工夫が少しずつできるようになろう。

注（1）大村はま氏著『やさしい国語教室』（毎日新聞社〈後に共文社〉、昭和四一〈一九六六〉年三月一五日発行）一一～二〇、四四～八〇ページ。

（2）野地潤家博士稿「コミュニケーション技術の訓練」（『講座自主学習』Ⅲ、黎明書房、昭和四五〈一九七〇〉年三月発行）『話しことば学習論』（国語教育研究叢書第五巻、共文社、昭和四九〈一九七四〉年一二月一五日発行）二〇五～二二三ページに再掲。

（3）野地潤家博士稿「話しことばの特質と機能——教育話法と学習話法——」（『講座話し合い学習』上、明治図書、昭和四六〈一九七一〉年一〇月発行）、『話しことば学習論』一五三～一七八ページに再掲。

（4）大村はま氏稿「『話し合い』指導について」（『国語通信』九三・九五号、筑摩書房、昭和四二〈一九六七〉年二月一日、四月一日発行）『聞くこと・話すことの指導の実際』（大村はま国語教室第二巻、筑摩書房、昭和五八〈一九八三〉年三月三〇日発行）一七五〜一八六ページに再掲。

（5）主として前掲『聞くこと・話すことの指導の実際』全四五六ページに拠った。

（6）上述の『話しことば学習論』と『教育話法入門』（明治図書、平成八〈一九九六〉年七月発行）全二五九ページに拠る。

（7）大村はま氏講演「人と学力を育てるために」（『聞くこと・話すことの指導の実際』大村はま国語教室第二巻）八三ページ。

（8）野地潤家博士稿「国語科授業力の問題」（『国語教育原論』国語教育研究叢書第一巻、共文社、昭和四八〈一九七三〉年二月一〇日発行）二二五〜二二七ページ。

（9）野地潤家博士稿「話しことばの特質と機能」（『話しことば学習論』）一五四〜一五五ページ。

あとがき

本書に収めた論考は、平成九（一九九七）年四月から今年（平成一六〈二〇〇四〉年）六月までに執筆した二四編である。

各論考の初出題目、執筆年月日、誌名・書名、出版社、刊行年月日、所収ページは、左記のとおりである。

第Ⅰ部　話しことば学力論・年間指導計画論

初出題目	執筆年月日	誌名・書名	発行所	刊行年月日	ページ
『共生時代の対話能力を育てる国語教育』の成果と課題―話しことば教育実践の拠点を求めて―	平成9年5月5日稿	『福岡教育大学紀要』第四七号第一分冊文科編	福岡教育大学	平成10年2月10日発行	四九～七三
入門期において心から話そうとする意欲を湧かせるために	平成12年2月1日稿	『国語の力を生きる力に高める学習指導の展開』学習創造7国語科	福岡教育大学・附属福岡小学校	平成12年4月発行	三五
考察「よい聞き手になろう」	平成9年5月11日稿	『共生時代の対話能力を育てる国語教育』	明治図書	平成9年11月発行	五八～六四

国語科以外で取り組む対話への学習訓練の一考察（附属小倉中学校教諭岡井正義氏の実践報告の意義）	平成9年5月18日稿	『福岡教育大学紀要』第四七号第一分冊文科編	福岡教育大学	平成10年2月10日発行	七三～七六
考察　単元「おすすめの場所について対話しよう」（中学校一年）	平成9年5月9日稿	『共生時代の対話能力を育てる国語教育』	明治図書	平成9年11月発行	一一一～一一六
国語科評価プリントの一考察―山崎紀枝教諭作成の単元「話し合って考えを深め、意見文にまとめよう」を手がかりにして―	平成15年10月27日稿	（本人宛に郵送）			
話しことば教育実践の評価のために―西村雄大教諭の単元「対話で地図をつくろう」の一考察―	平成14年11月20日稿	（共同研究先の福岡県教育センター古賀敬一氏宛送信）			
体験したことが生きる対話活動―福岡市立簀子小学校研究計画の意味するもの―	平成15年5月21日稿	（福岡市立簀子小学校の校内テーマ研究の講演資料として同日配布）			
簀子ものしり図鑑「簀子探検隊」から考えさせられたこと	平成15年5月27日稿	（福岡市立簀子小学校吉富文子氏宛送信）			

第Ⅱ部　対話を基底とした話しことば教育

初出題目	執筆年月日	誌名・書名	発行所	刊行年月日	ページ
問答・討議能力と司会能力の育成指導	平成11年8月18日稿	白石壽文氏編『お互いに自分の考えを持って話したり聞いたりすることのできる学習指導』（小学校国語教育実践講座第五巻）	ニチブン	平成12年7月15日発行	二五三～二五六
対話能力の育成を中核とした国語教室経営の研究	平成11年5月26日～8月13日稿	『平成十一年度研究紀要』第一二号	福岡教育大学中等教育研究会	平成11年9月25日発行	一～四、九、一五、二一、二二
伝え合う力を育てる国語科学習指導法の創造—対話を根幹に据えて—	平成14年6月9日～8月8日稿	『平成十四年度研究紀要』第一三号	福岡教育大学中等教育研究会	平成14年9月25日発行	一～三、一八～二〇

第Ⅲ部　話しことば学力の構造化と問題点

初出題目	執筆年月日	誌名・書名	発行所	刊行年月日	ページ
話しことば教育実践の立脚点—伝え	平成13年10月	『福岡教育大学国語科研	福岡教育	平成14年1月	一五～

合う力の検討を手がかりにして―	30日稿	究論集』第四三号	大学国語国文学会	31日発行	三六
「望ましい聞き手・話し手の姿を明確にした指導内容の組織化」試案の作成経緯と課題―小学校のばあい―	平成14年9月18日稿	『福岡教育大学紀要』第五二号第一分冊文科編	福岡教育大学	平成15年2月10日発行	五三～六八
話しことば指導内容論の問題点―中学校・高等学校のばあい―	平成14年12月31日稿	『教育実践研究』第一一号	福岡教育大学教育実践総合センター	平成15年3月31日発行	一～八

第Ⅳ部　話しことば年間指導計画の構想

初出題目	執筆年月日	誌名・書名	発行所	刊行年月日	ページ
中学校話しことば年間指導計画の組織化―大村はま・野地潤家両氏の構想・実践を手がかりにして―	平成13年12月23日稿	『教育実践研究』第一〇号	福岡教育大学教育実践総合センター	平成14年3月31日発行	九～一六
対話を根幹とする中学校話しことば教育の構想―年間指導計画作成の手がかりを求めて―（その一）	平成12年9月18日稿	『福岡教育大学紀要』第五〇号第一分冊文科編	福岡教育大学	平成13年2月10日発行	五九～七八

対話を根幹とする中学校話しことば教育の構想―年間指導計画作成の手がかりを求めて―（その二）	平成13年9月8日稿	『福岡教育大学紀要』第五一号第一分冊文科編	福岡教育大学	平成14年2月10日発行	二七～五〇
話しことば年間指導計画作成への一考察―発表力の育成に着目して―	平成13年9月9日稿	『国語科研究紀要』第三二号	広島大学附属中・高等学校	平成13年10月31日発行	六五～九七
話しことば年間指導計画作成に関する一考察―討議力の根底を耕す指導のばあい―	平成14年8月31日稿	『国語科研究紀要』第三三号	広島大学附属中・高等学校	平成14年10月31日発行	八二～九一
討議力の伸長をはかる年間指導計画の構想―中学校を中心にして―	平成15年9月4日稿	『国語科研究紀要』第三四号	広島大学附属中・高等学校	平成15年10月31日発行	七八～一一一
司会力を養う年間指導計画の作成	平成16年6月27日稿	（新稿）			

第Ⅴ部　教育話法・話しことば授業力のために

初出題目	執筆年月日	誌名・書名	発行所	刊行年月日	ページ
二一世紀の教育と教師のコミュニケーション能力	平成11年3月25日稿	『日本語コミュニケーション能力の実践に関わる基礎的研究』	福岡教育大学附属学校共同	平成11年3月発行	一～一一

			研究委員会		
話しことば授業力の修得と練成	平成14年6月30日稿	『月刊国語教育』第二二巻七号（通巻二六二号）	東京法令出版	平成14年9月1日発行	一六～一九

以上の論考を本書に収めるに際し、その収録方につき快諾をいただいた関係方面にあつくお礼を申し上げたい。なお、各々の論考には幾分加筆修正をほどこしている。

これらのうち、第Ⅳ部の第一章については、「中学校話しことば年間指導計画の構想——対話を根幹にして——」という題目で、日本教科教育学会第二七回全国大会（平成一三〈二〇〇一〉年一一月四日、福岡教育大学附属福岡中学校）において発表したが、後は大学・三附属中学校共同研究発表会（平成一一年度、平成一四年度の二回）や誌上発表によってきた。もともと主たる専攻領域は作文教育であり、それをさしおいて話しことば教育をということは、私には考えられないことであった。ただし、学校現場からの要請は切実で、話しことば教育実践を支える研究にも踏み切らざるを得なくなった。とは言え、歴史研究を土台として固めた上での立言ではないだけに、試行錯誤も多く、公刊に値するものかという疑いも深い。厳正な批判をお願いする次第である。

本書執筆の半ばにして、楢原理恵子氏の『話しことば教育の研究——討議指導を中心に——』（溪水社、平成一三〈二〇〇一〉年一月二五日発行、全二三六ページ）が公刊され、大村はま氏の手探りで見いだされた話しことば学力論と野地潤家博士の定位された話しことば学力論とが合致することがすでに見抜かれていたことを知った。楢原理恵子氏が研究対象を大村はま氏に絞り、掘り下げられていれば、当然今回私が出すものよりははるかに先に結実していたに違いない。その意味では、私の研究は楢原理恵子氏が修士論文、並びに著書で目ざしておられたことを受け継ぐものになろう。

本書は、野地潤家博士の「コミュニケーション技術の訓練」『話しことば学習論』（昭和四九年）二〇五～二三二ページに若干のつけ加えができればと願って書き始めたものである。願いが幾分でもかなえられていれば幸いである。

本年三月、鳴門教育大学図書館大村はま文庫に四日間通い、こちらが全集（『大村はま国語教室』全一五巻、別巻一、資料集五巻）や公刊された書物によって見えた気になっていた世界の狭小さを痛感させられた。まだ何も分かっていないことを自覚した上で、本書を江湖に送り出すわけである。一里塚にもならないが、大村はま先生・野地潤家先生に本書を捧げ、これからの研究推進をお誓いするばかりである。

本書の活字化は、研究室の院生・研究生が総動員でしてくれた。着手したのは、松崎弘明（田川郡方城町立伊方小学校教諭、第Ⅰ部担当）、久方康司（福岡県立筑豊高等学校教諭、第Ⅱ部担当）、飯盛直子（佐賀市立勧興小学校教諭、第Ⅳ部担当）、野田賀宣（福岡県立嘉穂東高等学校教諭、第Ⅴ部担当）、江藤結花（福岡教育大学研究生、現大学院生、同じく第Ⅴ部担当）の諸君であり、仕上げを担ってくれたのは鄭秀婷さん（福岡教育大学研究生）である。みんな私の原稿をわが原稿としていとおしみ、献身的に打ち込んでくれた。校正についても、藤井瑠璃子（福岡教育大学学生）・江藤結花（前出）・高田博行（福岡県立久留米高等学校教諭・福岡教育大学大学院生）の三人が、手伝ってくれた。三人の指摘から教わることは少なくなかった。本書の公刊をわがことのように喜んでくれたのも、歴代の大学院生・卒業生、現学部生の諸君である。改めて感謝し、喜びを分かち合う次第である。なお、私事にわたることながら、休日にもほとんど大学に出ている私を、支えてくれた妻・娘にも謝意を表したい。

平成十六年六月二十九日（火）

前田真証

索　引

野地潤家氏関係

西尾実氏関係

文部科学省関係

上記に含まれない著書・論文・辞書・全集

Ⅲ　単元名（25項目）

大村はま氏関係

福岡県関係

Ⅳ　教材名（40項目）

V　事項（41項目）

[著者紹介]

前　田　真　証（まえだ　しんしょう）

戸籍上は眞證であるが、読み誤りを恐れて真証と書くことが多い。

昭和27(1952)年、広島県豊田郡豊町大長生まれ。

昭和50(1975)年、広島大学教育学部高等学校教員養成課程国語専修卒業。

昭和52(1977)年、広島大学大学院教育学研究科教科教育学(国語科教育)専攻博士課程前期修了

昭和53(1978)年、広島大学大学院教育学研究科教科教育学(国語科教育)専攻博士課程後期中途退学

広島大学助手、福岡教育大学講師、福岡教育大学助教授、福岡教育大学附属教育実践総合センター長(併任)を経る。

現在　福岡教育大学教授

専攻　国語教育学(作文教育計画の歴史的・比較的研究、話しことば教育実践学、国語科授業力の研究)

〔主要論文〕

「シュミーダー作文教授段階論の摂取と活用」『国語科教育』第36集(全国大学国語教育学会、平成元年)

「シュミーダー作文教授段階論の果たした役割——明治期における文種の展開に着目して——」『教育学研究紀要』第43巻(中国四国教育学会、平成９年)

「国語科授業力の向上に関する予備的考察」中谷雅彦氏との共同研究、『福岡教育大学紀要』第47号(福岡教育大学、平成10年)

「綴文能力練磨を図る綴り方教授体系論の生成と展開——シュミーダー説からの展開——」『教育学研究紀要』第44巻(中国四国教育学会、平成10年)

「望ましい学習者の姿を見据えた文学的文章指導の構想」『国語の力を生きる力に高める学習指導の展開』(福岡教育大学・附属福岡小学校、平成12年)

「望ましい書き手を育てる作文指導の構想——芦田恵之助を手がかりにして——」『月刊国語教育研究』第38巻375集(日本国語教育学会、平成15年)

「討議力の伸長をはかる年間指導計画の構想——中学校を中心にして——」『国語科研究紀要』第34号（広島大学附属中・高等学校、平成15年)

話しことば教育実践学の構築

平成16年10月30日　発行

著　者　前　田　真　証

発行所　株式会社 溪 水 社

広島市中区小町１－４（〒730－0041）

電 話 (082) 246－7909

FAX (082) 246－7876

URL http://www.keisui.co.jp/

ISBN4－87440－836－2　C3081